Filosofia Geral e Jurídica

Ricardo Castilho

Filosofia Geral e Jurídica

7ª edição
2021

saraiva jur

saraiva EDUCAÇÃO | saraiva jur

Av. Paulista, 901, Edifício CYK, 3º andar
Bela Vista – SP – CEP 01310-100

SAC | sac.sets@saraivaeducacao.com.br

Diretoria executiva	Flávia Alves Bravin
Diretoria editorial	Renata Pascual Müller
Gerência de projetos e produção editorial	Fernando Penteado
Planejamento	Josiane de Araujo Rodrigues
Novos projetos	Sérgio Lopes de Carvalho Dalila Costa de Oliveira
Gerência editorial	Isabella Sánchez de Souza
Edição	Marisa Amaro dos Reis
Produção editorial	Daniele Debora de Souza (coord.) Daniela Nogueira Secondo Verônica Pivisan Reis
Arte e digital	Mônica Landi (coord.) Camilla Felix Cianelli Chaves Claudirene de Moura Santos Silva Deborah Mattos Guilherme H. M. Salvador Tiago Dela Rosa
Projetos e serviços editoriais	Daniela Maria Chaves Carvalho Kelli Priscila Pinto Marília Cordeiro Nicoly Wasconcelos Razuk
Diagramação	Laís Soriano
Revisão	Lígia Alves
Capa	Tiago Dela Rosa
Produção gráfica	Marli Rampim Sergio Luiz Pereira Lopes
Impressão e acabamento	Gráfica Paym

DADOS INTERNACIONAIS DE CATALOGAÇÃO NA PUBLICAÇÃO (CIP)
VAGNER RODOLFO DA SILVA – CRB-8/9410

C352f Castilho, Ricardo

Filosofia Geral e Jurídica / Ricardo Castilho. - 7. ed. - São Paulo : Saraiva Educação, 2021.
344 p.

ISBN 978-65-5559-503-1 (Impresso)

1. Filosofia. 2. Filosofia jurídica. I. Título.

2021-711 CDD 100
CDU 1

Índices para catálogo sistemático:

1. Filosofia	100
2. Filosofia	1

Data de fechamento da edição: 29-3-2021

Dúvidas? Acesse www.editorasaraiva.com.br/direito

CL 607022 CAE 760710

Para meu Pai, Osvaldo Castilho, *in memoriam.*

"(...) Um homem do qual caíram os costumeiros grilhões da vida, a tal ponto que ele só continua a viver para conhecer sempre mais, deve poder renunciar, sem inveja e desgosto, a muita coisa, a quase tudo o que tem valor para os outros homens; deve-lhe bastar, como a condição mais desejável, pairar livre e destemido sobre os homens, costumes, leis e avaliações tradicionais das coisas (...)."
(Friedrich Nietzsche, *Humano demasiado humano,* § 34.)

SUMÁRIO

SEGUNDA PARTE – OS PRIMEIROS PASSOS PARA A MODERNIDADE

TERCEIRA PARTE – A IDADE MODERNA DA FILOSOFIA

QUARTA PARTE – A SÍNTESE NA FILOSOFIA

QUINTA PARTE – A CRISE DA FILOSOFIA MODERNA

SEXTA PARTE – A FILOSOFIADODIREITO CONTEMPORÂNEA

SÉTIMA PARTE - FILOSOFIA DO DIREITO CONTEMPORÂNEA NO BRASIL

APRESENTAÇÃO

A filosofia do direito observa o direito como ele é e pensa no direito como deveria ser. Algo como a gramática descritiva, que analisa o comportamento da língua para auxiliar a gramática normativa a estabelecer as regras gramaticais.

Já dizia Max Weber que o homem tem menos sentido como indivíduo do que como agente social. O "liberal em desespero", conforme o chamou Anthony Kronman[1], na notável biografia que produziu sobre o pensador alemão.

O próprio sentido da vida humana, inclusive o da preservação, só existe em sociedade. E sociedade significa, necessariamente, convivência de pessoas diferentes, com urgências diferenciadas e posições por vezes divergentes. Por isso mesmo, onde quer que exista uma sociedade, deve haver o direito (*ubi societas, ibi jus*).

Entretanto, as sociedades mudam, evoluem, alteram-se. Justamente esta é a razão pela qual a filosofia do direito deve caracterizar uma crítica do seu tempo, indicando limites para o pensamento jurídico e propondo horizontes para as ações jurídicas, políticas e sociais.

O homem tem capacidades, identificadas desde as mais remotas idades da nossa existência sobre a Terra. Uma dessas capacidades é o pensamento, outra a ação. Aristóteles já falava em ato e potência, em similaridade ao que os romanos chamavam de *actio* e *contemplatio*.

O homem antigo baseava suas indagações em premissas míticas ou religiosas. Paulatinamente evoluiu para uma consciência racional e filosófica. Entretanto, durante muitos séculos ainda, a referência religiosa e a racional coexistiram no seio das sociedades da Idade Antiga (como facilmente se pode constatar através das principais linhas de pensamento da Grécia Clássica).

Não há como se falar em filosofia do direito sem a necessária remissão à história da filosofia. Isso porque o *status* do pensamento jusfilosófico só chegou ao atual patamar graças ao conhecimento acumulado e continuamente aperfeiçoado por pensadores de tendências diversas, ao longo dos séculos e dos milênios.

A filosofia do direito nada mais é do que a filosofia aplicada ao caso concreto do direito. É a filosofia tendo como objeto particular de estudo o direito. Ou, como diria Hegel, é a parte da filosofia que tem por objeto a ideia do direito (o seu conceito e a sua

---

1 Liberal in despair. In: KRONMAN, Anthony. *Max Weber*. Stanford: Stanford University Press, 1983.

realização). Há autores que discordam dessa associação, como estudou Javier Hervada[2]. Mas fiquemos com a definição acima, para efeito de nosso modesto trabalho. O estudo da história nos dará razão.

Inicialmente, os filósofos consideravam como verdadeiro apenas aquilo que podia ser visto, tocado e sentido, fosse pelo corpo ou pelo espírito. Tudo o que era oculto, disfarçado ou dissimulado era falso.

A primeira grande evolução deu-se quando, pela primeira vez, Parmênides ponderou que o simples fato de pensar em algo já faz com que ele exista. Mesmo que ele se transforme – como uma semente que, um dia, irá transmutar-se em fruto –, a sua essência permanece a mesma.

Lançada estava, assim, a ideia da distinção entre o ser e o não ser; uma quase revolução na história do pensamento.

Essa noção seria recuperada, mais tarde, por Descartes, com o seu histórico *cogito, ergo sum*.

Quando se chega à filosofia moderna, percebe-se que todo o seu eixo gira em torno de um problema central: a separação e a conexão entre o mundo ideal (subjetivo) – que se apresenta somente como representação, em nossa mente – e o mundo real (objetivo) – que existe independentemente da nossa mente e, portanto, em si mesmo.

Justamente quando o foco das meditações se volta para esse tipo de questionamento (a inter-relação entre o real e o ideal), é que surgem, com grande importância, as discussões acerca dos conceitos de direito e justiça.

Tendo como principal objetivo a regulamentação da vida em sociedade, e a solução dos conflitos que lhe são característicos enfrentar, o direito vive um eterno dilema: a compreensão das inter-relações sociais da forma como elas são, e o estabelecimento de diretrizes que possibilitem transformá-las naquilo que deveriam ser.

É justamente para que possa cumprir tão honroso mister que o direito se socorre da filosofia, como substrato necessário a essa "tomada de posição" entre o real e o ideal.

Este, portanto, é o campo da Filosofia do Direito: a fundamentação do direito na natureza do homem como ser racional e passível de socialização.

Como ser social, o homem enfrenta, sofre e recebe mudanças de acordo com as alterações da realidade em que se encontra inserido.

A filosofia do direito, como pensamento jurídico mais abstrato e geral, deve buscar as causas e motivações das ações e do pensamento humano, refletindo a respeito das modificações desejáveis da realidade, de tal forma que se realizem, em cada um dos campos do Direito, as adaptações necessárias para tanto.

2 *Lições propedêuticas de filosofia do direito*. São Paulo: Martins Fontes, 2008, p. 16-18. Esse autor informa também que a primeira menção oficial à expressão "filosofia do direito" apareceu em 1800, no título do livro *Aforismas sobre a filosofia dos direitos*, de W. T. Krug (no original *Aphorismen zur Philosophie des Rechtes*).

Simplificadamente: o direito tem caráter universal. A justiça deve ter caráter de respeito à individualidade. O meio-termo necessário deve ser incessantemente pensado e repensado e essa é a missão que caracteriza a filosofia do direito. Uma investigação filosófica que busque incessantemente a adequação da realidade jurídica, mas, evidentemente, com base em premissas consolidadas, em metodologias e sistemas que permitam análise crítica e criteriosa.

Portanto, a filosofia do direito revisa o direito, para que as normas apresentem, sempre, a solução mais justa possível – dentro daquilo que for possível à compreensão humana conceber, em cada momento histórico, acerca do conteúdo de tão abstrato conceito: o de justiça.

Percebe-se, portanto, que o direito é, necessariamente, um sistema vivo, evolutivo, baseado na ciência da vida. Justamente por esse motivo, teve configurações teóricas e práticas bem diferentes no decorrer da civilização. E por civilização nos referimos aqui à ocidental, que é aquela da qual nos ocuparemos neste livro.

De início, na Idade Antiga, especialmente na Grécia, o direito era considerado como a virtude que orientava a dispensação da justiça.

Já na Idade Média dominava o *Ius Comune* (nome em latim do direito romano, baseado nas leis naturais), como o renascimento do direito romano clássico, com ampla divulgação pelo Papa Gregório VII de textos de imperadores romanos, tais como o *Pandectas* e o *Codex*.

Na Idade Moderna o direito romano e o direito canônico passaram a oferecer uma mescla de entendimento jurídico que as universidades recém-implantadas estudavam, como fonte de direito do Estado nacional que as monarquias consolidavam.

Mais adiante, já nos séculos XVII e XVIII, as leis passaram a ter, por paradigma, o iluminismo da ciência, especialmente a geometria e a física.

Por fim, o século XIX trouxe o constitucionalismo, com o surgimento de "supernormas" que tinham por objetivo evitar que o Estado exorbitasse de suas atribuições de legislador, produzindo leis arbitrárias.

A par da evolução observada no direito, o próprio conceito de justiça, basilar ao regramento jurídico, vem também evoluindo ao longo dos séculos, graças, principalmente, a grandes eventos que motivaram pensadores a novas análises.

Em outras palavras, o direito evoluiu em razão de crises.

A mais recente crise do direito ocorreu com Karl Marx, com um posicionamento seguido mais tarde por Michel Foucault.

Ambos, de maneira pessimista, consideravam que o direito não passava de instrumento de imposição da vontade dos mais fortes.

Entretanto, não podemos nos esquecer de que Marx observou, em 1845, a guerra civil francesa – com o golpe de Estado que colocou Napoleão III no poder e, depois, a guerra franco-prussiana (1870-1871) – que resultou na constituição do chamado império alemão (*Deutsches Reich*).

Foucault, por sua vez, nasceu oito anos após a Primeira Grande Guerra e viveu, em plena mocidade, o segundo conflito mundial, com a ocupação pelos nazistas de sua França natal.

Natural, portanto, que esses dois filósofos tivessem o grau de pessimismo que pode ser notado em seu pensamento.

Mas coube ao inglês John Rawls iniciar, em 1971, um movimento destinado a revigorar as bases do direito, com seu livro *A theory of justice*.

Apenas cinco anos mais tarde, o pensador alemão Jürgen Habermas publicava o seu *Para a reconstrução do materialismo histórico*, trazendo, para o escopo do direito, considerações avançadas sobre o Estado Democrático e os direitos humanos.

Como se pode perceber, para a correta compreensão e aplicação do direito, imperativo que todo jurista realize uma análise percuciente da filosofia do direito, bem como de seu fundamento histórico.

Foi justamente buscando oferecer um substrato teórico para tão nobre tarefa que desenvolvemos o presente livro.

Ensina Javier Hervada, acerca do nascimento da ciência jurídica como conhecimento autônomo diferente do filosófico:

> A ciência jurídica – a nova ciência do direito, obtida no nível fenomenológico – supõe: a) um saber e não só uma técnica; b) um saber geral, válido sem estar ligado à contingência do singular; c) alguns princípios próprios, a concatenação interna de conhecimentos e sua redução à unidade (sistema jurídico); d) limitação do conhecimento da realidade jurídica aos fenômenos observados e observáveis, isto é, em sua positividade, enquanto captáveis fenomenologicamente, sem recorrer ao nível filosófico para conhecê-los[3].

Não pretendemos aqui esgotar nenhuma discussão. Muito pelo contrário. O escopo principal é aproximar o leitor dos mais diversos fundamentos teóricos das principais correntes e escolas que já passaram, ao longo da história, por nossa civilização.

Por esse motivo optamos, aqui, em não entrar no mérito de cada filósofo nem avaliar a complexidade de cada pensamento. Procuramos a simplicidade.

Em um primeiro momento, realizaremos um apanhado sintético do pensamento filosófico ocidental desde as suas raízes gregas até a modernidade.

Posteriormente, já respaldados nessa base teórica, passaremos a abordar a filosofia do direito propriamente dita. Isso através de uma reflexão do pensamento dos principais doutrinadores jurídicos que lançaram as bases do direito moderno e suas variantes.

Esperamos, assim, que as linhas que aqui estão sirvam de base segura para leituras de maior fôlego, fornecendo desde já o necessário panorama sobre o estágio atual das principais discussões filosóficas em curso.

O número de filósofos e correntes de pensamento abordados e os questionamentos trazidos à baila certamente demonstrarão ao leitor atento que o direito – fenômeno

3 *Lições propedêuticas de filosofia do direito*. São Paulo: Martins Fontes, 2008, p. 416.

social que, simultaneamente, produz e limita os poderes político e econômico – ao tempo em que tem por finalidade proporcionar segurança, encontra-se também repleto de pressupostos e discursos que não são tão óbvios assim, e cuja demonstração passa por sérios entraves de ordem lógica.

A superação dessas dificuldades há que começar pelo pensamento, não há dúvida. As condições em que este é forjado exercem influência não apenas no conteúdo que possa vir a ter, mas na própria repercussão social que possa gerar.

Na sociedade industrial o que importa é produzir. Dessa lógica não escapou o direito, de modo que ao valor justiça se agregou, nas últimas décadas, o valor eficiência.

Como consequência, também no campo da filosofia do direito passou-se a sustentar uma leitura econômica do direito. A própria produção de obras jurídicas nessa área escasseou-se, eis que, em comparação, há outras áreas muito mais rentáveis.

Nosso intuito aqui é, de modo singelo, contribuir para a superação desse estado de coisas, auxiliando tanto o leigo como o já iniciado a compreender as correntes por que enveredou o ser humano nessa nobre arte de pensar. Utilizamos, para tal mister, linguagem simples e, tanto quanto possível, empregamos a terminologia própria de cada filósofo.

Esperamos, assim, contribuir para formar novas gerações de pensadores. Ou, minimamente, despertar entusiasmos por essa marcante disciplina para a humanidade, que é a filosofia do direito.

Ricardo Castilho

São Paulo, primavera de 2012.

NOTA À 7ª EDIÇÃO

As coisas do mundo se modificam, se alternam ou se substituem. Umas fenecem, vitimadas pela sua própria característica de obsolescência, outras nascem, originadas de sua própria qualidade de regeneração. Assim são as coisas, assim são as pessoas. E assim são as leis. A dinâmica das leis não é exclusiva do Direito – que apenas expressa a vontade de uma comunidade para que viva em harmonia. Há leis na Física, para nos ensinar como se comportam os fluidos, as ondas eletromagnéticas, o nascer e o pôr do sol, a duração do tempo e a sua relatividade à massa, ao espaço, à velocidade. Há leis na Medicina, e nós as aprendemos para que ninguém morra antes do tempo nem adoeça por causa da ignorância. Há leis, ou antes, pressupostos, em todos os campos do conhecimento. Na base de todos os pressupostos, há a experiência de alguém que um dia se sentou à beira de um penhasco e considerou como é minúsculo o ser humano que habita esse gigantesco monstro chamado Terra; alguém que contemplou em seguida a abóbada celeste e supôs que a própria Terra é infinitamente minúscula diante do gigante cósmico chamado universo. E meditou, esse alguém, sobre o ar que respiramos, o fogo que nos aquece, a água que nos hidrata, a terra que nos sustenta e, ao final, nos cobre. Esse alguém não tinha outro instrumento que não fosse o seu pensamento. Não tinha ainda o ábaco, nem a calculadora científica, nem o computador. Tinha apenas o seu ilimitado pensamento, melhor do que qualquer máquina que viria a ser inventada. Esse alguém era um filósofo.

Diante de si, enxergou um oceano. Uma imensidão de possibilidades, ondeando qual a gigantesca, colossal, imensurável massa de água que ocupa todos os vãos e reentrâncias da geografia. A visão do oceano, praticamente infinito, levou o filósofo a pensar em todas as substâncias intangíveis que ocupam a geografia humana. E pôs-se, ele, a observar o mundo para propor conjecturas. Não eram observações científicas, exatas, mas cognitivas, que conduziam a explicações que pudessem permitir compreender o mundo, suas causas e origens. E continuou a observar, não esse único homem que contemplava, mas toda a sua estirpe de pensadores. E levaram esses homens séculos e séculos de arguta e cumulativa observação para criar a Filosofia, mãe de todas as ciências, a despeito de não ser exata nem possuir métodos formais de comprovação.

Concluo, a partir de refletir sobre esse homem que se sentou à beira de um penhasco, naquele dia longínquo, que não existe nem obstáculo que impeça o alcance do nosso pensamento, nem fim nesse oceano de probabilidades. Por isso, não há como falar em Filosofia do Direito, ou Filosofia Política. Existe sim a Filosofia, a célula-*mater* do conhecimento.

Nesta 7ª edição tratamos de muitos pensadores que, ao longo do tempo, debruçaram-se sobre os mais variados assuntos. Foram incluídos novos comentários a respeito de temas ausentes nas edições anteriores. São temas fundamentais da Filosofia, aplicáveis a qualquer área do conhecimento e ao mesmo tempo basilares para a compreensão do mundo e do homem inserido no mundo. Este nosso livro tem sido muitíssimo bem recebido por várias áreas de estudo, além daquela para a qual foi inicialmente idealizado, o Direito.

Nosso livro fala do mundo, este vasto oceano de informações que o filósofo primeiro e todos os seus seguidores organizaram, para que pudéssemos entender tanto os males que nos afligem quanto os bens que nos elevam. Esta é razão do constante processo de atualização desta obra, *Filosofia Geral e Jurídica*. Afinal, as coisas do mundo se modificam, se alternam ou se substituem. A essência, esta não muda.

São Paulo, março de 2021.

PRIMEIRA PARTE

PRIMÓRDIOS da FILOSOFIA

EM BUSCA DO DIREITO

Desde o momento em que o homem primitivo se sentou numa pedra e contemplou a abóbada celeste, indagando-se de sua própria origem e de seu próprio destino sobre a Terra, aplicava um esforço racional para buscar explicações sobre o mundo.

Sem respostas, e acossado pela infinitude de eventos que não podia explicar, o homem inventou entidades. O trovão, o relâmpago, a chuva, o sol, a noite. Todas essas manifestações da natureza eram consideradas fenômenos causados por uma força superior à do homem e sobre as quais ele não tinha controle. Eram forças de divindades, cuja vontade o homem tentava adivinhar.

Assim que, pela primeira vez, um homem, depois de um dia de refregas pela sobrevivência, questionou, em seu abrigo solitário, por que o seu vizinho podia, pela ameaça da clava, tomar-lhe a posse da cabra ou da caverna. Estava lançada a dúvida acerca do que era justo e do que era direito. Esse homem, questionando racionalmente a validade da força sobre a posse, procurando explicações para o modo de vida em grupo, praticava, sem saber, a filosofia do direito e era, ele próprio, um filósofo, sem o saber.

A avaliação racional das circunstâncias da vida em comunidade, em suas variantes culturais, sociais, econômicas e, enfim, políticas, começou assim: esparsa, aleatória, sem método, sem sistematização.

Na modernidade, no dizer de Russell, talvez o papel maior da filosofia consista em ensinar aos seus estudiosos como viver sem certezas, sem se sentirem paralisados pela hesitação, evitando-se, assim, as facilidades ortodoxas fornecidas pela teologia e as limitações inerentes ao saber definido pela metodologia científica.

Foram os gregos antigos que, pela primeira vez, organizaram o pensamento filosófico, especialmente no que nos interessa neste livro, que é a contemplação das questões acerca dos conceitos de direito e de justiça.

A SUPREMACIA DA GRÉCIA

A filosofia naturalista[1], fundamentada na observação da natureza e do mundo físico, foi o primeiro passo na organização do pensamento filosófico. Em grego, *physis* significa natureza, mas tem significado mais amplo, porque diz respeito à matéria essencial, eterna e imutável, de que é feito o universo. Para os gregos antigos, em seu primitivismo, a natureza era considerada o centro de tudo.

Estamos falando de uma época que remonta a 1.500 anos a.C., numa região situada onde hoje estão a Grécia, Turquia e Chipre, região ocupada, então, por algumas tribos

---

[1] Não confundir com o naturalismo, tendência estética surgida na França na segunda metade do século XIX. O naturalismo baseia-se na filosofia de que somente as leis da natureza podem explicar o mundo, e que o homem é condicionado, inexoravelmente, pelas questões biológicas e sociais. As obras naturalistas retratam a realidade com extrema objetividade, numa exacerbação do realismo. Aplicado na Europa também nas artes plásticas e no teatro, o naturalismo na literatura teve grande impacto no Brasil, especialmente depois da obra *Romance experimental*, do francês Émile Zola, de 1880 (o autor escreveria depois outra obra naturalista – *Germinal*, em 1885, livro em que uma frase é repetida mil vezes: “Se ao menos houvesse pão...”). Aluísio de Azevedo, com o livro *O mulato*, publicado no Brasil em 1881, é considerado o precursor do naturalismo brasileiro.

como os jônios, os eólios e os aqueus. Eram povos eminentemente agrícolas e pastoris, sem literatura, de modo que o conhecimento era transmitido apenas pela tradição oral. Como exemplo, o grande poeta Homero nada deixou escrito; toda a sua narrativa épica da guerra de Troia e a odisseia de Ulisses em sua volta para a ilha natal de Ítaca foram passadas oralmente, por gerações. Consta que essas narrativas foram reunidas em livros apenas por volta do século IX a.C. A *Ilíada* é considerada a mais antiga obra da literatura ocidental.

Os gregos tinham como líderes os monarcas, num sistema político aristocrático, aquele em que as elites (econômicas e intelectuais) formavam a classe dominante. Habitavam ilhas pedregosas, cujo potencial agrícola em breve ficaria exaurido, forçando o desenvolvimento naval para que pudessem ocupar outras terras. Esse foi o início da expansão grega, contada em versos pelo poeta Homero[2]. O primeiro passo foi ocupar uma região da Europa, que corresponde atualmente ao sul da Itália e parte da França, que passou a ser denominada Magna Grécia. Mais tarde, os gregos ocuparam também o sudeste da Turquia, na região da Anatólia, onde se localizavam, por exemplo, Mileto e Éfeso – foi a chamada Grécia Continental.

As aventuras navais dos argonautas gregos propiciaram o contato com outras civilizações da época, levando-os a aperfeiçoar o comércio. Por esse motivo, a classe dos comerciantes foi alçada, cada vez mais, a uma condição de maior poder, o que levou ao enfraquecimento da autoridade da aristocracia. Consequentemente, enfraqueciam também os valores que os monarcas preconizavam em relação aos mitos e à tradição cultural.

Paralelamente, com a nova classe econômica, evoluíam as artes, a arquitetura e a própria organização política – o indivíduo ganhava importância no conjunto da sociedade.

Graças a essa evolução, os gregos criaram comunidades (*poleis*) baseadas em três categorias sociais: homens livres (ou cidadãos), estrangeiros e escravos (em geral, advindos de povos vencidos em batalhas).

Supridas as necessidades básicas da sobrevivência, os gregos puderam dedicar-se a atividades mais contemplativas, buscando entender o mundo e os fenômenos que os rodeavam. Estabeleciam, assim, novas concepções e pensamentos críticos sobre religião, ciência e política, mas, ainda, tendo por base a natureza, em seus movimentos e convulsões.

O homem era insignificante, quase nada, diante das imensas ondas do oceano e da tormentosa força da borrasca. Por isso, os fenômenos naturais eram, ainda, enigmas a serem decifrados.

OS FILÓSOFOS PRÉ-SOCRÁTICOS

O sentido de ser civilização se consolidou pela primeira vez na Grécia, que inventou não apenas a ciência e a matemática, como a própria filosofia.

As primeiras explicações para fenômenos tão imponderáveis, como o movimento das marés, os eclipses, as estações do ano, a duração dos dias, estavam baseadas em

---

[2] Há controvérsias acerca da autoria dos épicos *Ilíada* e *Odisseia* (possivelmente criados por volta dos anos 740 a 700 a.C.). Mas é tradição atribuí-los a Homero, embora existam pesquisadores que afirmem que Homero é uma figura fictícia.

mitos, desenvolvidos ao longo de séculos obscuros, entre os quais se destacava a figura dos deuses.

No entanto, os pensadores da época[3] já não mais se satisfaziam com essas explicações, por não acreditarem que tais mitos explicassem suficientemente os mistérios da natureza.

A filosofia grega costuma ser dividida em dois períodos: antes e depois de Sócrates, considerado o mais importante dos pensadores da Grécia Antiga.

Aqueles aos quais aqui nos referimos, justamente por fazerem parte do primeiro desses períodos, são chamados *pré-socráticos*.

Tais pensadores constituíram o que se convencionou chamar de fase inaugural da filosofia grega (iniciada com Tales de Mileto, por volta do ano 600 a.C., e perdurando até o surgimento de Sócrates, aproximadamente em 440 a.C.).

Talvez a contribuição mais fundamental dos pré-socráticos tenha sido a contestação da antiga visão a respeito de justiça.

Segundo os conceitos de então, os deuses detinham o papel de julgar os homens e distribuir justiça. Os pré-socráticos, entretanto, começaram a se perguntar qual o papel e a participação de cada homem na atribuição da justiça, assumindo, assim, a responsabilidade por essa tarefa, antes relegada às divindades.

Surgiram então novos padrões de pensamento, não mais de passividade e expectativa somente, mas fundamentados sobre a racionalidade.

Infelizmente, são praticamente inexistentes fontes documentais a respeito desses pensadores, a não ser por testemunhos daqueles que os seguiram e por fragmentos deixados por filósofos posteriores (a exemplo de Aristóteles – outro dos três grandes da filosofia grega, ao lado de Platão e Sócrates).

A fase pré-socrática da filosofia grega tem por base o que se convencionou chamar *dualismo grego*.

De modo simples, o dualismo prega a existência de uma realidade tangível, que pode ser vista, ouvida, sentida, experimentada, enquanto existe também um poder superior que move essa realidade, que a fomenta, que a organiza, e sobre o qual os homens não têm qualquer ingerência.

Acreditava-se no chamado *Eterno Retorno*, isto é, que as coisas seguiam acontecendo repetidamente, independentemente da vontade dos homens. A humanidade, portanto, como todos os demais elementos da realidade terrena, era comandada por essa força superior. É a base da noção de destino, de fatalidade.

O direito para os pré-socráticos

Como já afirmado, para os pensadores desse período naturalista, a natureza (o chamado mundo exterior) constituía o princípio de todas as coisas, e estudá-la, com as alterações e mudanças a que está sujeita, permitia obter as explicações necessárias para as dúvidas dos homens.

---

[3] Note-se que não usamos a denominação de filósofos, porque a palavra *filosofia* seria usada pela primeira vez apenas por volta do ano 540 a.C., por Pitágoras.

Foi um período que durou cerca de dois séculos (VI a V a.C.), caracterizado, principalmente, pelas constantes indagações a respeito da origem do mundo (cosmogonia).

O direito, no pensamento pré-socrático, tinha por base a religião. Aos deuses era atribuída a posição central na órbita dos acontecimentos: criadores e ordenadores do mundo, eram eles que dispensavam a justiça aos homens conforme as suas vontades e humores.

O próprio conceito de direito tinha uma deusa por paraninfa: Themis[4]. Era uma das deusas originais da cosmogonia grega, filha de Urano e Gaia e irmã de Zeus. É ela quem aparece, até os dias atuais, nas estátuas que simbolizam a justiça: uma deusa de olhos vendados, que segura em uma das mãos a balança e na outra a espada (em algumas ilustrações pode aparecer segurando a cornucópia no lugar da espada). Segundo a mitologia grega, uma de suas filhas, Dike, representava a justiça.

Pesquisadores como Jaeger Werner[5] costumam explicar que, em decorrência da mitologia, a palavra *themis* significa o direito, o conjunto das normas legais impostas pela autoridade em um grupo social.

Mais tarde, na época da Nova Atenas de Péricles, que se convencionou chamar de Período Clássico, surgiu a ideia de que o direito implicava necessariamente o cumprimento da justiça, e a palavra *dike* passou a representar a preocupação com aquilo que era efetivamente justo na sociedade.

O período naturalista da filosofia grega é dividido em quatro, correspondentes às principais escolas filosóficas, que, a seguir, abordaremos: Escola Jônica, Escola Itálica, Escola Eleática e Escola Atomística.

Escola jônica

A escola jônica não é uma designação perfeita, porque os pensadores que a compunham apresentavam pensamentos de tal maneira diversos que não se pode dizer que formassem uma escola. Na realidade, mais do que qualquer outra coisa, a denominação de escola jônica tem caráter geográfico, uma vez que os integrantes desse grupo eram oriundos de Mileto, na Jônia (região da Ásia Menor que hoje corresponde à Turquia) – cidade que seria posteriormente destruída pelos persas no ano de 494 a.C.

Seus representantes, os primeiros pensadores pré-socráticos – chamados por Aristóteles de *physiologoi* (ou, "aqueles que discursam sobre a natureza") –, achavam que havia uma substância primitiva em todas as coisas do universo, a constituir a matéria da qual derivavam todas as outras. Era o que chamavam de matéria animada. A essa matéria davam o nome de *physis*.

Em outras palavras, em que pese a matéria ser algo em constante transformação, deveria existir, intrinsecamente a todos os corpos, um núcleo comum imutável, inalterável.

Os pensadores dessa época jamais chegaram a um consenso acerca do que seria esse elemento. Tão diversas foram as teorias apresentadas que muitos pesquisadores costumam apontar dificuldades em reconhecer, entre os pré-socráticos, uma escola filosófica específica.

---

4 Posteriormente denominada pelos romanos de *Justitia*.

5 *Paideia*: a formação do homem grego. São Paulo: Martins Fontes, 1995.

Entretanto, cremos poder apontar como a maior contribuição apresentada por esses pensadores o fato de, pela primeira vez, a busca das explicações dos fenômenos naturais ter se afastado de formulações religiosas ou mitológicas, para dar lugar a elucubrações racionais abstratas.

Vamos, a seguir, listar os mais destacados pensadores entre os pré-socráticos.

Tales de Mileto é o mais antigo dos pensadores gregos (embora tivesse nascido na Fenícia).

Considerava que a água era o elemento primordial da natureza. Isso porque a água é a resposta que encontrou para esta sua indagação: "*Qual é a causa última, o princípio supremo de todas as coisas?*".

Anaximandro de Mileto escreveu um *Tratado da natureza*.

Considerava existir um elemento indefinido que funcionava como princípio universal de todas as coisas, o *ápeiron*, ou o infinito.

"*O ápeiron é vivo, imortal e imperecível.*"

Anaxímenes de Mileto escreveu o livro *Sobre a natureza*. Considerava que o *ar* era a substância elementar do universo: a respiração, para ele, era a força vital mais importante.

"*Com nossa alma, que é ar, soberanamente nos mantém unidos, assim também todo o cosmo sopra e ar o mantém.*"

Heráclito, nascido em Éfeso, também na Jônia (por volta de 540 a.C. e morto possivelmente em 480 a.C.), defendia que há uma incessante transformação no universo.

"*Nada é imutável, tudo flui, estamos em constante movimentação.*"

Tales de Mileto é o fundador da escola jônica e considerado o primeiro representante da filosofia ocidental. Sua busca pelo princípio primordial que explicasse o mundo resumia o próprio ideal da filosofia.

Nasceu em 624 e morreu em 548 a.C. Segundo os poucos relatos existentes sobre sua vida – alguns deles divulgados por Aristóteles, vários séculos depois –, Tales de Mileto dedicou-se à filosofia, mas também à engenharia (especialmente em projetos voltados para o aproveitamento da água dos rios para o abastecimento das cidades), à matemática e à astronomia. Consta que teria sido o primeiro grego capaz de predizer eclipses lunares e solares.

Anaximandro de Mileto foi discípulo de Tales e seu sucessor na escola jônica. Nasceu em 610 e morreu, possivelmente, em 546 a.C. Foi geógrafo, talvez o primeiro a desenhar um mapa em que eram mostrados os continentes rodeados pelos oceanos. Como matemático e astrônomo, criou mecanismos de medição do tempo, entre eles o relógio de sol. Consta que teria avisado o povo de Esparta da ocorrência de um terremoto.

Sua teoria do infinito, um elemento primitivo indefinido (*ápeiron*), imperecível e em constante mutação, do qual todos os corpos seriam derivados, foi citado por Hipólito, no livro *Refutação de todas as heresias (Philosophumena)*.

Anaxímenes de Mileto nasceu em 588 e morreu em 524 a.C. Dedicou-se especialmente à meteorologia, daí talvez a sua teoria considerar que o elemento primitivo, o *ápeiron* do universo, fosse o ar. Todos os corpos do universo, como a pedra, a terra, a água e mesmo o fogo, seriam formas mais ou menos densas do ar. Sua teoria do ar como elemento primordial foi citada pelo teólogo sírio Aécio.

Foi o primeiro estudioso a afirmar que a lua brilha porque recebe luz do sol.

Heráclito de Éfeso, com sua teoria do *devir eterno*, em que todas as coisas do mundo se transformam em outras por causa da dinâmica natural do universo, influenciou muitos filósofos ao longo dos séculos.

Cada coisa, segundo ele, é apenas um vir a ser de outra coisa futura. Segundo ele (em afirmação que seria, posteriormente, retomada por Leibniz e Hegel), a essência do mundo é a transformação. Principalmente do próprio homem – noção que está expressa nesta frase: "Eu me busco a mim mesmo". Sua frase mais conhecida é esta: "Não se pode percorrer duas vezes o mesmo rio e não se pode tocar duas vezes uma substância mortal no mesmo estado; por causa da impetuosidade e da velocidade da mutação, esta se dispersa e se recolhe, vem e vai".

Anaxágoras de Clazômenas nasceu na Jônia, no ano 500 a.C., mas viveu em Atenas durante trinta anos, atuando como professor.

Fundou a primeira escola de Atenas. Por isso foi reconhecido como importante precursor da divulgação do conhecimento filosófico e científico grego para o mundo.

Teria sido, também, o primeiro a conseguir explicar o fenômeno dos eclipses. Sua principal obra é um pequeno tratado intitulado *Sobre a Natureza*.

> *Anaxágoras de Clazômenas* considerava que em cada coisa há uma partícula de todas as demais e que, portanto, "tudo está em tudo".
>
> Para ele, havia uma força suprema, uma espécie de inteligência, que ordenava as coisas, separando os elementos de cada corpo.

Entre seus alunos mais destacados estavam os famosos generais Péricles e Tucídides e o poeta trágico Eurípedes.

Dando continuidade ao pensamento de seus precursores, tentava equacionar a multiplicidade das manifestações da natureza com a existência de um ser único e imutável (conforme pregado por Parmênides – a respeito de quem falaremos adiante).

Para isso, desenvolveu um novo princípio, denominado *homeomerias*.

Segundo Anaxágoras, a realidade – ou o mundo sensível – seria formada pelo *Nous* (palavra geralmente traduzida como inteligência, espírito ou mente, que ele utilizava para identificar um algo autônomo, ilimitado e puro), atuando sobre uma mistura inicial de *homeomerias* – uma espécie de semente que abrigaria um pouco da essência de todas as coisas. Seria essa, portanto, a origem da diversidade das manifestações naturais.

Suas ideias o levariam a ser acusado de impiedade, principalmente por ensinar que a lua tinha sido um pedaço da Terra. Dessa forma, buscou refúgio em Lâmpsaco, na Jônia, onde morreria de fome, como forma de protesto, ou – as fontes divergem – em um naufrágio a caminho da Sicília.

Suas ideias, principalmente no que tange à existência de uma realidade superior ao mundo sensível – plano de atuação de uma "causa inteligente" geradora das manifestações naturais e da evolução universal –, seriam mais tarde retomadas por Platão e Aristóteles.

Igualmente, o conceito de *homeomerias* seria retomado por Leibniz na elaboração de suas teorias.

Os epígonos jônicos

Epígono é o termo que designa o discípulo ou continuador dos pensamentos de uma escola ou de um filósofo notável.

Dentre os epígonos dos filósofos pré-socráticos jônicos citaremos os mais famosos.

Hípon de Samos

Foi um médico de cujas obras resta apenas um pequeno fragmento (mas há menções de seu trabalho em Aristóteles e em Simplício). Assim como Tales de Mileto, considerava que a água fosse o princípio primordial do universo.

Quatro outros filósofos são normalmente citados como os seguidores do pensamento meteorológico de Anaxímenes (visto logo acima), de que o ar fosse o princípio primordial do universo – até mesmo representando Deus ou a alma. São eles Hideo de Himera, Cleidemo, Enópides de Quios e Diógenes de Apolônia.

Crátilo de Atenas

Seguiu o pensamento de Heráclito, defendendo que tudo se move e está em perene transformação. Esse pensador é citado no livro *Diálogos*, de Platão, quando debate com Hermógenes sobre a origem dos nomes das coisas.

Arquelaos de Atenas

Foi discípulo de Anaxágoras e, como ele, mestre de Sócrates. Afirma-se que teria sido o primeiro a afirmar que a voz é o efeito da passagem do ar. Nada restou do que possa ter escrito, mas seu nome é mencionado por Diógenes Laércio[6] como o primeiro na Jônia a tratar de filosofia natural.

Escola itálica – ou pitagórica

A escola fundada por Pitágoras também foi chamada itálica, tendo em vista que esse filósofo nasceu na ilha de Samos, na então Itália grega.

Pitágoras era um racionalista, que privilegiava o raciocínio, o pensamento, ao contrário dos seus antecessores da escola de Mileto – considerados moderados porque privilegiavam os sentidos e a experimentação.

Para Pitágoras, a razão supera os sentidos porque permite a aquisição de conhecimentos sem o contato com a superfície experimentável dos objetos.

Para esse filósofo, o conhecimento do "Ser", da verdade absoluta, só é possível ao homem através de um processo de purificação.

Tal processo consistiria justamente na separação da alma, tanto quanto possível, do corpo. Somente assim o pensamento não seria conspurcado pelas informações trazidas pelos sentidos – que, segundo Sócrates, nunca asseguram qualquer verdade.

Sendo assim, o desejo último de qualquer filósofo seria, naturalmente, a morte, momento culminante desse processo de purificação quando, enfim, atingiriam tão elevado fim.

Com esse posicionamento, opunha-se aos sofistas, seus contemporâneos, que representavam o empirismo e condenavam os conceitos puramente racionais.

Para os pitagóricos, a experiência podia ser espiritual (como a intuição) e permitia fazer avaliações de grande magnitude, como a do espaço, do tempo ou da essência. Já

6 M. G. Kury. *Diôgenes Laêrtios*: vidas e doutrinas dos filósofos ilustres, Brasília: UnB, 1977.

aos empiristas era impossível, por exemplo, raciocinar sobre a distância entre planetas, porque é fisicamente impossível experimentá-las.

Destacam-se, na doutrina de Pitágoras, o dualismo entre corpo e espírito e a noção de que os elementos do universo são complementares (finito e infinito, calor e frio, cheio e vazio).

Pitágoras imaginava existir um mundo superior, perfeito, que servia como modelo arquetípico para o mundo real. As regras gerais desse mundo ideal é que regulavam a vida dos seres que habitam a Terra. A ideia seria desenvolvida, mais tarde, por Platão, que denominaria esses arquétipos de ideias reais.

Pitágoras nasceu em Samos, mas, com a conquista da ilha pelos persas, emigrou para Crotona, no sul da península da Itália, onde fundou a sua sociedade.

O grupo, de fortes convicções religiosas, defendia a ideia de que tudo o que existe no universo está em harmonia, baseada em proporções equilibradas.

Pitágoras afirmava que o princípio essencial de todas as coisas é o número, ou seja, as relações matemáticas. Credita-se a ele o famoso teorema de que, "em qualquer triângulo retângulo, o quadrado do comprimento da hipotenusa é igual à soma dos quadrados dos comprimentos dos catetos".

O racionalismo de *Pitágoras*, sobre a validade do pensamento, só voltaria a ser estudado em profundidade com a chamada Teoria do Conhecimento, ou Epistemologia (inicialmente por Santo Tomás de Aquino, na Idade Média – século XIII – e na Idade Moderna por Descartes, no século XVI, e Leibniz, no século XVII).

Não se conhece qualquer texto originado dele, mas apenas informações dadas pelos seus seguidores, principalmente Filolau de Crotona e Árquitas de Tarento.

Filolau de Crotona escreveu um livro, um século depois de Pitágoras, que teria sido estudado por Platão, ele próprio um seguidor do pensamento pitagórico. Esses dois fragmentos, segundo se sabe, foram formulados por Pitágoras e registrados no livro de Filolau:

> "E O CERTO é que todas as coisas que se conhece têm número, pois sem ele nada se pode pensar ou conhecer."

> "A NATUREZA DO UNIVERSO foi harmonizada a partir de ilimitados e de limitadores, e não apenas o universo como um todo, mas também tudo o que nele existe."

Os epígonos pitagóricos

O pensamento pitagórico foi seguido por diversos pensadores, dentre os quais se destacam os apresentados a seguir.

Hípasus de Metaponto

Foi matemático. Nasceu em Metaponto, cidade grega localizada no sul da Itália, a mesma onde morreu seu mestre Pitágoras. Desenvolveu várias fórmulas matemáticas, principalmente aplicáveis à geometria. Suas descobertas, em especial a dos números incomensuráveis, acabaram por contradizer a doutrina pitagórica de que tudo podia ser explicado por números racionais, e acabou expulso do grupo de filósofos pitagóricos. Relatos históricos afirmam que seus próprios companheiros o teriam assassinado.

Ecfanto de Siracusa

Físico, foi o primeiro estudioso a afirmar que a Terra é dotada de um movimento de rotação ao redor de seu próprio eixo. Formulou uma teoria segundo a qual os elementos constituintes da matéria eram átomos tão mínimos que pareciam invisíveis, e que eram separados entre si por espaços vazios.

Álcméon de Crotona

É geralmente citado como o "avô da Medicina". Médico, suas teorias teriam sido decisivas para a elaboração da doutrina de Hipócrates, que representou a evolução médica a partir do século V a.C.[7] Teriam contribuído para o seu trabalho outros dois médicos – também epígonos de Sócrates – Empédocles de Agrigento e Diógenes de Apolônia.

Credita-se a *Álcméon* a autoria da primeira doutrina médica ocidental sobre o binômio saúde-doença, por ter criado um sistema que investiga as leis que regulam os fenômenos da natureza. Foi, também, um dos primeiros a dissecar animais para compreender o funcionamento dos organismos. Desenvolveu a teoria humoral das doenças, com base em quatro humores corpóreos: a bílis amarela, o sangue, o fleugma e a bílis negra.

Restaram apenas fragmentos das obras médicas e filosóficas desse pensador. É possível que ele seja autor de alguns dos textos do *Corpus Hipocraticum*.

Árquitas de Tarento

Foi matemático, mas também militou na música e na política. Nasceu em Tarento, cidade grega no sul da Itália. Formulou teorias que aperfeiçoaram a matemática, tirando dela a componente religiosa que os pitagóricos lhe davam.

Afirmava ele que, mais importante que os números, era a geometria.

Foi eleito várias vezes como governante da cidade. Nessa posição, notabilizou-se por ter interferido junto ao tirano Dionísio para salvar a vida do seu amigo Platão.

Entre várias obras a ele atribuídas, e das quais só existem fragmentos, está *Harmonia*, um estudo que introduziu a média harmônica na música.

As primeiras bibliotecas

O mundo antigo começou a instituir bibliotecas no chamado "século de ouro" (século V a.C.), em Atenas, que era considerada na época a capital intelectual do Ocidente, sob o comando do general Péricles. Essas primeiras bibliotecas reuniam papiros (rolos de papel impresso) e pergaminhos (escritos em peles de animais).

Cerca de duzentos anos depois, no século III a.C., todo o acervo bibliográfico grego, cerca de 400.000 volumes, foi reunido na Biblioteca de Alexandria, no

---

[7] Segundo o médico José Marques Filho, em artigo disponível no *site* do Cremesp: <http://www.cremesp.org.br/?siteAcao=Revista&tid=307>.

Egito. No ano de 642, os árabes invadiram o Egito e cometeram o grande crime do conhecimento ocidental: queimaram todos os volumes existentes.

O que chegou até os tempos atuais foram apenas algumas cópias de documentos existentes em outros locais e umas poucas páginas que escaparam do incêndio que destruiu a história do antigo pensamento ocidental.

Escola eleática

Os eleatas assim foram chamados porque esta escola foi originada na cidade de Eleia, cidade grega no sul da Itália, embora tivesse encontrado seguidores em Atenas, para onde convergiam os gregos, em função do desenvolvimento econômico e cultural da cidade. O próprio Aristóteles, que viveu em Atenas, foi um continuador do pensamento eleático.

Os filósofos eleatas tinham grande identificação com o racionalismo pitagórico, do qual sofreram influência. No entanto, enquanto aqueles imaginavam haver um mundo ideal, exemplar e estruturado – uma espécie de modelo matemático, dentro do qual os seres viviam em obediência a regras gerais –, os eleatas consideravam que a transformação dos seres (os entes, objeto de estudo da Ontologia), a partir de uma substância original, é que representaria a lei geral de tudo.

É importante observar que os filósofos partiram, inicialmente, de pressupostos religiosos ou míticos para os seus postulados. Aos poucos, transitaram para a racionalidade, o que levou à filosofia.

Parmênides de Eleia foi um legislador que viveu entre os anos de 530 e 460 a.C. Escreveu um longo poema, chamado *Sobre a natureza*, que continha as suas ideias filosóficas.

Considera-se que Sócrates teria desenvolvido suas ideias a partir da doutrina de Parmênides.

Segundo Parmênides, somente pela razão o homem obtém a revelação da verdade (*alétheia*). O outro lado da verdade, para ele, é a opinião, que é enganosa e ilusória.

Dizia, também, que a verdade do ser é imutável.

Portanto, para Parmênides, a aparência não é a verdade nem pode conduzir a ela. Afirmava que havia diferença entre *perceber* (sentir as aparências do ser) e *pensar* (contemplar a realidade do ser).

> Com *Parmênides de Eleia* foi iniciado o estudo da Ontologia, ciência que investiga a existência dos seres (vivos e inanimados). Naturalmente, não haveria o estudo dos seres sem a Lógica, instrumento primordial para o conhecimento. Parmênides desprezava as opiniões (*doxa*, em grego), porque originavam-se dos sentidos. Para conhecer a essência dos seres, pensava ele, era preciso chegar à verdade (*alétheia*).

Basicamente, considerava que ser, pensar e dizer eram uma coisa só. Se nós podemos pensar em alguma coisa e falar sobre ela, então esta coisa existe, é verdadeira. Essa foi a base de desenvolvimento do pensamento dos sofistas, que, como veremos, privilegiaram a palavra, o discurso.

A noção de permanência e imutabilidades dos seres representou uma oposição radical à filosofia então reinante, mudando o foco de atenção da filosofia, que passou do universo, ou cosmos, para o ser, ou ente. É considerado o primeiro materialista da história da filosofia.

Xenófanes era um cético em relação às divindades gregas. Foi o primeiro filósofo a defender a ideia de um deus único. Saiu de Cólofon, sua cidade natal, depois da invasão dos persas.

Sua frase mais conhecida: *"Todo inteiro vê, todo inteiro pensa, todo inteiro ouve..."*.

Zenão de Eleia foi o mais jovem dos eleatas. É considerado o criador da dialética, a técnica da argumentação. Opôs-se, como Parmênides, ao pensamento de Heráclito, ao dizer que o universo é imutável, porque o que muda deixa de ser.

Melisso de Samos foi o seguidor de Parmênides que conseguiu sistematizar a sua doutrina. Seu trabalho teve influência na escola filosófica que se seguiu, a dos atomistas.

Xenófanes de Cólofon foi principalmente poeta, mas sua produção poética tem grande conteúdo filosófico.

Nasceu provavelmente em 570 a.C. e morreu por volta de 475 a.C, com quase cem anos.

Questionou, corajosamente, a tradição grega de representar as divindades em forma humana e a qualidade moral desses deuses. Existem 41 fragmentos de suas obras.

Na astronomia, ensinava que existem vários sóis e várias luas no universo.

Zenon de Eleia conviveu com Parmênides, de quem foi ferrenho defensor contra os pitagóricos, buscando provar que o movimento, a mudança, é algo que não existe.

Nasceu em 495 e morreu em 430 a.C., datas não comprovadas historicamente.

Escreveu vários livros: *Discussões*; *Contra os físicos*; *Sobre a natureza*; *Explicação crítica de Empédocles.*

Considerava impossível que algo surgisse do nada, e referia-se diretamente à divindade ao dizer isso.

Melisso de Samos foi militar e ficou famoso por ter comandado a esquadra que derrotou os atenienses do general Péricles, no ano de 441 a.C. Também poeta, escreveu *Sobre o ser ou sobre a natureza*, poema do qual ainda existem dez fragmentos.

Tal como fez Zenon, defendeu Parmênides contra os pitagóricos.

Além de sistematizar a doutrina eleata, chegou a modificar alguns conceitos – afirmou que o ser é infinito no tempo, ou seja, o ser é eterno.

Epígono eleata

O mais importante dos epígonos eleatas foi *Euclides*, nascido na Síria, tendo vivido e estudado em Atenas.

Euclides de Alexandria é considerado o "Pai da Geometria". É tido como um dos matemáticos mais importantes do período clássico da Grécia, com importantes descobertas na álgebra e na geometria. Ensinou na escola criada pelo rei egípcio Ptolomeu I, que ficou conhecida como Museu. Sua principal obra, *Os elementos*, é uma coleção de treze livros, publicada por volta do ano 300 a.C. Euclides também escreveu sobre perspectivas, seções cônicas, geometria esférica e teoria dos números. A geometria euclidiana foi seguida pelo pensamento matemático medieval e renascentista. Somente a partir da Idade Moderna foram construídos modelos de geometria não euclidianas.

Escola atomista – ou pluralista

Os filósofos pré-socráticos atomistas partiam da premissa de que o átomo é a substância primordial do universo. Esse elemento inicial seria homogêneo em conteúdo, e a maneira como se agrupa ou se compõe é que determina a diversificação dos seres e das coisas.

Para eles, o ser era o conjunto sólido de átomos. O vazio, onde não havia átomos, segundo o pensamento desses filósofos, era o não ser. Foram, portanto, os precursores da química e da física moderna.

Os atomistas defendiam que, conforme a maneira como os átomos se compõem, os seres apresentam três diferenças estruturais: na figura, na ordem e na mudança. E, como as maneiras de composição seriam infinitas, os corpos seriam infinitos – ou plurais, o que justifica a forma como a escola foi chamada.

Leucipo de Abdera (também conhecido como Leucipo de Mileto ou Leucipo de Eleia) nasceu provavelmente em 470 a. C. e morreu em 420 a.C. Dedicou-se à astronomia e formulou a teoria de que a Lua está mais próxima que o Sol em relação à Terra. Foi contemporâneo de Sócrates e Empédocles e teria sido mestre de Demócrito. As informações sobre ele são fragmentadas – existem referências a ele nas obras de Aristóteles.

Leucipo foi o primeiro filósofo a estabelecer o átomo como elemento primordial de todas as coisas. Suas descobertas tiveram grande influência na química e na física modernas.

Demócrito de Abdera foi discípulo de Leucipo e aprimorou a teoria atomista.

Acredita-se que tenha nascido em 460 a.C e morrido em 370 a.C. Consta que teria deixado cerca de noventa obras escritas.

Em sua teoria, o universo seria composto por átomos, considerados as partículas primordiais. A própria alma seria composta de átomos que, por ocasião da morte do ser, se desintegrariam.

Demócrito de Abdera é considerado um dos primeiros filósofos materialistas. Os átomos, segundo ele – as partículas originais de todas as coisas e seres, são invisíveis, indivisíveis e eternos. Como Heráclito, defende que o homem esteja em constante movimento, porque os átomos se movem.

Para Demócrito, portanto, já que a alma é algo físico, não pode haver imortalidade. Suas ideias são geralmente consideradas as mais lógicas dentre os filósofos pré-socráticos.

Empédocles de Agrigento (datas prováveis de nascimento e morte: 490 e 430 a.C.) foi médico e estudou a evolução dos seres vivos.

Para ele, não havia um princípio único para todas as coisas, mas misturas, em níveis diferentes, de quatro substâncias: água, fogo, terra e ar. Cada uma dessas substâncias era igualmente importante, e cada ser era diferente na medida da proporção em que elas se misturavam.

Empédocles de Agrigento foi um seguidor das ideias de Pitágoras, com relação à constituição da matéria. Criou uma doutrina em que havia uma "raiz das coisas", que era a composição de quatro substâncias: água, fogo, terra e ar.

Os princípios de sua doutrina: o amor une; o ódio divide.

Aristóteles, mais tarde, chamaria essas substâncias de elementos. Entre as conquistas de Empédocles nas pesquisas físicas, está a de ter provado a existência do ar (que chamava de éter).

Empédocles foi também político, e implantou iniciativas de prevenção de saúde, como drenagem de cursos d'água. Com isso, teria evitado uma epidemia de malária. É tido, justamente por isso, como o primeiro sanitarista.

Deixou dois livros, escritos na forma de poemas. São eles: *Sobre a natureza* e *Purificações*.

Eratóstenes, considerado o Pai da Geografia, nasceu na cidade de Cirene, antiga colônia grega (depois incorporada ao Egito por Ptolomeu III; atualmente está na Líbia), no ano de 276 a.C. Passou a juventude estudando em Atenas.

Além de filósofo pré-socrático, foi geógrafo e astrônomo, tendo realizado importantes estudos com base na matemática. Entre outras realizações, desenvolveu um método para medir as dimensões da Terra, tendo sido o primeiro a calcular o raio do planeta. Criou também um algoritmo, ainda hoje utilizado, que serve para encontrar números primos. Escreveu livros técnicos de astronomia, geometria e geografia, e também um volume de poemas. Seu trabalho lhe rendeu convite para ser professor do herdeiro do faraó Ptolomeu III, do Egito, da longa dinastia ptolomaica à qual pertenceu Cleópatra, filha de Ptolomeu XII. Em 236 a.C. o faraó o nomeou bibliotecário-chefe da importante Biblioteca de Alexandria, no Egito. Permaneceu na função até morrer, em 194 a.C.

OS FILÓSOFOS DA GRÉCIA CLÁSSICA

Os sofistas, primeiros advogados

Sócrates representou o novo pensamento grego, uma revolução filosófica que ainda hoje influencia e inspira os pensadores.

Antes de falarmos dele, entretanto, é preciso lembrar que, na mesma época, desenvolveu-se uma escola de filosofia que teve por base o discurso. Era a escola dos sofistas.

Esses pensadores desenvolveram a oratória e a capacidade de argumentação a tal ponto que se profissionalizaram: passaram a exigir remuneração para ensinar bem como para defender causas e pontos de vista. Foram, por esse motivo, os primeiros advogados de que se tem notícia.

Com os sofistas, a dialética, estabelecida anteriormente por Zenon, ultrapassou as fronteiras da metafísica, tornando-se universal.

Entendiam que a natureza não bastava para explicar o mundo. Mas não tinham como intenção buscar a verdade, como os pré-socráticos pretendiam (até porque pregavam a inexistência de verdades absolutas). Ao contrário, utilizavam-se da dialética e do conhecimento como recursos de ascensão social.

SOFISTA QUER DIZER "mestre da sabedoria".

Os sofistas e suas circunstâncias

Sob o comando do general Péricles, e tendo se beneficiado pela migração de milhares de gregos de localidades na Magna Grécia (que, como já vimos, era a designação da região do sul da Itália) invadida pelos persas, Atenas havia se tornado um poderoso centro econômico.

Atenas, por isso, era integrada por pessoas de diversas culturas, que ajudavam a enriquecer a sociedade grega.

Mais que isso, Atenas estava sob regras políticas avançadas para a época. Os cidadãos (habitantes que não fossem nem estrangeiros, nem escravos) eram os que decidiam, em discussões públicas, as questões importantes para a administração das comunidades. Nessas discussões, a habilidade da oratória era importante para a formação de seguidores, de modo a fazer aprovar projetos.

Quanto a esse aspecto, Protágoras, o idealizador da sofística, dizia que uma ideia só ganhava força quando era compartilhada. Justamente por isso pregava a necessidade de um discurso forte e convincente.

Assim, a participação dos cidadãos crescia, cada vez mais, na administração das cidades. Era, praticamente, a decadência da aristocracia e o alvorecer da democracia.

Pela ausência de guerras com os vizinhos, Atenas – e boa parte da Grécia – vivia um período histórico sem grandes perturbações. Atenas, sob o comando dos generais Milcíades e Temístocles, já havia vencido os reis persas Dario e Xerxes, que ocupavam a Jônia, nas chamadas Guerras Médicas. Nesse ambiente de prosperidade e de paz, os pensadores tinham tempo e condições para se dedicar a atividades mais contemplativas.

A modificação nos hábitos políticos, que resultaria em mudança de costumes e até de atitudes, deixou clara a necessidade de investimento na educação do povo.

Os sofistas, considerados mestres da sabedoria, surgiram nesse período, tendo como meta humanizar a cultura, ou seja, mostrar de que modo, na prática, o homem pode se beneficiar dos achados filosóficos.

Atuaram em várias partes da Grécia, mas seus principais representantes estavam em Atenas, a capital cultural do Ocidente.

Com a mudança social que então era observada, a noção de que o direito seria um conjunto de normas que os deuses haviam enunciado, para organização da *polis* e das *poleis*, passou a ser questionada.

Passaram, assim, a pregar a responsabilidade do homem no cumprimento do que fosse realmente justo, ou seja, a *dike*.

Os sofistas e suas ideias

Enquanto os pré-socráticos queriam entender a natureza das coisas, os sofistas discutiam as convenções que o homem, em sociedade, havia estabelecido.

Para esses pensadores, verdade, moral, justiça e todos os demais preceitos sociais não passavam de invenções humanas. Em outras palavras, não seriam coisas verdadeiras, mas apenas juízos sobre as coisas.

A grande crítica feita aos sofistas – principalmente por Sócrates e Aristóteles, que os consideravam céticos[8] – esteve sempre relacionada à forma como viam os valores e as questões éticas.

Para os sofistas, o que realmente importava eram o interesse e a conveniência pessoal. Em nome de uma vantagem ou de um benefício, usavam todos os recursos do discurso para demonstrar aquilo que mais lhes conviesse, fosse verdadeiro ou falso[9].

---

8 Aristóteles chamava a sofística de "a arte da sabedoria aparente".

9 Hervada observa que "a dissociação entre o mundo do espírito e o mundo da natureza leva – entre outras possibilidades – à teoria dos valores relativos. Visto que, afirma-se, o natural é opaco ao espírito, esse é quem projeta suas próprias formas *a priori*, suas próprias construções sobre o ser" (*Lições propedêuticas de filosofia do direito*. São Paulo: Martins Fontes, 2008, p. 47).

Essa argumentação, baseada na retórica, e muitas vezes até em raciocínios ilógicos, ficou conhecida como *sofisma*.

A sofística pregava a satisfação dos desejos e dos instintos. Diga-se, em defesa deles, que consideravam que os pré-socráticos se ocupavam de assuntos irrelevantes para o dia a dia dos cidadãos, e por isso buscavam analisar temas de maior aplicação na vida prática das *poleis*.

De qualquer modo, dada a relatividade dos valores, já que esses podiam variar de pessoa para pessoa, os sofistas praticamente impediam, com sua filosofia, o estabelecimento de normas gerais de comportamento em sociedade. Portanto, tornavam impossível a aplicação de direitos para todos os cidadãos e, mais que tudo, não permitiam que se chegasse à determinação de um conceito universal de virtude – coisa que Aristóteles faria, mais tarde, principalmente no seu livro *Ética a Nicômaco*.

"O HOMEM é a medida de todas as coisas" (Protágoras).

Os sofistas não foram apenas pessoas que comerciavam seus conhecimentos como professores e oradores. Também desenvolveram teorias filosóficas a respeito da vida do homem em sociedade.

Uma delas, que ganha sentido quando se pensa em democracia, era a de que o Bem não pode estar só nem pode ser único. Para fazer o bem, portanto, o homem precisava ter apoio de outros homens às suas ideias – como já vimos, era a teoria do discurso forte, de Protágoras, que, em última análise, devia levar ao discurso unânime.

Protágoras (sofista que viveu entre 492 a.C. e 422 a.C) é tido como o primeiro a utilizar o termo "filosofia" (no sentido daquele que anseia pelo conhecimento).

Os principais sofistas

Protágoras foi o primeiro a cobrar para dar aulas. Foi o idealizador da sofística – afirmava que, como seu objetivo era formar cidadãos, por meio da educação política, merecia ser chamado sofista (mestre da sabedoria).

Sua teoria baseava-se na premissa de que o homem é a referência de tudo. Dizia: "*O homem é a medida de todas as coisas, das coisas que são, enquanto são, das coisas que não são, enquanto não são*".

Protágoras nasceu, possivelmente, em 492 a.C., dois anos antes da invasão das tropas do rei Dario, da Pérsia (atual Irã), na Magna Grécia. Viveu até 422 a.C.

Sua existência tem algo de lendária, mas de acordo com referências de Aristóteles, que escreveu sobre ele no livro *Sobre a educação*, teria vindo de família modesta, tendo, inclusive, desempenhado funções de auxiliar em estabelecimentos de transporte de cargas.

Chegou a ser amigo íntimo do dirigente ateniense Péricles, que o chamou para escrever a constituição de Thurii, cidade construída pelos atenienses onde antes existira Sibaris, um balneário famoso (Sibaris foi tão opulenta que o gentílico sibarita, ainda hoje, quer dizer pessoa dada aos prazeres físicos, à voluptuosidade e à indolência). Thurii foi anexada por Roma, sendo, mais tarde, devastada pelo exército de Aníbal, durante a Segunda Guerra Púnica.

Protágoras escreveu duas obras importantes. Na primeira, *As antilogias*, trata da natureza recíproca dos contrários (visível e invisível, crença e descrença), o que o levou a duvidar da existência de um ser divino. No livro seguinte, *A verdade*, afirma que o homem é que devia ser o centro de todos os contrários. Por causa disso, foi expulso de Atenas e suas obras foram queimadas.

Górgias nasceu na Magna Grécia, em 483 ou 484 a.C. e morreu com mais de cem anos.

Das obras de todos os sofistas, é dele a maior quantidade de fragmentos preservados – possivelmente porque foi o mais famoso, na sua época.

Seus livros tratam, especialmente, da ontologia e da retórica. Os principais são: *O elogio de Helena, A defesa de Palamedes, Sobre o não ser ou sobre a natureza, A oração fúnebre, O discurso olímpico, O elogio dos elisinos, O elogio de Aquiles, A arte oratória* e *O onosmástico.*

Górgias de Leontini foi escolhido para viajar a Atenas, no ano de 427 a.C., para pedir aos gregos que socorressem sua cidade natal, Leontinos, sob ameaça de invasão dos habitantes da italiana Siracusa. Como sofista, defendeu com tamanha eloquência a causa diante da Assembleia do Povo que foi contratado como professor de filhos de aristocratas.

Defendia a ideia de que a poesia cria uma ilusão, mas uma ilusão legítima e desejável. É razoável supor que a poesia, para ele, representava a arte da linguagem, instrumento dos sofistas para a criação de uma "ilusão justificada".

Seu conceito retórico mais conhecido – embora já existisse na época de Pitágoras – é o *kairós* (momento oportuno, tempo certo, que em teologia significa o tempo de Deus). É diferente de *chronos* (o tempo cronológico, humano, que pode ser medido pelo relógio).

Isócrates nasceu em Atenas (436 a.C) e foi aluno de Górgias. Conviveu com Platão e Sócrates.

Fundou a *paideia* como ideal educacional da Grécia. Assim como fez Platão, afirmava que a educação deve ter algo mais do que apenas ginástica, música e linguagem. Deveria construir o homem como pessoa e como cidadão.

Para defender a *paideia*, escreveu um manifesto chamado "Contra os sofistas", em que censura a técnica retórica vazia de sentido – que só servia para mostrar conhecimento e talento –, bem como aqueles que não buscam a verdade. Nesse manifesto, sua grande crítica é de que os sofistas, como professores pagos, não ensinavam, mas apenas "adestravam" seus alunos.

Isócrates dizia que a verdadeira educação (*paideia*) é que dá ao homem o desejo de se tornar um cidadão perfeito e justo.

Defendia que o estudo das humanidades era mais importante que o ensino das ciências. Para ele, ninguém pode aprender a ser sábio e justo se não tiver inclinação para a virtude.

Sofistas da segunda geração

Credita-se aos sofistas da segunda geração o desenvolvimento da erística, uma espécie de exercício retórico que privilegiava a persuasão. Mas há que se considerar que as ideias de Górgias foram fundamentais para isso, dentro do raciocínio de que o poeta (ou artista, como Górgias se referia aos que dominavam a arte da linguagem) devia criar uma ilusão boa que compensasse o sofrimento causado pelas contradições da realidade.

Vamos a seguir, enumerar os mais conhecidos.

Pródico

Escreveu pelo menos uma grande obra, chamada *As estações*, em que discorre sobre as interferências das entidades divinas sobre os destinos do homem. Isso porque, segundo ele, os deuses podiam se transformar no que quisessem, como o pão, o vinho ou o fogo. Sendo assim, sua teoria é de que o homem é capaz de escolhas, mas sempre sob orientação de uma divindade. Com isso, prega a formação do homem para uma vida prática, voltada às artes e ao conhecimento da natureza.

Hípias

Escreveu discursos, obras filosóficas e obras poéticas. Exaltava a natureza, considerando-a composta de coisas distintas, mas unidas por algo que lhes dava continuidade. Tendo por pilar de pensamento essa totalidade, esse grande todo que é a natureza, rejeitava qualquer separatismo, inclusive a diferença que se pensava existir entre o ser concreto e sua essência. De sua teoria da natureza sobreveio uma abordagem antropológica de mesmo sentido. Dizia que a lei é "o tirano dos homens".

Trasímaco

Foi possivelmente o primeiro a denunciar formalmente o que se considera o principal defeito da democracia: o de ser o sistema das maiorias. Achava que o problema da justiça era filosófico e não histórico. Defendia a concórdia, ou a conciliação, como solução para os conflitos. Diferenciava a ética da política e considerava ambas coisas dissociadas.

Os sofistas e sua influência no direito

Isócrates pregava que o homem precisava da *paideia*, a verdadeira educação, para utilizar uma inclinação natural para a virtude no aprendizado da sabedoria e da justiça.

Hípias, um racionalista, achava que a lei positiva disciplinava a atitude do homem diante da natureza, para instaurar a verdadeira justiça. Mas que a lei só servia aos poderosos. Por isso estudou muitas legislações positivas com o intuito de reformar a democracia.

Trasímaco, por sua vez, também via a lei como mero instrumento do poder, e que estava longe de ser – como deveria – o enunciado racional que garantisse a moralidade.

Note-se, como fechamento deste tópico, que os sofistas despertaram entusiasmo de muitos e ódio de outros tantos. Não tiveram unanimidade, como ninguém teve em todo o mundo.

O fator positivo dos sofistas – o que de longe supera a sua infâmia de "vendedores de conhecimento" – é que representaram a diversidade, propiciada por uma grande mudança social que se operava na cidade de Atenas (e, de resto, em toda a Grécia).

Mais que tudo, esses filósofos foram os primeiros a apresentar a ideia de que o destino do homem está nas mãos do próprio homem, contribuindo inclusive para a construção e consolidação da democracia grega.

Sócrates

Em Atenas, graças aos sofistas, o pensamento evoluíra do naturalismo para uma definição de que o homem tinha responsabilidade ocasional sobre a construção das coisas do mundo.

Sócrates queria ir além: achava que o homem devia usar a razão para encontrar o que é justo.

Sócrates e suas circunstâncias

A cidade-Estado de Atenas, como já vimos, experimentava grande pujança. Vitoriosa sobre os persas, tornara-se o centro militar da época. Dirigida pelo iluminado Péricles, tinha comércio poderoso, boas escolas, incentivo às artes, e estava organizada sob um sistema político inovador e inclusivo, a democracia idealizada por Sólon – um dos sete sábios da Grécia antiga[10].

A principal criação da democracia de Sólon era a *eclésia*, como era chamada a assembleia popular. Nessas assembleias os cidadãos podiam falar livremente, defendendo pontos de vista sobre a administração da cidade e projetos de desenvolvimento.

Não havia líderes eleitos para falar em nome do povo, como na democracia atual. A palavra podia ser tomada por qualquer pessoa que reunisse as condições então necessárias para ser considerada cidadã: ser homem, ser livre, ser natural de Atenas e estar em idade produtiva (por isso estavam excluídos os velhos e as crianças).

Como a boa argumentação e a boa retórica eram importantes para um desempenho favorável nas assembleias, muitas pessoas contratavam os sofistas para que lhes ensinassem a bem expor suas ideias ou até para falar em nome delas.

Levantou-se Sócrates contra os sofistas, seus contemporâneos (que ele se recusava a chamar de filósofos), condenando isso que denominava de "venda de ideias".

Sócrates viveu entre 470 e 399 a.C. Era pobre, filho de uma parteira. Não criou uma escola. Ensinava onde pudesse reunir seus alunos. Algo como o nosso brasileiro Paulo Freire, que dizia que o bom professor pode dar aulas até embaixo de uma mangueira.

Sócrates percorria a cidade de Atenas, praticando a sua técnica do diálogo com os jovens, sempre em lugares públicos. Essa técnica, chamada *maiêutica*, ou parto de ideias, consistia em manter um diálogo irônico que conduzia o interlocutor a aprender e a atingir conclusões.

> *Sócrates* dizia que, quando o homem alcança conhecer a verdade, necessariamente passa a agir bem, porque o bem está indissociavelmente ligado à verdade. Quem agisse mal, segundo ele, fazia-o por ignorância.
>
> Seus alunos mais destacados foram Platão e Aristóteles, que registraram os seus ensinamentos, já que não deixou nada escrito.

Seu pensamento tinha uma sólida base ética. Achava que o homem chegava a ser virtuoso quando alcançava o conhecimento ("Conhece-te a ti mesmo", dizia ele), e em decorrência do conhecimento inclinava-se à obediência da lei – para Sócrates, a obediência à lei era o que diferenciava o homem civilizado do bárbaro.

[10] Eram os seguintes, os sete sábios da Grécia antiga: Brias de Priene, Cleóbulo de Lindos, Periandro de Corinto, Pítaco de Mitilene, Quílon de Esparta, Sólon de Atenas e Tales de Mileto.

A democracia ateniense, no entanto, era uma ameaça à supremacia dos aristocratas, porque dava poderes ao cidadão comum. Os aristocratas, que haviam perdido prestígio em razão de Atenas ter sucumbido a Esparta, na Guerra do Peloponeso (conflito entre Atenas e Esparta, entre 431 e 404 a.C.), achavam que era preciso um regime de governo mais forte e mais centralizado do que a democracia para resgatar o prestígio ateniense.

Sócrates, democrata de grande popularidade, estimulava os jovens de Atenas à análise crítica da sociedade e ao conhecimento dos grandes conceitos da humanidade (o que é a justiça, o que é a verdade). Por esse motivo, passou a incomodar um grupo desses aristocratas, que buscaram pretextos para acusá-lo de corrupção da juventude ateniense.

Em 399 a.C. foi chamado diante do conselho de justiça (em honra à deusa da justiça, Dike, os membros desse conselho eram chamados dikastas) e formalmente acusado de impiedade, por desrespeito aos deuses. Também foi acusado de desvirtuar o pensamento dos jovens que o ouviam, levando-os a se comportarem inadequadamente. Declarou-se inocente e travou um brilhante embate com seus acusadores. Mas não pôde suplantá-los. Julgaram-no culpado e deram a ele a alternativa de renegar suas ideias diante do conselho e, caso não o fizesse, seria executado por envenenamento.

Tão fiel foi Sócrates ao seu pensamento que, considerando o conselho a expressão da lei, obedeceu, recusando-se a desmentir seus ideais. Ingeriu cicuta e morreu no cárcere.

Sócrates e suas ideias

Talvez a maior das divergências entre Sócrates e os sofistas consistisse no seguinte: enquanto os sofistas acreditavam que a justiça – e até própria verdade – era apenas uma convenção dos homens, Sócrates achava necessário buscar o fundamento de todas as coisas, porque só assim seria possível encontrar a verdade e assim chegar ao bem, na vida em sociedade.

Sócrates e sua influência no direito

O filósofo ateniense ensinou, principalmente, pelo exemplo. Deu uma lição de submissão à lei, ao acatar a decisão do tribunal de justiça de sua época, ainda que discordando dele.

Acreditava que, assim fazendo, beneficiava a cidade, a *polis*. Ao mesmo tempo, reafirmava suas convicções religiosas, de que a sua vida virtuosa lhe dava direito a uma vida feliz do outro lado da vida. Uma convicção religiosa que os seus acusadores disseram que ele não tinha.

A condenação de Sócrates teve efeitos marcantes para a filosofia, porque demonstrou, renunciando à própria vida, o princípio da anulação, ou seja, que o mal deve ser combatido com o bem, e que um ato de injustiça pode ser anulado por um ato de justiça. Suas ideias foram prosseguidas pelo seu principal discípulo, Platão.

"SÁBIO É AQUELE QUE CONHECE os limites
da própria ignorância" (Sócrates).

Platão

Foi, principalmente, graças a esse ateniense que as ideias de Sócrates ganharam o mundo e conseguiram a imensa influência que tiveram na filosofia ocidental da época.

Um de seus livros mais importantes é *Apologia de Sócrates*, escrito exatamente para difundir o que o mestre pensava. Em *O banquete*, discute o mito do amor pelo método dialético (do diálogo). Pode-se dizer que sua obra *A República* é a mais importante para o mundo jurídico. Nela, esse filósofo discursa sobre a administração e o funcionamento das cidades, o papel que devem desempenhar os cidadãos e os juízes, além de discorrer minudentemente sobre uma série de importantes conceitos, como o de justiça, virtude, educação, entre outros.

Platão e suas circunstâncias

O principal discípulo de Sócrates vinha de rica família aristocrata ateniense. Aos 20 anos travou contato com o filósofo, tornando-se seu mais assíduo aluno.

Como já dito anteriormente, foi quem registrou, de forma mais completa, as ideias do mestre, dado que este nada deixou escrito.

Consta ter nascido em 428 a.C. (tendo, portanto, 29 anos quando Sócrates foi executado). Testemunhou, no tribunal, a sentença do mestre à morte, sem nada poder fazer.

Depois da execução, passou um período estudando com Euclides, em Mégara.

Posteriormente, dedicou-se a conhecer o mundo, com destaque para o Egito. Contribuiu para o seu afastamento o fato de Esparta haver assumido o governo de Atenas, após Guerra do Peloponeso. Embora fosse um governo progressista, a administração dos Trinta Tiranos, que durou de 404 a 403 a.C., era arbitrária. Isso o levou a idealizar uma nova forma de governo, que descreveu no livro *A República*.

Em visita à Sicília, foi convidado pelo rei Dionísio, o Antigo, de Siracusa (então província grega), para assumir a tarefa de ensinar filosofia aos cortesãos. Alguns anos depois caiu em desgraça e o rei o vendeu como escravo. Conseguiu escapar e voltou a Atenas, onde fundou, numa localidade chamada Academos, uma espécie de escola em que ensinava ciências, retórica e filosofia, e que ficou conhecida como Academia.

Morreu, possivelmente, no ano de 348 a.C., com 80 anos, portanto teve cinquenta anos de vida depois do desaparecimento do mestre, para dar prosseguimento às suas doutrinas.

Platão e suas ideias

Platão personifica, ao lado de Sócrates e de Aristóteles, os criadores da nova filosofia ocidental, que, em vez de lidar com os dilemas da humanidade a partir de uma explicação unicamente baseada nos mitos e na religião, prefere uma explicação fundada na razão.

Claro que não deixou os mitos de lado, porque eles são componentes culturais importantes. Ao contrário, utilizou-os para comprovar suas teorias. Um exemplo disso pode ser visto quando trata do mito de Eros, o deus do amor, no livro *O banquete*. Com uma abordagem filosófica, questiona a natureza humana em relação aos sentimentos e à sexualidade. Para ele, o homem tem que ter amor também à sabedoria (*logos*), ao conhecimento, que o levaria a ser um cidadão virtuoso e feliz.

Platão, diferentemente de Sócrates, preferiu ensinar em uma escola. Fundou em Atenas a Academia, onde ensinava as ciências, a retórica e a filosofia. Foi o primeiro a criar um sistema de reflexão sobre o direito e o justo.

Era um idealista. Acreditava que o mundo era dividido em duas partes: o *mundo sensível*, aquele que pode ser captado pelos sentidos, onde estão os seres vivos e a matéria, e o *mundo das ideias*, um ambiente perene, mas imaterial, que só pode ser alcançado pela inteligência, pela razão.

Como se pode constatar, suas principais ideias foram as mesmas defendidas por Sócrates: o conhecimento leva à virtude, que, por sua vez, conduz ao caminho do bem e à felicidade.

Platão foi, principalmente, um educador. Pela educação, do corpo e do espírito, o homem conseguiria, segundo ele, superar os problemas da vida, inclusive os de ordem moral. Por isso, a Academia ensinava também a música. Foi possivelmente o primeiro filósofo a defender que as mulheres mereciam receber a mesma educação que os homens.

Platão e sua influência no direito

Platão foi um idealista, no sentido de que teve por base a noção de *eîdos* (ideia), um bem supremo inalcançável pelos sentidos humanos, mas que existe dentro de cada pessoa.

Nessa ideia de bem residem a ética e a virtude. É o que diz, por exemplo, no *mito da caverna*. Nele, o filósofo simboliza a distinção entre o mundo exterior, para onde o homem não consegue sair e onde estão as ideias; e o mundo sensível, que seria aquele constituído pelas coisas tangíveis existentes dentro da caverna.

Com esse conceito, Platão aduz existir uma justiça divina, diferente da justiça praticada pelos homens. Para que a justiça fosse eficientemente distribuída, havia que existir um pacto de cooperação entre os homens, estabelecendo a ordem de que alguns mandam e os demais obedecem. Essa ideia está em *A República*, onde Platão também estabelece que a tarefa de educar as almas é do Estado, provendo educação pública e gratuita, para formar cidadãos que trabalhem pelo bem da *polis* e dos outros cidadãos.

"A EDUCAÇÃO deve possibilitar ao corpo e à alma toda a perfeição e a beleza que podem ter" (Platão).

Aristóteles

Se, em Sócrates, houve exagero no realismo, e se em Platão houve exagero no idealismo, Aristóteles surge com o princípio da moderação.

A grandeza de seu nome está justamente no fato de conseguir realizar a síntese do saber universal existente até então, num trabalho que influenciou todo o desenvolvimento da filosofia ocidental moderna.

Aristóteles e suas circunstâncias

Era chamado *O Estagirita*, por ter nascido (384 a.C.) na colônia grega de Estagira, na Trácia (território da Grécia Continental, onde hoje estão a Turquia e a Bulgária).

Estudou desde os 18 anos de idade na Academia que Platão fundou. Saiu de lá vinte anos depois, quando da morte do mestre.

Foi, por três anos, preceptor de Alexandre, o Grande, a pedido do pai deste, Filipe II da Macedônia, que havia conquistado a Trácia.

Não podemos nos esquecer de que as tropas do rei Filipe, na batalha de Queroneia, conquistaram Atenas (além de Tebas, Egito, Pérsia, atual Irã, e Ásia Menor, atual Turquia), acabando com a democracia grega e encerrando o Século de Ouro de Péricles. Os atenienses ansiavam por obter novamente a independência.

Com a morte de Alexandre, em 323 a.C., Aristóteles voltou a Atenas e fundou uma escola perto do templo de Apolo Lício (de onde o nome *Liceu*, dado à sua escola). A escola também recebeu o nome de Perípato, e nela estudaram grandes nomes da ciência, como o físico Estratão de Lâmpsaco e o astrônomo Aristarco de Samos.

Todo o pensamento de Aristóteles foi recolhido, registrado e publicado por Andrônico de Rodes, quase duzentos anos depois da morte do mestre. Outros importantes seguidores da escola peripatética foram Alexandre de Afrodisia (filósofo), Galeno (médico) e Cláudio Ptolomeu (astrônomo).

Aristóteles e suas ideias

Aristóteles acreditava, como Platão, que a alma já existe antes do nascimento da pessoa, sendo independente do corpo e imortal. Esse dualismo entre corpo e alma era explicado como o vir a ser e o que realmente existe.

Aristóteles pregava que existe algo que move todas as coisas, e que, por sua vez, não é movido por nada. Seria esse algo aquilo que origina todas as coisas: o ato é Deus, e a potência, a matéria.

Escreveu muitos livros, que os estudiosos distribuem em quatro categorias: escritos lógicos, escritos sobre a física, escritos metafísicos e escritos morais e políticos.

> Aristóteles costumava dizer: "*Platão e a verdade são meus amigos*". É considerado o filósofo do Bem.
>
> Criou a teoria do motor imóvel, algo puro e eterno que seria a essência de tudo – ou seja, Deus, causa absoluta de todas as coisas.
>
> Suas ideias sobre teologia e filosofia formariam a base do pensamento escolástico de Santo Tomás de Aquino, na Idade Média.
>
> É considerado o fundador da ciência moderna.

Dentre suas principais obras, podem ser citadas: *Metafísica*, em que discute o ser; vários *diálogos* (Sobre a Justiça, Sobre o Bem, Sobre as Ideias); *Ética a Nicômaco*, livro escrito para o filho, discorrendo sobre virtude, justiça e ética; e *Politheia*, coleção de oito livros sobre sociologia, filosofia e direito. Também escreveu sobre a arte da retórica e a arte da poética, dos quais apenas fragmentos chegaram até nós.

Justiça Distributiva e Justiça Comutativa

Aristóteles refletiu a respeito da Justiça como um conceito relacionado à igualdade, mas uma igualdade proporcional: dever-se-ia tratar de forma igual os iguais e de forma desigual os desiguais, na medida e na proporção de suas desigualdades.

Para o filósofo, reconhecer um ato injusto e interpretá-lo *a contrario sensu* é um método para reconhecer o que é um ato justo, ou seja, seria mais facilmente identificável o injusto do que o justo.

Partindo dessa reflexão, indicou duas formas ou tipos de justiça: a justiça geral, segundo a qual se identifica que uma conduta de acordo com a lei é, por isso, justa (ação justa é a ação de acordo com a lei, ou seja, o "justo total"); a justiça particular, subdividida em justiça distributiva e justiça corretiva.

A justiça distributiva seria aquela relativa à distribuição de bens e direitos entre todos os integrantes de uma comunidade, de forma proporcional. Enquanto justiça corretiva, teria em vista equilibrar relações no âmbito penal ou contratual, e nesse intuito haveria igualdade absoluta, um justo corretivo ou reparatório nos negócios entre os indivíduos.

A justiça corretiva pressuporia, portanto, igualdade absoluta (um dano corresponderia a uma indenização).

Aristóteles propôs, como forma de estabelecer a igualdade de acordo com princípios de proporcionalidade fundada no mérito de cada um, diferenciando-se da justiça corretiva, que prevê a igualdade absoluta, a justiça distributiva: haveria injustiça sempre que a distribuição fosse injusta, ou seja, quando não fosse dado a cada um o que é seu. Note-se, porém, que, na lógica aristotélica, a justiça requer também proporcionalidade: aos iguais se devem os mesmos encargos e proveitos dados aos desiguais, proporcionalmente, e partes diferentes dadas de acordo e na medida de sua desigualdade em relação aos demais.

Aristóteles e sua influência no direito

O pensamento de Aristóteles teve grande influência no direito que temos contemporaneamente, em várias dimensões.

Uma delas foi a questão da justiça, que ele considerava uma virtude, como a coragem e a temperança. Para ele, toda virtude é um hábito racional, adquirido com o exercício e com a ação. Já a justiça é a procura da ponderação entre dois extremos, para não incorrer nem no excesso, nem na deficiência (ou insuficiência).

Haveria distinções entre as formas de justiça: o justo legal, o justo por natureza, o justo pela troca, o justo pela distribuição etc. Tais considerações sobre a justiça estão no livro *Ética a Nicômaco*.

Outra dessas dimensões foi sua teoria sobre a moral. Ele considera que todo ser deve realizar sua natureza de maneira plena, e assim alcançará a felicidade; como a natureza do homem é a racionalidade, o homem se realiza quando vive ancorado na razão. Essa é a base do racionalismo aristotélico, que diz que as virtudes devem ser adquiridas pela educação e pela vontade.

A terceira dimensão é a ética. Dizia Aristóteles que as virtudes éticas são fundamentalmente sentimentais e afetivas (ao contrário das virtudes intelectuais, que decorrem de atividade racional), e que devem ser governadas pela razão. Mas, moderado como era, Aristóteles defendia que a virtude intelectual precisa da virtude ética para ser completa.

Aristóteles, no livro *A política*, explica que a moral é individual, enquanto a política é coletiva. A cidade (ou o Estado) tem primazia sobre o indivíduo e o bem comum sobre o bem particular, porque o homem é um ser social. Compete ao Estado a tarefa de educar os indivíduos para que se tornem cidadãos úteis à *polis*.

"A FINALIDADE DA ARTE é dar corpo à essência secreta das coisas, não copiar sua aparência" (Aristóteles).

OUTRAS CORRENTES DO PENSAMENTO GREGO

Ao tempo de Sócrates, um grupo de filósofos desenvolveu uma corrente de pensamento chamada **cinismo.** Segundo os cínicos, a virtude consistiria em libertar-se das normas sociais e dos costumes. Para atingir essa virtude o homem devia despojar-se de todas as imposições sociais (como a riqueza e o poder, considerados fúteis) e dedicar-se apenas a satisfazer as necessidades vitais básicas, como comer e dormir. O principal representante do cinismo foi Diógenes, um filósofo que levou o pensamento ao extremo, tendo passado a vida na mais completa pobreza. Segundo relatos históricos, ele vivera nu, dentro de um barril.

Outra corrente de pensamento foi desenvolvida por Pirro, e chamava-se **ceticismo.** Segundo os céticos, era impossível conhecer a verdade de qualquer coisa que fosse. Portanto, a filosofia devia ser uma negação da sabedoria. Com isso, tudo o que era considerado valor para a sociedade devia ser desprezado, e o homem devia manter-se indiferente a tudo o que ocorre no mundo. O ceticismo teve por base o pensamento brâmane, uma das castas do povo da Índia. A felicidade, para os céticos, era obtida quando se alcançasse um estado que chamavam de *atraxia*, um estado de paz que não se deixa perturbar por nada.

Essas duas correntes não tiveram maior destaque na construção da filosofia do direito, principalmente porque não defendiam valores. Para o pensamento que os filósofos do cristianismo elaboraram, na Idade Média, foram outras duas correntes que se destacaram: o epicurismo e o estoicismo, que veremos a seguir.

Epicurismo, prazer com ética

Há uma certa confusão quando se fala em epicurismo, porque algumas pessoas imaginam que é a corrente filosófica que prega a entrega total aos desejos e aos prazeres mundanos. Nada disso. Epicurismo é um posicionamento espiritual no sentido de negar a dor e as perturbações, privilegiando, ao contrário, as coisas positivas e a natureza humana, sempre respeitando a ética.

Já vimos que a Grécia estava sob a dominação da Macedônia no século IV a.C. O povo grego, submetido a um poder estrangeiro, perdia não só liberdade política, mas a própria identidade. O centro do poder deslocou-se de Atenas para Alexandria, no Egito. As cidades gregas, acostumadas a ter cada uma o seu governo, foram reunidas sob um único governante, e a organização política baseada na democracia foi eliminada.

Viveu nessa época o historiador Heródoto, amigo e seguidor de Epicuro, que registrou a derrocada da civilização helênica. A situação ficaria ainda pior com o surgimento do Império Romano, que tomaria o lugar das tropas de Alexandre Magno na conquista da Grécia.

Os pensadores gregos, nessa época, não se ocupavam mais da política, porque não havia mais a liberdade de consciência que a participação popular fizera florescer no século anterior. Passaram a refletir, pois, sobre a ética.

Por meio do estudo do comportamento humano, julgavam obter instrumentos para estabelecer normas práticas de conduta que permitiriam alcançar a serenidade interior e a felicidade.

Epicuro e suas circunstâncias

Epicuro buscava alcançar a felicidade, um estado de espírito caracterizado pela inexistência de dor física (*aponia*) com simultânea tranquilidade completa da alma (*ataraxia*). A dor existe, ele admitia, mas provém de desejos insatisfeitos, é passageira, e pode ser atenuada por bons pensamentos, de experiências prazerosas.

O epicurismo é, basicamente, o domínio das emoções.

A natureza é a mestra dos homens, dizia ele. Observar e imitar os animais, que se afastam do sofrimento e buscam o prazer, é o caminho.

Epicuro de Samos, que viveu entre 341 a.C. e 270 a.C., foi quem formulou essa corrente de pensamento. Atuou como professor de gramática durante algum tempo. Mais tarde abriu uma escola, em Atenas, que ficaria conhecida como o Jardim de Epicuro. Ensinava que a filosofia tem o papel de libertar o homem dos seus medos, como o medo da morte e o medo dos deuses. Para ele, a morte nada mais era do que a desintegração dos átomos que compõem o corpo e a alma. E que esses átomos, já que eram eternos e indestrutíveis, depois de morto o indivíduo, ficavam livres para se combinarem de outra forma e constituir outro indivíduo.

Nas suas mais de 300 obras, sua principal inspiração foi a teoria atômica de Demócrito, que vimos anteriormente, de que tudo o que existe, seja matéria, seja a própria alma, é formado de átomos de diferentes naturezas, combinados de diferentes maneiras.

Com essa explicação, pretendia que as pessoas enxergassem a morte como uma consequência natural da condição humana, sem precisar, portanto, causar tristeza a ninguém. Até porque, cessada a vida, cessavam os sentimentos – portanto, morto não sofre. Da mesma forma, se o mundo é formado de átomos, deuses são entidades que alcançaram o equilíbrio total e vivem em estado de felicidade. Com esse pensamento, contestava o senso comum da época de que os deuses eram seres vingativos, dominados por paixões humanas, cuja ocupação principal era atormentar os homens e mantê-los em estado de constante purificação.

Epicuro é considerado o principal precursor do movimento anarquista que ocorreu no período clássico. Modernamente, o anarquismo foi primeiramente formulado por William Godwin, e aperfeiçoado por Pierre-Joseph Proudhon. Para esses estudiosos, contrariamente à ideia geral, anarquismo não é a ausência de ordem, mas a ausência de coerção, principalmente de governantes.

Epicuro e suas ideias

O "filósofo do prazer" considerava fundamental que o homem conhecesse a realidade, por meio das sensações, para o entendimento da natureza e de suas leis.

A partir dessa compreensão, devia estudar a ética, para que, praticando a conduta correta, pudesse ser feliz como indivíduo e, em consequência, fizesse o grupo social feliz. Em outras palavras, pela procura incessante do conhecimento, o indivíduo saberia distinguir com sabedoria aquilo que é necessário para a vida e aquilo que não importa. O papel do homem na terra, portanto, era aprender sem parar, para conseguir escapar a tudo aquilo que lhe causava sofrimento.

Epicuro considerava que o ponto inicial de qualquer conhecimento era a sensação. Em seguida ao primeiro contato, o conhecimento precisava ser ratificado, confirmado pela alma – porque aquilo que é alcançado pelos sentidos deve servir de parâmetro para aquilo que não se vê, não se apalpa, não se sente.

Epicuro e sua influência no direito

No aspecto jurídico, uma nota característica desse pensador foi a relativização do conceito de justiça. Distanciando-se de aspectos mais abstratos, passou a pregar que a justiça não seria mais do que uma espécie de pacto que as pessoas celebravam entre si para não prejudicar nem ser prejudicado.

Percebe-se, portanto, a grande aproximação de Epicuro com o pensamento do famoso pretor Ulpiano que, tanto no *Digesta* quanto no *Institutionis* já pregava: "Iuris praecepta sunt haec: honeste vivere, alterum non laedere, suum cuique tribuere" (ou seja: "São estes os preceitos do Direito: viver honestamente, não lesar o próximo, dar a cada um o que é seu").

A esse preceito Epicuro denominava "justo segundo a natureza".

Quem burlasse esse pacto, ou mesmo cometesse injustiça no seu caminho para fugir do sofrimento, era punido principalmente por ele mesmo, pelo temor de um dia ser descoberto e castigado por aqueles que têm a função de descobrir e castigar.

Em suma: para Epicuro, o bem está no equilíbrio.

"O HOMEM BEM-NASCIDO SE DEDICA principalmente à sabedoria
e à amizade: dois bens, dos quais um é mortal,
e o outro imortal" (Epicuro).

Estoicismo, a resistência ao prazer

Os filósofos do estoicismo, diferentemente dos epicuristas, pregavam que o homem devia enfrentar os seus deveres, mesmo que tivesse que suportar dores e desconfortos.

Desse modo, a recomendação era de que a vida devia ser uma constante prática virtuosa, o que incluía despir-se de preocupações com a riqueza, a morte, a fome, o cansaço. Tudo isso deveria ser aturado em nome de alcançar-se a sabedoria, o único valor efetivo da humanidade. Portanto, o objetivo maior era a virtude.

O mundo, para os estoicos, era regido por uma lógica universal. Ser estoico equivalia a ser indiferente em relação a tudo – fosse prazer ou sofrimento – que não tivesse ligação direta com a aquisição da sabedoria. Viver de acordo com a natureza e não contra ela, superando paixões e desejos.

Os estoicos e suas circunstâncias

Embora *Zenon de Cítio* tenha sido o fundador do estoicismo, foram seus seguidores que transformaram sua doutrina em contribuições diretas para a organização social da época. Um deles foi o imperador romano Marco Aurélio. Outro foi o escritor Sêneca, que defendia uma vida simples e despojada, obediente à ética e à predestinação[11].

---

11 Os escritos de Sêneca influenciariam, mais tarde, o pensamento do suíço João Calvino, responsável pela reforma do protestantismo.

Mas talvez o mais importante dos estoicos tenha sido o romano *Marco Túlio Cícero*. Grande orador e advogado, tinha especial ojeriza por um dos chefes políticos, Lúcio Catilina, auxiliar do imperador Pompeu. Contra esse chefe, Cícero um dia teria dito (segundo relata Plutarco):

– Uma vez que empregamos, no governo, eu a palavra e tu as armas, é preciso que um muro se erga entre nós.

Cícero viveu em uma Roma violenta, onde a República incipiente não se consolidava por causa de intermináveis intrigas de poder. Havia assassinatos frequentes, os escravos eram tratados com a máxima brutalidade e o triunvirato governante estava mais ocupado em guerras de conquistas do que em cuidar da organização político-social da capital – Pompeu na Ásia, César na Gália e Crasso na Pérsia.

Os estoicos e suas ideias

Cícero, sintetizando o pensamento estoico, dizia que a elevação da alma se percebe nos perigos e nos trabalhos.

Para os filósofos do estoicismo, os epicuristas erravam quando orientavam os cidadãos a trabalhar por si próprios, pela sua comodidade individual. O correto seria lutar pelo bem comum, pela sociedade como um todo.

A filosofia, para os estoicos, servia apenas para a solução dos problemas morais da humanidade. Portanto, a filosofia era um instrumento, uma ferramenta pragmática.

Da mesma forma que os epicuristas, os estoicos ensinavam que os sentidos são os fundamentos para o conhecimento.

Do ponto de vista político, não limitavam o homem à sua cidade natal ou de adoção. Ao contrário, o homem era considerado um cidadão do mundo, um habitante do universo (ou do cosmos, e daí surgiu a palavra cosmopolita). Esse é um ponto importante: para os estoicos, a noção de vida virtuosa ligava-se à relação entre a alma e Deus, e não entre o cidadão e o Estado – concepção fruto da ampla liberdade, individual e política, que vigia na Grécia antiga antes da invasão macedônica e, após, dos romanos. Emerge daí o caráter apolítico do estoicismo, ao depois repercutido pelo próprio cristianismo.

Epiteto (ou Epitecto) foi um dos filósofos estoicos. Nasceu na cidade de Hierápolis, na Frígia, região da Grécia localizada no continente asiático, que hoje é a Turquia. Viveu entre os anos 50 e 135 depois de Cristo – as datas são aproximadas. Menino ainda, foi levado para Roma como escravo. Mas, graças aos bons relacionamentos de seu senhor, estudou filosofia com o estoico Musônio Rufo. Sabe-se que, por volta dos 40 anos de idade, obteve a libertação, por condescendência do imperador ou simplesmente porque o monarca queria os filósofos estoicos exilados longe de Roma. Epiteto seguiu então para a Grécia, onde, na cidade de Nicópolis, abriu uma escola. Nada escreveu, mas seus ensinamentos foram registrados por Flavio Arriamo (que viria a ser mais tarde o historiador de Alexandre, o Grande), que publicou seus discursos num livro conhecido como *Manual* ou *Discursos de Epiteto*. Seu pensamento influenciou inclusive o imperador Marco Aurélio na produção do livro *Meditações*.

Ao lado de Sêneca, outro filósofo que havia sido escravo, e do próprio Marco Aurélio, Epiteto inaugurou o movimento conhecido como os "novos estoicos", que prezava a virtude como o único valor real da sociedade. O fundamento de sua doutrina, que passou a fazer parte da Ética, era o sentimento do dever e da responsabilidade.

Quando Platão sonhou com a existência de um líder que pensasse como filósofo e que avaliasse o mundo por meio da razão, mas com sensibilidade, pelo bem da coletividade, não imaginou certamente que menos de cinco séculos depois surgiria um homem assim.

Marco Aurélio, o imperador filósofo, responsável pelo que talvez tenha sido o momento mais digno e importante da Roma dos Césares, foi esse homem. Viveu entre os anos 121 e 180 depois de Cristo e enfrentou muitas guerras para manter a hegemonia de um império já decadente, mas mesmo nos acampamentos, nos intervalos entre batalhas, encontrou tempo e serenidade para escrever sobre o sentido da passagem do homem pela Terra. Suas reflexões, em trechos curtos, mas de grande densidade e muita doçura, foram reunidas depois de sua morte e publicadas num livro que se intitulou *Meditações*.

É um livro de posições sábias, no qual o filósofo demonstra a necessidade de compreender, mais do que censurar, as pessoas que apresentam defeitos de caráter. Assim, recomenda perdoar o mentiroso, o arrogante, o avarento, o invejoso e até mesmo o traidor. E não apenas recomendou, mas agiu conforme pregava. Foi um imperador bondoso e sábio. Num filme lançado no ano 2000, chamado *O gladiador*, dirigido por Ridley Scott, o imperador é vivido pelo ator Richard Harris. Foram respeitadas as atitudes do imperador, no sentido de percepção racional do mundo, mas ao mesmo tempo de sensibilidade e de respeito pelas pessoas – inclusive os inimigos e o próprio filho traidor (interpretado pelo ator Joaquim Phoenix).

"O MELHOR MODO DE VINGAR-SE DE UM INIMIGO,
é não se assemelhar a ele." (Marco Aurélio).

Entendendo a história: o direito em Roma

O direito romano teve por base a doutrina estoica, no sentido de que formulava deveres e atitudes que deviam ser seguidos universalmente.

Cícero pensava serem mais importantes os padrões morais do que as leis outorgadas pelos governantes (verificando-se, aí, portanto, o princípio do Direito Natural). O governo, para ele, servia tão somente para proteger a vida e a propriedade dos cidadãos.

Resumidamente, podemos dizer que a moral estoica determinava que o homem, para ser virtuoso, usasse a racionalidade para respeitar a ordem divina e viver de acordo com essa ordem.

Dois acontecimentos alteraram o quadro político e social depois de Aristóteles. Um deles foi o surgimento de Roma como potência militar – e já vimos que o estoicismo desenvolveu-se ao tempo do Império Romano, tendo contribuído largamente para a construção do pensamento jurídico. O outro acontecimento foi o advento do cristianismo, que representou uma nova maneira de pensar o papel do homem no mundo e que, de certa forma, levou à queda do Império Romano.

Enquanto o pensamento cristão se consolidava, surgiram alguns movimentos filosóficos, mas sem grande originalidade.

Um desses movimentos foi o **gnosticismo**, um misto de filosofia antiga, elementos cristãos e mitos pagãos. Seus representantes mais importantes: *Basílides* e *Valentim*.

Já dentro do cristianismo – no século II depois de Cristo – o primeiro movimento filosófico ficou conhecido como **apologista**.

Era formado por padres católicos que buscavam divulgar a doutrina religiosa aos intelectuais da época como se fosse uma corrente filosófica. Desse modo, pretendiam escapar do martírio imposto a quem negava os deuses pagãos. Um desses padres foi *Santo Aristides*, que teria sido responsável pela decisão do imperador romano Adriano de moderar a perseguição aos cristãos.

Mas um dos mais importantes foi o **neoplatonismo**, uma espécie de resgate da filosofia de Platão combinada com algumas ideias de Aristóteles (as coisas chegam mais perto da perfeição quando se aproximam de Deus). Seu principal representante foi *Plotino*.

Plotino nasceu em 205, já na era cristã, em Licópolis, no Alto Egito. Aos 28 anos, como costumavam fazer todos os intelectuais da época, seguiu para Alexandria, a cidade onde havia a mais importante biblioteca da Antiguidade. Ali, foi ser discípulo de Amônio Sacas, que lhe ensinou a filosofia da escola neoplatônica. Entusiasmado, pretendeu aprofundar-se e quis conhecer a filosofia dos persas (a Pérsia é o atual Irã). Assim, no ano de 243 da era cristã, alistou-se no exército do imperador Giordano. Participou de várias batalhas militares e acabou por desistir. Seguiu para Roma e abriu uma escola, onde passou a ensinar uma doutrina que reuniu em 54 tratados.

O pensamento de Plotino tem por base três substâncias, que ele chamou de hipóstases. A primeira é o Uno, um deus absoluto que é a fonte de todo ser e de todo conhecimento. A segunda substância é a Inteligência, princípio geral que faz com que se desenvolva a justiça, a virtude e a beleza. A terceira substância é a Alma – não a alma individual, mas uma alma universal, superior. Abaixo dessas substâncias, ou hipóstases, está o mundo material, onde estamos nós, humanos, não criaturas do Uno, mas apenas derivadas de sua essência, e que devem absorver a Inteligência para desenvolver a alma individual no sentido do que é bom e do que é belo, como queria Platão.

A doutrina de Plotino foi difundida pelo seu discípulo Porfírio, e consta que influenciou profundamente o pensamento e a obra de Santo Agostinho.

"A ALMA SÓ É BELA PELA INTELIGÊNCIA, e as outras coisas, tanto nas ações como nas intenções, só são belas pela alma que lhes dá a forma da beleza" (Plotino).

LINHA DO TEMPO – PRIMÓRDIOS DA FILOSOFIA

(datas prováveis)

Ano 2100 a.C. – Primeira tentativa conhecida de organização de leis, o Código de Ur-Nammu, na Assíria.

Ano 1780 a.C. – Criado o Código de Hamurabi, com forte reciprocidade entre delito e pena.

Ano 1500 a.C. – Surge a filosofia naturalista, primeira organização do pensamento grego, na região que hoje compreende Grécia, Turquia e Chipre.

Ano 600 a.C. – Considera-se a data de início da fase inaugural da filosofia grega, com Tales de Mileto.

Ano 580 a.C. – Anaximandro de Mileto desenvolve a teoria do infinito.

Ano 560 a.C. – Anaxímeses de Mileto afirma que a lua brilha porque recebe luz do sol.

Ano 530 a.C. – Xenófanes de Cólofon questiona a tradição grega de representar as divindades em forma humana, com igual qualidade moral.

Ano 520 a.C. – Heráclito defende que há uma constante transformação no universo.

Ano 510 a.C. – Pitágoras defende o racionalismo, para validade do pensamento. Na mesma época surgem os sofistas.

Ano 500 a.C. – Parmênides iniciou o estudo da Ontologia, ciência que investiga a existência dos seres vivos e inanimados.

Ano 490 a.C. – Empédocles de Agrigento criou a doutrina de que o universo é composto de quatro substâncias: água, fogo, terra e ar.

Ano 470 a.C. – Anaxágoras de Clazômenas explica o fenômeno dos eclipses.

Ano 460 a.C. - Zenon de Eleia cria a dialética, a técnica da argumentação. Na mesma época, Protágoras, o idealizador da sofística, utiliza pela primeira vez o termo "filosofia", no sentido daquele que anseia pelo conhecimento.

Ano 450 a.C. - Leucipo de Abdera estabelece o átomo como elemento primordial de todas as coisas. Suas descobertas tiveram grande influência na química e na física modernas.

Ano 441 a.C. – Melisso de Samos comanda a esquadra que derrotou os atenienses de Péricles. Também filósofo, afirmou que o ser é infinito no tempo. Ou seja, o ser é eterno.

Ano 440 a.C. – Demócrito de Abdera, primeiro filósofo materialista, conclui que a alma não pode ser imortal, já que é uma coisa física.

Ano 440 a.C. – Surge Sócrates, que inicia a segunda fase da filosofia grega, também chamada de fase dualista. Segundo ele, quando o homem chega à verdade, passa a agir conforme o bem.

Ano 430 a.C. – Górgias, outro sofista, afirma o conceito retórico do kairós (momento oportuno, tempo certo, que em teologia significa o tempo de Deus), em oposição ao conceito de *chronos* (o tempo cronológico, humano, que pode ser medido pelo relógio).

Ano 420 a.C. – Diógenes cria a corrente dos cínicos, para quem a virtude consistia em libertar-se das normas sociais, dos costumes, da riqueza e do poder.

Ano 410 a.C. – Isócrates, também sofista, afirma o conceito da paideia, a educação global, que dá ao homem o desejo de se tornar um cidadão perfeito e justo.

Ano 400 a.C. – Hípias defende uma lei positiva para disciplinar o homem diante da natureza. Trasímaco afirma que a lei é apenas instrumento do poder e não garante a moralidade.

Ano 399 a.C. – Platão, principal discípulo de Sócrates, assiste à condenação do mestre, sobre quem escreveria "Apologia de Sócrates".

Ano 340 a.C. – Epicuro desenvolve a teoria epicurista, em que o homem deve privilegiar as coisas positivas, sempre respeitando a ética.

Ano 330 a.C. – Surge a doutrina do estoicismo, com Zenon de Cítio, pregando que o homem deve enfrentar os seus deveres, ainda que isso represente dor e desconforto.

Ano 322 a.C. – Morre Aristóteles, o filósofo que conseguiria fazer a síntese da filosofia existente até então.

OS FILÓSOFOS DO CRISTIANISMO

O pensamento grego clássico foi de tal maneira importante que os primeiros filósofos que seguiam o cristianismo, já no início da Idade Média[12] (ou seja, mais de 500 anos depois), recorriam ainda aos métodos dos gregos para refletir sobre o homem e sobre o universo. A diferença é que, naquela época, a filosofia baseava-se em uma nova premissa, a do teocentrismo. Deus passava a ser o centro de todas as análises filosóficas das coisas, dos seres e dos acontecimentos do mundo. Entre as preocupações dos filósofos do cristianismo estava, além da religião, a moral.

A um primeiro exame, o advento do cristianismo podia representar um retrocesso em relação aos avanços do pensamento da filosofia até aquele momento.

Era, em suma, um movimento religioso, que usava a filosofia apenas como suporte, e colocava a fé acima da razão. Isso explica a rejeição inicial que sofreu. Mas, a dissolução do Império Romano e a presença dos bárbaros na Europa permitiram a organização de uma classe eclesiástica fortalecida e, com ela, a consolidação do culto cristão.

Outra diferença entre o cristianismo e o pensamento religioso, que imperava na Grécia e em Roma, tem conexão com a noção de divindade.

Aristóteles falava de um deus perfeito, olímpico, disposto a uma altura de onde apenas observava o mundo. O cristianismo, por seu turno, trazia um Deus tomado pelas paixões humanas – como a ira, a vingança e a comiseração.

A partir dessas diferenças, e graças a pensadores que se debruçaram sobre as possibilidades abertas pela nova religião, começou a ser constituída uma corrente filosófica que seria consolidada inicialmente, no primeiro século depois de Cristo, por *São Paulo*, considerado o organizador das ideias basilares do cristianismo como doutrina religiosa.

A principal contribuição de São Paulo, no campo do Direito, foi uma nova visão do conceito de justiça, diferente do que era aceito pela filosofia grega. Para ele, o homem justo era aquele que vivia pela fé, mesmo que não houvesse leis. Considerava que toda autoridade provinha de Deus, e, portanto, o homem justo devia obediência às autoridades.

Em outras palavras, assim como o estoicismo de Cícero, aproximava-se muito do conceito de Direito Natural.

Mas foi no começo do segundo milênio que a filosofia do cristianismo foi sistematizada por *Santo Ambrósio* e, pouco tempo depois, ganhou corpo com *Santo Agostinho*[13].

---

[12] O evento que marca historicamente o fim da Idade Antiga foi a deposição de Rômulo Augusto, último imperador do Império Romano do Ocidente, no ano de 476 d.C.

[13] Os primeiros doutores da Igreja Católica foram Santo Agostinho, Santo Ambrósio, São Gregório Magno e São Jerônimo de Strídon, por proclamação do papa Bonifácio VIII, no ano de 1298. O papa Pio V, em 1568, proclamaria outros quatro doutores da igreja, todos gregos: São João Crisóstomo, São Basílio de Cesareia, São Gregório de Nanzianzo e Santo Atanásio de Alexandria, além de Santo Tomás de Aquino. Em 1588, foi a vez de São Boaventura. Somente mais de um século depois a Igreja retomou a nomeação de seus doutores: Santo Anselmo (1720), Santo Isidoro de Sevilha (1722), São Pedro Crisólogo (1729), Papa Leão, o Grande (1754). Depois de nova interrupção, os papas Leão XII, Pio IX e Leão XIII indicaram São Pedro Damião (1823), São Bernar-

Santo Ambrósio, precursor de Santo Agostinho

Foi a pregação de *Santo Ambrósio*, como bispo, que converteu Santo Agostinho ao cristianismo. Santo Ambrósio foi o responsável pelo que se chamou o "auge da patrística".

Nasceu no ano de 340, na cidade de Tiel, na Germânia, atualmente Alemanha. Era irmão de Santa Marcelina. Teve origem nobre e chegou a ser governador de Milão. Nessa função, graças à sua notável capacidade de oratória, foi convidado a substituir o bispo de Milão, que falecera. Para aceitar, teve que ser batizado, ordenado padre e consagrado bispo, tudo isso a um só tempo.

Durante sua vida religiosa, escreveu muitas cartas para governantes, pedindo a compreensão deles para com os cristãos. Morreu no ano de 397.

"NINGUÉM CURA a si próprio ferindo o outro" (Santo Ambrósio).

Santo Agostinho, religião e filosofia

Com os aspectos mundanos de sua vida, exerceu, no seu tempo e continua a exercer hoje, muita influência em toda a cultura ocidental, mesmo entre os não cristãos.

Dono de retórica inigualável, aproveitou a habilidade para enorme correspondência e para produzir vários livros. Escreveu, além dos tratados teológicos, obras de filosofia, embora não tenha proposto um sistema filosófico completo. Na filosofia, foi um apaixonado em busca da verdade, que acreditava estar no interior do homem. Seguiu Platão, ao afirmar que, para conhecer verdadeiramente, é preciso estar em contato com o mundo inteligível. Seu trabalho tem traços do pensamento estoico.

Sua obra mais importante, *A Cidade de Deus*, tem sido vista como uma afirmação da oposição entre Igreja e Estado, mas na realidade é uma lição de síntese entre a religião e a filosofia.

Os escritos de *Santo Agostinho* representaram uma síntese positiva entre religião e filosofia, principalmente nas obras *Confissões* e *A cidade de Deus*.

Concordando com Platão (seu principal inspirador), Santo Agostinho achava que o homem, mesmo submetido à predestinação de origem divina, devia permanecer livre em sua vontade. Estava posta, portanto, a diferença entre a *lex aeterna* (lei natural, ou lei de Deus, que se preocupa com a alma) e a *lex temporalem* (lei temporal, ou lei dos homens, que trata da justiça).

Santo Agostinho e suas circunstâncias

Santo Agostinho, ou Aurélio Agostinho, nasceu na província romana de Tagaste, na África (local onde hoje é a Argélia), no ano de 354.

Mandado para estudar em Cartago, também na África, aprendeu literatura e retórica e pôs-se a dar aulas. Insatisfei-

---

do de Claraval (1830), Santo Hilário de Poitiers (1851), Santo Afonso de Ligório (1871), São Francisco de Sales (1877); em 1883, foram três: São Cirilo de Alexandria, São Cirilo de Jerusalém e São João Damasceno; em 1899, São Beda. Todos os demais foram indicados no século XX: o papa Bento XV indicou Santo Efrém da Síria (1920); o papa Pio XI indicou São Pedro Canísio (1925), São João da Cruz (1926), São Roberto Belarmino e Santo Alberto Magno (1931) e Santo Antonio de Lisboa e Pádua (1946). O papa João XXIII indicou São Lourenço de Brindisi (1959). Mas foi o papa Paulo VI que elevou a primeira mulher à condição de doutora da igreja: Santa Teresa D'Ávila (em 1970). O mesmo papa elevou, no mesmo ano, Santa Catarina de Siena. A terceira mulher, Santa Teresinha do Menino Jesus, foi indicada em 1997, pelo papa João Paulo II. E, afinal, o papa Bento XVI indicou, em 2012, São João de Ávila e Santa Hildegarda de Bingen.

to, seguiu para Roma, em busca de desafios, e acabou sendo nomeado para um cargo de professor em Milão, onde conheceu Santo Ambrósio, que o influenciou profundamente.

Seu despertar para a filosofia teve esse apoio, mas também contribuiu a leitura que fez, aos 28 anos, da obra de Cícero. Decidiu-se por receber o batismo – das mãos de Santo Ambrósio. Algum tempo depois, voltou para Hipona, onde foi consagrado bispo e onde permaneceu até a morte, no ano 430. Como bispo, Santo Agostinho promoveu a canonização da própria mãe, Santa Mônica.

Santo Agostinho e suas ideias

Da mesma forma que já o fizeram Sócrates e Platão, Santo Agostinho ensinava que a melhor maneira de purificar o espírito era a educação, porque o espírito educado pensaria com clareza e com verdade. Além disso, quando a pessoa tem fé, estaria, também, mais perto de Deus.

Em resumo, pregava que era preciso chegar ao íntimo do ser para crer, e era preciso crer para chegar ao íntimo do ser. A forma de fazê-lo não seria outra senão estudando, conhecendo o mundo pela inteligência e pela razão, mas mantendo a fé de que cada coisa, já que fora criada por Deus, tinha qualidade essencial de bondade e de beleza.

A partir de Santo Agostinho – que tirou a religião da condição de metafísica, aproximando-a da filosofia, com metodologia de estudo, e enfim transformando-a em teologia – o cristianismo deixou a clandestinidade e mudou a história do Ocidente.

"JUSTIÇA é dar a cada um o que é seu" (Santo Agostinho).

A escolástica

Algumas correntes filosóficas foram elaboradas depois de Santo Agostinho, umas com mais e outras com menos expressão.

Não se pode desprezar a importância de *Boécio*, responsável pela tradução das principais obras de Platão e Aristóteles para o latim, o que possibilitou que o platonismo e o aristotelismo fossem disseminados no Ocidente. Já era, de algum modo, a escolástica surgindo incipiente.

Mais tarde, já durante e depois do império de Carlos Magno, outros pensadores se dedicariam a essa corrente filosófica de retomada do aristotelismo, como o irlandês *João Escoto*, o iraniano *Avicena* e os espanhóis *Averróis* e *Maimônides*.

Santo Tomás de Aquino e a ética

A escolástica foi mais um método de aprendizagem do que propriamente uma filosofia. O conjunto das doutrinas teológicas e filosóficas de São Tomás de Aquino é chamado de **tomismo**. Foi adotado pelos dominicanos em 1278 e marcou toda a filosofia medieval, a ponto de ser declarado o pensamento oficial da Igreja Católica no Concílio de Trento, entre 1545 e 1563. Seu ponto mais alto para o direito é a chamada ética tomista, embasada na lei eterna e na lei natural.

Santo Tomás de Aquino e suas circunstâncias

A queda do Império Romano do Ocidente, em 476, marcou o começo da Idade Média. Na Europa, esse período histórico é dividido, para efeito de estudo, em duas etapas.

A **Alta Idade Média**, que vai do século V ao século X, é marcada pelas invasões dos chamados povos bárbaros[14] no continente europeu, porque a desorganização do Império Romano havia deixado a região indefesa.

Os bárbaros que habitavam os limites do Império Romano aproveitaram o vazio de poder deixado pelos romanos e atacaram, em ondas crescentes, a Europa, para repartir o legado: germanos (entre eles os visigodos, ostrogodos, anglo-saxões e francos), os eslavos (russos, poloneses, tchecos e sérvios) e os tártaros-mongóis (turcos, búlgaros e hunos, esses últimos chefiados por Átila, que liderou uma invasão que devastou as cidades italianas de Aquileia, Milão e Pavia – só não chegou até Roma por intervenção do papa Leão I, o Grande)[15].

Cada povo que arrancava um naco do Império Romano fixava-se em um ponto e ali constituía um reino.

O primeiro reino organizado foi o Reino Franco, criado pelo rei Clóvis em 481, apenas cinco anos depois da queda de Roma. Em 493, o rei Teodorico criava o Reino da Itália.

Quando Carlos Magno foi coroado imperador, no ano 800, o poderoso exército franco o ajudou a criar um império quase tão importante quanto o romano. Carlos Magno foi quem fez começar o feudalismo na Europa. Era costume desse rei presentear seus comandantes com faixas de terra, desde que lhe prestassem obediência. Os comandantes cobravam impostos dos camponeses que viviam em suas terras e os subjugavam pela força. Todos aqueles que conhecem a lenda de Robin Hood podem ter uma boa ideia de como funcionava o sistema feudal.

Carlos Magno era um homem apegado à cultura e ao conhecimento. Estimulou a criação de escolas, promoveu a organização política de seu império, incentivou a economia produtiva.

Foi nesse ambiente que surgiu a escolástica, a doutrina mais importante da Idade Média. Falaremos da escolástica a seguir, mas antes é preciso completar a informação a respeito das duas etapas desse período histórico.

É preciso dizer que a **Baixa Idade Média** vai do século XI (ou XII, para alguns historiadores) até o ano de 1453, com a queda de Constantinopla, sede do Império Romano do Oriente[16].

---

14 Originalmente, os bárbaros eram provenientes da chamada Berbéria, região noroeste da África que incluía Marrocos, Argélia, Tunísia e Líbia (atualmente, a região é chamada Magrebe, e a ela pertence ao Egito, cujo povo, porém, não entrava na categoria de bárbaros para os europeus). Mais tarde, a denominação foi estendida para povos considerados inferiores ou primitivos porque não falavam o latim, a língua geral da época, não usavam dinheiro como padrão de troca nem tinham governo organizado.

15 Leão I foi santificado e é hoje São Leão. Sua intervenção junto a Átila salvou o Império Romano, mas por pouco tempo. Seus sucessores, Sisto III e Santo Hilário, viram os bárbaros tomarem conta da Europa. Mas Roma só cairia realmente diante dos hérulos, chefiados pelo rei bárbaro Odoacro, que depôs o imperador Rômulo Augusto, no pontificado de São Simplício.

16 A tomada de Constantinopla marca o início da Idade Moderna. O império turco-otomano, centrado em Constantinopla, perduraria até a Segunda Guerra Mundial.

Encerrado o ciclo de invasões bárbaras, o continente europeu passou a viver em relativa paz. A produção agrícola aumentava e o comércio florescia em decorrência das riquezas trazidas do Oriente pelos cruzados. Começava a surgir a nova classe da burguesia. Foi o período em que o feudalismo entrava em decadência e o império francês perdia terreno para uma nova força, a dos ingleses. Surgiam os primeiros artefatos que mais tarde, quando plenamente desenvolvidos, resultariam da Revolução Industrial – por exemplo, o arado de ferro equipado com rodas, o que facilitou sobremaneira a agricultura.

Santo Tomás de Aquino foi o maior representante da doutrina escolástica. Viveu entre 1225 e 1274. Também foi um dos doutores da Igreja, sob o codinome de *Doctor Angelicus*. Era filho de nobres feudais e causou grande polêmica na família ao abandonar tudo para juntar-se à ordem dos dominicanos, seguindo o exemplo de seu mestre na Universidade de Paris, Alberto Magno – também filho de nobres e o grande responsável pelo resgate do pensamento de Aristóteles para a cultura ocidental (também é santo e um dos doutores da Igreja).

Depois de estudar na Universidade de Colônia, na Alemanha, Santo Tomás de Aquino voltou para Paris, para lecionar teologia. Ensinou também em Nápoles.

> *Santo Tomás de Aquino* sistematizou a obra de Aristóteles, dando nova feição ao pensamento do grego sobre lógica, física, metafísica e ética.
>
> Em suas obras, tratou de considerar a filosofia um tema distinto da teologia. A teologia, para ele, tinha relação com a fé, com a revelação, enquanto a filosofia era um estudo racional. Nove anos antes de morrer, começou a sua obra mais expressiva, *Suma Teológica*, que ficou inacabada.

Foi homem de confiança do papa Gregório X, tendo sido chamado por ele para ajudar a organizar o Concílio de Lião, evento que não pôde acompanhar porque morreu antes.

Santo Tomás de Aquino e suas ideias

Enquanto Santo Agostinho considerava que a fé era o principal instrumento para que o homem alcançasse a virtude, Santo Tomás de Aquino veio colocar a razão ao nível da fé (*fides et ratio*), o que foi tremenda novidade para a época. Para ele, os atos humanos – na vida política e social – devem ser considerados para efeito de atribuição de justiça. Por ser um ente racional, inteligente, o homem saberia naturalmente o que fazer para fazer o bem e evitar o mal. Era o que o filósofo chamava de lei natural, emanada de Deus. Mas admitia a existência de outra lei, concebida pelos homens, constituída pelas normas jurídicas estabelecidas pelos homens revestidos de autoridade diante do seu grupo. No entanto, os governantes, embora fossem necessários para orientar a vida em comunidade, não poderiam fazer leis que entrassem em contradição com a lei natural. As leis dos homens teriam que ser pedagógicas, para mostrar o caminho do bem e prever castigo para quem insistisse em desviar-se dele.

Seu grande mestre foi Santo Alberto Magno, alemão, com quem trabalhou na Universidade de Colônia. Santo Alberto Magno foi o responsável pela introdução do pensamento de Aristóteles na filosofia cristã e no estudo das ciências, contribuindo para o desenvolvimento da cultura ocidental.

As ideias de Santo Tomás de Aquino pregam que o homem, com sua inteligência, deve perceber Deus e adequar as suas atitudes a valores perenes, só assim conseguindo realizar a felicidade. Entre as disposições necessárias para alcançar o bem estava o afastamento do materialismo.

Santo Tomás de Aquino e sua influência no direito

Ao contrário de seu inspirador Aristóteles, Santo Tomás de Aquino considerava que a moral deveria ser pensada em termos de obrigação e dever, recompensa e castigo.

O homem tomaria o caminho do bem pela vontade, ou seja, pela inteligência, e não somente pela fé em Deus e em seus ensinamentos. Tomaria o caminho do bem, por meio de atitudes éticas, que objetivassem obter a convivência dos homens num ambiente de paz.

A ação boa leva a um bom fim, dizia Santo Tomás de Aquino. De forma semelhante ao que já dizia Sócrates, afirmava que o homem que pratica o mal não o faz simplesmente porque o quer, mas porque ignora o bem. E eis aí porque considera a educação uma prática fundamental, principalmente dos governos.

O condutor da vontade coletiva, ou seja, a moral, deveria ser o governo – não importava que forma tivesse, aristocracia, democracia, monarquia ou república; o fundamental era que servisse ao povo.

Miguel Reale afirma que Santo Tomás de Aquino "subordina a sua teoria de justiça ao conceito objetivo de lei, ou, mais precisamente, da *lex aeterna*, a qual ordena o cosmos de conformidade com a razão do Legislador supremo, assim como, numa comunidade, a *lex humana* representa a ordem dada por quem racionalmente a dirige de conformidade com o bem comum"[17].

Haveria, pois, nas lições de Santo Tomás de Aquino, três categorias de leis.

A lei eterna, emanada de Deus, é aquela segundo a qual o cosmos está disciplinado e se mantém equilibrado, com seus planetas em órbita. A lei natural é aquela que ordena a vida dos seres vivos, no aspecto biológico, e é resultado direto da lei eterna, portanto também provém de Deus. E a lei humana é o conjunto de normas que regula a vida em sociedade, e que abrange a justiça, a moral e a ética.

Vamos detalhar melhor esses conceitos.

A **lei eterna** se constitui na *razão ou plano da divina sabedoria, enquanto dirige todos os atos e movimentos das criaturas*. É o que Santo Tomás de Aquino dizia tratar-se do plano de Deus para o governo de suas criaturas. Cada criatura tem uma lei própria, que rege sua natureza segundo o projeto de Deus. A lei eterna é a base de todas as demais leis, tem como essência a verdade e a justiça e é sobre ela que repousa a autoridade originada em Deus.

A **lei natural**, emanada da lei eterna, abrange a atividade humana moral. Resulta da inteligência e da vontade do homem, mas não pode se opor à lei eterna. Tem por princípio a sindérese, que é o conjunto dos princípios que norteiam o homem a praticar o bem e evitar o mal.

---

17 *Nova fase do direito moderno*. 2. ed., 3. tir. São Paulo: Saraiva, 2010, p. 11.

A **lei positiva humana**, em conceito simplificado, é a regra, a norma que rege as atividades humanas específicas. Como normas particulares, são mutáveis, mas são regidas pela lei natural e pela lei eterna, e deverão ser sempre orientadas para a rejeição do mal e para a busca da virtude.

"A LEI NÃO É O MESMO DIREITO, senão certa razão deste" (Santo Tomás de Aquino).

"JUSTIÇA É DAR A CADA UM de acordo com o seu merecimento" (Santo Tomás de Aquino).

OUTROS PENSADORES DA IDADE MÉDIA

Os franciscanos ingleses

Embora a Igreja Católica tivesse oficializado o tomismo de Santo Tomás de Aquino como a doutrina teológica e filosófica da moderação, vários pensadores que vieram depois insistiam em seguir os pensamentos mais radicais de Santo Agostinho. Foi o caso dos frades da Ordem de São Francisco.

Guilherme de Ockham e suas circunstâncias

Guilherme de Ockham, frade franciscano, pregava e vivia a pobreza como meio de aproximação com a doutrina de São Francisco, fundador da ordem.

Perseguido pelo papa João XXII – que decretou em 1324 que os bens doados à Ordem Franciscana deveriam pertencer ao Vaticano –, revoltou-se e teve que se refugiar na corte do rei Luís da Baviera, então inimigo do papa. Começou então a defender a separação do poder secular dos reis do poder da igreja. Acusado de heresia, foi excomungado.

A doutrina de *Guilherme de Ockham* opunha-se radicalmente ao pensamento de Aristóteles e, consequentemente, ao de Santo Tomás de Aquino, para quem a natureza de um ser forçosamente exibia relações com outros elementos do universo.

Suas ideias inspiraram Hans Kelsen.

Guilherme de Ockham e sua influência no direito

Era adepto da chamada doutrina nominalista, segundo a qual o indivíduo não é ligado por natureza ao caráter universal do mundo. O indivíduo, para os nominalistas, é apenas ele próprio, representado pelo seu nome (e essa é a razão pela qual a corrente filosófica recebeu essa denominação).

Frequentemente conhecida como Lei da Parcimônia (ou *Lex parcimoniae*), pregava que a natureza é, em sim mesma, econômica. De tal forma, o homem deveria, sempre, imitar a natureza, buscando, em suas teorias, eliminar todos os conceitos supérfluos e adotar o caminho mais simples.

Essa simplicidade de raciocínio ficou conhecida como a "navalha de Ockham" – porque corta as relações do indivíduo com o meio onde vive.

No âmbito jurídico, o nominalismo orientaria a ciência do direito para o chamado positivismo – ou afastamento, dessa ciência, de todas as influências externas que não lhe diriam respeito, tais como a moral e as valorações.

Outra grande contribuição desse pensador para o direito foi estabelecer um contraponto ao pensamento de Santo Tomás de Aquino, pregando a separação entre fé (teologia) e razão (filosofia). Para ele, a prova de algo deve ter concretude e evidência em si mesma.

É o empirismo levado às últimas consequências. Portanto, o direito natural não tinha ascendência sobre a norma legal.

Tais ideias inspirariam Hans Kelsen no desenvolvimento de sua Teoria Pura do Direito.

> "É VÃO FAZER com mais quando se pode fazer com menos" (Guilherme de Ockham).

Duns Scotus e suas circunstâncias

Johannes Duns Scotus, também franciscano, também inglês e também crítico de Santo Tomás de Aquino, considerava que Deus estava acima de qualquer atitude racional.

Como Ockham, de quem foi precursor, separava fé e razão. As intenções de Deus, segundo ele, estão acima da inteligência do homem e não podem ser percebidas pela filosofia, mas apenas pela fé.

> Foi *Duns Scotus* (o *Doutor Sutil*) quem iniciou a grande discussão entre o individual e universal que Guilherme de Ockham, seu seguidor, consolidaria como o nominalismo.
>
> Opunha-se a Santo Tomás de Aquino, no tocante à relação entre razão e fé.

Em razão de sua atividade religiosa, foi elevado a Beato da Igreja pelo papa João Paulo II, em 1993.

Duns Scotus e sua influência no direito

Deus é a liberdade absoluta, e aos homens cabe seguir a lei dos homens. Considerava que as verdades da fé não poderiam ser compreendidas pela razão. A filosofia, assim, deveria deixar de ser uma serva da teologia, como vinha ocorrendo ao longo de toda a Idade Média e adquirir autonomia.

Não defendia a ética das virtudes, mas a moral. Trabalhou com a lei natural e o direito natural, defendendo que esse imperativo não está baseado em autoridade ou lei positiva. Por isso, seu pensamento auxilia grandemente nas questões morais, como a bioética, por exemplo.

> "O CONHECIMENTO científico deve captar o que há de necessário nas coisas finitas" (Duns Scotus).

Roger Bacon e suas circunstâncias

Roger Bacon foi outro frade franciscano cuja contribuição filosófica é de que a razão, base do conhecimento, deve servir como suporte para a fé teológica.

Considerava a fé a base de todo conhecimento, mas aceitava que a razão era importante para alcançar o saber. Diferentemente da maioria dos filósofos de seu tempo, mais dados à especulação e à teoria, Roger Bacon lançou mão de experiências como forma de ampliação de conhecimentos. Essas experiências foram confundidas com al-

> Os estudos realizados por *Roger Bacon* (o *Doutor Mirabilis*), principalmente na matemática e na ótica, foram uma espécie de iniciação para a transição entre o pensamento clássico e o pensamento científico que levaria à ciência moderna.
>
> Considerava que São Tomás de Aquino tinha ajudado a destruir a teologia.

quimia, na época, que era condenada pela Igreja. Por isso, foi acusado de heresia e acabou preso, entre 1277 e 1279.

Roger Bacon e sua influência no direito

Roger Bacon acreditava que, embora as Escrituras fossem a base de todo conhecimento, o homem podia usar a razão para apreender o conhecimento.

Achava impossível que um argumento racional fosse capaz de fornecer qualquer prova convincente de algo, mas admitia que, com a razão, uma pessoa podia formular hipóteses que viriam ou não a ser confirmadas pela experiência. Suas ideias têm especial aplicação no direito canônico.

LINHA DO TEMPO – OS FILÓSOFOS DO CRISTIANISMO

(datas aproximadas)

Ano 40 – São Paulo organiza as ideias basilares do cristianismo como doutrina religiosa.

Ano 100 – São Justo e Santo Irineu produzem os primeiros comentários teológicos da doutrina cristã, com base no pensamento de Platão.

Ano 340 – Nasce Santo Ambrósio, que seria o responsável pelo período mais importante da patrística.

Ano 354 – Nasce Santo Agostinho, responsável por fazer uma síntese entre religião e filosofia, principalmente nas obras *Confissões* e *A cidade de Deus*.

Ano 476 – Começa a Idade Média, com a queda do Império Romano do Ocidente.

Ano 480 – Nasce Boécio, filósofo romano que traduziria para o latim as obras clássicas dos gregos Porfírio e Aristóteles, nas quais seria fundamentada a filosofia da Europa medieval.

Ano 533 – O imperador Justiniano publica a reunião de comentários de juristas romanos sobre as leis em uso no Império. O trabalho constituiria o *Digesto* ou *Pandectas*, além das *Institutas*, espécie de manual do direito.

Ano 1215 – João Sem-Terra promulga a Magna Carta, talvez o primeiro documento oficial relativo a direitos humanos na história.

Ano 1225 – Nasce Santo Tomás de Aquino, que sistematizou a obra de Aristóteles, dando nova feição ao pensamento do grego sobre lógica, física, metafísica e ética. Essa nova feição foi chamada escolástica.

Ano 1324 – O papa João XXII toma os bens dos frades da Ordem Franciscana, que se recusavam a seguir o tomismo de Santo Tomás de Aquino e insistiam em seguir as ideias de Santo Agostinho. Os principais frades franciscanos foram Johannes Duns Scotus, Guilherme de Ockham e Roger Bacon.

SEGUNDA PARTE

OS PRIMEIROS PASSOS para a MODERNIDADE

TRANSIÇÃO DA IDADE MÉDIA PARA A MODERNIDADE

Veio o primeiro milênio e crescia a tendência de privilegiar a ciência – e não mais a religião – como forma de atingir o conhecimento.

A reação da Igreja a essa ideia foi feroz, e a maior prova disso foi a instituição da chamada Santa Inquisição, em Verona, na Itália, em 1184. A inquisição foi oficializada, em 1229, pelo papa Gregório IX, sob a denominação de Tribunal do Santo Ofício, e espalhou-se rapidamente para a Espanha, Portugal, França, Escócia, Inglaterra e Alemanha[1].

Mas o fim da Idade Média, oficialmente medido pela tomada de Constantinopla, já tinha sido marcado por um prelúdio religioso, em 1054 – o Grande Cisma[2].

Com duas sedes, o Império Romano (que já então era o império carolíngio, fundado por Carlos Magno no ano 800, com apoio do papa Leão III) estava, no Ocidente, instalado em Milão, e no Oriente, em Constantinopla, atual Istambul.

No Oriente, o islamismo começava a ocupar grandes espaços entre a população. Os católicos do Oriente enxergavam atos de corrupção entre os membros do alto clero – houve até aventureiros que, apoiados por reis, conseguiram tornar-se papas. Benedito IX, por exemplo, foi entronizado como papa aos 12 anos de idade. Alexandre VI, outro papa de triste memória, era acusado, entre outros crimes, de ser amante da própria filha, Lucrécia Bórgia.

Por seu lado, o papa Leão IX considerava que os orientais desvirtuavam os rituais e punham em risco a credibilidade da Igreja Católica. Por isso, escreveu e mandou entregar uma relação de erros da Igreja oriental, na sua avaliação. O patriarca oriental Cerulárius reagiu escrevendo outra relação, descrevendo erros que a Igreja ocidental cometia. Em ato oficial, ambos declararam que o outro estava excomungado. E assim foi bipartida, há mais de mil anos, a Igreja Católica: a Igreja Grega-Ortodoxa e a Igreja Católica Apostólica Romana.

O segundo momento, que a história descreve como o início oficial da Idade Moderna, foi a tomada de Constantinopla pelo Império Otomano, em 1453. Com essa invasão pôs-se fim à hegemonia carolíngia e desenharam-se novos perfis religiosos, políticos e comerciais para o mundo.

Com a principal rota de comércio bloqueada pelas tropas do sultão Maomé II, os europeus tiveram que buscar caminhos alternativos, o que deu ensejo às chamadas Grandes Navegações. Para atravessar novos mares, foi preciso estudar astronomia, engenharia naval, técnicas de suprimento, cartografia, matemática, tudo isso constituindo impulso tremendo para a ciência.

Estava posta a utilidade do pensamento científico, que passa, portanto, a se sobrepujar ao pensamento filosófico.

---

[1] Uma das mais conhecidas vítimas da Inquisição foi precisamente um frade franciscano, o italiano Giordano Bruno, por defender teorias científicas, principalmente astronômicas, contrariamente ao que pensava a Igreja Católica. Estudou astronomia, contestando a teoria de Aristóteles, e acreditava na infinitude do universo. Foi condenado por heresia e queimado numa fogueira, em 1600.

[2] Haveria outro cisma entre 1378 e 1417, período em que a Igreja Católica teve dois papados, um em Roma e outro na França.

RENASCIMENTO E HUMANISMO

Como decorrência das grandes mudanças impulsionadas na Europa pelas Grandes Navegações (invenção da bússola, desenvolvimento da indústria naval e descoberta de novos centros de comércio), os homens foram deixando a agricultura de subsistência e se concentrando em centros urbanos. Foram sendo criadas as cidades.

Vivendo mais estreitamente em grupo, os homens principiaram uma tendência de valorização de si mesmos, contra a determinação até então vigente de submissão completa à ideia de que tudo provinha e era determinado por Deus.

O humanismo, como movimento filosófico, mas principalmente estético, colocava o homem como centro do universo, definia a natureza como domínio do homem e privilegiava a ação em detrimento da contemplação. Em suma, o homem passava, no humanismo, a ser dono do seu próprio destino e, em benefício dele, é que deviam ser realizados todos os estudos.

Talvez o poeta italiano *Francisco Petrarca* (1304-1374) tenha sido o primeiro pensador do humanismo. Em seus livros, promoveu a crítica e o julgamento do período medieval. Especialmente em "Estudos de humanidades", consegue elaborar os primeiros conceitos do que viria a ser a consciência moderna que o Renascimento celebraria.

Ao seu lado, compartilhando amizade e pensamento, podemos colocar como iniciador do humanismo o escritor florentino Giovanni Boccaccio (1313-1375), autor de *Decameron*, considerado o criador da prosa italiana.

Na base filosófica do humanismo estava a retomada do pensamento de Platão. Em primeiro lugar, porque era uma forma de oposição à doutrina dominante da Igreja, a escolástica de Santo Tomás de Aquino, calcada em Aristóteles. Mas também porque parecia aos humanistas que o pensamento de Platão retomava um conceito estético mais direcionado para o homem do que para a divindade.

Com efeito, Platão dizia que o homem pode alcançar a perfeição do corpo e da alma pela via da educação. Esse ensinamento agradava muito aos humanistas.

A Igreja medieval, pela escolástica, pregava que a desigualdade era natural e que o homem devia ter a humildade de submeter-se às autoridades definidas por Deus, mas essas autoridades usavam o poder para oprimir.

O novo conceito trazido pelo humanismo pregava a igualdade e a elevação dos humildes a novos níveis sociais. Mais do que isso, o humanismo fazia emergir a noção de que todos os homens têm direitos, já que todos são iguais.

Admirando Platão, era natural que, no humanismo, a admiração pela cultura clássica antiga ressurgisse, renascesse – e daí a denominação de Renascimento, dada a esse movimento estético, do qual o holandês Erasmo de Rotterdam foi o maior representante.

Erasmo de Rotterdam, o grande humanista

Padre e teólogo holandês, *Erasmo de Rotterdam* nasceu em 1467 e morreu em 1536. Passou a maior parte da vida na França. Sua primeira obra, *Colóquios e antibárbaros*,

Erasmo de Rotterdam dedicou a Thomas Morus a sua maior obra (*Elogio à loucura*). No livro, credita à loucura as mediocridades e hipocrisias humanas. Mas a loucura é, na realidade, uma grande metáfora para criticar os desmandos das autoridades eclesiásticas.

tem conteúdo escolástico, contra a valorização da Antiguidade Clássica. Mas, numa viagem à Inglaterra, conheceu Thomas Morus e tomou contato com o humanismo. Começou a questionar as práticas dos representantes da Igreja da época, que haviam perdido a simplicidade e o despojamento. Escreve *Filosofia christi*, condenando a estrutura da Igreja e as atitudes mercantilistas dos padres.

Erasmo de Rotterdam chegou a ser convidado por Martinho Lutero para juntar-se ao novo protestantismo, mas recusou e permaneceu na Igreja Católica.

Escreveu obras de cunho político, em que condena a monarquia hereditária e defende a eleição direta. Pregava que o governante só seria legítimo se fosse aceito pelos cidadãos.

Thomas Morus, crítico da realeza

Thomas Morus é autor de muitas obras, sendo a mais conhecida o livro *Utopia*, em que descreve uma ilha (em referência clara à Inglaterra) onde o povo tem participação no governo e é corresponsável, ao lado dos governantes, pela definição do seu destino. Segundo Thomas Morus, um Estado sobrevive quando consegue se apoiar na capacidade individual de seus habitantes.

Outro filósofo renascentista a discutir as instituições da época foi o inglês *Thomas More* (mais tarde canonizado como São Tomás Morus). Nasceu em 1478 e morreu em 1535.

Filho de juiz, foi advogado e depois parlamentar influente. Graças a isso, foi levado a participar da corte do rei Henrique VIII, primeiro como embaixador e depois como chanceler da Inglaterra. Contrariado, como católico, pela intenção do rei de se separar de Catarina de Aragão para se casar com Ana Bolena, abandonou o cargo em 1532. O rei, em retaliação, convocou-o para prestar juramento do seu casamento, depois de se declarar líder da Igreja na Inglaterra, em 1534. Ao recusar, foi preso na Torre de Londres e decapitado.

O papa João Paulo II o declarou patrono dos políticos.

Foi partidário do Direito Natural, aquele concedido por Deus a todos os homens, e que não pode ser suplantado por qualquer outra norma elaborada pelos homens. Sua crítica mais profunda dirigia-se aos reis, que utilizavam o poder apenas para satisfazer seus próprios caprichos, em vez de usá-lo para preencher as necessidades do povo.

O pensamento de Thomas Morus teve também grande importância para o sistema jurídico. Já naquela época, em palavras que muito se adéquam à realidade atual de muitos ordenamentos ao redor do mundo, alertava para o fato de que uma excessiva quantidade de leis, decretos e normas conduzem o Estado à imobilidade e à inoperância e, mais do que isso, ajuda a disfarçar desmandos e atos de corrupção.

Maquiavel e a decadência política

No aspecto político, filósofos humanistas, como o italiano *Nicolau Maquiavel*[3], punham sob dúvida o poder divino de reis e imperadores, que centralizavam com despóticas "mãos de ferro" o controle político e religioso.

3 A frase atribuída a Maquiavel, de que *o fim justifica os meios*, na realidade tem a seguinte redação: "Procure, pois, um príncipe, vencer e manter o Estado: os meios serão sempre julgados

Esses governantes tinham, quase sempre, apoio de papas, prelados e bispos, que se aproveitavam da proximidade com a realeza para justificar as práticas mais mundanas, como ocorria com a venda de indulgência.

Maquiavel mudou o foco: não mais a predestinação estabelecida pela divindade e seus representantes, mas a ação humana como elemento definidor do destino do próprio homem.

Nasceu em Florença, em 1469. Cresceu num ambiente de transformações de toda ordem: religiosas, sociais e políticas. Era o tempo do papa Alexandre VI, da família Bórgia, famosa pela sua falta de ética na condução da Igreja. Na economia, emergia uma classe burguesa que disputava poder com os monarcas e com os líderes religiosos. Na política, Florença havia se tornado república, com a destituição da dinastia dos Médici, mas com o retorno da família ao poder, Maquiavel foi exilado – aproveitando o período de afastamento para escrever *O príncipe* (talvez, segundo alguns historiadores, como forma de tentar se reaproximar dos poderosos).

> *Nicolau Maquiavel* escreveu *O príncipe* em 1512, que só seria publicado cinco anos depois de sua morte. Uma obra ainda hoje mal interpretada. Embora se imagine que o livro defenda os soberanos autoritários, na realidade é um manual de política que lista e condena atos que agridem os direitos humanos e que exibem a decadência da Europa da época. A frase mais conhecida do livro, de que "o fim justifica os meios", é apenas uma constatação de como agem os tiranos.

Na política, interessou-o especialmente o absolutismo, que era então uma novidade que se contrapunha aos soberanos feudais. Encantou-se com a ideia de um governante absolutista com papel de unificador.

Tal postura se justifica, em grande parte, pelas circunstâncias históricas em que viveu. Não se deve esquecer que a Itália do tempo de Maquiavel era uma verdadeira colcha de retalhos de ducados, condados e principados, com dialetos e costumes.

A unificação da Itália só seria finalizada, de fato, na segunda metade do século XIX, após décadas de lutas, com a anexação dos dois últimos territórios: Roma e Veneza.

Já a luta pelo fim das monarquias só chegaria a seu fim muitos anos mais tarde. Em 1946, após o efêmero reinado – de apenas um mês – de Humberto II, um plebiscito levaria à proclamação da República, o que mudaria, definitivamente, os rumos da história da Itália.

LINHA DO TEMPO – OS PRIMEIROS PASSOS PARA A MODERNIDADE

Ano 1054 – Ocorre o Grande Cisma, em que a Igreja Católica ficou bipartida: a Igreja Grega-Ortodoxa e a Igreja Católica Apostólica Romana.

Ano 1184 – Criada a Inquisição, em Verona, na Itália, para combater os pensadores que queriam privilegiar a ciência, e não mais a religião – como forma de atingir o conhecimento.

---

honrosos e por todos louvados, porque o vulgo sempre se deixa levar pelas aparências e pelos resultados, e no mundo não existe senão o vulgo; os poucos não podem existir quando os muitos têm onde se apoiar. Algum príncipe dos tempos atuais, que não convém nomear, não prega senão a paz e fé, mas de uma e outra é ferrenho inimigo; uma e outra, se ele as tivesse praticado, ter-lhe-iam por mais de uma vez tolhido a reputação ou o Estado".

Ano 1229 – O papa Gregório IX oficializa a Inquisição, sob o nome de Tribunal do Santo Ofício.

Ano 1304 – Nasce Francisco Petrarca, possivelmente o primeiro pensador do humanismo, movimento filosófico que punha o homem como figura central do universo. O humanismo retoma o pensamento de Platão, mais voltado para o homem do que para a divindade.

Ano 1313 – Nasce Giovanni Boccaccio, considerado o criador da prosa italiana, um dos primeiros autores do renascimento.

Ano 1378 – Novo cisma na Igreja Católica: coexistem dois papas, um em Roma e outro na França.

Ano 1453 – O império otomano toma a cidade de Constantinopla, fato que inaugura a Idade Moderna.

Ano 1467 – Nasce Erasmo de Rotterdam, considerado o grande humanista. Autor de *Elogio à loucura*. Condenava a monarquia hereditária e defendia a eleição direta.

Ano 1469 – Nasce Nicolau Maquiavel. Autor de *O príncipe*. Defendia a ideia de um governo absolutista que funcionasse como unificador.

Ano 1478 – Nasce Thomas Morus. Autor de *Utopia*. Em sua obra, criticou os reis, que utilizavam o poder apenas para satisfazer seus próprios caprichos, em vez de usá-lo para preencher as necessidades do povo. Alertou para o fato de que uma excessiva quantidade de leis, decretos e normas conduzem o Estado à imobilidade e à inoperância e, mais do que isso, ajuda a disfarçar desmandos e atos de corrupção.

TERCEIRA PARTE

A IDADE MODERNA da FILOSOFIA

AS CIRCUNSTÂNCIAS DO INÍCIO DA IDADE MODERNA

Na arte, o humanismo despontava com a estética chamada renascentista, representando a volta da sociedade aos valores do período clássico.

Nesse período, Michelangelo pintou o teto da capela Sistina (em 1512) e Da Vinci produziu suas obras mais expressivas. Miguel de Cervantes escreveu *Dom Quijote de la Mancha* e Shakespeare as suas principais tragédias.

Na economia, o feudalismo entrava em declínio com a diminuição da dependência da agricultura de subsistência. Aparatos mecânicos eram continuamente introduzidos em todas as áreas produtivas, levando a importantes alterações em praticamente todas as instituições.

O homem aprendeu a usar a lã de ovelhas em teares semiautomáticos, para produzir tecidos de qualidade. Aprendeu a usar arados mais sofisticados que encurtavam o ciclo de plantio. Aprendeu técnicas de conservação de alimentos e aprendeu a lidar com a madeira. E, mais importante, aperfeiçoou a siderurgia.

Também na filosofia, grandes foram as evoluções verificadas. A Idade Moderna coincide com o declínio da escolástica, de Santo Tomás de Aquino, em prol do subjetivismo moderno.

Com efeito, o pluralismo escolástico, que pregava ser natural que, por uma determinação divina, os seres fossem diferentes e tivessem diferentes graus de importância para o mundo, não mais satisfazia os pensadores modernos. Já influenciados pelo movimento do humanismo, viam o indivíduo como centro do mundo, liberto de sua submissão a Deus, podendo ascender e evoluir a despeito de sua condição de nascimento.

Com essa nova maneira de pensar e galgando novos patamares econômicos, o povo, mais consciente de si mesmo, começava a desejar direitos individuais – nas asas do nominalismo que os frades franciscanos pregavam, em oposição a Santo Tomás de Aquino.

Da mesma forma, a limitada lógica formal pregada pela escolástica deixou de oferecer respostas suficientes aos questionamentos que naturalmente emergiam. A filosofia moderna queria o conhecimento universal, e passaram a buscá-lo pela via da articulação de sistemas mecânicos, pelo pensamento, pela postura racional.

Mas a grande batalha contra o imenso poder da Igreja Católica só seria travada por Calvino e Lutero, na Reforma Protestante.

A REFORMA PROTESTANTE

O ordenamento social, político e jurídico era praticado, de maneira indissociável, pelos reis e pelos líderes eclesiásticos. Portanto, todos os acontecimentos que envolveram a religião dominante tinham natural consequência sobre a filosofia do direito, em todas as épocas que precederam a Idade Contemporânea.

Um grande exemplo disso foi o caso da Reforma Protestante.

Martinho Lutero, o rebelde ativo

Martinho Lutero, monge alemão nascido em 1483, foi um grande crítico dos líderes católicos da época. Considerava que as autoridades eclesiásticas pregavam uma coisa e praticavam outra, e passou anos compilando evidências de hipocrisia, privilégios indevidos e abuso de poder.

Padres desrespeitavam o celibato, ocupavam vários cargos ao mesmo tempo e até moravam fora da paróquia que deveriam administrar.

Além disso, muitas pessoas praticavam a *simonia*, que era a compra de posição eclesiástica, tornando-se padres ou bispos sem terem passado pelos ritos de formação. O papa Leão X, por exemplo – que ficou famoso por determinar, em 1517, o aumento da venda de indulgências para levantar fundos para a construção da Basílica de São Pedro, em Roma –, só foi ordenado sacerdote e consagrado bispo após a sua eleição ao papado.

Descontente com todo esse quadro, em 31 de outubro de 1517, afinal, Lutero pregou nas portas da Abadia de Wittenberg, na Alemanha, para discussão pública, um relatório que ficou famoso com a denominação de "95 Teses Contra o Comércio de Indulgências".

A tese de n. 86 de Lutero fazia a seguinte pergunta:

"Por que o papa, cuja fortuna é maior do que a de qualquer Creso, não prefere construir a basílica de São Pedro de seu próprio bolso em vez de o fazer com o dinheiro de cristãos pobres?".

Lutero ainda escreveu diversos panfletos: "Discurso à nobreza alemã", "Cativeiro babilônico da Igreja" e "Sobre a liberdade do homem cristão", discutindo principalmente a supremacia da lei de Deus sobre a lei dos homens (entre eles os papas).

Entre elas, condenava a cobrança de taxas em dinheiro, pelos padres, da família de moribundos para que estes não tivessem que passar pelo purgatório. Condenava também o costume de religiosos de vender indulgências (o perdão dos pecados).

O papa Leão X, em 10 de dezembro de 1520, emitiu uma bula papal excomungando Lutero e ordenando que toda a sua obra fosse queimada. Lutero atirou o documento do papa ao fogo e esse gesto fez estremecer a Europa inteira.

Não podemos nos esquecer de que a Europa vivia sob o jugo do Tribunal do Santo Ofício, a Inquisição, que poderia prender, torturar e matar qualquer pessoa que se manifestasse contra a Igreja.

Aliás, foi o que aconteceu com dois predecessores de Lutero, o inglês João Wycliffe (1324-1384) e o alemão João Huss (1369-1415).

Mas Lutero escapou da perseguição porque se aliou a vários nobres que queriam ocupar terras então pertencentes à Igreja – uma de suas principais ideias era de que os bens da Igreja deviam ser confiscados.

Em 1521, Carlos V, imperador do Sacro Império Romano-Germânico – que naquele ano contava apenas 19 anos de idade – convocou Lutero a defender-se, na Dieta de Worms. Insatisfeito com as respostas, condenou-o à morte, mas Lutero conseguiu escapar e refugiar-se no sul da Alemanha.

Pouco depois (1523-1525), um outro acontecimento contribuiu para reforçar as ideias de Lutero.

O pastor Thomas Munzer liderou mineiros e trabalhadores rurais numa rebelião contra os nobres, no que ficou conhecido como a Guerra dos Camponeses. Mais de dez mil camponeses morreram, e Munzer foi executado. Mas o levante resultou em fortalecimento das noções pregadas por Lutero, embora ele mesmo tenha sido contrário à pretensão dos camponeses.

De qualquer maneira, estava estabelecida a separação da Igreja Católica.

O protestantismo eliminava o celibato – padres e freiras abandonaram conventos para se casarem; o próprio Martinho Lutero casou-se também, em 1525, com Katherine von Bora.

O protestantismo acabava, ainda, com o latim como língua oficial das missas, que deveriam ser celebradas no idioma local, facilitando, assim, o acesso do povo ao conhecimento ali pregado.

Ficava eliminada a hierarquia eclesiástica e ficavam banidos cinco dos sete sacramentos, restando apenas o batismo e a comunhão.

Carlos V baixou, em 1526, um decreto estabelecendo a religião católica como a religião oficial do império, imaginando dessa forma sufocar as tentativas de criação de uma nova ala da Igreja.

Tornou as decisões ainda mais radicais três anos depois, mandando excomungar e até matar os dissidentes. Contra essa decisão do imperador, um grupo de luteranos publicou, em 23 de abril de 1529, o *Protesto* (de onde a denominação Protestantismo).

João Calvino, o teórico do protestantismo

Em Genebra, entre 1536 e 1538, João Calvino escreveu aquela que é considerada a maior obra da Reforma: *As institutas da religião cristã*.

Duas das principais ideias defendidas por ele, nessa obra, levaram a uma modificação fundamental na estrutura filosófica dos séculos que se seguiram: uma delas é a noção de predestinação, e outra a de que o sucesso econômico advindo do trabalho não pode ser considerado pecado.

Com isso, o calvinismo tornou-se, praticamente, a Bíblia do capitalismo.

O francês João Calvino tinha 8 anos de idade quando Martinho Lutero escreveu as "95 Teses Contra o Comércio de Indulgências". Apenas dezesseis anos mais tarde, já doutorado em Direito pela Universidade de Orleans, tomaria contato com o protestantismo.

Nessa época, o papa Clemente VII (Júlio de Médici, da família que imperava em Florença, na Itália) pressionava o rei da França para sufocar a reforma protestante. Já, por esse tempo, um humanista afamado, Calvino foi convencido por Guilherme de Farel – evangelista francês que foi um dos fundadores da Igreja Reformada na Suíça – a ajudá-lo a implantar o protestantismo em suas terras.

O sociólogo alemão Max Weber foi um dos teóricos que defendeu a ideia de que a religião exerce influência decisiva sobre a economia social. Partindo de uma pesquisa entre empreendedores europeus da época, chegou à conclusão de que entre protestantes a obtenção do lucro era quase uma obrigação religiosa.

Essa constatação, obtida na pesquisa de Weber, está no livro *A ética protestante e o espírito do capitalismo*, de 1915. Nessa obra, Weber credita aos escritos de Calvino o desenvolvimento do capitalismo na Europa e nos Estados Unidos[1].

Calvino, efetivamente, escreveu sobre questões econômicas, além da ética e da teologia. Mas, certamente não teria concordado com os excessos do capitalismo atual, com suas cruéis práticas de mercado, como a manipulação de preços e a usura.

Henrique VIII e a Igreja Anglicana

Não de todo sem querer, mas certamente sem imaginar o impacto de suas decisões, o rei inglês Henrique VIII ajudou a promover o protestantismo.

[1] Max Weber escreveu ensaios semelhantes relacionando religião e economia em países como China e Índia.

Mas o fez por motivos puramente pessoais. Queria licença do pontífice Clemente VII para divorciar-se de Catarina de Aragão e casar-se com Ana Bolena, então apenas uma adolescente. O pretexto era o fato de que a rainha não conseguia engravidar para dar um herdeiro ao trono inglês.

Acontece que Catarina de Aragão era da família do imperador Carlos V, a quem o papa não queria desgostar. A autorização foi negada. E Henrique VIII, em 1534, desligou-se da Igreja Católica. E o fez do modo mais espetacular possível: criou a sua própria Igreja.

Não se vinculou à igreja luterana porque, anos antes, havia socorrido o papa, com seu exército, contra os seguidores de Martinho Lutero. Optou, portanto, por criar a Igreja Anglicana, o que levou o papa a excomungá-lo.

Como Henrique VIII não era um teólogo – fora motivado por interesses absolutamente egoístas –, não teve efetiva intenção de reforma. Por essa razão manteve todos os rituais da igreja católica, unicamente acrescentando o direito ao divórcio e a noção de infalibilidade do chefe supremo – ele mesmo.

Mais tarde, alterações baseadas no calvinismo foram acrescentadas. A igreja anglicana só deixou de sofrer mudanças quando a filha de Henrique VIII com Ana Bolena subiu ao trono como a rainha Elizabeth I.

Imediatamente, pelo *Ato da Supremacia* aprovado pelo parlamento, nomeou a si mesmo como chefe supremo da Igreja Anglicana, aproveitando, no mesmo decreto, para confiscar todos os bens da Igreja Católica em solo inglês.

A criação da igreja anglicana foi pretexto para vários conflitos que Elizabeth I e seus sucessores tiveram que enfrentar. Naturalmente por causa de outros motivos conjugados – entre eles a sucessão ao trono do Reino Unido –, houve conflitos sérios na Escócia e na Irlanda.

Na Irlanda, aliás, há quase novecentos anos que católicos e protestantes guerreiam. Hoje, o Exército Republicano Irlandês (IRA, para a sigla *Irish Republican Army*) é dos mais ativos grupos armados do mundo, considerados terroristas. Representa a província do norte da Irlanda, que a Grã-Bretanha até hoje não quer deixar independente (a província do Sul, atual República do Eire, conseguiu a independência em 1937). Atualmente, Irlanda do Norte tem 60% de protestantes que se impõem sobre a minoria católica.

A CONTRARREFORMA

A Igreja Católica romana demorou muito tempo para reagir à implantação da Igreja Anglicana.

O papa Paulo III convocou o Concílio de Trento em 1545, quase dez anos depois do início dos movimentos. Essa assembleia dos 31 bispos apresentou uma resposta feroz ao protestantismo: elaborou o *Index Librorum Prohibitorum* (uma lista de livros proibidos, em especial as obras de Lutero e Calvino); recolocou em atividade a Inquisição e criou a Companhia de Jesus e uma força armada formada pelos dominicanos[2].

O Concílio de Trento permaneceu em assembleia pelos dezoito anos subsequentes, pelos papas que sucederam a Paulo III: Júlio III, Paulo IV, Pio IV, Gregório XIII, Sisto V e Pio IV.

2 Aliás, em latim, a palavra dominicano quer dizer “cães do senhor”, uma designação que dispensa comentários acerca de sua função principal.

Outras iniciativas destinadas a valorizar a religião católica foram a criação de seminários para a formação de padres, a instituição do catecismo e a manutenção do celibato.

As decisões radicais do Concílio de Trento realmente levaram a um efeito sanitário: a melhoria da qualidade da conduta dos padres da época.

Mas, de qualquer maneira, a Igreja Católica – que já estava dividida em apostólica e ortodoxa – teria de conviver com uma terceira vertente: o protestantismo.

O ÉDITO DE NANTES

Católicos e protestantes, nas décadas que se seguiram ao Concílio de Trento, envolveram-se em lutas sangrentas, especialmente na França, onde os protestantes eram chamados huguenotes (palavra que, conforme alguns historiadores, teria derivado do sobrenome de Besançon Hugues, líder da reforma protestante na Suíça).

A França foi um dos primeiros países católicos da Europa. Antes mesmo da sua constituição como nação, o rei Clóvis, da tribo dos francos, deixara-se batizar, juntamente com três mil dos seus soldados, no natal do ano de 496. Mais tarde, no ano de 752, o rei Pepino, o Breve, cedeu para a Igreja um território da Itália que seria transformado nos Estados Pontifícios, com capital em Roma[3].

Atados à tradição, os católicos da França não receberam com simpatia a reforma protestante.

O catolicismo, entretanto, não estava muito sólido no território francês. No ano de 1305 já havia ocorrido um período de descrédito para a Igreja, porque o papa Clemente V, francês, resolveu transferir a sede da Igreja para Avignon. Em 1377, os papas voltaram para Roma. Mas dois deles, conhecidos como "antipapas" (Clemente VII e Bento XIII), continuaram comandando a Igreja a partir da França.

Como resultado dessa decisão, houve o afamado *Grande Cisma do Ocidente*, quando coexistiram dois papas, um em Roma e outro em Avignon.

Além disso, os católicos costumavam sufocar com fúria os cultos dissidentes, como fizeram com os cátaros e os valdenses. E com os protestantes não foi diferente. O rei Francisco I e seu filho, Henrique II, perseguiram ferozmente os seguidores da reforma de Martinho Lutero e de João Calvino.

Outro fator importante para fazer recrudescer a guerra religiosa foi o apoio dado por uma parte da nobreza ao calvinismo.

A família Bourbon, huguenote, pretendia o trono da França, então nas mãos da regente Catarina de Médici. A regente foi obrigada a fazer concessões ao protestantismo, tendo inclusive nomeado o almirante Gaspar de Coligny, da família Montmorency, para o posto de membro do conselho real. No entanto, o apoio de Coligny ao protestantismo

3 Os Estados Pontifícios existiriam até 1870, sempre protegidos por guarnições francesas. Naquele ano, quando deflagrou a guerra franco-prussiana, as tropas italianas, aliadas a Otto von Bismarck, primeiro-ministro da Prússia, invadiram Roma e instalaram lá a corte do rei Vitório Emanuel II. Apenas em 11 de fevereiro de 1929, com o Concílio de Latrão, Mussolini e o papa Pio XI entrariam num acordo em que a Igreja reconhecia a Itália como país e o Estado italiano reconhecia a jurisdição do papa sobre a cidade-Estado do Vaticano.

holandês irritou a rainha regente, que mandou assassiná-lo, juntamente com outros seis mil seguidores, no atentado que ficou conhecido como o *Massacre do dia de São Bartolomeu.*

Após uma sequência de sucessões de curta duração no trono francês, afinal assumiu-o o rei huguenote Henrique IV, em 1588. Ele foi obrigado a converter-se ao catolicismo para manter o poder, mas não esqueceu suas origens religiosas.

Em 1598, publicou um programa de tolerância, chamado *Édito de Nantes.* Esse programa restituía aos huguenotes, que constituíam 15% da população francesa, os direitos civis – como os de ocupar cargos públicos –, direitos políticos – como o de viver em comunidades – e direitos religiosos – como a liberdade de consciência.

Mas era uma tolerância limitada. Pelo documento, a Igreja Católica era confirmada como igreja oficial, com todos os direitos, bens e rendas; os huguenotes podiam promover cultos, mas não dentro de um raio de 30 km da cidade de Paris.

A intolerância religiosa voltaria a se estabelecer oficialmente, na França, oitenta e sete anos mais tarde. Em 1685, o rei Luís XIV revogou o Édito de Nantes, substituindo-o pelo Édito de Fontainebleau. Os huguenotes voltaram a ser perseguidos e cerca de trezentos mil se refugiaram em outros países da Europa, América e África.

O ABSOLUTISMO

Embora Maquiavel tivesse festejado o advento do absolutismo, com monarcas poderosos que teriam como principal função a de unificar as tribos e possessões em que muitos reinos estavam divididos, não tardaria a que a concentração excessiva de poder levasse a perigosos deslizes desses governantes.

Mas, antes disso, esse sistema político e administrativo, que prevaleceu na Europa entre os séculos XVI e XVIII, serviu perfeitamente aos propósitos da nova classe social então em ascensão, a burguesia comercial.

A sociedade, recém-saída do feudalismo, estava dispersa e desorganizada. Não havia conexão adequada entre os setores produtivos e o restante da rede que faria a distribuição de venda de produtos. Os reis absolutistas, apoiados pela burguesia, usaram da "mão de ferro" para legislar, criar e disciplinar sistemas financeiros, construir portos e armazéns e, principalmente, ceder exércitos para fazer a proteção das rotas comerciais. Isso tudo, principalmente, nas três potências ocidentais da época: Inglaterra, França e Espanha.

Os reis intrometiam-se até em assuntos religiosos, como pudemos ver no caso de Henrique VIII, um dos mais destacados reis absolutistas. Sentiam-se legitimados, entre outras coisas, por escritos de filósofos que defendiam a situação.

Dentre os mais importantes filósofos que defenderam o absolutismo estão Jean Bodin, Jacques Bossuet e Thomas Hobbes.

Jean Bodin, teórico do absolutismo

Este francês, que viveu entre 1530 e 1596, começou carreira como frade carmelita, mas deixou a ordem para seguir o direito civil. Lecionou na Universidade de Toulouse

> Considerado o primeiro documento teórico do absolutismo, *Os seis livros da República*, de Jean Bodin, foi uma mescla de política e de religião. Fez sucesso imediato na Europa, sendo logo traduzido para vários idiomas.
>
> A tese mais conhecida da obra era de que soberania é um poder indivisível, portanto o rei não podia repartir poder com ninguém nem prestar obediência a quem quer que fosse. Acima do rei, dizia Bodin, só estava Deus.

e depois foi para Paris, onde foi deputado e mais tarde chegou a ser advogado do rei Henrique III.

Escreveu sua principal obra, *Os seis livros da República*, em 1576, inspirado pelas guerras religiosas de seu país.

Em 1562, a rainha regente Catarina de Médici havia assinado o Édito de Saint-Germain, em que alguma tolerância era dada aos huguenotes. O conteúdo do decreto real, porém, não satisfez os protestantes, que só podiam realizar cultos na zona rural, e ao mesmo tempo descontentou os católicos, que acharam demasiada a condescendência e promoveram um massacre de protestantes, dando início a um conflito que duraria até 1598.

Jean Bodin considerou que a decisão da regente Catarina de Médici demonstrara fraqueza e que os protestantes deviam ser esmagados pela força. Seu livro estava centrado sobre a questão da autoridade do governante, porque temia que a guerra civil francesa pudesse levar o país à anarquia – que seria, na sua opinião, um desastre institucional.

Jacques Bossuet, monarquista absoluto

> Bossuet escreveu o livro *A política tirada das Santas Escrituras*, publicado em 1709, baseado na teoria de Jean Bodin sobre a soberania, que lhe valeu, para as gerações seguintes, a fama de teórico do absolutismo.
>
> Argumentou, no livro, que o rei era o representante de Deus na Terra. Sendo assim, seu poder era incondicionalmente legítimo e suas decisões sempre justas. Dizia também que o rei devia ser como um pai para os seus súditos e exercer o que chamava de "monarquia absoluta".

Jacques Bossuet era considerado um pregador apaixonado. Foi arcediago (vigário-geral) e bispo. Em Paris, doutorou-se em teologia e foi eleito para a Academia Francesa. Em 1671, passou a atuar como preceptor do futuro rei Luís XIV da França, o Rei-Sol, então com apenas 10 anos de idade, e acompanharia o herdeiro do trono francês até 1681. Era intransigente e autoritário. Como bispo de Meaux, manteve grandes polêmicas contra os protestantes.

Na função de conselheiro do rei Luís XIV, levou a sua tese ao extremo. Formulou a ideologia gaulesa, que estabelecia, para o rei, direitos equivalentes aos do papa Clemente XI. Mais tarde voltou atrás, temendo represálias do clero, e aceitou ratificar um documento que definia que o papa era a autoridade máxima, mas apenas em assuntos religiosos.

Defendeu até o fim da vida (1704) a tese de que qualquer governo formado legalmente é expressão da vontade de Deus e que, portanto, é sagrado, sendo criminosa qualquer atitude de revolta, insubordinação ou insurreição contra ele.

Thomas Hobbes e o contrato social – o Contratualismo

O legalista britânico Thomas Hobbes foi o autor da famosa obra publicada em 1651: *Leviatã* (ou *Matéria, forma e poder da comunidade eclesiástica e civil*).

Nela consta a seguinte representação: o cidadão abre mão de parte de sua liberdade, que é total no estado de natureza, em prol de uma autoridade que lhe dê em troca a segurança oferecida pela lei, na vida em sociedade.

Era a doutrina do pacto associativo (*pactum associationis*), que também podemos ver em Locke, no *Tratado do governo civil*, e em Rousseau, em *O contrato social*.

Em outras palavras, uma sociedade não é de fato política enquanto o poder estatal não garante os bens públicos, como justiça, saúde e educação. Aí sim, estará configurado o pacto social.

Thomas Hobbes nasceu em 1588, ainda no reinado de Elizabeth I, num período politicamente tumultuado, em que a Inglaterra enfrentava a ameaça de invasão pela Espanha.

Estudou ciência e filosofia em Oxford e depois ligou-se à corte do rei James I. Conviveu com filósofos e cientistas, entre eles Francis Bacon e Descartes.

Ainda enfrentaria, entre 1642 e 1649, a guerra civil inglesa – ocorrida entre os partidários do rei Carlos I e os parlamentaristas chefiados por Oliver Cromwell.

Possivelmente em decorrência desse ambiente belicoso, desenvolveu a teoria de que a democracia enfraquecia os países, e defendeu a ideia de que a monarquia absolutista era a alternativa recomendável para uma sociedade pacífica.

> *Thomas Hobbes* afirmava que o homem, em estado de natureza, era naturalmente propenso a abusar da liberdade e a erguer-se em guerra contra seus semelhantes. Para ele, o homem, sem a necessária intervenção do Estado, era lobo do próprio homem (*homo homini lupus*).
>
> Hobbes foi o teórico do poder soberano, com o livro *Leviatã*. Dizia que a igualdade era responsável pelos males que os homens podem causar aos outros homens. Por isso, pensava ser necessário legitimar um poder maior, que impedisse as guerras e a violência.

Dizia que "respeitar tratados e convênios não é questão de direito, é questão de conveniência". Suas ideias desagradaram tanto os monarquistas quanto os parlamentaristas, e ele teve que refugiar-se em Paris.

No começo do século XVII, em suas viagens pela Europa, Hobbes percebeu o declínio acentuado da escolástica. Diante disso, decidiu voltar ao seu país natal, a Inglaterra, para aprofundar-se nos estudos da Ciência Política e do Direito.

Com ideologia diferente da escolástica e do aristotelismo, estreitou as relações com o filósofo e político Francis Bacon.

Foi pioneiro ao conceituar o contratualismo moderno[4]. Sustentava que após o estado de natureza, em que os homens são plenamente livres, estes firmam um contrato social, cujo desdobramento resulta na formação da sociedade civil moderna, chamada de Estado.

Para Hobbes, o estado de natureza representa a situação em que não existe governo para manter a ordem social. O direito natural é o direito que cada indivíduo possui para manter a sua integridade e para fazer valer os seus direitos – compreende a liberdade que tem cada um de servir-se da própria força, segundo sua vontade.

No estado de natureza de Hobbes, os homens são livres e seus direitos não encontram limitações. Como se trata de situação em que todos podem tudo, a ocorrência de lutas e disputas pela posse de determinada coisa é sempre iminente. Nesse quadro, não existe poder superior a se afirmar entre os homens, pois o mais fraco pode se utilizar de qual-

[4] Ver, adiante, "O contratualismo", neste tópico.

quer artifício para obter aquilo que o mais forte possui. É a partir dessa constatação que Thomas Hobbes formulou sua mais célebre frase: "O Homem é o lobo do Homem".

Em *O Leviatã*, o filósofo sustenta que o único modo de manter um Estado controlador, civilizado e em paz é implantando o regime absolutista. Dessa forma, concentra-se o poder nas mãos do Estado Soberano e os súditos abrem mão da liberdade individual em troca de proteção.

Hobbes criticava a Igreja. Para ele, o rei deveria exercer poder sobre assuntos que envolvessem doutrina e fé, pois a livre leitura da Bíblia poderia enfraquecer o absolutismo da majestade. Foi defendendo essa ordem de ideias, limitadoras da força dos preceitos bíblicos e, sobretudo, da própria Igreja, que Hobbes angariou a antipatia desta, que, então, iniciou ferrenha perseguição contra ele.

A filosofia verdadeira, para Hobbes, é aquela que se concentra na descrição e na observação dos corpos e de suas propriedades. Ele foi contrário a todos os pressupostos da filosofia grega, principalmente a defendida por Aristóteles e a Escolástica. Sua filosofia é materialista, mecanicista e baseada em três princípios: o corpo, o cidadão e o ser humano.

São dois os pressupostos do Estado absolutista, diz o filósofo em *O Leviatã*.

O primeiro está diretamente relacionado à vida humana: o homem deve trabalhar em sociedade e para a sociedade, de modo a garantir a continuidade de sua própria vida.

O segundo pressuposto é o convencionalismo: o homem adquire o conceito de justiça e cria normas para sobreviver de acordo com ele.

O egoísmo, quando racionalizado, facilita a busca do homem pela paz, e a paz adquirida de modo racional é mais facilmente garantida. Com isso, Hobbes sustenta que o melhor modo de conquistar e assegurar a paz é criando pactos e garantindo meios para que esses durem por muito tempo.

O Estado absolutista de Hobbes é chamado *Leviatã* em metáfora referente ao monstro bíblico que possuía coração de pedra e era extremamente poderoso. Em um tal Estado, os súditos escolhem seu governante, que é absoluto, imbuído de plenos poderes, mas que pode ser deposto caso não cumpra sua função perante a sociedade.

Em 1645, mesmo depois de tantas perseguições, principalmente por parte da Igreja – que afirmava que suas obras *O Cidadão* e *O Leviatã* faziam apologia ao ateísmo –, fez publicar seu primeiro tratado, *Elementos da lei natural e política*.

Em síntese, Hobbes enxerga no Estado absolutista a forma mais acabada e segura para assegurar os direitos básicos de todo cidadão. Para ele, se não existisse o Estado, seríamos incapazes de sobreviver e conviver em uma sociedade civilizada.

Eis aí a gênese do contratualismo, consistente na abdicação – ou, melhor dizendo, na limitação – de parte dos direitos individuais para recolocá-los nas mãos de um Estado firme, soberano – o Estado-Leviatã –, o qual se assemelha ao Deus Imortal.

Em 1665, publica o *De Corpore*, obra em que estudou os corpos em movimento. Mais uma vez, a Igreja enxergou em seus escritos certo teor de ateísmo.

No ano de 1666, as perseguições voltaram a se intensificar, tendo em vista que suas obras geravam repercussões negativas para a Igreja. Nesse mesmo ano, os livros de Hobbes foram queimados em Oxford, como forma de repúdio às suas ideias.

Mesmo perseguido, Hobbes continuou escrevendo e dedicando-se aos estudos dos clássicos e às suas traduções. Em 1668, traduziu para o inglês as célebres obras *A Ilíada* e *A Odisseia*. Um de seus últimos trabalhos foi sua autobiografia, escrita em 1672, que também gerou grande polêmica.

Morreu muito velho, em 1679, famoso e prestigiado, mas ainda com muitos inimigos. Seu pensamento foi contestado, cerca de dez anos depois de sua morte, por John Locke, que pregava a paz como estado natural da humanidade.

"OS PACTOS SEM A ESPADA são apenas palavras e não têm a força para defender ninguém" (Thomas Hobbes).

O contratualismo

O contratualismo é a alavanca do Direito na época moderna, segundo Miguel Reale, em seu livro *Filosofia do direito*. Diz ele que o Direito existe, segundo os jusnaturalistas, porque os homens pactuaram viver segundo regras delimitadoras dos arbítrios.

Do contrato, deriva a norma. Vamos ver o que diz Miguel Reale: "Note-se que se opera uma inversão completa na concepção do Direito. Tudo converge para a pessoa do homem em estado de natureza, concebido por abstração como anterior à sociedade. A sociedade é fruto do contrato, dizem uns; enquanto outros, mais moderados, limitarão o âmbito da gênese contratual: a sociedade é um fato natural, mas o Direito é um fato contratual".

Em suma, segundo o contratualismo, há um período anterior à sociedade seguido por um verdadeiro contrato social, que deu origem ao Estado. Um pacto, portanto, segundo o qual todos cedem parte de sua liberdade, parte de seus direitos para, em troca, receber a proteção do Estado. É esse contrato que dá legitimidade ao Estado para que crie, defina e faça cumprir as regras sociais.

Entre os principais contratualistas estão: Thomas Hobbes (1588-1679), precursor, que partiu da premissa de que, por natureza, "o homem é o lobo do homem" e, portanto, para que haja ordem, é necessária a mão forte do Estado; John Locke (1633-1704), para quem a lei da razão requer que se aceite que a liberdade seja limitada para que a vida e a propriedade – um direito natural em sentido genérico – sejam garantidas pelo Estado, cujo poder, porém, não deve ser absoluto; Jean-Jacques Rousseau (1712-1778), que era, ao mesmo tempo, um crítico do contratualismo, para quem os homens são naturalmente amorais, não distinguindo, portanto, o bem e o mal, em estado de igualdade, circunstância esta que se rompeu quando surgiram a propriedade privada, o cultivo da terra e, com isso, a sociedade, cuja condição de desigualdade foi sancionada pelo Estado, e, como solução, propõe um pacto baseado na vontade geral, garantidor de igualdade e liberdade.

O Brasil sob o absolutismo

A tomada de Constantinopla, pelos mouros, eliminou a possibilidade de existir, na Europa, um império ocidental, como havia ocorrido com Roma.

Sem um poder central, as tribos europeias entraram em sangrentas guerras.

Os dois países de navegadores, Portugal e Espanha, sem disposição para enfrentar territórios com vizinhos mais fortes, voltaram as proas de suas embarcações para o oceano Atlântico e saíram em busca de novas terras que fornecessem matéria-prima para comerciarem. Chegaram à África e ao Brasil. Descobriram o oceano Pacífico. Elaboraram um novo mapa mundial, ao dobrarem o Cabo das Tormentas, provando ser possível a chegada à Ásia pelo sul do continente africano. Além disso, e talvez mais importante do ponto de vista da compreensão do mundo, circum-navegaram o mundo conhecido, provando que a terra era redonda.

A descoberta do Brasil foi decorrência dessa política expansionista, durante o reinado de Dom Manuel, o Venturoso.

Nos primeiros anos do século XVII, o Brasil não era mais que uma colônia primitiva e selvagem, uma espécie de armazém de vastidão exuberante para Portugal.

Nessa época, Dom Felipe II ocupava os tronos de Portugal e Algarves, prosseguindo o reinado do pai, Dom Felipe I. Como se sabe, Portugal e Espanha tiveram o mesmo rei entre 1580 e 1640.

As Ordenações Filipinas

Por volta do século XV, Portugal padecia de uma séria falta de sistematização de suas leis. De fato, seu ordenamento jurídico era composto por diversas leis esparsas emanadas das mais diversas fontes – algumas provenientes da antiga Roma, outras dos povos germanos e outras ainda da herança eclesiástica.

Buscando solucionar tal problema, foram editadas compilações que passaram a ser conhecidas como Ordenações do Reino.

A primeira delas, conhecida como *Ordenações Afonsinas*, foi realizada por Dom Afonso, no ano de 1446.

Após numerosas reformas e revisões desse primeiro texto, seguiu-se nova sistematização das leis alteradoras. Estas, realizadas por Dom Manuel, no primeiro quartel do século XVI, receberiam o nome de *Ordenações Manuelinas.*

Entretanto, a dinâmica das relações sociais continuava a impor constantes modificações legislativas. Tantas foram as leis alteradoras publicadas, que foram compiladas em um livro à parte denominado *Leis Extravagantes* – uma espécie de ordenamento paralelo às ordenações.

Por fim, visando a resgatar a unidade e sistematicidade perdidas, em 1595, a legislação foi novamente agrupada e reorganizada por Dom Felipe I, que editou as chamadas *Ordenações Filipinas.*

Eram, tais ordenações, distribuídas em cinco livros, estabelecendo as normas para a distribuição da justiça e as providências da corte em relação ao direito.

As Ordenações Filipinas, posteriormente revisadas e republicadas por Dom Felipe II, em 1603, formaram a base do direito civil brasileiro.

Elaboradas por soberanos absolutistas e com raízes fincadas na Idade Média, sem quaisquer avanços de natureza filosófica, política ou social, não se admira constituíssem um código autoritário e atrasado.

Ainda assim, tal sistematização vigorou, no Brasil, durante todo o período colonial, passou pelo reinado e só foi suspensa, oficialmente, com a proclamação da independência brasileira (embora tenham continuado a ser aplicadas, na prática, por bastante tempo ainda).

Em Portugal, estenderam-se até 1867, quando passou a vigorar o primeiro Código Civil português. O primeiro Código Civil brasileiro foi aprovado, finalmente, em 1916, com o famoso projeto redigido por Clóvis Beviláqua.

Seria exagero dizer que as Ordenações Filipinas fossem um código civil compilado. Era mais um apanhado de normas embasadas no Direito Romano e no Direito Canônico – não nos esqueçamos de que a separação entre Igreja e Estado só ocorreria, no Brasil, com a primeira Constituição da República, em 1891.

O Livro V das três Ordenações do Reino foi dedicado ao direito penal. Demonstrando a grande vinculação existente entre Estado e Igreja, o crime mais grave previsto pelas Ordenações era a heresia. Além disso, o julgamento de tais delitos era realizado pelos clérigos, embora a execução da pena cumprisse ao Estado.

O texto ainda justifica tal medida, dizendo que "a todo Rei católico, como braço da Santa Igreja, pertence fazer e mandar cumprir e guardar suas sentenças".

Não há dúvidas de que a grande marca de tais ordenações era o excessivo rigor das leis e a crueldade de tratamento aos condenados por seu descumprimento – o que envolvia tortura, penas corporais, pena de morte, bem como a punição das gerações descendentes do infrator pelos crimes praticados.

Ainda no Livro V, dois títulos chamam a atenção por sua conexão direta com o absolutismo e com a existência de algo que podemos denominar de direitos individuais.

Um deles, o de número CXXXVI, trata de "que os julgadores não apliquem as penas a seu arbítrio", cujo preâmbulo merece aqui ser mencionado.

> *Mandamos a todos os corregedores, ouvidores e juízes assim de fora como ordinários e a todas as outras Justiças que poder têm para pôr penas que nenhum deles ponha pena de qualquer quantidade que seja para a Chancelaria, sob pena de a pagar anoveada, a metade para quem o acusar e a outra para os Cativos, e de ser suspenso de seu ofício até nossa mercê e mais as penas que por ele assim forem postas não hajam efeito.*

Entendendo a história das codificações

Corpus Iuris Civilis

O primeiro povo a considerar a necessidade de reunir as leis esparsas em um código foi o romano. O código compilado pelo imperador Justiniano chamou-se *Corpus Iuris Civile* e foi uma das mais importantes heranças do Direito Romano.

O *Corpus Iuris Civilis*, que na prática constitui o Direito Romano, era composto de quatro partes: o *Codex*, que reunia todas as constituições imperiais editadas desde o governo do imperador Adriano, entre 117 e 138; o *Digesto* ou *Pandectas*, que reunia os comentários dos grandes juristas romanos; o *Institutas*, espécie de manual para os amantes do Direito; e as *Novelas*, que foram as constituições elaboradas depois do ano de 534.

A partir da Renascença, com os crescentes movimentos de fortalecimento da autoridade do rei – e consequente enfraquecimento da autoridade do papa –, os códigos ganharam importância em praticamente todos os países.

A Áustria foi uma das primeiras nações, na Europa, a organizar o seu Código Civil, em 1786. Mas, o mais importante para o Ocidente foi o Código Civil francês, elaborado no reinado de Napoleão Bonaparte.

O ILUMINISMO

O termo iluminismo representa um dos mais importantes períodos da história cultural e intelectual do Ocidente. Os ideais daí decorrentes constituíram, sem dúvida, um marco para o direito moderno.

Embora não haja total consenso entre os estudiosos, estabelece-se como seu marco inaugural o início do século XVIII (por isso denominado século das luzes), tendo se encerrado apenas no início do século XIX, com o advento das guerras napoleônicas.

Miguel Reale considera que a primeira fase do direito moderno "estende-se, *grosso modo*, desde a Revolução Francesa até a última década do século passado (século XIX), tendo como termo referencial o Código alemão de 1900, que assinala o apogeu de uma era de marcado cunho sistemático-formal, ainda sob o influxo das ideias individualistas"[5].

Um de seus mais importantes expoentes, Immanuel Kant, diria, mais tarde, que o Iluminismo teria sido o único caminho para que o homem saísse da minoridade em que ele mesmo se havia colocado.

Em um pequeno texto, denominado *O que é o iluminismo?*, o pensador esclarece as bases desse novo movimento, conclamando a todos a sair de sua posição de passividade e submissão e a "fazer uso da própria razão, independente da direção de outrem".

Os filósofos desse período, portanto, deslocavam o eixo do debate, de tal forma que o pilar teórico não era mais Deus, mas o homem. Por isso mesmo, o Iluminismo é também chamado de Humanismo.

Pontificava-se o uso da *razão ilustrada*, ou seja, educada. Assim equipado, o homem ficava livre das superstições, dos abusos dos juristas, bem como das determinações sacerdotais. Em outras palavras, passavam a se emancipar daqueles que, até então, proclamavam-se detentores do conhecimento.

O homem comum, antes submetido pela doutrina escolástica a uma posição social irremediável que interessava aos poderosos, enxergou na nova corrente filosófica a escapatória da predestinação com que era ameaçado pela Igreja.

O Iluminismo defendia o antropocentrismo e o individualismo. Falava de direitos individuais, de propriedade privada, de evolução pelo trabalho, de revolta contra o rei. Era uma nova maneira de viver e de pensar. Com defeitos, é claro, mas melhor do que o absolutismo egoísta dos reis que se diziam prediletos de Deus.

Os iluministas eram, portanto, de todas as formas, contrários aos ideais defendidos pela Igreja. E, com toda essa atitude de negação das concepções religiosas, era natural que o homem se inclinasse para a ciência como ferramenta de desenvolvimento.

Por tal razão, entram em cena cientistas como Isaac Newton, pesquisadores como Descartes, bem como artistas do porte de Leonardo da Vinci e Michelangelo. Cada um

[5] *Nova fase do direito moderno*. São Paulo, Saraiva, 2010, p. 95.

na sua área de conhecimento, tentando entender, com a razão mais do que com a fé, o funcionamento do mundo.

No âmbito jurídico, o Iluminismo teve importante contribuição. Justamente em razão do posicionamento do homem como centro da filosofia, surgiram, no direito, os jusnaturalistas pós-Idade Média.

Eram, eles, contrários aos dogmas defendidos pela Igreja de submissão passiva às determinações superiores advindas de Deus por intermédio de seus representantes. Mas, ao mesmo tempo, negavam-se a aceitar as acentuadas limitações trazidas pelo pensamento positivista – que pregava a observância incondicional das determinações legais sempre que estas encontrassem respaldo em uma lei superior que lhes serviria de fundamento de validade.

Afastados desses dois extremos, defendiam a existência de direitos que antecedem a lei escrita – e que, portanto, devem ser por ela obedecidos –, como a vida e a liberdade.

Por fim, salienta-se que o ideal de verdade passou, a partir do Iluminismo, a estar mais vinculado a questões subjetivas, como a prática profissional e às decisões que respeitassem os direitos individuais.

Os déspotas esclarecidos

O movimento teve participação fundamental de alguns governantes, já que imperava ainda o absolutismo e, portanto, somente os reis tinham poder para promover quaisquer reformas.

Os monarcas que aderiram ao Iluminismo passaram para a história com o apelido de *déspotas esclarecidos*.

Governando sob princípios iluministas, esses monarcas conseguiram acelerar o desenvolvimento da economia e modernizar as nações – em que pese a verdadeira intenção ter sido o fortalecimento de sua posição política.

Os principais déspotas esclarecidos (ou absolutistas ilustrados) foram Frederico II da Prússia – que chegou a acolher Voltaire como seu conselheiro e amigo –, Catarina II da Rússia e Maria Tereza e José II da Áustria.

O Brasil colônia também teve o seu déspota esclarecido.

Marquês de Pombal, déspota no Brasil

Sebastião José de Carvalho e Melo teve o título de Marquês de Pombal. Por ter conseguido reconstruir Lisboa, depois do terremoto de 1717, ganhou a confiança irrestrita do rei e foi nomeado primeiro-ministro. Sendo assim, foi ele quem, na prática, dirigiu Portugal e suas colônias durante o reinado de Dom José I, o Reformador, a partir de 1750.

> Inspirado pelos ideais das luzes, o *Marquês de Pombal* implantou um programa político avançado para o seu tempo. Dentre seus muitos feitos, garantiu a Portugal o nobre lugar de primeiro país da Europa a abolir a escravidão, em 1761.

Foi um importante estadista, responsável por numerosas e bem-vindas medidas. Aperfeiçoou o sistema educacional e reformou a Universidade de Coimbra. Criou a Imprensa Real. Mandou elaborar um código penal que substituísse, em sua maior parte, as Ordenações Filipinas. Promoveu a povoação das colônias portuguesas do Brasil, Índia e África. Fundou a Companhia das Índias Orientais. Equipou o Exército e fortaleceu a Marinha. Deu estímulos à agricultura e ao comércio, com base nos princípios mercantilistas, fundando o Banco Real Português e a Escola de Comércio. Incentivou a implantação de manufaturas para que Portugal passasse a depender menos da Inglaterra.

Apesar de todas as reformas que promoveu, a atitude do Marquês de Pombal era de ditador. O seu período ficou conhecido como o Terror Pombalino. Seus maiores inimigos foram os jesuítas – que ele expulsou do Brasil – e os aristocratas – dos quais ele retirou poderes. Esses esperaram que o rei Dom José I morresse para tramar a desgraça do marquês, acusando-o de abuso de poder e corrupção.

A rainha, Dona Maria I (mãe de Dom João VI, que ficaria conhecida como Maria, a Louca), sucumbiu à pressão dos nobres e dos padres e afastou o Marquês de Pombal do governo. Após a expulsão, ele retirou-se para sua propriedade rural na cidade de Pombal, onde morreu em 1782.

Suas reformas – como, aliás, praticamente todas as reformas promovidas pelos déspotas esclarecidos – não perduraram. Foram canceladas por Dona Maria I, e Portugal regrediu, voltando a permanecer na esfera de domínio da Inglaterra.

O terremoto de Lisboa

Em 1755 um terremoto atingiu Lisboa, matando mais de cem mil pessoas, ou metade da população da cidade. O terremoto durou apenas cinco minutos, mas a devastação foi imensa. O sismo causou um maremoto que ocasionou três tsunâmis seguidas, com ondas de mais de 20 metros de altura. Lisboa foi praticamente arrasada, e grande parte do território espanhol também foi afetada, inclusive as cidades de Sevilha, Salamanca e Valladolid.

Os franceses acreditavam que teria sido um castigo divino, numa demonstração de atraso que irritou Voltaire, que dedicou trechos de seu livro *Cândido* ao terremoto.

A teoria otimista de Leibniz, de que vivemos no melhor dos mundos possíveis, foi contestada. Os católicos de muitos países fizeram grande alarido, penitenciando-se preventivamente porque, se Portugal, um país com tantos crentes, sofrera um castigo tão grande, o que seria de outras nações onde havia pagãos e seguidores de outras religiões, como o protestantismo?

MONTESQUIEU E AS BASES DO CONSTITUCIONALISMO

A França estava descontente com o rei Luís XIV, o famoso Rei Sol, talvez o mais ferrenho de todos os monarcas absolutistas. Foi ele o autor da tão afamada frase: "*L'Etat c'est moi*" ("O Estado sou eu").

Esse rei, durante seu longo reinado de cinquenta e quatro anos, organizou e equipou o exército francês a ponto de torná-lo o mais poderoso de toda a Europa. Em vista disso, empreendeu diversas guerras, a maioria delas com objetivos pessoais que resultaram em grandes fracassos.

Em 1667, invadiu a Espanha. Pretendia intrometer-se na sucessão ao trono daquele país, considerando que parte do território seria herança de sua esposa, Maria Teresa de Espanha – filha do rei Felipe IV. A chamada *Guerra da Devolução*, da qual o imperador participou pessoalmente, terminou após a Espanha ter recebido apoio de outros dois países: a Inglaterra e a Suécia. Sob a perspectiva de envolver-se em uma guerra de maiores dimensões, Luis XIV se viu obrigado a assinar o Tratado de Paz de Aquisgran, em 1668, que conferia à França tão somente o controle do pequeno território de Flandres (antigamente pertencente à Holanda, e que hoje é a região norte da Bélgica). Porém, naquele momento, tal empreitada já havia implicado desarrazoados custos, tanto econômicos quanto humanos.

Ferrenho defensor do catolicismo, Luís XIV perseguiu, também, os protestantes na Holanda, no que ficou conhecida como a *Guerra dos Nove Anos* (que perdurou de 1688 a 1697). Tal investida, somada à revogação do Édito de Nantes – que, como vimos, fora assinado pelo rei francês Henrique IV em 1598, garantindo o fim das perseguições aos protestantes –, resultou na formação da chamada Liga de Habsburgo, um grupo de países desgostosos com a política religiosa do rei francês. A própria Grã-Bretanha entrou nesse conflito, que só seria resolvido com o Tratado de Ryswick, em 1697.

Poucos anos mais tarde, em 1702, engajar-se-ia na conhecida Guerra da Sucessão espanhola. Tal conflito só se encerraria cerca de dez anos mais tarde, com o Tratado de Utrecht.

Em suma, Luís XIV exauria o tesouro francês em busca de vantagens pessoais que em nada contribuíam para com a sociedade. Também era propenso a ditar regras para a religião e para a cultura. Os intelectuais eram os principais críticos do reinado do Rei Sol, e insuflavam o povo a questionar os atos do governante.

Foi nesse ambiente social que viveu Montesquieu.

Montesquieu e suas circunstâncias

Charles Louis de Secondat, o barão de Montesquieu, foi o primeiro dos grandes pensadores franceses associados ao Iluminismo. Era um escritor satírico que, mesmo em seus trabalhos de filosofia política, usava o sarcasmo como forma de comunicação.

Montesquieu foi o primeiro dos filósofos modernos a defender a distribuição dos Poderes em três campos, o executivo, o legislativo e o judiciário. Haveria representantes das três classes sociais (monárquica, aristocrática e do povo) nos três campos, de modo que um fiscalizasse o outro para impedir privilégios e corrupção.

Foi dos primeiros teóricos do jusnaturalismo.

Montesquieu nasceu em 1689, filho de aristocratas, o que explica a sua defesa insistente a essa classe social. Já desde a infância, no colégio Juilly, passou a ser instruído dentro dos ideais iluministas.

Viveu, nessa época, na propriedade rural da família, tendo convivido muito proximamente com os filhos de camponeses. Esse fato o inspiraria, posteriormente, em suas teses de filosofia social.

Aos 16 anos de idade ingressou na Faculdade de Direito da Universidade de Bordeaux, onde pôde aprofundar seus estudos. Ávido por conhecimento, buscava desvendar as relações sociais e a forma de como discipliná-las. Para tanto, dedicou-se intensamente à pesquisa dos mais diversos povos e etnias, e a forma como se deu sua configuração política e social em cada período da história.

Já em sua fase adulta, chegou a ser presidente do Senado e herdou do tio o título de barão e também a posição de presidente do Parlamento de Bordeaux – cargo que ocupou por dez anos (e que depois vendeu, em 1721). Pertenceu à Academia de Ciências de Bordeaux, onde realizou diversos de seus estudos e pesquisas.

Escreveu dois livros principais: *Cartas persas*, em 1721, e *Espírito das leis*, em 1748, ambos de cunho racionalista.

Em *Cartas persas* faz uma análise crítica dos costumes sociais europeus do ponto de vista fictício de dois persas que visitam a França de Luís XIV. Estabelecendo uma comparação da civilização ocidental da época com outra que em tudo dela se diferenciava, inaugurava uma ampla crítica contra a forma de organização da sociedade, os costumes nela estabelecidos, bem como as instituições políticas e suas relações com o clero.

Nessa obra, por muitos conhecida como o *manual do iluminismo*, acaba por concluir que apenas a virtude e a justiça fazem com que uma sociedade seja duradoura.

Em sua maior obra, *Espírito das leis*, analisou as relações sociais que regem a sociedade, por trás das leis. Morreu em 1755, aos 66 anos de idade, deixando inconcluso um ensaio que integraria a famosa Enciclopédia de Diderot e D'Alembert.

Montesquieu e suas ideias

Seus escritos evidenciavam um certo titubeio em relação às questões político-administrativas da época.

Por um lado, considerava necessária a existência da classe aristocrática. Essa serviria como elemento fiscalizador dos desmandos e abusos do rei absolutista e, ao mesmo tempo, contribuía para controlar eventuais revoltas da plebe. Ou seja, se o direito do rei não vinha de Deus, o direito de liberdade dos cidadãos também não podia ter vindo dessa fonte, numa clara contraposição à filosofia escolástica vigente.

Por outro lado, temia que esse poder dado aos aristocratas pudesse levá-los a uma atitude igualmente perigosa, de prepotência e arrogância. Por isso, defendia que a melhor forma de constituir o Estado era manter as três classes: a monárquica, a aristocrática e a dos comuns, desde que elas se dividissem no desempenho dos poderes próprios do Estado: executivo, legislativo e judiciário. A isso denominou "equilíbrio dos poderes".

Como forma ideal de governo, recomendava a monarquia constitucional – algo como o que a Inglaterra havia tentado com a declaração de João Sem Terra.

Para Montesquieu, a Constituição teria o papel de limitar as ações do rei a partir das noções de honra e de justiça. A divisão do Estado em três poderes, como proposta por Montesquieu, foi efetivada, pela primeira vez, na Constituição dos Estados Unidos da América, em 1787.

Dada a sua descrença no direito natural de herança divina – seja ela do rei, dos nobres ou mesmo das pessoas do povo –, Montesquieu não contemplou, na sua divisão de classes, os representantes da Igreja. Ficou clara a sua intenção de separar Igreja e Estado.

Montesquieu e sua influência no direito

Já munido de notável conhecimento jurídico, Montesquieu empreendeu longa viagem pela Europa, onde pôde tomar contato com diversas culturas e civilizações. Pôde, com isso, aprender muito acerca do funcionamento das sociedades, observando, também, a influência que exercem sobre elas os costumes e os diversos tipos de organização social e política.

Tal fato propiciou ao pensador um olhar crítico fundamentado sobre a forma e o sistema de governo vigentes na França de então. Como resultado de todo esse processo, publicou seu livro *Espírito das leis*, em 1748, lançando as bases do constitucionalismo, movimento que influenciou toda a Europa e até a América (como Estados Unidos e México). Era uma nova concepção de governo, regido por uma lei consolidada.

Certamente influenciado pelas ideias aristotélicas presentes no livro *A política*, Montesquieu, além de reconhecer a importância das leis para evitar um absolutismo despótico, defendia a ideia de que, para o estabelecimento de um governo ideal, era necessário considerar também a tradição, os costumes, as características geográficas e até o meio físico, como o clima.

"PARECE, MEU CARO, que as cabeças dos homens mais notáveis minguam quando se reúnem, e que onde há mais sábios, há também menos sabedoria. Os grandes grupos prendem-se tanto aos momentos e aos vãos costumes, que o essencial não vem senão depois" (Montesquieu).

REFLEXÕES SOBRE O CONSTITUCIONALISMO

Em meu livro *Direitos humanos – processo histórico*[6], refleti longamente sobre o impacto que as ideias de Montesquieu tiveram em todos os países que optaram pela Constituição como máxima norma jurídica. Resumirei, aqui, essas reflexões, para melhorar o esclarecimento dos leitores sobre a importância dessas ideias para o combate às monarquias absolutistas.

Os governantes absolutistas da Idade Média estavam acostumados a impor sua vontade pela força. Não precisavam de leis, porque todas as suas decisões eram totalitárias.

O descontentamento dos povos crescia na medida diretamente proporcional das vozes que se levantavam contra essa categoria de governantes. A insatisfação popular começou a ser especialmente notável no Iluminismo, embora Santo Tomás de Aquino tivesse falado, ainda na Idade Média, da Constituição como a "ordem que fundamenta e substantiva as leis".

Na Renascença, o povo queria que o poder real fosse limitado para que cessassem os desmandos, os abusos, os privilégios e a corrupção. Buscavam, principalmente, que o desrespeito aos direitos dos súditos fosse punido.

Naturalmente, Montesquieu não foi o primeiro a pensar em constitucionalismo. Uma tentativa grosseira já havia sido feita em torno do ano 2100 a.C., com o Código de Ur-Nammu, editado por esse soberano assírio para punir, apenas com multas, certos delitos que a Lei de Talião mandava punir com a mutilação e a morte. Mais tarde, seria editado o Código de Hamurabi, que também atenuava um pouco as legislações então existentes.

Mas nenhum desses códigos continha formas de proteção do indivíduo contra o seu soberano (até porque era o próprio rei quem os promulgava). Decorre disso que os direitos individuais dependiam unicamente da boa vontade do soberano. Este, de seu turno, legi-

---

[6] CASTILHO, Ricardo. *Direitos humanos* – processo histórico. São Paulo: Saraiva, 2010.

timava seu poder à luz da religião, porque era tido como representante de Deus na Terra (o código de Hamurabi, por exemplo, teria sido entregue ao monarca por Marduque).

Como vimos, o início da Idade Moderna foi marcado por uma reordenação social e, principalmente, econômica. Essas alterações sociais resultariam no Iluminismo, com o seu compreensível retorno aos ideais clássicos.

Aliás, o primeiro trabalho escrito por um grego sobre a necessidade de normas para uma sociedade política é o ensaio sobre a Constituição de Atenas, cujos fragmentos originais foram descobertos no Egito, no final do século XIX. Inicialmente atribuída a Xenofonte, hoje sabe-se que a peça é de autoria de Aristóteles e considerada a segunda obra mais importante desse filósofo sobre política. O documento traça um quadro histórico das experiências constitucionais realizadas em Atenas pelos seus principais legisladores, como Drácon, Sólon, Pisístrato, Clístenes e Péricles.

Aristóteles também tratou de constituição no Livro IV de *A política*, definindo-a como a "distribuição de poderes num Estado", sempre baseada sobre "a educação e os hábitos da população".

As leis colocadas em prática nas cidades-Estado foram o início da democracia direta grega, no século V.

Mas foi na Europa medieval que o constitucionalismo encontrou seu maior expoente: a Magna Carta de João Sem Terra, rei da Inglaterra.

É importante conhecer as peculiaridades desse evento histórico.

A Magna Carta

Na Europa feudal, as cidades medievais eram praticamente propriedades dos senhores feudais, que submetiam os habitantes à sua absoluta autoridade. Entretanto, o comércio crescia e a burguesia ficava fortalecida – e, por isso mesmo, ameaçadora para os governantes. Estes não tiveram opção senão vender cartas de franquia a alguns povoados, que com isso ganhavam autonomia política e administrativa. Às vezes os senhorios outorgavam essas cartas como prêmio. Nesses documentos ficavam expressas as condições e os limites em que o senhor feudal poderia exigir tributos e serviços.

Nessa época, o povo era dividido em três categorias: guerreiros, sacerdotes e trabalhadores. (Montesquieu, mais tarde, proporia uma nova divisão que eliminava os sacerdotes do estrato social, como classe específica).

Os guerreiros eram os nobres, que serviam como apoio ao soberano, da mesma forma que os sacerdotes. Nesse *pactum subjetionis*[7] praticamente só o povo trabalhava para sustentar as classes dominantes.

Não havia forma de ascensão social, por causa da doutrina da lei eterna que dominava a Igreja – e em consequência o Estado. Foi a era da desigualdade e da injustiça, por isso mesmo chamada Idade das Trevas.

---

[7] A doutrina do *pactum subjectionis* rezava que o povo confiasse no governante, na esperança de que esse exercesse o governo com isonomia e justiça. Estava incluído no acordo o direito de rebelião popular, caso o governante violasse as regras constantes da Magna Carta de 1215, da Petition of Rights de 1628 e a Bill of Rights de 1689.

O abuso dos governantes atingiu tal ponto que alguns barões resolveram apoiar os camponeses, temendo que eles pudessem exercer o direito previsto no *pactum sujectionis* de rebelar-se.

O rei da Inglaterra, João I, que ficou famoso como João Sem Terra, após uma sucessão de fracassos políticos e militares, viu Londres ser invadida por um grupo de barões, burgueses e populares em busca do atendimento de suas reivindicações. Fortemente pressionado, acabou aceitando assinar um documento em que prometia obedecer à lei e abria mão de certos direitos que os camponeses consideravam exagerados. Entre esses direitos estavam o Direito de Nomeação (o soberano podia nomear bispos, abades e funcionários eclesiásticos) e o Direito de Veto (o soberano podia excluir pessoas de determinadas funções ou impedir que tomassem posse).

Esse documento, assinado em 1215, foi chamado *Magna Charta Libertatum.*

Entretanto, em que pese a assinatura formal, a Magna Carta foi repudiada pelo soberano assim que o grupo revoltoso deixou Londres, o que fez com que a Inglaterra mergulhasse em alarmante guerra civil.

Porém, tal documento foi reiterado pelos sucessores de João I ao trono, a ponto de tornar-se parte integrante e indissociável da tradição jurídica inglesa.

Para a História, foi um grande marco, que inspira o constitucionalismo no mundo ocidental até os dias atuais[8].

O artigo mais conhecido da Magna Carta de 1215 é o que consta da cláusula 39:

> "NENHUM HOMEM LIVRE SERÁ PRESO, encarcerado ou privado de uma propriedade, ou tornado fora da lei, ou exilado, ou de maneira alguma destruído, nem agiremos contra ele ou mandaremos alguém contra ele, a não ser por julgamento legal dos seus pares, ou pela lei da terra" (Magna Carta de 1215).

Tendo em vista sua grande importância histórica, temos por bem reproduzir, a seguir, uma versão da carta que consta do livro de Comparato (1999)[9], com seus primeiros vinte artigos:

> **Magna Charta Libertatum Concordiam inter regem Johannen at barones pro concessione libertatum ecclesiae et regni angliae** *(Carta Magna das Liberdades, ou Concórdia entre o Rei João e os Barões para a outorga das liberdades da Igreja e do rei inglês).*
>
> *João, pela graça de Deus rei da Inglaterra, senhor da Irlanda, duque da Normandia e da Aquitânia e conde de Anjou, aos arcebispos, bispos, abades, barões, juízes, couteiros, xerifes, prebostes, ministros, bailios e a todos os seus fiéis súditos.*
>
> *Sabei que, sob a inspiração de Deus, para a salvação da nossa alma e das almas dos nossos antecessores e dos nossos herdeiros, para a honra de Deus e exaltação da Santa Igreja e para o bem do reino, e a conselho dos veneráveis padres Estevão, arcebispo de Cantuária, primaz de Inglaterra e cardeal da Santa Igreja Romana e dos nobres senhores William Marshall,*

8 A *Bill of Rights* norte-americana e mesmo a Declaração Universal dos Direitos Humanos foram alguns exemplos de documentos inspirados nesse pacto medieval. Mas o grande marco do constitucionalismo no mundo foi a *Declaration of Rights* do Estado de Virgínia, de 1776, que norteou a elaboração das Constituições das ex-colônias britânicas da América do Norte.

9 COMPARATO, Fábio Konder. *A afirmação histórica dos direitos humanos.* São Paulo: Saraiva, 1999.

conde de Pembroke, oferecemos a Deus e confirmamos pela presente Carta, por nós e pelos nossos sucessores, para todo o sempre, o seguinte:

1. A Igreja de Inglaterra será livre e serão invioláveis todos os seus direitos e liberdades: e queremos que assim seja observado em tudo e, por isso, de novo asseguramos a liberdade de eleição, principal e indispensável liberdade da Igreja de Inglaterra, a qual já tínhamos reconhecido antes da desavença entre nós e os nossos barões [...].

2. Concedemos também a todos os homens livres do reino, por nós e por nossos herdeiros, para todo o sempre, todas as liberdades abaixo remuneradas, para serem gozadas e usufruídas por eles e seus herdeiros, para todo o sempre [...].

*3. Não lançaremos taxas ou tributos sem o consentimento do conselho geral do reino (*commune concilium regni*), a não ser para resgate da nossa pessoa, para armar cavaleiro nosso filho mais velho e para celebrar, mas uma única vez, o casamento da nossa filha mais velha; e esses tributos não excederão limites razoáveis. De igual maneira se procederá quanto aos impostos da cidade de Londres.*

4. E a cidade de Londres conservará todas as suas antigas liberdades e usos próprios, tanto por terra como por água; e também as outras cidades e burgos, vilas e portos conservarão todas as suas liberdades e usos próprios.

5. E, quando o conselho geral do reino tiver de reunir para se ocupar do lançamento dos impostos, exceto nos três casos indicados, e do lançamento de taxas, convocaremos por carta, individualmente, os arcebispos, abades, condes e os principais barões do reino; além disso, convocaremos para dia e lugar determinados, com a antecedência, pelo menos, de quarenta dias, por meio dos nossos xerifes e bailios, todas as outras pessoas que nos têm por suserano; e em todas as cartas de convocatória exporemos a causa da convocação; e proceder-se-á à deliberação do dia designado em conformidade com o conselho dos que não tenham comparecido todos os convocados.

6. Ninguém será obrigado a prestar algum serviço além do que for devido pelo seu feudo de cavaleiro ou pela sua terra livre.

*7. A multa a pagar por um homem livre, pela prática de um pequeno delito, será proporcionada à gravidade do delito; e pela prática de um crime será proporcionada ao horror deste, sem prejuízo do necessário à subsistência e posição do infrator (*contenementum*); a mesma regra valerá para as multas a aplicar a um comerciante e a um vilão, ressalvando-se para aquele a sua mercadoria e para este a sua lavoura; e, em todos os casos, as multas serão fixadas por um júri de vizinhos honestos.*

8. Não serão aplicadas multas aos condes e barões senão pelos pares e de harmonia com a gravidade do delito.

9. Nenhuma cidade e nenhum homem livre serão obrigados a construir pontes e diques, salvo se isso constar de um uso antigo e de direito.

10. Os xerifes e bailios só poderão adquirir colheitas e quaisquer outras coisas mediante pagamento imediato, exceto se o vendedor voluntariamente oferecer crédito.

11. Nenhum xerife ou bailio poderá servir-se dos cavalos ou dos carros de algum homem livre sem o seu consentimento.

12. Nem nós nem os nossos bailios nos apoderaremos das bolsas de alguém para serviço dos nossos castelos, contra a vontade do respectivo dono.

*13. A ordem (*Writ*) de investigação da vida e dos membros será, para futuro, concedida gratuitamente e, em caso algum, negada.*

14. Nenhum homem livre será detido ou sujeito à prisão, ou privado dos seus bens, ou colocado fora da lei, ou exilado, ou de qualquer modo molestado, e nós não procederemos nem mandaremos proceder contra ele senão mediante um julgamento regular pelos seus pares ou de harmonia com a lei do país.

15. Não venderemos, nem recusaremos, nem protelaremos o direito de qualquer pessoa a obter justiça.

16. Os mercadores terão plena liberdade para sair e entrar em Inglaterra, e para nela residir e a percorrer tanto por terra como por mar, comprando e vendendo quaisquer coisas, de acordo com os costumes antigos e consagrados, e sem terem de pagar tributos injustos, exceto em tempo de guerra ou quando pertencerem a alguma nação em guerra contra nós. E, se no começo da guerra, houver mercadores no nosso país, eles ficarão presos, embora sem dano para os seus corpos e os seus bens, até ser conhecido por nós ou pelas nossas autoridades judiciais, como são tratados os nossos mercadores na nação em guerra conosco; e, se os nossos não correrem perigo, também os outros não correrão perigo.

17. Daqui para diante será lícito a qualquer pessoa sair do reino e a ele voltar, em paz e segurança, por terra e por mar, sem prejuízo do dever de fidelidade para conosco; excetuam-se as situações de tempo de guerra, em que tal direito poderá ser restringido, por um curto período, para o bem geral do reino, e ainda prisioneiros e criminosos, à face da lei do país, e pessoas de países em guerra conosco e mercadores, sendo estes tratados conforme acima prescrevemos.

18. Só serão nomeados juízes, oficiais de justiça, xerifes ou bailios os que conheçam a lei do reino e se disponham a observá-la fielmente.

19. Todos os direitos e liberdades, que concedemos e que reconhecemos enquanto for nosso o reino, serão igualmente reconhecidos por todos, clérigos e leigos, àqueles que deles dependerem.

*20. Considerando que foi para honra de Deus e bem do reino e para melhor aplanar o dissídio surgido entre nós e os nossos barões que outorgamos todas as coisas acabadas de referir; e querendo torná-las sólidas e duradouras, concedemos e aceitamos, para sua garantia, que os barões elejam livremente um conselho de vinte e cinco barões do reino, incumbidos de defender e observar e mandar observar a paz e as liberdades por nós reconhecidas e confirmadas pela presente Carta; e se nós, a nossa justiça, os nossos bailios ou algum dos nossos oficiais, em qualquer circunstância, deixarmos de respeitar essas liberdades em relação a qualquer pessoa ou violarmos alguma destas cláusulas de paz e segurança, e da ofensa for dada notícia a quatro barões escolhidos de entre os vinte e cinco para de tais fatos conhecerem, estes apelarão para nós ou, se estivermos ausentes do reino, para a nossa justiça, apontando as razões de queixa, e à petição será dada satisfação sem demora; e se por nós ou pela nossa justiça, no caso de estarmos fora do reino, a petição não for satisfeita dentro de quarenta dias, a contar do tempo em que foi exposta a ofensa, os mesmos quatro barões apresentarão o pleito aos restantes barões; e os vinte e cinco barões, juntamente com a comunidade de todo o reino (*comuna totiu terrae*), poderão embargar-nos e incomodar-nos, apoderando-se de nossos castelos, terras e propriedades e utilizando quaisquer outros meios ao seu alcance, até ser atendida a sua pretensão, mas sem ofenderem a nossa pessoa e as pessoas da nossa rainha e dos nossos filhos, e, logo que tenha havido reparação, eles obedecer-nos-ão como antes. E qualquer pessoa neste reino poderá jurar obedecer às ordens dos vinte e cinco barões e juntar-se a eles para nos atacar; e nós damos pública e plena liberdade a quem quer que seja para assim agir, e não impediremos ninguém de fazer idêntico juramento.*

VOLTAIRE E A PROPAGANDA ILUMINISTA

Escritor, autor de mais de 70 obras, conhecido e admirado no mundo inteiro, *François-Marie Arouet*, que passou para a história com o pseudônimo de *Voltaire*, foi um dos maiores escritores e filósofos franceses e o grande responsável pela disseminação dos ideais do liberalismo – que podemos considerar o filho inglês do Iluminismo.

Como Locke, foi um defensor da tolerância religiosa, principalmente no livro *Dicionário Filosófico*. Curiosamente, não era ateu, como a maioria dos filósofos iluministas – chegou inclusive a defender, no livro *Tratado de metafísica*, a existência de Deus.

Em todos os seus trabalhos, fazia questão de incluir referências à excelência dos ideais iluministas, que, uma vez aplicados, poderiam fazer com que os países saíssem do atraso social.

Sua concepção de sociedade é de que o mal não é uma abstração metafísica, mas algo que existe concretamente como dado social e que só pode ser corrigido pela educação, pelo trabalho e pela razão (Rousseau considerou afirmações como essa como críticas pessoais).

Aliás, Voltaire condenava o ócio. Ele era, efetivamente, um trabalhador, o que pode ser comprovado pelas 70 obras que produziu (em 99 volumes) e por uma correspondência vastíssima, que pode ultrapassar a marca de dez mil cartas.

Sua obra mais importante, *Cândido, ou o otimismo*, por exemplo, foi escrita em três dias. O livro é considerado um romance filosófico, um relato que reúne ironia e dramaticidade, a respeito de um homem que acredita na humanidade a despeito de todas as vicissitudes que enfrenta. Alguns estudiosos enxergam, nessa obra, uma crítica ao otimismo de Leibniz e à teoria do bom selvagem, de Rousseau.

Voltaire e suas circunstâncias

François-Marie Arouet (*Voltaire*) era filho de um tabelião que conseguira formar família abastada. Foi educado em colégio jesuíta, onde aprendeu, segundo ele mesmo, apenas "latim e outras estupidezas" – razão pela qual abandonou os estudos aos 17 anos.

Começou a escrever aos 20, e logo sua língua ferina lhe traria problemas. Tendo satirizado o governo francês, foi preso na Bastilha por onze meses, período que aproveitou para escrever sua primeira peça teatral, "Édipo".

Em 1726, ofendeu um jovem nobre e, como punição, foi-lhe dada a oportunidade de escolher entre a prisão e o exílio. Foi para a Inglaterra, onde viveu durante dois anos.

> *Voltaire* foi, ao lado de Montesquieu e de Rousseau, o intelectual mais influente da Revolução Francesa. Exilado na Inglaterra por dois anos, teve contato com as ideias liberais e as levou para a França, onde imediatamente encontrou seguidores.
>
> Defendeu a divisão dos poderes, a educação como ferramenta de ascensão social e a liberdade como princípio para que o indivíduo pudesse resistir às injustiças.

Voltaire e suas ideias

Nesse tempo, Voltaire conheceu as obras de John Locke (que veremos adiante, neste livro) e o pensamento científico de Isaac Newton. Também familiarizou-se com a monarquia constitucional da Inglaterra, novidade na época por ter sido a primeira. Ficou particularmente impressionado pela tolerância religiosa que havia naquele país.

Voltando para a França, publicou o *Cartas sobre os ingleses*, enaltecendo aspectos da sociedade britânica. O trabalho desagradou o governo francês, que o considerou como crítica, e Voltaire refugiou-se no leste da França, no castelo da amante, Marquesa de Chatelet, com quem estudou ciências naturais. Permaneceu ali por dez anos, até a morte da marquesa. Depois seguiu para a Prússia, a convite do rei Frederico II, o Grande.

Em 1759, voltou para a França. Trabalhou como historiógrafo da corte e escreveu o livro *O século de Luís XIV*. Foi eleito para a Academia Francesa. Comprou uma propriedade chamada Ferney, perto da fronteira com a Suíça, onde escreveu grande parte de seus livros e peças de teatro. Além do sucesso editorial, envolveu-se em outros negócios que lhe garantiram grande riqueza.

Em 1778, aos 83 anos, foi convidado para uma visita a Paris, onde recebeu calorosa acolhida, com direito a festas e homenagens. Morreu pouco tempo depois. Infelizmente, não pôde ver a Revolução Francesa, pela qual trabalhara tanto, que ocorreria somente onze anos mais tarde.

Voltaire e sua influência no direito

Defensor da liberdade como elemento fundamental para a felicidade humana, Voltaire foi um grande crítico da intolerância religiosa. Jamais conseguiu aceitar as disputas e retaliações originadas de diferenças religiosas.

A respeito do tema escreveu, em 1756, "Ensaio sobre os costumes e o espírito das nações". Considerava fundamental a liberdade de expressão.

Queria a igualdade de todos os homens perante a lei, com especial preocupação com a justiça.

"AQUELES QUE FAZEM você acreditar em besteiras podem fazer você cometer atrocidades" (Voltaire).

NA TANGÊNCIA DA FILOSOFIA

Jonathan Swift

Esse famoso escritor irlandês, na juventude, chegou a ser secretário do político e escritor *Sir* William Temple, com quem aprendeu a gostar de livros. Mais tarde doutorou-se em Teologia em Oxford e passou a ocupar a função de pastor da Igreja Anglicana. Teve intensa atuação política na Inglaterra. É autor, dentre outros trabalhos, de *As viagens de Gulliver*, publicado em 1726.

O livro é uma sátira, dirigida especialmente aos *whigs* (membros do partido liberal inglês), que são retratados como os anões da terra de Lilliput, em referência à sua pequenez de caráter e de inteligência – Jonathan Swift era, ele próprio, um liberal, mas estava desgostoso com o partido.

Além disso, a obra trata de censurar os *tories* (uma analogia aos membros do partido conservador inglês), retratando-os como os miseráveis gigantes de Brobdingnag.

O livro satiriza ainda outros membros da sociedade, como os juristas, os militares e os supostos intelectuais.

Jonathan Swift morreu surdo e louco, em 1745. Ele mesmo escreveu, em latim, a inscrição de sua lápide mortuária:

"AQUI JAZ O CORPO DE JONATHAN SWIFT, doutor em Teologia e deão desta catedral, onde a colérica indignação não poderá mais dilacerar-lhe o coração. Segue passante, e imita, se puderes, esse que se consumiu até o extremo pela causa da Liberdade".

O EMPIRISMO

Embora o empirismo tenha sido iniciado por Francis Bacon, no final do século XVI, sem dúvida seu doutrinador mais importante viria a ser o filósofo britânico John Locke, quase um século depois.

A doutrina do empirismo, de que todo conhecimento só é adquirido pela experiência, por meio do método da tentativa, erro e acerto, era clara oposição ao racionalismo então em voga.

Com efeito, o racionalismo apregoava que o homem nascia com as suas principais ideias já prontas; essas ideias ficariam latentes em algum lugar da mente e, à medida que o homem se desenvolvia, emergiam para a consciência. Portanto, para os racionalistas, a verdade não dependia dos sentidos.

O empirismo e a responsabilidade de cada um

No aspecto jurídico, o empirismo foi fundamental porque passou a atribuir ao homem a responsabilidade pelo entendimento de todas as questões. Isso traria, para o direito, a noção de autonomia.

No entanto, a introdução do pensamento empírico no direito o faria enfrentar um de seus maiores desafios.

Conforme já anteriormente afirmado, para os empiristas, toda a verdade emana das observações e experiências particulares. Entretanto, os indivíduos são intrinsecamente diferentes uns dos outros e igualmente distintas são as experiências vivenciadas por cada um e os resultados delas extraídos.

Dessa forma, uma das características mais proeminentes do empirismo foi justamente a negação da possibilidade de existência de uma Verdade que pudesse ser dita Universal.

Em decorrência disso, não haveria qualquer possibilidade teórica de estabelecimento de um padrão universal de referência que permitisse a valoração de algo como certo ou errado, justo ou injusto, bom ou mau e assim por diante.

Em outras palavras, torna-se impossível o estabelecimento de um norte de conduta a ser imposto a todos os homens através das leis. Seria necessário haver uma lei para cada homem, o que, do ponto de vista da justiça social, seria infactível e impraticável.

Justamente por essa razão é que, do empirismo, originaram-se diversas peculiares linhas de pensamento que passaram a combater a obrigatoriedade das leis e a existência dos governos, tais como o ceticismo, o anarquismo e o individualismo.

Locke não concordava com essa doutrina e seguiu o caminho oposto, afirmando que os sentidos e a experiência eram os reais instrumentos do conhecimento. No entanto, admitia a existência de algo inexplicável, intangível pelos sentidos, relacionado com a substância[10].

---

[10] As ideias de John Locke e sua influência no direito serão analisadas, detalhadamente, mais à frente, neste livro.

O empirismo, que defende o método da experimentação, tornou-se importante base filosófica da ciência moderna, embora recomendasse mais a indução que a dedução.

A tábula rasa de John Locke

O filósofo britânico John Locke é, certamente, o maior nome do empirismo (ou a Escola da Epistemologia).

Recuperando Francis Bacon e Hugo Grócio, sua teoria pregava, em síntese, que a busca do conhecimento deveria ocorrer por meio de experiências, e não por deduções ou especulações. Esse empirismo filosófico refutava explicações baseadas na fé, e por isso mesmo apregoava ser necessário separar a Igreja do Estado.

Não é preciso dizer, portanto, que a teoria fez com que seu autor fosse alvo de feroz oposição da Igreja Católica. Não chegou, no entanto, a sofrer maiores retaliações porque era aristocrata e chegou a exercer a função de ministro do Comércio do rei Guilherme III de Orange.

John Locke e suas circunstâncias

Locke estudou em Oxford, onde depois lecionou. Tinha ideias políticas avançadas para a época. Questionava o poder divino dos governantes formulado por Thomas Hobbes. Dizia que era necessário haver três poderes: o executivo, o judiciário e o legislativo – esse último mais importante, porque representava o povo.

Foi justamente dentro dessa linha de pensamento que, em 1689, escreveu o seu *Dois tratados sobre o governo*, descrevendo os contratos que deviam existir entre governantes e governados e da autonomia entre os poderes de Estado, ainda hoje considerados pontos básicos da liberdade humana.

John Locke e suas ideias

Como o conhecimento depende da percepção, segundo Locke, o empirismo tem caráter individual: o entendimento de cada coisa depende da percepção de cada indivíduo. Para os empiristas, o que importava não era a coisa, nem a ideia que temos sobre essa coisa, mas o processo pelo qual essa coisa chega ao entendimento da mente pelos sentidos. Esse conceito teve repercussão no desenvolvimento da corrente psicológica do *behaviorismo*.

Em 1690, foi publicada a sua principal obra, denominada *Ensaio sobre o entendimento humano*. Foi aqui que Locke desenvolveu a sua teoria das ideias simples e complexas.

Dentro da lógica do empirismo, afirmava o autor que a origem de todas as ideias são os sentidos. Em um primeiro momento, através da utilização deles, o homem abstrai suas primeiras impressões da situação ou objeto experimentados. A essas primeiras e evidentes impressões, Locke dava o nome de ideias simples.

> Segundo *John Locke*, o homem nascia em um estado de pureza (como uma *tábula rasa*, ou um quadro em branco, que era preenchido aos poucos à medida que a pessoa evoluía) e tudo o que adquiria ao longo da vida advinha das experiências, principalmente na sociedade. O homem, em estado de natureza, era um homem pacífico.
>
> Portanto, era a base do ideal iluminista, mais tarde defendido por Rousseau, por exemplo, de que todos os homens nascem bons – a sociedade é que os corrompe ou aperfeiçoa.

Para John Locke, tais ideias seriam o substrato de todo o nosso conhecimento. Dizia, quanto a elas, que "a mente não pode formá-las, nem destruí-las". As únicas vias capazes de sugeri-las ou fornecê-las à mente seriam a sensação e a reflexão.

Exemplificadamente, quando um indivíduo toma contato com a água, rapidamente, através de seus sentidos, chega a conclusões básicas, como o fato de ela ser incolor, inodora, insípida, molhada, fria, e assim por diante.

Agora, a partir do momento em que estamos preenchidos de ideias primárias, nosso entendimento teria o poder de "repeti-las, compará-las e uni-las numa variedade quase infinita". Seria essa a forma a partir da qual surgiriam as impressões mais profundas acerca daqueles mesmos objetos e situações – as chamadas ideias complexas.

Em outras palavras, as ideias complexas são aquelas formadas por várias ideias simples interligadas, comparadas, dimensionadas. Como exemplos, podem-se citar as ideias de beleza e feiura, imensidão e pequenez, ou mesmo a ideia de homem.

John Locke e sua influência no direito

John Locke pensava que a soberania devia ser exercida pela população, representada pelo Poder Legislativo e não pelo Estado. Dizia também que a legitimação do poder político adviria da adesão da maioria dos cidadãos ao contrato, ou pacto social. Ao governo cabia apenas fazer aplicar as leis, naturais e civis.

Sua teoria do Direito Natural imutável, que não dependia de costumes e tradições, teve grande influência no processo de independência dos Estados Unidos.

"NÃO SE REVOLTA um povo inteiro a não ser que a opressão seja geral" (John Locke).

O empirismo de Francis Bacon

Foi sob o reinado de Elizabeth I, em plena Renascença, que despontou o talento de *Francis Bacon*, o iniciador do empirismo, teoria filosófica que estabelece que o conhecimento deve advir da experiência.

Dizia ele que o hábito é o principal juiz da vida de um homem. O pensamento de Francis Bacon influenciaria toda uma geração de filósofos britânicos, ao longo de todo o século seguinte, o século XVII.

Francis Bacon elevou a experiência a um ponto que tornava quase desnecessário o uso da razão, porque, a partir da repetição de experimentações, a pessoa podia chegar aos resultados pelo método indutivo.

Deixou extensa obra, chamada *Instauratio magna scientiarum*. Queria, com esses livros, estabelecer as bases para a ciência moderna. Mas o trabalho ficou incompleto, com apenas dois volumes prontos.

O representante mais renomado desse movimento foi *John Locke*, mas é preciso lembrar que o empirismo já era uma característica do pensamento de Aristóteles, que Santo Tomás de Aquino aperfeiçoou.

Francis Bacon nasceu de família nobre inglesa, em 1561 e educou-se em Cambridge e em Paris. Foi eleito para o parlamento.

Exerceu cargos de alto nível na corte de Elizabeth I e, mais tarde, na corte de James I, tendo recebido deste dois títulos de nobreza, de barão e de visconde. No entanto, acusado de abuso de confiança, teve que renunciar aos cargos. Foi perdoado pelo rei, mas teve que se retirar para sua propriedade, onde permaneceu dedicado aos estudos até morrer, em 1626.

Achava que a ciência deveria ser instrumento para que o homem dominasse a natureza e assim se servisse dela. Desenvolveu uma teoria segundo a qual, para alcançar o verdadeiro conhecimento, o homem deveria libertar-se do que chamava de "ídolos", ou seja, noções que lhe eram impostas pelo grupo social, pela própria origem pessoal, pelas interações sociais e pelas variadas doutrinas existentes. De certa maneira, é a ideia da *tábula rasa* que John Locke desenvolveria mais tarde.

Francis Bacon considerava-se um cientista, mas ficou conhecido também como escritor. Produziu textos literários de grande qualidade, entre eles muitos ensaios, em que trata de política e de filosofia.

"NÃO EXISTE COMPARAÇÃO entre aquilo que é perdido por não se obter êxito e aquilo que é perdido por não se tentar" (Francis Bacon).

"OS HOMENS ASTUTOS condenam os estudos, os homens simples os admiram, e os homens sábios se utilizam deles" (Francis Bacon).

Hugo Grócio e a natureza humana

Tendo vivido em uma época em que a Holanda mergulhava em disputas internacionais intensas, na tentativa de tornar-se uma potência marítima, Hugo Grócio produziu vasta obra em que pregava a libertação dos mares, rebelando-se contra a quase monopolização dos oceanos por alguns países da Europa, à época. Considera-se que sua obra foi a base do moderno Direito Internacional. Sua abordagem filosófica era pelas liberdades individuais, embora defendesse que os interesses coletivos se sobreponham aos individuais.

Hugo Grócio e suas circunstâncias

O holandês *Hugo Grócio* (Huig de Groot) nasceu em 1583, filho de pai protestante e mãe católica.

Ingressou na Universidade de Leyden aos 11 anos de idade e aos 16 anos defendia o seu primeiro caso como advogado. Aos 18 anos, obteve o grau de doutor e escreveu em latim um livro sobre a história da Holanda. Foi embaixador na Suécia.

Hugo Grócio é tido como o criador do Direito Internacional. Em suas obras discutiu com profundidade questões relacionadas com situações de guerra. Dizia que o poder e a força não criam direitos.

De Mare Liberum é tido como o primeiro tratado escrito sobre Direito Internacional Público.

Foi o inspirador de juristas como Hans Kelsen.

Hugo Grócio e suas ideias

Concentrou seus estudos principalmente sobre a natureza humana.

Talvez o fato de viver entre duas doutrinas religiosas contrastantes, em casa, o tenha levado a defender a natureza como elemento fundamental do direito, e não a lei de Deus. Isso era basicamente o conceito do livre-arbítrio. Com isso, opunha-se a Calvino – com quem também teve desavenças no campo da política. Chegou a ser preso por causa de suas ideias.

Hugo Grócio e sua influência no direito

Hugo Grócio dizia, em sua teoria do Direito Natural, que as coisas são boas ou más por sua própria natureza, e não porque Deus lhes atribuísse qualidade.

Sua obra considerada mais importante é *De Mare Liberum* ("Sobre a liberdade dos mares"), em que contesta o direito que Inglaterra, Espanha e Portugal teriam, nessa época (1609), de dominar os mares. Grócio defendia que a Holanda também tinha direito de navegar até o ponto conhecido então como Índias Ocidentais.

No campo do Direito, escreveu sobre a guerra, na sua opinião, legítima e justificável, porquanto criação humana, desde que justa (*Do Direito da Guerra e da Paz*). Escreveu também sobre a paz, definindo maneiras de procurar soluções pacíficas para os conflitos.

Para ele, o direito existe em função da sociedade. Um dos pontos chave de seu pensamento é a questão da propriedade, por meio da qual explica a transição do Direito Natural para o Direito Positivo.

Grócio foi advogado da paz e da humanização das guerras[11], para quem a moral é natural fonte do direito e, como tal, naturalmente válida. Aos homens, por sua vez, caberia cuidar de si e de seu patrimônio, não prejudicar os demais, cumprindo toda e qualquer promessa feita, formando uma comunidade humana harmoniosa: o justo estaria no próprio homem.

> "NADA HÁ de arbitrário no direito natural, como não há arbitrariedade na aritmética" (Hugo Grócio).

Samuel Pufendorf, o eclético

É conhecido como importante precursor do Iluminismo na Alemanha. Discípulo de Hugo Grócio, Samuel Pufendorf foi professor de Direito Natural na famosa Universidade de Heidelberg, na Alemanha. Aderiu desde logo ao método matemático e utilizava tanto a dedução quanto a indução para a filosofia e também para o direito. Revisou a teoria do direito natural de Thomas Hobbes e Hugo Grócio.

Jurista e historiador, suas ideias influenciaram grandes nomes de sua época, como Thomas Jefferson, que as aplicou na revolução norte-americana.

> *Samuel Pufendorf* avançou em relação ao pensamento de Hugo Grócio, especialmente no que diz respeito ao sistema jurídico. Foi, acima de tudo, um eclético. É um dos primeiros teóricos do moderno direito natural. Também defendeu o contrato social de Thomas Hobbes, mas com aperfeiçoamentos. Suas principais obras foram *Elementos do direito universal* e *Do direito natural e das gentes*.

Samuel Pufendorf e suas circunstâncias

Samuel Pufendorf nasceu na Alemanha, em 1632. O pai, pastor luterano, o encaminhou para a carreira religiosa, mandando-o estudar teologia na Universidade de Leipzig. Não gostou do curso e dedicou-se a estudar Direito na Universidade de Jena. Formado, conseguiu emprego como tutor da família de um dos ministros do rei Carlos X da Suécia, em Copenhague. Por essa época, eclodiu o conflito

[11] Cf. VILLEY, Michel. *A formação do pensamento jurídico moderno*. 2. ed. São Paulo: Martins Fontes, 2009.

entre Suécia e Dinamarca. Pufendorf foi preso pelos dinamarqueses e mantido encarcerado por oito meses. Durante esse período aproveitou para formular um sistema de direito universal, que publicou mais tarde, em 1661, com o nome de *Elementos jurisprudenciais universais*. O trabalho lhe rendeu uma cátedra na Universidade de Heidelberg – foi o primeiro curso do mundo de direito internacional. Perdeu a cátedra em 1668 por ter se posicionado contrariamente a uma nova taxação oficial sobre documentos. Voltou então para a Suécia, para a Universidade de Lund.

Na Suécia, publicou vários outros livros, que lhe valeram a nomeação como Historiador do Rei.

Em 1694, recebeu título de nobreza, do rei da Suécia, tornando-se o Barão Samuel Pufendorf, poucos meses antes de morrer, aos 62 aos de idade, de ataque do coração, em Berlim.

Samuel Pufendorf e suas ideias

Em relação ao posicionamento religioso, contestava a doutrina cristã da contrarreforma e, ao mesmo tempo, a doutrina luterana da revelação pela fé, por isso acabou chegando a uma teoria em que não constava a presença de Deus. O governante, portanto, não recebe o poder de Deus, que apenas define que há os que mandam e há os que obedecem; o governante, portanto, exerce o poder porque a sua característica individual o leva a isso e porque os outros homens precisam ser liderados.

Essa teoria o fez defender, na política, a necessidade social de um governante despótico, mas de boas intenções, que atuasse dentro de um sistema jurídico estruturado como uma engrenagem mecânica. Os cidadãos ficavam ligados ao governante por meio de contratos implícitos, porque era lógico que assim fosse, já que o homem tem natureza social. E, como os homens são livres e também diferentes entre si, um conjunto de leis é necessário para ordenar as suas ações.

Samuel Pufendorf e sua influência no direito

Samuel Pufendorf escreveu suas principais obras entre 1660 e 1672. Nelas, define que um sistema jurídico estruturado devia conter alguns elementos básicos e fundamentais.

Dentre tais elementos, declarou que não bastava o pacto associativo previsto por Thomas Hobbes. Mais do que isso, era preciso haver um pacto de união (*pactum unionis*) entre o governante e os governados.

Defendeu também uma Constituição que estabelecesse a forma de governo adotada e suas regras gerais.

Além disso, previu a necessidade de um terceiro contrato social, a que chamou *pactum subjetionis* (pacto de sujeição ou subordinação), no qual os cidadãos concordavam em obedecer ao governante.

O Direito Natural de Pufendorf não coloca a natureza nem Deus como referência de todas as coisas, mas sim o processo originado da razão humana.

No direito internacional, defendia que este não se restringia aos cristãos, mas que deveria constituir um laço comum entre todas as nações.

"MESMO NO ESTADO de natureza existe a sociabilidade e a razão" (Samuel Pufendorf).

O JANSENISMO

O jansenismo foi uma variante do calvinismo, que teve origem nas pregações de **Cornelius Jansen**, bispo da cidade de Yprès, na Bélgica, no século XVII. O movimento teve grande importância, principalmente na Bélgica e na França, durante o século XVIII, e abalou profundamente a Igreja Católica.

Propunha a retomada do pensamento de Santo Agostinho, em clara rejeição à escolástica de Santo Tomás de Aquino.

Os jansenistas achavam que a escolástica era exageradamente racional e queriam que a Igreja retornasse à disciplina e à moral religiosa do início do cristianismo, defendendo a predestinação e opondo-se ao livre-arbítrio. Condenavam o culto aos santos e a realização das missas em latim, exigindo que fosse utilizado o idioma local.

Além disso, defendiam a eleição dos bispos e dos padres, ideal que os levou a apoiar a Revolução Francesa.

Um dos dogmas jansenistas dizia respeito ao pecado original, que figuraria como o retrato da corrupção do homem, que nasce com vocação para o mal. Além disso, na moral jansenista, a ignorância não é desculpa para o pecado, ao contrário do que ensinavam os jesuítas.

O papa Inocêncio X declarou, em 1653, que o livro *Agostinho*, do bispo Cornelius Jansen, continha propostas heréticas. Um filósofo importante da época, Blaise Pascal, saiu em defesa do bispo e a polêmica arrastou-se por muitos anos. Dizia ele que, na prática, a Igreja condenava os jansenistas porque estimulavam o aumento da autoridade local, contribuindo para a perda de prestígio do papa.

Para se defender das retaliações dos padres, os jansenistas buscaram apoio de autoridades civis, e o movimento ganhou contornos políticos. Acabou sendo proibido, definitivamente, pelo papa Alexandre VI.

A importância do jansenismo, para o Direito, reside no contraponto que representa para a questão dos direitos individuais: se o homem peca, é porque é mau por natureza; se realiza obras boas, foi porque Deus mandou que ele assim o fizesse.

Deus e a monarquia

Vulto importante para o direito moderno, o jansenista francês Jean Domat procurou sistematizar o direito comum de seu tempo. Para tanto, desenvolveu um trabalho que ficou organizado no livro *As leis civis na sua ordem natural*, publicado em 1689.

O trabalho fora encomendado por Luís XIV, que lhe pagou uma pensão de 2.000 francos, até que terminasse. Justamente por esse motivo é que o livro tem como objetivo principal apoiar o rei e a monarquia absolutista. Para atingir tal escopo, utilizou-se de elementos metafísicos como Deus e as leis da natureza, pontos importantes para o povo da época.

Entretanto, a despeito dos seus motivos, esse sumário legal dos preceitos contidos no Código de Justiniano (que ele traduziu do latim) é considerado um dos mais importantes da Ciência do Direito realizados na França.

Jean Domat foi amigo íntimo do filósofo Blaise Pascal, tendo lhe confiado, ao morrer, muitos documentos confidenciais. Domat nasceu em 1625, mas publicou seu primeiro trabalho apenas em 1689, em três volumes (um quarto, sobre direito público, foi editado em 1697, depois da sua morte).

Foi o primeiro a promover a separação das leis civis e das leis públicas, num trabalho que facilitaria a elaboração dos Códigos de Napoleão (Código Civil, de 1804, Código Comercial, de 1808, e Código Penal, de 1810).

Jean Domat sistematizou as leis esparsas do direito comum, em sua época, baseadas no Código de Justiniano. Considerava que toda lei devia estar fundada sobre a ética e sobre os princípios religiosos. Era defensor da monarquia absolutista de Luís XIV.

"HÁ UMA DIFERENÇA imensa entre a maneira pela qual sentimos as injustiças feitas a nós e como julgamos as que atingem o próximo" (Jean Domat).

Robert Pothier e a racionalização do direito

Nos primeiros séculos da Idade Moderna, a França aplicava diferentes normas jurídicas em diferentes espaços do seu território.

Os juízes do sul usavam leis escritas, que interpretavam conforme a situação, e os juízes do norte preferiam aplicar as regras do direito consuetudinário, baseado exclusivamente nos costumes.

Após a separação das leis promovida por Jean Domat, foi o trabalho do juiz Robert Joseph Pothier que permitiu a uniformização da legislação civil francesa, servindo como base, mais tarde, para a elaboração dos Códigos Napoleônicos.

Robert Pothier e suas circunstâncias

Robert Joseph Pothier foi juiz e professor de Direito francês em Orleans, cidade onde nasceu e onde sempre viveu, lecionando na universidade local.

Teve uma vida modesta e sem eventos marcantes. Seu principal trabalho foi organizar textos do Direito Romano, especialmente no livro *Pandectae Justinianeae in novum ordinem digestae*, em três volumes, publicados entre 1748 e 1752, em Paris.

É conhecido pela publicação de uma série de tratados sobre aspectos legais dos deveres de quem vende, troca, compra ou aluga; também escreveu sobre direito de propriedade.

Robert Pothier e sua influência no direito

Nas suas atividades judiciárias, percebeu a dificuldade de julgar assuntos civis por causa da profusão de diferentes instrumentos de interpretação das situações. Por isso, aplicou-se em sistematizar o direito dentro de uma perspectiva racionalista.

Robert Pothier estruturou a legislação francesa, organizando as diferentes formas de julgamento aplicadas no país: direito romano, direito canônico e direito consuetudinário. Seus estudos, ao lado daqueles desenvolvidos por Jean Domat, foram fundamentais para a elaboração do Código Civil francês de 1804.

Escreveu, em 1748, uma obra chamada *As Pandectas de Justiniano dispostas em uma nova ordem*, reorganizando o Direito Romano. Nesses estudos desenvolveu teses que se converteram em princípios fundamentais do próprio direito francês, reunidas no livro *Tratado das obrigações*, publicado entre 1761 e 1764.

Uma delas foi a regra que limita a recuperação em caso de má execução de uma obrigação contratual para danos previsíveis.

Pothier também estudou a posse, num livro que seria fundamental para as posteriores pesquisas de Savigny.

Muitas de suas ideias foram inseridas nos Códigos Napoleônicos e influenciaram também as leis de contratos editadas na Inglaterra e nos Estados Unidos.

> "NÃO PODE HAVER OBRIGAÇÃO sem pessoa obrigada. Sem devedor, não há dívida" (Robert Joseph Pothier).

NA TANGÊNCIA DA FILOSOFIA

Blaise Pascal

Embora também tivesse sido filósofo, Blaise Pascal ficou mais conhecido como matemático. Curiosamente, seu pai, mesmo percebendo seu grande interesse pela matemática, quis que Blaise tivesse uma infância normal e chegou a esconder todos os livros que tratavam do assunto. Mas, o menino, antes dos 12 anos (1635), estudou Geometria sozinho e descobriu que a soma dos ângulos de um triângulo era igual a dois ângulos retos – ou seja, havia chegado, por si mesmo, à 32ª proposição do matemático grego Euclides.

Pascal daria ainda muitas contribuições à ciência. Aos 19 anos inventou uma calculadora mecânica, para ajudar no trabalho do pai, coletor de impostos. Estudou os trabalhos do físico Torricelli sobre a pressão atmosférica e iniciou uma série de experiências que o levaram a comprovar a existência do vácuo.

Num período de sua juventude teve participação importante no movimento religioso conhecido como jansenismo. Foi amigo de Jean Domat.

Blaise Pascal fez outras descobertas, entre elas o cálculo de probabilidades chamado Geometria Aleatória. Desenvolveu também uma tabela numérica que leva o seu nome: Triângulo de Pascal. Um trabalho importante para a física foi o livro *O tratado do equilíbrio dos líquidos*, publicado em 1653. Escreveu também o *Tratado sobre as potências numéricas*, tratando dos objetos infinitamente pequenos. Suas pesquisas inspirariam, posteriormente, Leibniz e Isaac Newton.

Sua contribuição para a filosofia foi com o livro *Pensamentos*. Umas de suas frases mais famosas é esta: "O coração tem razões que a própria razão desconhece".

O sensacionismo de Condillac, empirismo exacerbado

Étienne Bonnot, abade de Condillac, foi o expoente de uma variante radical do empirismo que ficou conhecida como *sensacionismo*.

Condillac e suas circunstâncias

Étienne Bonnot de Condillac, a partir de um empirismo radical, conhecido como sensacionismo, acabou desenvolvendo uma teoria que pode ser considerada de psicologia desenvolvimentista. Elaborou uma teoria da percepção, com método próprio. Achava que a mente era imaterial.

Étienne Bonnot, abade de Condillac, nasceu em 1714 e morreu em 1780. De saúde precária, chegou a ser considerado intelectualmente pobre, mas conseguiu estudar num seminário e depois na Sorbonne. Foi amigo de Diderot e de Rousseau.

Pertenceu à Academia Prussiana de Ciências e à Academia Francesa.

Suas principais obras são *Ensaio sobre a origem do conhecimento do homem*, de 1746, e *Tratado das sensações*, de 1754. Os dois livros versam sobre o papel da experiência no desenvolvimento das capacidades cognitivas.

Basicamente, o autor procura demonstrar o desenvolvimento do conhecimento em um ser através de uma analogia onde uma estátua recebe, gradativamente, os sentidos corporais próprios do homem. Assim, seguindo a mesma linha de raciocínio de Locke, mostra como tal estátua, através dos resultados sensíveis colhidos das experiências, consegue interpretá-los e relacioná-los a ponto de desenvolver ideias e noções cada vez mais complexas e abstratas.

Condillac e suas ideias

Enquanto o empirismo de John Locke rejeitava a existência apenas de princípios e ideias inatos, Condillac foi além e rejeitou também as habilidades inatas.

Segundo ele, a experiência obtida por meio de cada um dos órgãos dos sentidos nos dá as ideias, que são a matéria-prima do conhecimento, mas também nos ensina a trabalhar com atenção, imaginação, abstração, julgamento e razão. Afirma que a experiência forma os nossos desejos e conduz o nosso querer; a experiência nos apresenta material que nossa mente transformará em crenças a respeito do mundo que nos cerca.

Ficou célebre um desafio que lançou: uma pessoa que nasceu cega e depois obteve a visão seria capaz de identificar espacialmente, à primeira vista, uma esfera ou um cubo, sem tocá-los? Condillac afirmava que a percepção, a consciência e a atenção eram diferentes aspectos de uma mesma operação mental derivada da sensação.

Interessante é observar que, mesmo após esse extenuante processo racional, um dado permaneceria impossível de ser demonstrado: qual seja a própria existência do mundo, a realidade. Assim, tal dado deveria, necessariamente, ser afirmado de forma dogmática, o que retira a certeza e a objetividade de todo o conhecimento anteriormente angariado.

Em outras palavras, mais uma vez prova-se o quanto já afirmado anteriormente: que o empirismo, em sua última instância, leva inexoravelmente à conclusão da inexistência de qualquer verdade incontestavelmente válida, ou seja, lança as bases filosóficas do ceticismo.

George Berkeley, a voz dissonante

Dentro do empirismo, uma voz se levantou para combater as discussões da época quando o bispo irlandês George Berkeley publicou, em 1710, o livro *Tratado sobre os princípios do conhecimento.* Contestando John Locke em relação ao conceito das ideias complexas, afirmava que todas as ideias são simples.

George Berkeley viveu entre 1685 e 1753. Foi aluno do célebre escritor Jonathan Swift (o autor de *As viagens de Gulliver*).

Desenvolveu um pensamento empírico muito particular, pregando que o conhecimento tinha mais relação com o espírito do que com os sentidos. Segundo ele, quando fechamos os olhos, o mundo desaparece, inexiste; ao abrirmos os olhos de novo, é como se o mundo fosse reconstruído, dentro de nossa mente. Portanto, a substância não teria materialidade: existiria apenas como resultado da percepção e da vontade.

O fogo existe, mas a noção de calor associada a ele depende da mente que o enxerga. Essa visão espiritualista da realidade divergia frontalmente do conceito vigente. Inclusive, condenava o racionalismo da época, porque achava que conduzia a sociedade ao materialismo e à descrença em Deus. Segundo Berkeley, é o temor que o homem tem de Deus que o afasta do mal e o leva a ser virtuoso.

Foi considerado um filósofo realista porque censurava os filósofos que defendiam a existência de ideias abstratas. Afirmava que a única base que pode justificar nossas crenças sobre as coisas comuns é a consciência direta.

UMA REFLEXÃO ACERCA DOS CÓDIGOS

O absolutismo teve o seu papel histórico porque foi graças ao poder central do rei que se conseguiu criar Estados Nacionais – a França foi o primeiro Estado Nacional moderno. Mas, no absolutismo, imperava a segregação social.

A Revolução Francesa derrubou privilégios de classe e, mais do que isso, influenciou a atualização dos sistemas jurídicos desses Estados Nacionais, com ideais de humanização dos direitos e de liberdade – inclusive sobre a propriedade, que no absolutismo estava concentrada nas mãos dos senhores feudais e dos representantes do clero.

O passo seguinte, necessário, era a elaboração de um compêndio jurídico que registrasse valores sociais permanentes. Desse modo, far-se-ia perdurar, pela aplicação continuada, o espírito da Revolução Francesa, bem como se garantiria a segurança jurídica aos cidadãos.

Para isso, os dirigentes do século XVIII entenderam necessário estudar as leis de cada país, numa ação de relacionamento internacional, para que o sistema jurídico adotado tivesse universalidade e permanência. Como vimos páginas atrás, a codificação levada a cabo por Jean Domat foi fundamental para o avanço da França nesta direção. Já os Códigos Napoleônicos, elaborados entre 1804 e 1810 com base naquela codificação preliminar de Jean Domat, foram os grandes precursores da modernidade jurídica ocidental.

Não deve ser esquecida a contribuição, ainda no século XVIII, do sacerdote italiano Ludovico Antonio Muratori (1672-1750), que escreveu um livro chamado *Dos defeitos da jurisprudência*, enumerando a confusão reinante, no seu tempo, no estudo do Direito.

Com efeito, a partir da separação dos poderes, proposta por Montesquieu, os juízes deixaram de legislar; a função passava a ser atribuída aos legisladores. Os magistrados, por sua vez, passaram a se ocupar estritamente do cumprimento de leis gerais, cuja elaboração cuidadosa deveria deixar pouca margem a interpretações.

Essa decisão ocasionou a neutralização política do judiciário, o que levou a uma especialização dos funcionários encarregados da execução das leis. Com isso, o direito também evoluiu, até para atender ao anseio burguês por maior segurança jurídica. Essa evolução ficou marcada pelo surgimento da Escola da Exegese, radicalmente legalista.

Os Códigos Napoleônicos

Algumas tentativas de elaboração de códigos já tinham sido realizadas em Atenas, no século de Péricles, e em Roma, como o *Pandectas* e o *Codex* – textos, aliás, que o papa Gregório VII procurou resgatar na Idade Média, como inspiração para o *Ius Comune*, como se chamava em latim o Direito Natural.

Essa mescla do direito romano com o direito canônico formou a base jurídica da Idade Média.

A superação desse patamar viria apenas com o Iluminismo e sua valorização do indivíduo. Os modernos códigos foram inspirados nessa corrente filosófica, mas motivados por uma nova doutrina econômica, o capitalismo.

Os líderes da Revolução Francesa fizeram incluir na primeira Constituição daquele país, datada de 1791, a promessa de produzir um código com todas as leis civis existentes. Quatro juízes renomados foram encarregados do trabalho: Treonchet, Portalis, Bigot-Prémeneu e Maleville. O próprio Napoleão Bonaparte presidiu várias das sessões realizadas para a discussão dos temas. Foi necessário aprovar 36 leis para permitir a promulgação do Código Civil, em 1804. Era composto de três livros, o primeiro tratando de pessoas, o segundo de bens e o terceiro da propriedade.

O Código Civil francês privilegia o direito privado em suas relações com o direito público. Recebeu muitas críticas por ter sido considerado excessivamente burguês. Apesar disso, constitui-se no verdadeiro pensamento jurídico dos séculos XIX e XX, e até hoje conserva, em sua maior parte, a estrutura original.

O Código Civil alemão

Um segundo passo para a codificação do direito foi dado, em 1900, pelo Código Civil alemão (*Burgerlich Gesetzbuch*, BGB), que influenciou grande parte da Europa, representando a evolução do Código Civil francês. Tratou-se de uma decisão política para apoiar a fundação do chamado segundo império alemão (segundo *Reich*), em 1871. No processo liderado pelo primeiro-ministro Otto von Bismarck, a uniformização do ordenamento jurídico contribuiria para agrupar todos os Estados germânicos em um só país, a Alemanha. Até aquele momento, o sistema jurídico dominante era ainda o direito romano, o *Ius Comune*.

Dois filósofos alemães iniciaram uma polêmica pública sobre a necessidade de um código que sistematizasse num só diploma legal o direito civil de todos os estados alemães.

Anton Friedrich Justus Thibaut, no livro *Da necessidade de um Direito Civil Geral para a Alemanha*, de 1814, defendeu a criação do código, fundamentando-se nos muitos inconvenientes políticos e comerciais que ocorriam em razão das disparidades existentes entre as leis e os costumes dos Estados alemães. E chamava a atenção para o benefício complementar que seria a ampliação do sentimento de unidade nacional.

O outro lado da polêmica foi protagonizado por *Friedrich Carl von Savigny*. No mesmo ano de 1814 publicou o livro *Da vocação de nosso tempo para a legislação e a jurisprudência*, declarando-se contra a codificação do direito alemão.

Ele acreditava que os costumes do povo e sua história seriam fontes primárias do direito. Codificar a legislação resultaria imobilizar o direito no tempo, o que poderia limitar "a atuação das forças históricas e da consciência coletiva para o aprimoramento do ordenamento jurídico". A frase é de Alessandro Gropalli, jurista italiano que estudou profundamente a Teoria Geral do Estado.

Porém, a tese da necessidade da codificação venceu, e o Código ficou pronto em 1896, mas só entrou em vigor quatro anos depois.

O Código Civil alemão de 1900 dividia-se em duas partes. A primeira era geral, abrangendo o direito das pessoas, dos bens e os negócios jurídicos, servindo como preceitos de direito civil. A segunda parte, especial, estava disposta em quatro livros: direito das obrigações, direitos reais, direito de família e direito das sucessões.

Dois países profundamente influenciados pelo Código Civil alemão foram o Japão – que editou seu código em 1898 – e China – que editaria o seu em 1930.

O Código Civil brasileiro entrou em vigor em 1916. E teve vida longa, sendo substituído somente em 2002.

A ESCOLA HISTÓRICA DO DIREITO

Foi um movimento que não se restringiu à filosofia, mas atingiu escala de movimento cultural.

Teve grande repercussão na França, com a publicação dos treze volumes do *Repertório de Jurisprudência*, de Merlin de Douai, em 1815, obra que analisava o Código de Napoleão, comparando-o com o antigo direito francês. Entretanto, foi na Alemanha que a Escola Histórica do Direito floresceu, com os trabalhos de Gustav von Hugo, posteriormente desenvolvidos por Savigny e Puchta.

O pressuposto da Escola Histórica do Direito era reconhecer a importância à tradição jurídica – ou seja, os costumes e a história – no estudo dos fatos jurídicos e sociais.

Sua base de estudos era o direito romano, recompilado pelo imperador Justiniano no ano de 533 e publicado, em cinquenta volumes, sob o título de *Pandectas* ou *Digesto*. A intenção era recuperar o propósito da lei no momento em que havia sido criada. Isso porque, pensavam os filósofos dessa escola, a lei não surge apenas da razão do legislador, mas também das circunstâncias históricas nas quais foi redigida.

Considera-se como o ponto alto da Escola Histórica do Direito a já citada antológica disputa intelectual entre Savigny e Thibaut sobre a necessidade de criação de um código civil para a Alemanha.

Savigny, precursor do Código Civil alemão

Friedrich Carl von Savigny foi professor de Direito em várias universidades alemãs – entre seus alunos estiveram, por exemplo, os irmãos Grimm, famosos pela coleta de narrativas infantis do folclore alemão. É considerado o principal representante da Escola Histórica de juristas, fundada por Gustav von Hugo, jurista alemão que viveu entre 1764 e 1844. A obra de Gustav von Hugo sobre o método de ensino do direito romano resume a intenção de revisar o racionalismo, que não usava a história como forma de apreensão e estudo das normas.

Savigny e suas circunstâncias

Friedrich Carl von Savigny publicou, em 1803 – quando tinha apenas 24 anos de idade –, sua obra mais importante: *Tratado da posse*. Tal obra fora recebida com aplausos pelos juristas da época, e teve importância fundamental para os formuladores do Código Civil alemão, um século depois.

Aliás, como já mencionado anteriormente, Savigny era contrário à elaboração de um Código alemão – acreditava no que chamava de *volkgeist* ("espírito do povo") e na força dos costumes e da tradição.

Savigny estudou a história e a influência do direito romano nas legislações, ao longo da história. A grande importância dos seus estudos está relacionada à abordagem filosófica que realizou sobre o tema (não se limitando apenas aos registros históricos). Por causa do livro *Tratado da posse*, é tido como o fundador do moderno direito internacional privado.

Em 1810, passou a lecionar Direito Romano na nova Universidade de Berlim, graças à amizade com o naturalista Wilhelm von Humboldt. Em 1815, publicou o primeiro volume de sua *História do direito romano na Idade Média* (que continuaria escrevendo até 1831, quando publicou o último volume).

Também em 1815, Savigny fundou a *Revista por uma Ciência Jurídica Histórica*, publicação que inaugurou os estudos da história do direito. Nessa revista, conseguiu divulgar, entre outras informações importantes, a descoberta do manuscrito do jurista romano Gaio, datado do ano de 161 e que serviria de base, 300 anos depois, para o *Corpus Iuris Civilis* do Imperador Justiniano. O texto de Gaio, considerado perdido, foi encontrado na biblioteca da catedral de Verona, na Itália, pelo naturalista alemão Carsten Niebuhr, em 1816.

Em 1835, Savigny começou a segunda fase do seu estudo histórico, que denominou *Sistema do direito romano atual*, publicado entre 1840 e 1849, em oito volumes. Sua ideia sobre o direito era a de um sistema funcionando como organismo, com um centro em torno do qual os elementos constitutivos estavam postos, sem referência hierárquica.

Em 1842, assume a função de Ministro da Justiça para a Revisão da Legislação Prussiana. Morreu em Berlim, em 1861.

Savigny e suas ideias

Savigny, no início de sua carreira, assim como Gustav von Hugo, era radicalmente contrário ao Direito Natural. Para eles, o direito não era fruto da razão, mas resultado e consequência de eventos históricos. Era, portanto, uma ciência que variava no tempo e no espaço.

Por isso, defendia que só um estudo histórico do direito positivo permitiria o entendimento do Direito como ciência. Recuaria, mais tarde, dessa posição.

Para Savigny o importante, para o direito, era o sentimento e não a razão. A fonte original do direito não devia ser a lei, mas a convicção jurídica do povo, traduzida na sua forma de conduta. Em suma, defendia que a sociedade devia ter primazia sobre o Estado. Era o que chamava de "espírito do povo".

A crítica que se faz às obras da primeira fase de Savigny é de que, ao se colocar o direito numa situação de dependência das conjunturas históricas, ficaria prejudicada a sua estrutura como sistema e, portanto, a sua validade universal e permanente.

No entanto, na fase mais madura de sua produção, aperfeiçoou a sua teoria: deixou de entender que o desenvolvimento das leis era apenas um fenômeno social e passou a defender a noção de que, em cada momento histórico, juristas e professores elaboraram leis mais convenientes para o seu tempo.

Savigny e sua influência no direito

As legislações do século XIX tiveram grande influência do livro *Tratado da posse*, de Savigny.

Suas considerações sobre o conceito e os elementos essenciais da posse, numa espécie de reconstrução do direito romano, ganharam o nome de *teoria subjetiva da posse*. Mesmo opositores de Savigny, como Rudolf von Ihering (que desenvolveu teoria oposta, conhecida como *teoria objetiva da posse*, e que domina as legislações atuais), elogiam o seu trabalho de sistematização e simplificação das muitas obras já publicadas, em sua época, sobre direito possessório. Isso porque, se os romanos já aplicavam a posse, não haviam se preocupado em conceituá-la ou mesmo diferenciá-la em relação à origem, aos seus elementos constituintes, efeitos ou natureza jurídica.

Uma noção fundamental que Savigny definiu, e que perdura até hoje na doutrina, é a necessidade de distinguir entre aquele que possui o bem e aquele que apenas o detém. Para o autor, o elemento que distinguiria essas duas categorias jurídicas estaria ligado tanto a um aspecto material, chamado *corpus*, quanto a um aspecto moral, que denominou *animus*.

No direito, devem-se a Savigny algumas considerações importantes, em relação à doutrina possessória, como a aquisição, a apreensão de móveis e imóveis, a custódia, a conservação e a perda da posse.

"O QUE QUER que existe está certo" (Friedrich Carl von Savigny).

Georg Friedrich Puchta e a jurisprudência dos conceitos

Foi discípulo de Savigny e um dos representantes da Escola Histórica. É considerado, ao lado de Gustav von Hugo e Friedrich Carl von Savigny, precursor do positivismo jurídico.

Especialista em Direito Romano, foi professor dessa disciplina na Universidade de Munique durante muitos anos. Seu trabalho mais importante foi o livro *Manual das Pandectas*, publicado em 1838. *Pandectas* (ou *Digesto*), como já vimos neste livro, é a recopilação de leis feita pelo imperador romano Justiniano. O pandectismo (ou jurisprudência dos conceitos) foi um movimento surgido na Alemanha no século XIX a partir do livro de Puchta, mas que ganhou força com a publicação do *Tratado das Pandectas*, de Bernhard Windscheid.

Georg Friedrich Puchta e suas circunstâncias

Georg Friedrich Puchta nasceu na Bavária (Alemanha), em 1798, então pertencente à Prússia. Era filho do juiz Wolfgang Heinrich Puchta, que escreveu várias obras acadêmicas.

Obteve o grau de doutor em Direito pela Universidade de Erlangen, onde lecionou por algum tempo até conseguir cátedra na Universidade de Munique. Passou por outras universidades, como professor, mas fixou-se em Berlim, sucedendo Savigny, que se afastava para ocupar o posto de Ministro da Justiça para a Revisão da Legislação Prussiana.

Georg Friedrich Puchta foi integrante da Escola Histórica do Direito. Foi um dos precursores do positivismo jurídico, ao elaborar a jurisprudência dos conceitos, em que se manifestava grande preocupação com o formalismo. Especialista em direito romano, estudou as *Pandectas* do imperador Justiniano e abriu caminho para o movimento liderado por Bernhard Windscheid e que ficou conhecido como o pandectismo alemão.

Em 1845, integrou o Conselho de Estado e a Comissão Legislativa da Prússia. Morreu jovem, aos 47 anos, em 1846.

Georg Friedrich Puchta e suas ideias

Georg Friedrich Puchta entendia o Direito como uma ciência positiva, um sistema que devia ser visto como expressão sociocultural da experiência histórica de determinada sociedade – aproximando-se muito daquilo que Savigny denominava de "espírito do povo". Por essa razão, considerava que o Direito, a Filosofia do Direito e a Jurisprudência deviam ser ciências distintas.

Elaborou a afamada *jurisprudência dos conceitos*, corrente de pensamento jusfilosófico que apresentou a ideia de Direito como um sistema conceitual, hierarquizado, em forma de pirâmide. No topo da pirâmide de Puchta estaria o conceito supremo, uma ideia fundamental irrefutável em relação à qual, por dedução lógica, todos os outros conceitos seriam esclarecidos. Todos os conceitos, segundo Puchta, relacionam-se uns com os outros, de modo a gerar novos conceitos.

Com tal postura, opunha-se ao sistema desenvolvido por Savigny, que tinha forma orgânica, com os elementos constitutivos orbitando, sem hierarquia, ao redor de um centro.

Georg Friedrich Puchta e sua influência no direito

Para Puchta, as três fontes do Direito são estas: a consciência espontânea do povo, a legislação e a ciência. Desse modo, como fato histórico e social, o direito é uma ciência em constante movimento e seu objeto está sujeito a mudanças ao longo do tempo.

Justamente por essa razão é que Puchta condenava o legislador que criava leis arbitrárias, sem observar as necessidades da nação. Em suma, pensava que o direito só tinha sentido pelo valor que lhe dava o espírito humano.

Por causa da preocupação com a forma, mais do que com o conteúdo, o sistema de Puchta foi praticamente um esboço do positivismo.

"A VIDA NO TEMPO é um perene movimento,
uma ininterrupta sucessão" (Georg Friedrich Puchta).

O pandectismo

Todas as leis do Império Romano, distribuídas por mais de 1.500 livros, foram recopiladas e sintetizadas em cinquenta volumes, por ordem do imperador Justiniano, no ano de 533.

Essa recopilação, conhecida como *Pandectas* ou *Digesto*, foi recuperada por filósofos alemães do século XIX, interessados em observar como o direito romano - que, ao longo do tempo, foi sendo modificado pelo direito canônico - podia ser adaptado às leis do império alemão.

Esse movimento ficou conhecido como pandectismo. Teve como precursores os trabalhos de Georg Friedrich Puchta, mas ganhou corpo definitivo com a publicação do *Tratado das Pandectas*, de Bernhard Windscheid.

O movimento pandectista buscou a normatização das leis alemãs, somando a elas o direito consuetudinário (originado dos costumes e da tradição local), isto é, pregando a inserção, no sistema jurídico, pelo legislador, do que chamava de "razão dos povos".

O pandectismo tinha a mesma essência da corrente denominada *teoria geral do direito*, surgida também do século XIX, que considerava o direito mais do que uma simples coleção de leis, mas um sistema regido por princípios jurídicos fundamentais.

Desse modo - e antecipando os valores que viriam a fundamentar o chamado positivismo jurídico -, o direito, segundo Bernhard Windscheid, tinha que estar alheio a interferências de questões de ordem filosófica, moral ou política e não depender da vontade de quem aplicava a lei. No entanto, a interpretação das leis buscava compreender a vontade do legislador.

Com esse subjetivismo, o movimento pandectista não duraria muito. Acabou praticamente ao mesmo tempo em que acabou a teoria geral do direito. Ambas as tendências procuravam substituir a filosofia do direito, mas não tiveram consistência suficiente para isso.

No lugar delas surge a *Teoria Pura do Direito*, de Hans Kelsen, que veremos no decorrer deste livro. Seria o desenvolvimento efetivo do positivismo jurídico.

Rudolf von Ihering e a luta pelo direito

Foi um dos principais críticos da obra de Savigny, embora reconhecesse nela muitos pontos válidos.

De certo modo, Ihering antecipou Wittgenstein, ao afirmar que a palavra está para a língua assim como as relações jurídicas estão para o direito.

Miguel Reale, no livro *Nova fase do direito moderno*, considera que os escritos de Ihering inauguraram a segunda fase do direito moderno[12].

[12] A terceira fase, para Miguel Reale (*Nova fase do direito moderno*), ainda está em processamento, e foi inaugurada com o advento da chamada Juscibernética, citando Mario Losano (p. 114).

Rudolf von Ihering e suas circunstâncias

Rudolf von Ihering tem raízes marxistas, como veremos adiante, mas sua atitude é de ponderação. Segundo ele, sempre haverá o conflito social, mas, ao contrário de Marx, não culpava a burguesia pelas afrontas ao direito. Segundo ele, a propriedade tem origem no trabalho e, ainda se opondo a Marx, defende a valorização da propriedade individual como condição da dignidade humana.

Em sua obra *Espírito do Direito Romano,* defende o direito como organismo, num claro apoio ao pensamento de Savigny e consequente negação das ideias de Puchta.

> *Rudolf von Ihering* defende a luta pelos direitos como obrigação ética do indivíduo, porque uma violação ao direito individual é uma violação ao direito da coletividade.
>
> Idealizou a teoria objetiva da posse, em oposição ao pensamento do seu conterrâneo Savigny.
>
> Tem influência de Hegel, no sentido de que, do debate de ideias, surge a síntese que favorece a solução.

Rudolf von Ihering e suas ideias

Rudolf von Ihering trouxe grande contribuição para a filosofia do direito ao considerar o Direito um produto social. Nele, vê-se a importância histórica para a compreensão das normas jurídicas, porque, apoiada na visão dialética de Hegel, o homem cria ou recria o seu destino pela via da luta incansável contra as injustiças. Essa luta é validada pela ética: segundo Ihering, é cabível a luta por um direito individual violado, porque a violação agride o direito como conjunto da sociedade. "Negar o direito subjetivo é negar o direito como um todo", são as suas palavras a esse respeito.

Defende, portanto, que o indivíduo tem o dever ético, para consigo mesmo e para com a sociedade, de lutar por seus próprios direitos.

Rudolf von Ihering foi discípulo de Georg Friedrich Puchta. O conjunto do seu pensamento, na fase mais madura de seu trabalho, ficou conhecido como *Jurisprudência de Interesses* e era uma crítica à *Jurisprudência dos Conceitos* desenvolvida por seu mestre. O ponto alto de sua crítica foi uma carta satírica, publicada 1884, sob o título "O que é sério e não sério na Jurisprudência".

Rudolf von Ihering e sua influência no direito

Para Rudolf von Ihering, a liberdade deve estar condicionada às leis. Ele afirma que o objetivo do direito é a paz, mas que a paz de que usufruímos no presente é resultado de guerras passadas.

Sua principal contribuição para o direito foi a *teoria objetiva da posse.* Concebida como alternativa para a *teoria subjetiva da posse* de Savigny, influenciou grande parte da legislação contemporânea.

Como vimos em Savigny, a posse tem dois elementos constituintes, o *corpus* e o *animus.* O primeiro, conhecido como elemento material, representa o poder de dispor fisicamente da coisa e, inclusive, de defendê-la de qualquer tentativa de agressão; é também chamado de fato exterior. Já o segundo, chamado fato interior, representa a intenção de uma pessoa de ter a coisa como sua.

São esses os dois elementos que, conjugados, constituem a diferença entre a posse e a mera detenção – conforme estivesse presente ou não o *animus.*

É justamente por causa desse elemento que a teoria de Savigny é denominada subjetiva.

Já Ihering passou a defender a ausência de importância da intenção – elemento subjetivo – na relação entre a pessoa e a propriedade.

Considera ele que, no *corpus*, já está implícita a noção de *animus* – portanto, afirma que a posse é o exercício de um dos poderes inerentes à propriedade.

Mais ainda, contribuiu, o autor, para a identificação de que a posse não trata necessariamente da disposição física da coisa, mas abrangeria diversos outros tipos de relações – fáticas ou jurídicas – que um sujeito poderia ter com a coisa em si. Assim, para Ihering, a posse é um fato, mas também um direito.

> "O FIM DO DIREITO É A PAZ, o meio de que se serve para consegui-lo é a luta. Enquanto o direito estiver sujeito às ameaças da injustiça – e isso perdurará enquanto o mundo for mundo –, ele não poderá prescindir da luta. A vida do direito é a luta: a luta dos povos, dos governos, das classes sociais, dos indivíduos" (Rudolf von Ihering).

David Hume, empirista radical

Seguidor de Locke, David Hume discordou de muitas de suas ideias, especialmente no que diz respeito ao conceito de ideias complexas.

Assim como George Berkeley, afirmava que todas as ideias existentes são simples; o homem faz associação entre elas e supõe determinados resultados, que não necessariamente estão conectados por uma relação de causa e efeito – ou, pelo menos, tal reação não pode ser demonstrada objetivamente. O caráter habitual dos eventos naturais pode nos levar a crer que tudo sempre se repete da mesma forma, mas Hume não concorda com isso, porque os caminhos da natureza podem ser alterados.

Hume e suas circunstâncias

David Hume, escocês de Edimburgo e filho de aristocratas, viveu entre 1711 e 1776. Chegou a estudar Direito, mas desistiu. Publicou cedo, aos 28 anos, sua obra principal, *Tratado sobre a natureza humana*, em que contestava aspectos da filosofia praticada na época.

> *David Hume* definiu o método crítico para entender o conhecimento. Cada ideia complexa tem que ser entendida como um conjunto de ideias simples, e por meio da razão o homem precisa reduzir os seus componentes até entender as ideias iniciais. Essa teoria foi chamada de *empirismo psicológico*.

Manteve contato com luminares da ciência e da filosofia da época, como o economista e filósofo escocês Adam Smith, o enciclopedista e matemático francês Jean d'Alembert e o filósofo francês Jean-Jacques Rousseau. Como esses pensadores, defendia a ideia do contrato social e afirmava que o cidadão tem o direito de resistir a uma eventual tirania.

Dizia que as coisas em si não têm as características que lhes atribuímos. Seus escritos influenciariam, decisivamente, os trabalhos de Immanuel Kant.

Hume e suas ideias

Outra discussão está relacionada com a noção de substância, que, para ele, não provém dos sentidos. Não aceitou a inexistência material de Berkeley, nem a existência de uma substância impossível de ser captada pelos sentidos, de Locke. Para ele, as duas hipóteses não valem.

O que existiria são dois níveis de percepção: as impressões, vívidas e nítidas, captadas pelos sentidos, e as ideias, estas apenas cópias mentais, e de menor força, das impressões. As ideias, portanto, são apenas representações do que o homem experimentou, e que, processadas pela mente, produzem as suposições, fantasias e os sonhos. Portanto, não há impressões complexas, mas apenas a associação entre impressões simples.

Hume e sua influência no direito

Hume fez uma crítica ao jusnaturalismo do seu tempo, afirmando que as regras de justiça não são inatas no ser humano; o que existiria são experiências de justiça, que o homem vai acumulando.

Na sua teoria de justiça, portanto, a experiência é que determina o que é bom ou mau, justo ou injusto.

Ainda sobre a justiça, acreditava que os homens respeitam os outros por uma convenção utilitarista, ou seja, não agrediam os direitos alheios por pura conveniência - porque a paz social interessa a cada um.

"A BELEZA DAS COISAS existe no espírito de quem as contempla" (David Hume).

Direito natural

No direito, o humanismo do século XVIII representou o ressurgimento do direito natural, ou jusnaturalismo, já preconizado anteriormente pelos gregos. O homem deveria estar sujeito às leis da natureza, e não mais às leis de Deus (para Santo Agostinho[13], a lei divina - natural - deve inspirar a lei dos homens).

O jusnaturalismo foi um movimento racionalista, o que quer dizer que o homem precisava utilizar-se da razão, da inteligência, para elaborar o conhecimento que lhes era oferecido pelos fenômenos naturais. Haveria, assim, princípios gerais relativos à ordem mundial, que valeriam como freio aos ímpetos do Estado e seus governantes, que, humanos, podem vir a ser injustos.

Essa corrente filosófica seria consolidada, mais tarde, pelos pensadores que fundamentaram o Iluminismo e seu ponto alto, a Revolução Francesa, marco histórico da Idade Contemporânea.

O direito deve se basear em algo anterior à própria lei e que, em conflito com esta, deve prevalecer: o senso natural de justiça. Para o jusnaturalismo, filosofia do direito natural, este existiria independentemente das leis escritas (positivadas), sendo destas diferenciado por veicular regras naturais não criadas por homens e livre, portanto, da influência das inclinações pessoais dos legisladores responsáveis por criar as normas advindas do poder do Estado[14].

[13] *Cidade de Deus.*

[14] Período clássico e medievo (Aristóteles e Tomás de Aquino).

A doutrina, a ideia do naturalmente justo ou do justo por natureza, surgiu na Grécia antiga[15]: o justo (lei) universal e o justo (lei) particular (Aristóteles)[16]; educar na virtude é a finalidade das leis (Platão)[17].

São Tomás de Aquino afirma, na Idade Média, que uma lei natural é parte da ordem natural divina, imposta por Deus à razão humana, condicionando à igualdade a própria justiça, e esse senso deve orientar a ação do legislador: lei eterna, lei natural e a essência do Direito, a Justiça.

Mais adiante, como dito, o jusnaturalismo rompeu com a ideia de uma lei divina, mantendo, porém, o entendimento de que a lei tem fundamento na sociedade, é criada e imposta pela Estado para viger no seu território enquanto o direito natural, por outro lado, é superior à lei e ao próprio Estado e está invariavelmente relacionado à ideia de justiça.

LIBERALISMO E RACIONALISMO

O racionalismo filosófico buscava meios e modos de chegar ao entendimento das leis universais que devem reger o homem em sociedade.

Enquanto os empiristas tentavam explicar a presença e o papel do homem no mundo pelas sensações particulares experimentadas por um e cada indivíduo, o racionalismo pensava no conjunto dos indivíduos, defendendo a ideia platônica de que o conhecimento nasce de algo que existe anteriormente à experiência sensível (o que Kant chamaria de *princípios apriorísticos*).

Durante todos os anos em que as duas correntes coexistiram, os principais representares do empirismo e do racionalismo dialogaram, sendo que muitos foram grandes amigos.

Dos racionalistas de primeira hora devemos destacar, por ordem cronológica, René Descartes (1596-1650), Spinosa (1632-1677) e Leibniz (1646-1716). Adam Smith (1723-1790), economista e filósofo escocês, foi um dos maiores teóricos do racionalismo aplicado à economia. Não podemos esquecer ainda esse que foi um dos maiores nomes da filosofia moderna: Friedrich Hegel (1770-1831), cuja proposta de apenas ser racional o que é real, dava um novo rumo para o estudo da filosofia[18].

---

15 Platão, Aristóteles e, antes, na doutrina do estoicismo, que pregava a existência de uma lei universal e natural.

16 *Ética a Nicômano*. "Alguns pensam que a Justiça é por convenção, porque o que é por natureza é imutável e tem o mesmo poder em toda parte – por exemplo, o fogo arde aqui e na Pérsia –, por outro lado, veem a justiça sempre a alterar-se. Isto não se passa absolutamente assim; mas admite determinações. Ou seja, ainda que junto dos deuses a alteração esteja completamente excluída, junto de nós existe algo que, embora seja por natureza, é totalmente alterável. E é fácil ver no horizonte do que admite alteração qual é a forma da justiça natural bem como a forma da justiça que, embora não se constitua naturalmente, é legal e ainda existe por convenção, ainda que ambas as formas estejam expostas à alteração".

17 *República*. O filósofo deve governar, o militar, defender, os ligados ao comércio, prover. "Existe uma lei verdadeira, que é a reta razão, conforme com a natureza, presente em todos, imutável e imperecível".

18 Falaremos de todos esses autores no tópico dedicado ao Racionalismo.

Segundo os racionalistas, pensar em leis que objetivassem o interesse coletivo faria com que fossem eliminados os conflitos de interesses entre membros ou grupos de uma sociedade. Portanto, lutavam pelo estabelecimento de um Estado forte, com autoridade para elaborar e fazer cumprir leis comuns, que atendesse, no mínimo medianamente, as necessidades e expectativas de toda a sociedade. Mas, de novo, uma questão se levantava: como era possível estabelecer parâmetros universais a partir da análise racional de cada indivíduo?

Os racionalistas consideravam que, entre as necessidades e expectativas, destacava-se a propriedade. O homem precisava sentir-se dono de seus bens, como os instrumentos de trabalho, para sentir-se valorizado dentro do seu grupo.

Esse pensamento acabou formando a base filosófica do movimento social que se chamou liberalismo (embora todo liberal fosse basicamente um empírico).

A ideia básica de funcionamento econômico era de que os homens prestariam serviço a quem tivesse a propriedade da terra, em troca de salários. Os donos da terra comercializariam o produto da terra para obter lucro, pagar os empregados e produzir mais para vender mais. Era o início do capitalismo moderno.

Entretanto, seria necessária uma revolta armada para que se chegasse a essa nova configuração social – com a eliminação definitiva dos feudos, da escravidão e da vassalagem.

A chamada Revolução Burguesa, que ocorreu na Inglaterra entre os anos de 1640 e 1660, acabou por fazer com que pensadores liberais (fossem de inclinação racionalista como Descartes ou empirista como John Locke) orientassem suas meditações e pesquisas para dois elementos que, à época, passavam a ser fundamentais para a organização social: propriedade e liberdade.

O conceito de propriedade

Acabamos de ver que o liberalismo – de onde se origina o capitalismo e a sociedade burguesa centrada na produção, comércio e lucro – inaugura, na filosofia, a questão da propriedade como elemento integrante da liberdade do indivíduo.

Os direitos individuais, portanto, fizeram parte do programa de consolidação do capitalismo na era moderna. Adam Smith, quando preconizava a livre concorrência, sem interferência do Estado, já tornava explícita a noção de que esta só podia existir entre indivíduos juridicamente dotados de liberdade e igualdade. (O terceiro ponto do triângulo, a fraternidade, somente viria a ser debatido depois da Revolução Francesa.)

No século XVII foram lançados os fundamentos de um sistema jurídico baseado no direito natural, contestando a doutrina da teologia moral, a escolástica. O conceito de propriedade privada, defendido por Hugo Grócio, Thomas Hobbes, Samuel Pufendorf e John Locke era filosófico, mas servia às novas urgências das nações, agora voltadas para uma nova economia.

John Locke pregava que a propriedade privada é fruto direto do trabalho do homem sobre as coisas da natureza. Desse modo, atentar contra a propriedade privada seria um atentado contra a lei natural e, portanto, um crime.

Essa ideia seria contestada no Terceiro Manuscrito Econômico-Filosófico de Karl Marx, publicado em 1844. Segundo Marx, havia que desaparecer a propriedade privada para que nascesse o homem social. É a base do comunismo.

No mesmo sentido, Rousseau, na esteira de Locke, considera que o homem, em seu estado de natureza, é puro e bom, e que a propriedade privada foi o passo principal para a corrupção dos homens, porque foi a partir dela que se deu a divisão entre pobres e ricos. Foi a propriedade privada que fez começarem as guerras, dizia ele.

Rousseau afirmava que o contrato social foi um artifício criado pelos poderosos para ludibriar e subjugar os mais fracos. Assim, evitariam guerras em que os ricos sairiam perdendo mais do que os pobres. A saída, para Rousseau, seria a celebração de um contrato em que imperasse a vontade geral.

Dois grandes teóricos da doutrina possessória foram Savigny e Ihering, na Alemanha. Uma das frases de Ihering define que "a propriedade nada mais é senão a periferia da pessoa projetada no terreno material".

A propriedade na doutrina brasileira

Um dos primeiros governantes medievais a considerar seriamente a questão da propriedade foi Dom Sancho I, segundo rei de Portugal, que reinou entre 1154 e 1211. Foi chamado de Rei Povoador, porque, na contramão da tendência da época, que era de a nobreza manter o povo subjugado a contratos de servidão, concedeu várias cartas de foral.

A Carta de Foral era o documento real que dava foro jurídico próprio aos habitantes medievais de uma povoação que quisesse libertar-se do poder feudal. Com esse documento, a povoação ganhava autonomia de município. Uma carta foral permitia à população colocar-se sob domínio e jurisdição exclusivas da Coroa Portuguesa. A carta concedia, ainda, terras baldias para uso coletivo da comunidade, regulava impostos, taxas, multas e estabelecia direitos de proteção e obrigações militares para serviço real.

A iniciativa de Dom Sancho I prestava-se a povoar o território do reino de Portugal, especialmente as localidades reconquistadas dos muçulmanos. Em seu governo foram criados 34 dos atuais 308 municípios de Portugal. Seu filho, Dom Afonso III, deu continuidade ao projeto e criou outros 88 municípios.

Como eu disse no meu livro, *Direitos humanos – processo histórico*, o defeito do sistema era que originou um Estado fragmentário, porque cada município tinha leis particulares e o poder dos senhorios sobrepunha-se ao direito público, o que gerava arbitrariedades.

Em 1496, o rei Dom João II determinou novo enquadramento legal dos municípios, para os organizar e eliminar conflitos. Em decorrência, haveria outro grande momento de concessão de cartas forais, chamados Forais Novos, em 1514, no reinado de Dom Manuel I, com a criação de novéis 29 municípios.

A reforma dos Forais só terminou em 1920. Foi um dos mais importantes instrumentos unificadores do Estado português.

Atualmente, na área jurídica, o direito de propriedade é um reconhecimento da causalidade. Explicando: temos direito de propriedade sobre coisas que existem por causa de nossa ação, ou seja, uma pessoa tem direito de propriedade sobre alguma coisa útil que produz com seu trabalho, porque essa coisa só existe em razão do seu trabalho.

O Código Civil brasileiro estabelece, no seu artigo 1.228, que "o proprietário tem a *faculdade* de usar, gozar e dispor da coisa, e o direito de reavê-la do poder de quem quer que injustamente a possua ou detenha". Note-se que não se fala em direito, mas em faculdade.

Liberalismo no Brasil

No século XIX, ser liberal era ser defensor da liberdade de culto e da separação de poderes entre Igreja e Estado.

Origina-se, do pensamento liberal, a expressão *sociedade civil*. Ao contrário do que possa parecer, não é a sociedade da qual estão excluídos os militares. Sociedade civil é, na verdade, aquela representada por cidadãos com direitos e deveres estatuídos em cartas constitucionais. Portanto, trata-se de uma questão conceitual e filosófica: o cidadão (o civil) é diferente do vassalo, do súdito. O cidadão não existe para servir o senhor, mas para viver em sociedade, com a garantia jurídica de direitos iguais para todos, sejam direitos individuais, políticos ou sociais.

No Brasil foram os liberais os responsáveis por fazer incluir na Constituição de 1891 – a primeira da República – a definição do Brasil como um Estado laico, determinando, ainda, a separação dos poderes.

Sobre essa influência do movimento liberal no constitucionalismo brasileiro, Afonso Arinos de Mello Franco relata:

> No Brasil, como nos EUA, o liberalismo nasceu estreitamente vinculado ao federalismo e pelas mesmas causas, nas quais se amalgamavam interesses econômicos e políticos. Manifesta-se pelo menos desde o século XVIII, com a Inconfidência Mineira, provoca crises no Brasil-Reino, intervém no movimento da independência, ensanguenta o Primeiro Reinado e a Regência, sempre desfraldando a bandeira liberal[19].

Em outras palavras, quando cidadãos livres escolhem viver sob uma Constituição, esperam certo grau de autonomia local e oportunidades econômicas e sociais iguais para todos. Uma das possibilidades de sistematização dessa distribuição de poderes é o federalismo – um sistema de governo em que o poder e a tomada de decisão são compartilhados entre governos locais, estaduais e federal livremente eleitos, com autoridade sobre as mesmas pessoas e a mesma área geográfica. Municípios e Estados administram os problemas sociais em parceria com o governo nacional.

O Partido Liberal destacou-se, no Império brasileiro, entre 1830 e 1840. Nessa época, a civilização do café fez crescer a riqueza agrícola do Brasil.

Afonso Arinos, no mesmo estudo, diz:

> Formou-se então um grupo poderoso de interesses econômicos, fundados na lavoura cafeeira e escravocrata, e esse movimento ascensional da economia vai mandando à Câmara deputados de índole conservadora e mais voltados para as realidades econômicas do que para as teorias liberais, ou vai mudando a posição de alguns representantes sensíveis à transformação que se operava.

---

[19] *Direito constitucional*: teoria da Constituição. As Constituições do Brasil. 2. ed. Rio de Janeiro: Forense, 1981.

Era o início do Partido Conservador.

José Luis Quadros de Magalhães também anotou, em seu livro, a seguinte consideração:

> A partir do constitucionalismo liberal, o cidadão pode afirmar que é livre para expressar o seu pensamento, uma vez que o Estado não censura sua palavra; o cidadão é livre para se locomover, uma vez que o Estado não o prende arbitrariamente; o cidadão é livre, uma vez que o Estado não invade sua liberdade; a economia é livre, uma vez que o Estado não regula ou exerce atividade econômica. Lembramos que o Estado que os liberais combatiam era o Estado absoluto[20].

Em questões econômicas, como se verificará mais adiante com Adam Smith, o liberalismo aplicava-se como a teoria que sustentava que o Estado não podia controlar a economia nem restringir a produção e a distribuição de riquezas.

Mas, como o conceito de liberdade é de certo modo subjetivo, prestar-se-ia, mais tarde, a ser manipulado por regimes extremistas, como o fascismo e o comunismo. Organizações liberais chegariam inclusive a lutar contra a regulamentação do trabalho nas fábricas no início do século XIX. Por isso, a teoria liberal seria revista, transformando-se na democracia social[21].

Merquior, um pensador liberal do século XX

Considerado o maior pensador do liberalismo no Brasil, o carioca José Guilherme Merquior, morto em 1991, aos 50 anos de idade, foi diplomata, filósofo, sociólogo e escritor.

Merquior e suas circunstâncias

Com três doutorados, sendo o primeiro em Letras, na Universidade de Paris, e o último em Sociologia, sob orientação de Ernest Gellner, na London School of Economics, foi diplomata, tendo servido em Paris, Bonn, Londres, Montevidéu e novamente Londres. Foi professor universitário, no Instituto de Belas Artes, no Rio de Janeiro, na Universidade Nova de Lisboa e na Universidade de Montevidéu. Graças a uma prolífica produção literária, foi eleito para a cadeira 36 da Academia Brasileira de Letras, sucedendo a Paulo Carneiro. Tomou posse em 1983, muito jovem, aos 42 anos. Depois de sua morte, seria substituído por João de Scantimburgo.

Integrou a equipe de governo do presidente Fernando Collor de Mello, ao lado de Roberto Campos. Sobre esse período, costumava dizer que as pessoas em geral têm uma concepção vulgar de Estado, porque só veem o seu ramo executivo. “Essa não é uma concepção correta, nem jurídica, nem historicamente, nem para o Direito, nem para as ciências sociais. O Estado não é só o governo.”

---

[20] *Direito constitucional*. 2. ed. Belo Horizonte: Mandamentos, 2002.

[21] A expressão “democracia social” foi usada pela primeira vez por Alexis de Tocqueville no livro *De la démocratie en Amérique*, em dois volumes, o primeiro em 1835 e o segundo em 1840.

Merquior e suas ideias

José Guilherme Merquior se autodenominava, politicamente, como liberal social, ou conservador civilizado. Era contra o radicalismo, fosse de esquerda ou de direita, mas devotou suas críticas principalmente ao marxismo.

Dentre sua vasta obra, de crítica literária, estética e política, podemos destacar *O argumento liberal* e *O estruturalismo dos pobres e outras questões. José Guilherme Merquior* também produziu dezenas de artigos e ensaios, em parceria com luminares como Roberto Campos, Lucio Colleti, Antonio Houaiss, Manuel Bandeira e Eduardo Portella. Manteve sérias polêmicas, pelos jornais, com a filósofa Marilena Chaui e com o jornalista Paulo Francis.

Para ele, a tradição marxista tratava o Estado como sinônimo do mal, de instrumento de opressão. Na década de 1970, o pensamento marxista na América Latina, preso ao conceito leninista de imperialismo, que era uma espécie de projeção da luta de classes para a política internacional, passou a ver o Estado como denominador comum das classes contra a opressão internacional; mais tarde, os marxistas entraram em devoção ao pensador italiano Antonio Gramsci. Disse Merquior, em entrevista publicada pela Revista *Veja*, em 1981: "O que, num certo sentido, implica a volta às matrizes marxistas que sempre viram no Estado um instrumento de opressão. Essa é a origem esquerdista do mito da sociedade civil".

Por outro lado, Merquior vergastava os neoliberais brasileiros, que preferia chamar de paleoliberais. Disse deles que se juntaram à esquerda nessa festa de rejeição do Estado, porque o Estado deve ser um promotor de progresso e do equilíbrio social. Disse Merquior, na mesma entrevista: "Mas os paleoliberais rejeitam essa função do Estado e por isso se juntaram aos gramscianos na criação do mito da sociedade civil, chamada a resolver os problemas brasileiros sem a interferência do Estado ou contra ela. Isso é uma bobagem".

Merquior considerava que leninismo e democracia são incompatíveis. Enfurecia-se contra intelectuais que tendiam a minimizar o problema do ensino básico, da alfabetização, de dotar as pessoas com o instrumental mínimo do pensamento articulado.

Para ele, o único fenômeno literário recente no Brasil, desde 1922, foi a febre do memorialismo, uma tendência tão forte que já chegou até aos jovens. O país, segundo ele, sofre de grafocracia (termo cunhado pelo marxista austríaco Karl Renner, depois da Segunda Guerra, para designar a vocação moderna do intelectual para exercer o poder através do que ensina ou escreve).

Nem todos os males humanos têm causas sociais, sendo, portanto, elimináveis, através de mudanças sociais, pensava Merquior. Defendia a ideia de que a finalidade do Estado é dar segurança, "sem esclerosar a sociedade com um sistema demasiado refratário à iniciativa individual". O progresso deve ser alcançado pela racionalidade.

RACIONALISMO

O racionalismo

Essa doutrina filosófica é contemporânea do empirismo. Ambas foram opositoras, uma da outra, por séculos.

Para os racionalistas, tudo o que existe no universo tem uma causa que a razão pode explicar, mesmo que não possa ser demonstrada objetivamente. Até mesmo mistérios tidos como insondáveis para a época, como a origem do universo ou a substância de Deus, podem ser explicados pela inteligência – e não somente pelas sensações, como queriam os empiristas.

Um indivíduo tem a sua razão, a sua consciência. Por isso, cada pessoa reage distintamente a uma determinada situação de felicidade ou de conflito. Como seria possível estabelecer decisões para o conjunto da coletividade se cada julgamento tivesse que levar em conta as características, limitações ou qualidades individuais?

A importância do racionalismo para o direito é equivalente à importância que os empiristas receberam. O homem sempre procurou afirmar os direitos naturais de um modo que não fosse casual, ou seja, avaliado diante de cada circunstância individual. O que a filosofia procurava era a formulação de leis que pudessem ser universais, aplicáveis a todos os homens. Cada corrente tentava chegar a essa universalidade por um caminho, e não se pode dizer que um fosse mais ou menos válido do que o outro.

René Descartes e a dúvida metódica

O francês René Descartes (1596-1650), filho de família abastada, chegou a estudar em colégio jesuíta, mas decepcionou-se muito cedo com a doutrina escolástica, considerando que não levava a nenhuma verdade indiscutível.

Por esse motivo, dedicou-se à matemática e à física como as ciências que permitiriam, com o rigor metodológico que possuem, chegar a conclusões definitivas.

Foi contemporâneo de Galileu e, como ele, foi acusado de heresia. Suas obras fizeram parte do índice dos livros proibidos pela Inquisição.

Descartes e suas circunstâncias

René Descartes serviu como soldado, voluntariamente e por cinco anos, no exército do príncipe holandês Maurício de Nassau, que era protestante. Entretanto, lutava menos do que escrevia.

Foi nessa época que escreveu "Regras para a direção do espírito", falando sobre a unidade do espírito humano.

Em sua obra *Discurso sobre o método*, publicada em 1637, ele busca provar a existência de Deus e a superioridade da alma sobre o corpo, com base na matemática. Em 1644, aperfeiçoaria suas ideias no livro *Princípios da filosofia*, que dedicou à princesa Elizabeth I da Boêmia, de quem era conselheiro. Mais tarde, foi convidado para ser preceptor da rainha Cristina, da Suécia.

> *René Descartes* é o autor de *Discurso sobre o método*, em que utiliza as ciências matemáticas para a busca filosófica da verdade.
>
> Em resumo, afirma que os indivíduos são diferentes entre si, mas que o espírito humano tem uma unidade que permite elaborar um método universal, baseado em evidência, análise e síntese.

Descartes e suas ideias

René Descartes foi o representante máximo do racionalismo. Ensinava que o homem deveria, por si próprio por meio da razão, encontrar a verdade, e não se submeter ao preceitos fornecidos pelas autoridades religiosas.

Advogava a ideia de que um ser concreto estava baseado em duas realidades, a substância e o atributo (uma espiritual e outra material, por isso foi considerado dualista). Substância era a qualidade essencial e atributo a sua representação, aquilo que a razão permite conhecer. Para ele, a substância fundamental é Deus.

Pela razão, dizia Descartes, é possível perceber o que é real (que existe independentemente do meu conhecimento) e o que é ideal (que pertence ao meu repertório de conhecimento).

O que temos sobre as coisas são as imagens; estas não surgem de dentro de nós, espontaneamente, nem surgem da associação de ideias, portanto só podem vir do mundo exterior. Por isso, Descartes recomendava que, a cada imagem enxergada, o homem devia duvidar dela: a imagem é a representação de uma coisa real, explica a natureza daquele objeto, ou é algo que está em mim? E mais: as coisas existem, ainda que eu não tenha conhecimento delas?

O chamado *método cartesiano* consiste na atitude constante de duvidar de cada ideia. Por isso, é conhecido como um *ceticismo metodológico*. Para ele, só se pode afirmar a existência de algo se isso puder ser provado.

Importante notar que o ceticismo a que aqui se refere não tem qualquer relação com a corrente filosófica homônima derivada do empirismo.

Isso porque os filósofos céticos acreditavam na impossibilidade da existência de qualquer verdade universal e indubitável. Já o ceticismo metodológico de Descartes adota um ponto de partida diametralmente oposto – o da plena existência de uma verdade universal.

Ocorre que o homem só poderia chegar a essa verdade por meio de uma postura racional e constante questionamento de todo o conhecimento a fim de que possa distinguir aquilo que é verdade daquilo que não passa de uma ilusão causada pelos sentidos.

Uma frase de Descartes sintetiza o seu questionamento:

> "SE OLHO PELA JANELA e vejo homens passando pela rua, não estou errado ao dizer que, ao vê-los, vejo homens. Ainda assim, o que vejo da janela, além de chapéus e capas que podem cobrir fantasmas ou manequins que se movem apenas por meio de molas? Mas julgo que sejam realmente homens, e assim entendo, pelo mero poder de julgamento que reside em minha mente, o que acredito que vi com meus olhos".

A influência de Descartes para a filosofia, além do método, é a recomendação de que nada deve ser desconsiderado, quando se examina algo. A própria fé devia ser submetida ao método cartesiano. Achava que as sensações podem nos enganar, mas a razão nunca. Por isso, seu ponto de partida era sempre a dúvida, inclusive sobre as verdades matemáticas. Somente em relação a uma coisa não era possível duvidar: o homem pensa.

Foi justamente baseado na aplicação desse seu método que Descartes parte para uma longa jornada intelectual, na qual efetiva uma desconstrução de todo o conhecimento humano.

Chegou ao extremo de duvidar do próprio raciocínio ao observar que não conseguia, em um primeiro momento, sequer afirmar a veracidade de seus pensamentos. Foi nesse momento que pôde perceber, pela primeira vez, uma verdade que era efetivamente irrefutável: não havia como negar que ele estava pensando.

Provada a existência do pensamento, logicamente pôde inferir a necessidade da existência do ser pensante.

Essa é a origem de sua mais conhecida afirmação: "*Dubito, cogito, ergo sum*" (Duvido, penso, logo existo).

São as seguintes as palavras do autor acerca do que aqui afirmado: "Imediatamente que eu observava isso, que os pensamentos de sonho se confundem com a realidade, ainda assim eu desejava pensar que tudo era falso, era absolutamente necessário que eu, quem pensa, seja algo; e enquanto eu observava que isso é verdadeiro, eu penso, logo existo, era tão certo e tão evidente que (...) eu aceitei este como primeiro princípio de filosofia, que eu estava refletindo".

"PENSO, logo existo" (René Descartes).

Malebranche e a busca da verdade

Nicolas Malebranche defendeu o princípio da harmonia preestabelecida, que Espinosa e Leibniz desenvolveriam e modificariam mais tarde. Dizia que todas as coisas contêm Deus, que não só as anima e lhes dá dinâmica, mas que o próprio Deus é toda a atividade que está nas coisas. Assim, as causas físicas são apenas aparentes, ocasionais. Com essa ideia, desenvolveu o sistema de causas ocasionais.

Malebranche e suas circunstâncias

Nicolas Malebranche nasceu na França, tendo vivido entre 1638 e 1715. Depois de estudar teologia na Universidade de Sorbonne, entrou para a Ordem dos Oratorianos de São Filipe Neri, tendo sido ordenado sacerdote em 1664. Nessa época leu a obra de Descartes e encantou-se com o racionalismo.

Nicolas Malebranche foi um racionalista radical. Afirmava, inspirado em Santo Agostinho e em Descartes, que o conhecimento do mundo material vinha das ideias e não dependia de nenhuma sensação anterior. Para ele, as ideias são objetivamente verdadeiras porque são eternas, imutáveis, necessárias e universais.

Em 1674 escreveu *Da busca da verdade*, discutindo as substâncias reconhecidas por Descartes (corpo e alma) e afirmando que não há relações entre elas – o espírito não comandava o corpo nem o contrário.

Malebranche e suas ideias

Para o autor, Deus é quem comanda todas as coisas e todos os atos. Sendo assim, Deus é causa, mas não é substância.

Suas obras o levaram a travar grandes polêmicas com filósofos da época. Uma de suas ideias envolve a moral: o homem tem livre-arbítrio, segundo ele, para interferir na ação de Deus e escapar das penas resultantes do pecado original.

"HÁ MUITAS PESSOAS a quem a vaidade faz falar grego, e, até, por vezes, uma língua que não entendem" (Nicolas Malebranche).

Baruch Espinosa e a substância única

A Holanda, país protestante, serviu de refúgio a muita gente que, perseguida pela Igreja Católica e sua "Santa" Inquisição, precisava de abrigo. Uma dessas famílias foi a do pensador Baruch Espinosa (ou Bento Espinosa, na forma latina), originária de Portugal.

Espinosa nasceu em Amsterdã. Educado como judeu, fez contato com obras de Thomas Hobbes e de René Descartes. Caiu em desgraça junto à comunidade judaica ao afirmar, em obras que escreveu durante o ano de 1655, que a Bíblia não revelava verdades absolutas.

Baruch Espinosa e suas circunstâncias

Baruch Espinosa, no livro *Tratado teológico-político*, publicado em 1670, propõe a separação entre filosofia e teologia, o que foi o mesmo que pregar a separação entre a Igreja e o Estado.

As suas ideias de que filosofia e teologia deviam ser tratadas separadamente também desagradaram a comunidade cristã. Por isso, foi amaldiçoado e excomungado e a família o expulsou. Passou a viver pobremente, como polidor de lentes, perambulando de uma cidade para outra, na Holanda. Mas não deixou de escrever nem de exercitar a crítica.

Baruch Espinosa é autor de uma das mais importantes obras do racionalismo: *Ética demonstrada pelo método geométrico*. No livro, busca mostrar como devem ser tratados temas que escapem da análise subjetiva.

Para Espinosa, tudo deriva de uma única substância, imutável, que é Deus (teoria monista). A natureza tem essa mesma substância, por isso Deus e a natureza são a mesma coisa.

Baruch Espinosa e suas ideias

Espinosa negava a divindade de Cristo, achava a religião um grande teatro inventado pelos homens e condenava a obediência cega e temerosa aos preceitos das igrejas. Concluiu que essas eram as verdadeiras causas da servidão humana. Isso lhe valeu perseguição e prisão. Morreu no cárcere, sete anos depois da publicação, com menos de 45 anos de idade.

Defendeu o direito natural, bem como o liberalismo na política. Mas, diferentemente de outros racionalistas, achava que a democracia servia melhor ao liberalismo do que a monarquia. Com isso, afasta a concepção de um Estado absolutista.

"TENHO ME ESFORÇADO por não rir das ações humanas, por não deplorá-las nem odiá-las, mas por entendê-las" (Baruch Espinosa).

Gottfried Leibniz e a monadologia

Gottfried Wilhelm von Leibniz nasceu em 1646 na Alemanha. Matemático que era, produziu grandes obras racionalistas, dentre as quais se destacam *Discurso da Metafísica*, *Novos ensaios sobre o entendimento humano*, *Sobre a origem das coisas* e *Sobre o verdadeiro método da filosofia*.

Em uma espécie de evolução do pensamento de Anaxágoras a respeito das *homeomerias*, Leibniz utilizava-se do termo mônadas (originado do grego *monas*, que significa unidade) para designar uma espécie de substância simples, imaterial, que se moveria no vazio do universo e que se agruparia com outras de mesma natureza de forma a dar origem aos diferentes seres.

Para o autor, as mônadas eram, ao mesmo tempo, pontos matemáticos, átomos materiais e almas. Não possuiriam massa, nem mesmo qualquer caráter especial. Cada mônada seria como que um espelho da realidade, porque conteria o universo inteiro dentro de si. De certo modo, a imanência de Deus em todas as coisas. "Tudo é tudo", dizia ele.

Leibniz e suas circunstâncias

Gottfried Leibniz teve grande influência de Espinosa e Descartes, na associação entre filosofia e matemática. Suas pesquisas o levaram a definir em 1676 a teoria do cálculo infinitesimal, para valores extremamente pequenos – teoria esta que, durante muito tempo, foi erroneamente atribuída a Isaac Newton, seu contemporâneo. Ao que se sabe, ambos desenvolveram a mesma teoria sem conhecerem um ao outro (um encontro entre eles só ocorreria depois).

Gottfried Wilhelm von Leibniz (1646-1716) foi um leitor voraz, desde cedo. Aos 15 anos já lia os filósofos de sua época, como Descartes e Thomas Hobbes. Estudou filosofia e jurisprudência.

Viveu por vários anos na França, embora tenha servido na corte alemã de justiça, como conselheiro e depois viajado por toda a Europa.

Conheceu Espinosa em Londres e com ele manteve produtivas discussões científicas.

No campo da física, Leibniz definiu o conceito de uma ação recíproca entre os corpos. Algo que Isaac Newton elaborou como a sua segunda lei, a lei da ação e reação (a cada ação corresponde uma ação oposta, de mesma intensidade).

Durante muito tempo, Leibniz tentou articular os aspectos comuns das diferentes correntes filosóficas, com a intenção de unificá-las, num esforço que não logrou grande êxito.

Leibniz e suas ideias

Na realidade, o conceito de que o princípio do universo é o movimento já podia ser encontrado em Heráclito de Éfeso. Na Renascença, foi recuperado por Giordano Bruno, que defendia que cada coisa tinha dentro de si uma força vital (*anima*) que fazia com que se movesse e se modificasse, como os organismos vivos. Os corpos vivos seriam animados por uma força chamada *enteléquia*. Deus, o motor único, estava em todas as coisas, portanto era imanente.

Mais tarde, Albert Einstein, em sua eterna busca pelo desenvolvimento da chamada Teoria do Campo Unitário, viria a chegar à mesma conclusão, dizendo que a síntese de todo o conhecimento poderia ser expressa na palavra "movimento".

Leibniz desenvolveu essa doutrina, afirmando que Deus é a causa de tudo, e porque Deus é bom, todas as coisas têm um sentido, um propósito e uma finalidade. É o chamado princípio da razão suficiente, basilar em Leibniz, e que diz que cada coisa existe com uma razão.

Além disso, afirmava que as substâncias existentes, apenas na aparência, agiriam de maneira causal. Na realidade, seguiriam determinadas programações já anteriormente estabelecidas por Deus no sentido de harmonizarem-se entre si. A essa afirmação foi dado o nome de princípio da harmonia preestabelecida (*harmonia praestabilita*).

Com esse pensamento, Leibniz definiu um conceito pluralista da substância da realidade. Não existiriam duas substâncias idênticas – se fossem idênticas, seriam a mesma.

Leibniz e sua influência no direito

Para o direito, Leibniz deu grande contribuição com o livro *Teodiceia*, ao estabelecer o que é o mal. Colocando Deus como a perfeição, ele explica que há o *mal metafísico* - que seria intrínseco a tudo aquilo que não é Deus -, o *mal moral* -, que seria o pecado cometido pelo homem, e que não é autorizado por Deus - e o *mal físico* -, que Deus enviaria para corrigir desvios.

"NADA É MAIS IMPORTANTE do que ver as origens da invenção, que são, na minha opinião, mais interessantes do que as próprias invenções" (Gottfried Leibniz).

Christian Wolff, o racional iluminado

Foi o responsável pela introdução do alemão como língua oficial das universidades de seu país - na época, todas as aulas eram dadas em latim.

Christian Wolff e suas circunstâncias

Christian Wolff defendia a ideia de que o direito deve constituir uma ciência coerente, porque para ele a verdade está na coerência *(nexus veritatum)*. Portanto, defende que a organização deve pressupor uma ideia de conexão lógica e ordenada, e não apenas uma classificação.

Christian Wolff nasceu em 1679, na Alemanha. Aluno e seguidor de Leibniz, foi o fundador do chamado iluminismo alemão. Seus pensamentos tiveram grande impacto, só sendo suplantados com o surgimento das obras de Immanuel Kant.

Recebeu influência de Espinosa e Descartes e desenvolveu um método matemático demonstrativo-dedutivo para provar suas teses, inclusive a existência de Deus. Algumas de suas ideias foram contestadas, mais tarde, por Savigny, como "vãs abstrações".

Também implantou a economia e a administração pública como disciplinas regulares das universidades. Foi expulso da Universidade de Halle e perdeu a cátedra de matemática, acusado de ateísmo, porque afirmava que a moral existiria mesmo que não houvesse Deus. Com efeito, afirmava que a lei moral não dependia do arbítrio divino, porque deriva da própria natureza de Deus e das coisas que Ele criou.

Tinha uma visão muito ampla e abrangente da filosofia e por isso estudou praticamente todos os campos da vida humana e razão pela qual funcionou como conselheiro científico do rei Pedro, o Grande, da Rússia, um governante voltado para as artes e a cultura.

Voltaria, em 1741, para ocupar a função de reitor até sua morte, em 1754.

Christian Wolff e suas ideias

Definia a filosofia como a ciência do possível, com uma parte teórica - formada pela lógica, bem como pela ontologia, cosmologia e teologia racional - e com uma parte prática - que também incluía a lógica e, além dela, a ética, a economia e a política.

A partir desse pensamento, sistematizou o racionalismo moderno, inserindo-o num sistema rígido e formal, baseado na matemática. Seu critério de verdade é baseado exclusivamente na coerência entre as ideias; não há, para ele, relação entre o pensamento e o ser.

Christian Wolff e sua influência no direito

Wolff está entre os filósofos que procuraram construir os elementos fundamentais do direito moderno. Ele, como Grócio, Pufendorf, Kant, Rousseau e Hegel, entre outros, pretendia edificar um sistema que permitisse compreender racionalmente toda a realidade. Com isso, queria estabelecer uma metodologia própria da ciência dogmática – o que equivale dizer que seria testada e provada, a fim de resistir a qualquer contestação.

No campo do direito internacional, cunhou a expressão *civitas maxima* para expressar a predominância da ordem jurídica de uma *société des nations* diante de um Estado individual. Essa noção seria recuperada por um seu aluno, o diplomata suíço Emerich de Vattel, em 1758, no livro *A lei das nações ou os princípios da lei natural*, quando consolidou a expressão "sociedade de nações".

Mais tarde, Hans Kelsen abordaria a mesma questão, defendendo que o direito internacional acaba por pautar as atitudes dos Estados modernos.

"NINGUÉM deve locupletar-se com prejuízo de outrem" (Christian Wolff).

NA TANGÊNCIA DA FILOSOFIA

Adam Smith, o liberalismo na economia

Seguindo os pressupostos do Iluminismo, trabalhou para buscar conhecimentos científicos sobre a natureza do universo que pudessem ser aplicados na melhoria das condições de vida da humanidade.

Adam Smith e suas circunstâncias

Adam Smith pertenceu à escola empirista do iluminismo escocês, que se inspirou em Isaac Newton para promover a aplicação do estudo da filosofia no cotidiano das pessoas.

Entre suas indagações, destacava-se esta: "Em que consiste a virtude?". Na busca dessa resposta, Adam Smith pretendia chegar ao certo/errado, justo/injusto. Afirmava que as indicações morais sobre esses temas são apresentadas a cada indivíduo pelo sentimento imediato, e não pela razão.

Adam Smith, filósofo e economista escocês, nasceu em 1723.

No seu caso, estudou as ciências naturais para desenvolver a teoria da total liberdade econômica, para que a iniciativa privada se desenvolvesse e prosperasse sem qualquer intervenção do Estado. Para chegar a isso, era necessário deixar que a livre concorrência regulasse o mercado – isso levaria a automática redução nos preços e a inovações tecnológicas para melhorar o sistema produtivo.

A teoria se contrapunha ao mecanismo mercantilista dos reis absolutistas, que intervinham na economia todo o tempo. As ideias de Adam Smith foram fundamentais para o desenvolvimento do capitalismo dos séculos XIX e XX.

Foi estudar filosofia moral na Universidade de Glasgow, aos 16 anos, onde mais tarde lecionaria Lógica e Filosofia Moral, e completou os estudos em Oxford. Foi grande amigo de David Hume e de d'Alembert.

Escreveu seu primeiro livro em 1759 (*Teoria dos sentimentos morais*), considerado um importante tratado sobre a ética, comparável à obra de Kant. Mas ficaria conhecido ao publicar *A riqueza das nações*, em 1776.

Adam Smith e suas ideias

Algumas das afirmações de Adam Smith estavam intimamente relacionadas com a filosofia. Por exemplo, dizia que a moral não pode estar ligada à religião, já que não era Deus quem determinava a vontade dos homens, embora fosse Ele quem determinasse a lei natural. Afirmava, ainda, que a vontade dos homens variava conforme as mais diversas motivações, interesses e propósitos – o que David Hume já chamava egoísmo moral. Vê-se aqui, portanto, uma reminiscência do pensamento pessimista de Thomas Hobbes, a respeito da condição de beligerância em que o homem se coloca diante dos demais quando em seu estado natural.

Portanto, as virtudes naturais do homem não bastam para manter a convivência pacífica da sociedade. Era necessária a intervenção de uma outra virtude, esta não natural: a justiça.

Adam Smith e sua influência no direito

Mas, se a justiça é elaborada por homens que têm motivações, interesses e propósitos vinculados ao egoísmo moral, como pode ser a justiça uma virtude? Hume dera a solução: o princípio de humanidade que nos leva a nos impressionar com os sentimentos dos nossos semelhantes. Smith levou esse argumento (que chamou de *simpatia* e que já existia nos estoicos) mais além. Passou a dizer que a moralidade está necessariamente conectada com a sociabilidade, ou seja, é uma convenção declarada entre os homens, em sociedade.

Com base nesse princípio, criou um sistema econômico que levasse ao bem-estar de todos os homens, eliminando a economia movida pelo interesse individual e respeitando os ideais iluministas, de tolerância, de liberdade, de igualdade e de propriedade.

"A RIQUEZA DE UMA NAÇÃO se mede pela riqueza do povo e não pela riqueza dos príncipes" (Adam Smith).

Isaac Newton, o liberalismo na ciência

O inglês Isaac Newton utilizou os conhecimentos propiciados pela filosofia para entender as conexões ocultas que regem os fenômenos naturais, físicos e químicos. Foi um dos precursores do Iluminismo, movimento sobre o qual Kant diria que era mais do que um sistema filosófico, mas uma atitude própria de quem ousa conhecer a si mesmo.

Isaac Newton foi um dos precursores do Iluminismo. Estudou filosofia, dedicando-se especialmente a Aristóteles e a Descartes.

Suas principais obras foram *De rerum natura* (Sobre a natureza das coisas) e *Principia* (ou Princípios Matemáticos da Filosofia Natural). Essa última, que ficou conhecida como Leis de Newton, é considerada uma das obras científicas mais importantes da humanidade. Entre suas contribuições, destacam-se a descoberta da lei da gravidade e a formulação da teoria ótica sobre a natureza das cores.

Isaac Newton e suas circunstâncias

Isaac Newton nasceu em Londres, no ano de 1643.

Estudava Direito na Universidade de Cambridge quando, em 1665, a peste alastrou-se pela Europa, matando mais de 70.000 pessoas. A universidade foi fechada e Isaac Newton voltou para a fazenda da família, onde viveram isolados durante dois anos, para escapar do contágio.

Nesse período desenvolveu suas principais teorias na química, física, ótica e mecânica.

Uma de suas formulações matemáticas, o cálculo infinitesimal, chegou a ser simultaneamente realizado por Leibniz, sem que se conhecessem.

Isaac Newton foi amigo e inspirador de muitos filósofos do seu tempo. Conhecia profundamente filosofia e teologia. Pertenceu à Royal Society e foi eleito presidente em 1703, tendo sido reeleito até morrer, em 1727.

Foi o primeiro cientista a receber o título de cavalheiro (*Sir*) da coroa britânica.

Isaac Newton e suas ideias

Como já visto, a base do pensamento iluminista era a contraposição aos hábitos da chamada Idade das Trevas (Idade Média): autoridade despótica dos governantes e obediência cega às doutrinas da Igreja.

Por meio da ciência, o Iluminismo procurava tirar o cidadão de sua condição de subserviência aos poderosos. O trabalho de Isaac Newton, em conformidade com a estética iluminista, era a aplicação do conhecimento em favor da felicidade da coletividade.

"SE VI MAIS LONGE foi por estar de pé sobre ombros de gigantes" (Isaac Newton).

Rousseau e o contrato social

A lei de Deus, até então a determinante da condição dos homens, como queria a corrente filosófica dominante, perdia supremacia.

Intelectuais de várias áreas do conhecimento, como John Locke e Isaac Newton, pregavam uma atitude libertária do homem em relação às amarras do poder eclesiástico. E não apenas isso, mas os homens se organizavam para resistir aos desmandos dos soberanos absolutistas.

Um exemplo marcante foi a chamada revolta do chá, que eclodiria na guerra de independência das colônias da Inglaterra, na América.

Como matriz, a Inglaterra do rei Jorge III subjugava com mão de ferro suas colônias. Para impedir que se desenvolvessem e começassem a ter ideias de emancipação, proibiu que comercializassem o chá que plantavam. Centralizou todo o comércio na empresa Companhia das Índias Orientais. Descontentes, sessenta colonos, liderados pelo próprio governador de Massachusetts (nomeado pelo rei), renderam três navios britânicos carregados de chá, no porto de Boston.

O episódio ficou conhecido na história como o "Boston Tea Party" (a Festa do Chá de Boston). A coroa britânica vingou-se interditando o porto de Boston, nomeando novo governador para a colônia de Massachusetts e mandando tropas para vigiar as colônias. Os colonos iniciaram então o movimento separatista, boicotando produtos ingleses e mais tarde pegando em armas. Nada mais queriam do que a liberdade de comerciar com quem quisessem.

A liberdade era um sopro de esperança sobre o mundo inteiro.

Paris era, sem dúvidas, a capital intelectual da época. Luís XV, como de resto muitos reis absolutistas da Europa, vinha tendo o seu poder divino questionado.

Montesquieu, em 1748, já pregava a separação dos poderes, no livro *O espírito das leis*. Diderot, em 1750, escreveu um manifesto que expunha a fé no progresso contínuo da humanidade, obtido principalmente por meio da ciência. O trabalho de Diderot afirmava que a religião devia limitar-se a orientar o comportamento prático dos fiéis; que a tecnologia seria a responsável pela economia do futuro; e que política nada mais é do que a arte de eliminar desigualdades sociais. (Essa última obra, inclusive, serviu de base ideológica para a Revolução Francesa, um movimento que Diderot não testemunharia porque morreu cinco anos antes.)

Isso sem mencionar diversas outras ilustres figuras, como D'Alembert, Condorcet e Voltaire. Foi com esses gigantes intelectuais que Jean-Jacques Rousseau conviveu.

Rousseau e suas circunstâncias

Jean-Jacques Rousseau nasceu em Genebra, na Suíça, em 1712. A mãe morrera no momento do parto e o pai, um relojoeiro calvinista, morreu quando Rousseau tinha 10 anos.

Foi levado para uma escola religiosa, onde desenvolveu gosto pelos livros e pela música. Terminando os estudos, mudou-se para Paris, onde desenvolveria suas teses, em contato com grandes nomes da intelectualidade de então, como Diderot.

Escreveu muito sobre política e religião. Desagradou aos poderosos de ambas as áreas.

Hostilizado, foi obrigado a refugiar-se, primeiro na Suíça e depois em Londres, para onde foi a convite do amigo David Hume. No fim da vida, escreveu o livro *Confissões*, uma autobiografia. Morreu na França, em 1778.

> *Jean-Jacques Rousseau* celebrizou-se principalmente pela teoria do contrato social, inspirada no pacto associativo de Thomas Hobbes. Mas escreveu sobre religião, artes e educação. Suas obras inspiraram as principais revoluções libertárias pelo mundo, especialmente a Revolução Francesa, já que influenciou os seus principais líderes, como Robespierre e Voltaire.
>
> Defendeu a resistência legítima à opressão pela força. Apesar de abrir mão de direitos pelo bem da sociedade, no contrato social, o indivíduo tinha direito de resistir à tirania.

Rousseau e suas ideias

As coisas são boas por natureza, e são boas quando estão em conformidade com a natureza, e esse caráter independe das convenções humanas. Essa é a base do pensamento de Jean-Jacques Rousseau, que o mundo sintetizou na expressão "bom selvagem".

Com efeito, afirmava o autor que o homem é naturalmente bom; a sociedade é que o corrompe e degenera.

Porém, disse mais que isso: pontificou que o homem nasce livre. Esse pensamento era revolucionário para a época, já que se pensava que o homem nascera algemado a uma camada social e, se tivesse nascido escravo, morreria escravo.

O Iluminismo foi a base filosófico-teórica do liberalismo, e Rousseau um de seus mais ilustres representantes.

Essa nova ideia humanista despertava os homens para a modernidade social de que eles não estavam fadados à condição social que tinham por ocasião do nascimento. Graças ao esforço individual e ao relacionamento com o grupo, podiam ascender a uma posição de maior destaque social.

A teoria de Rousseau, de certo modo, questionava a doutrina religiosa da predestinação divina, diminuindo o poder e a ascendência religiosa sobre a vida civil das pessoas, o que lhe valeu ferrenha perseguição por parte dos eclesiásticos.

O pensamento de Rousseau espalhou-se de tal modo, por toda a Europa do século XVII, que foi responsável por praticamente todos os movimentos antiabsolutistas e libertários que varreram o continente – e até o mundo – no período. O principal deles, sem a menor sombra de dúvida, foi a Revolução Francesa.

As considerações de Rousseau sobre a pedagogia foram consolidadas no livro *Emílio, ou da educação*, e são até hoje inspiração para educadores de todo o mundo. Tinha como pressuposto a ideia de que a educação era a maneira de transformar o homem e, assim, transformar a sociedade.

Sua teoria mais célebre, entretanto, é a do contrato social. Afirmava que os indivíduos, organizados em sociedade, concedem alguns direitos ao Estado em troca de proteção e organização, numa espécie de pacto social. Seu livro *O contrato social* é quase um diálogo com a obra *O Leviatã*, de Thomas Hobbes.

Rousseau e sua influência no direito

Defendia a libertação do indivíduo para que pudesse exercer a sua atividade criadora e, com isso, criticava a injustiça e a opressão vivenciadas pela sociedade de seu tempo.

Defendia a igualdade entre os homens, afirmando que todos nasciam igualmente bons. E defendia que a educação era a base do desenvolvimento de toda sociedade.

A Revolução Francesa foi o maior movimento político e social já ocorrido em todo o mundo. Encerrou na Europa a sociedade feudal e inaugurou a Idade Moderna.

No seu livro *Discurso sobre a origem e os fundamentos da desigualdade entre os homens*, Rousseau discutiu a desigualdade que se processava a partir da noção exacerbada de propriedade.

É de um trecho dessa obra que se extrai o seguinte excerto:

> *O verdadeiro fundador da sociedade civil foi o primeiro que, tendo cercado um terreno, lembrou-se de dizer "isto é meu" e encontrou pessoas suficientemente simples para acreditar nele. Quantos crimes, guerras, assassínios, misérias e horrores não pouparia, ao gênero humano, aquele que, arrancando as estacas ou enchendo o fosso, tivesse gritado a seus semelhantes: "Defendei-vos de ouvir esse impostor; estareis perdidos se esquecerdes que os frutos são de todos e que a terra não pertence a ninguém!".*

Para Rousseau, era fundamental que a lei definisse com toda a clareza o que é público e o que é privado. A importância disso é que o Estado, que existe para atender as necessidades do povo, usaria a propriedade pública para o bem da coletividade, compensando assim as propriedades privadas concentradas nas mãos de alguns grupos. Somente dessa forma o cidadão conseguiria obter igualdade perante a lei, pensava Rousseau.

Se igualdade implica liberdade, para Rousseau uma coisa não é decorrência absoluta da outra.

O indivíduo só seria livre se seguisse a lei que ele mesmo, como membro da sociedade, havia criado. Afinal, se o Estado criou a lei e se o indivíduo é parte do Estado, o indivíduo teve responsabilidade na criação e na aprovação da lei.

Em sentido diametralmente oposto ao que viria afirmar Immanuel Kant, dizia Rousseau que o homem que só seguisse os seus próprios instintos, ou seja, o seu estado de natureza, tinha um nível menor de liberdade do que aquele que segue as leis da sociedade.

Um famoso aforismo seu dizia isto: "O mais forte não é suficientemente forte se não conseguir transformar a sua força em direito e a obediência em dever".

Rousseau defendia que o pacto social era uma questão de vontade, geral e coletiva, de que os homens se associassem para formar a sociedade, sob a égide de um poder central (governo), abaixo do soberano, junto com os quais formariam o que o filósofo chamava de corpo político. Para o sucesso dessa sociedade, o homem devia abrir mão de seus interesses e vontades particulares.

Mas, como a possibilidade de corrupção era ampliada, quando em sociedade era necessário existir a figura do legislador, cuja função era formular as leis que regem esse corpo político e esclarecer pontos que alguns indivíduos não entendessem.

A civilização era culpada, pensava ele, pela degradação moral, porque o homem, no convívio com outros homens, abandonava as suas qualidades naturais. Era essa a base da *teoria do bom selvagem*.

Entretanto, ao contrário do que afirmou Voltaire, não era o abandono da civilização que Rousseau pregava, mas sim a volta do homem aos valores que possuía antes da civilização.

Miguel Reale, ao comentar o contratualismo, afirma que Hobbes era um pessimista, por achar que o homem é um ser mau por natureza, somente preocupado com os próprios interesses, e sem cuidados pelos interesses alheios, só se decidiu a viver em sociedade ao perceber que a violência era causadora de maiores danos. Diz ele, textualmente: "A sociedade ter-se-ia originado da limitação recíproca dos egoísmos".

Em contraponto a isso, comenta:

> Para Rousseau, o homem natural é um homem bom que a sociedade corrompeu, sendo necessário libertá-lo do contrato de sujeição e de privilégios, para se estabelecer um contrato social legítimo, conforme a razão. Ao contrato social e histórico, leonino, Rousseau contrapõe o contrato puro da razão. Daí duas obras que se completam: *Discursos sobre a origem e os fundamentos da desigualdade entre os homens* e *Do contrato social ou princípios do direito político*. Na primeira, mostra os erros de um contrato tal como foi constituído, em que os indivíduos foram vítimas dos mais fortes e dos mais astutos; na outra, passa a conceber a sociedade do futuro, oriunda de um contrato segundo as linhas puras da razão[22].

"O HOMEM NASCE LIVRE, e em toda parte é posto a ferros. Quem se julga o senhor dos outros não deixa de ser tão escravo quanto eles" (Jean Jacques Rousseau).

[22] REALE, Miguel. *Filosofia do direito*. São Paulo: Saraiva, 2002, p. 647.

François-René de Chateaubriand e o bom selvagem

A *teoria do bom selvagem* de Rousseau encontrou ressonância no pensamento de outro francês, o escritor François-René Auguste de Chateaubriand. É considerado o primeiro escritor do movimento romântico da França.

Quando eclodiu a Revolução Francesa, Chateaubriand era oficial da cavalaria real. Optou por não lutar ao lado da coroa e exilou-se nos Estados Unidos, no ano de 1791. Na América, conviveu com os índios, e dessa experiência tirou a noção do bom selvagem, que incluiria em seus livros.

Em razão das descrições que realizou dos costumes dos índios norte-americanos, inspirou os escritores indigenistas brasileiros, como Gonçalves Dias e José de Alencar.

Publicou, ao voltar para a Europa, o livro *Ensaio sobre as revoluções*, discutindo argumentos racionalistas usados pelos iluministas contra a religião cristã. Publicou depois *Atala*.

Em 1811, foi eleito para a Academia Francesa.

Dentre sua vasta produção bibliográfica – que abrangia romances, novelas, poesias, inúmeros ensaios e até uma peça de teatro – pode-se dizer que seu livro mais importante é *Memórias de além-túmulo*, publicado em 1841.

Alexis de Tocqueville e a sistematização da democracia

Tendo vivido a efervescência da Revolução Francesa de 1789, cujos ideais nortearam a implantação da democracia como sistema de governo no então recém-criado país, os Estados Unidos, Alexis de Tocqueville elaborou modelos de sistematização daquele novo sistema de governo. O que mais o entusiasmou foi o fato de que os Estados Unidos eram, ao mesmo tempo, uma república e uma confederação, uma novidade na época. Chamou-lhe a atenção, também, que os costumes costumavam valer mais do que as leis, o que evidenciava, na sua opinião, a soberania do povo.

Alex de Tocqueville e suas circunstâncias

Alexis de Tocqueville passou um ano nos Estados Unidos, em 1831, buscando inspiração no modelo seguido pela Constituição norte-americana para sistematizar a democracia como sistema de governo. O principal aspecto que lhe chamou a atenção foi o fato de que cada Estado manteve a sua individualidade, que representa o sistema federativo. O relatório que produziu foi transformado, em 1831, naquela que se tornou a sua obra mais importante: *A democracia na América*. A segunda parte do livro foi publicada em 1840.

Alexis Henri Charles Clérel de Tocqueville nasceu em 1805, mesma data em que Napoleão publicara o Código Civil francês. Sua família, de aristocratas, apoiava o chamado Antigo Regime, deposto pela Revolução Francesa de 1789, com o chamado movimento legitimalista liderado pelo rei Carlos X.

Participou da segunda República francesa, tendo ajudado a escrever a segunda Constituição do país. Assumiu a função de ministro das Relações Exteriores do governo de Luís Napoleão.

Durante um ano, viveu nos Estados Unidos, observando as tradições democráticas locais. A partir dessa experiência, escreveu *A democracia na América*, um livro que traz um imponente subtítulo: "Leis e Costumes - De certas leis e certos costumes políticos que foram naturalmente sugeridos aos americanos por seu estado social democrático".

Publicou mais dois livros: *O Antigo Regime e a Revolução* (1856) e *Lembranças de 1848* (1893). Morreu em 1859, com apenas 54 anos de idade.

Alexis de Tocqueville e suas ideias

Seu trabalho teve importância destacada porque, a partir da Constituição norte-americana, como referência, fez uma análise comparativa com outras democracias. A partir da observação do sistema aplicado nos Estados Unidos, firmou convicção de que movimentos revolucionários como o que ocorreu na França não eram justos – achava que a ideia de igualdade era opressiva porque sufocava a liberdade individual. Pregava que a igualdade devia ser ponderada pela justiça, para não permitir nem opressão, nem egoísmos.

Sua principal defesa foi a liberdade que fundava o sistema democrático norte-americano contra o regime colonialista inglês praticado até então na América. Portanto, igualdade e liberdade foram os aspectos principais de sua obra.

Foi um dos autores mais influentes do liberalismo ocidental, ao lado de Adam Smith, Joseph Schumpeter e Raymond Aron.

Alexis de Tocqueville e sua influência no direito

No sistema democrático, a maioria comanda, mas o indivíduo deve ter o direito de recorrer de decisões da maioria que considerar injustas para si.

O sistema democrático, assim fortalecido pela aplicação da justiça, levará progressivamente a uma igualdade entre as pessoas, cada vez mais aperfeiçoada.

Não haverá democracia sem igualdade e liberdade.

"A JUSTIÇA constitui o limite do direito de cada povo" (Alexis de Tocqueville).

LINHA DO TEMPO – A IDADE MODERNA DA FILOSOFIA

Ano 1490 – Leonardo Da Vinci desenha o esboço do homem perfeito: "O homem vitruviano".

Ano 1512 – Michelangelo pinta o teto da Capela Sistina

Ano 1517 – Martinho Lutero inaugura a Reforma Protestante, pregando nas portas da Abadia de Wittenberg, na Alemanha, as "95 Teses Contra o Comércio de Indulgências".

Ano 1526 – Carlos V decreta que o catolicismo é a religião oficial do império germânico.

Ano 1529 – Um grupo de luteranos publica, contra a decisão de Carlos V, o "Protesto" (de onde vem a denominação protestantismo).

Ano 1534 – o rei inglês Henrique VIII cria a Igreja Anglicana.

Ano 1536 – João Calvino escreve a maior obra da Reforma Protestante: *As Institutas da Religião Cristã*, que viriam a ser a Bíblia do capitalismo.

Ano 1545 - O papa Paulo III convoca o Concílio de Trento, que elabora o *Index Librorum Prohibitorum*, uma lista de livros proibidos, em especial as obras de Lutero e Calvino. Foi a chamada contrarreforma.

Ano 1576 – Jean Bodin, considerado o principal teórico do absolutismo, escreve *Os seis livros da República.*

Ano 1595 – Felipe I edita as Ordenações Filipinas, estabelecendo normas para a distribuição da justiça. Essas ordenações teriam repercussão futura sobre o Brasil.

Ano 1598 – O rei Henrique IV, da França, divulga o Édito de Nantes, que trata com tolerância as diferenças religiosas entre cristãos e protestantes.

Ano 1601 – Skakespeare publica *Hamlet.*

Ano 1603 – As Ordenações Filipinas são revisadas pelo rei Felipe II e formam a base do direito civil brasileiro.

Ano 1605 – Cervantes publica a primeira parte de *Dom Quijote de La Mancha.*

Ano 1609 – Hugo Grócio, considerado o criador do direito internacional, publica *De Mare Liberum* (Sobre a liberdade dos mares), em que contesta o direito que Inglaterra, Espanha e Portugal teriam, nessa época (1609), de dominar os mares.

Ano 1620 – Francis Bacon, o primeiro empirista, inicia a produção de sua obra, chamada *Instauratio magna scientiarum.*

Ano 1637 – René Descartes publica *Discurso sobre o método*, onde tenta provar a existência de Deus e a superioridade da alma sobre o corpo com base na matemática.

Ano 1640 – A Revolução Burguesa, que ocorreu na Inglaterra entre os anos de 1640 e 1660, despertou os filósofos para orientar suas meditações e pesquisas para dois elementos que, à época, passavam a ser fundamentais para a organização social: propriedade e liberdade.

Ano 1651 – Thomas Hobbes publica *Leviatã.* Lança a ideia do contrato social.

Ano 1653 – O papa Inocêncio X proíbe o livro *Agostinho*, do bispo Cornelius Jansen. As ideias formariam o movimento conhecido como jansenismo, que abalaria a religião católica na França e na Bélgica.

Ano 1653 – Blaise Pascal publica *O tratado do equilíbrio dos líquidos*, sobre os efeitos da pressão nos líquidos. Pascal foi um defensor ferrenho de Jansen contra a perseguição promovida pelo papa Inocêncio X.

Ano 1657 – Isaac Newton publica suas principais obras (*Sobre a natureza das coisas* e *Princípios matemáticos da filosofia natural*).

Ano 1660 – Samuel Pufendorf inicia a produção de suas principais obras, *Elementos do Direito Universal* e *Do direito natural e das gentes.*

Ano 1670 – Baruch Espinosa, no livro *Tratado teológico-político*, propõe a separação entre filosofia e teologia, o que foi o mesmo que pregar a separação entre a Igreja e o Estado.

Ano 1674 – Nicolas Malebranche publica *Da busca da verdade*, discutindo as substâncias reconhecidas por Descartes (corpo e alma) e afirmando que não há relações entre elas.

Ano 1676 – Gottfried Leibniz define a teoria do cálculo infinitesimal. Teve grande importância na associação entre filosofia e matemática.

Ano 1685 – É revogado o Édito de Nantes pelo rei Luís XIV.

Ano 1689 – Jean Domat publica *As leis civis na sua ordem natural*, defendendo que as leis deviam estar fundadas sobre a ética e sobre os princípios religiosos.

Ano 1690 – John Locke escreve *Ensaio acerca do entendimento humano*, descrevendo os contratos que deviam existir entre governantes e governados e da autonomia entre os poderes de Estado, ainda hoje considerados pontos básicos da liberdade humana.

Ano 1709 – Publicado, postumamente, o livro de Jacques Bossuet, *A política tirada das Santas Escrituras*, defendendo o absolutismo.

Ano 1710 – George Berkeley publica *Tratado sobre os princípios do conhecimento*, contestando John Locke em relação ao conceito das ideias complexas.

Ano 1717 - Christian Wolff escreve *Princípios básicos de toda a ciência matemática.*

Ano 1726 - Voltaire é exilado na Inglaterra, onde toma conhecimento das ideias liberais e as leva para a França; essas ideias seriam fundamentais para a Revolução Francesa. No mesmo ano, Jonathan Swift publica *As viagens de Gulliver.*

Ano 1739 - David Hume publica *Tratado sobre a natureza humana*, em que contestava aspectos da filosofia praticada na época.

Ano 1746 - Étienne Bonnot Condillac publica *Ensaio sobre a origem do conhecimento do homem*, sobre o papel da experiência no desenvolvimento das capacidades cognitivas.

Ano 1748 - Montesquieu publica *O espírito das leis*, livro em que defende a divisão dos poderes em executivo, legislativo e judiciário.

Ano 1748 - Robert Joseph Pothier publica *As Pandectas de Justiniano dispostas em uma nova ordem*, reorganizando o direito romano. Seu trabalho seria fundamental para a elaboração, mais tarde, do Código Civil francês.

Ano 1750 - Diderot escreveu um manifesto em que expunha a fé no progresso contínuo da humanidade, obtido principalmente por meio da ciência. Dizia que a religião devia limitar-se a orientar o comportamento prático dos fiéis.

Ano 1750 - Rousseau publica o *Discurso sobre a origem e os fundamentos da desigualdade entre os homens.*

Ano 1759 - Adam Smith escreve *Teoria dos sentimentos morais*, considerado um importante tratado sobre a ética.

Ano 1788 - Immanuel Kant escreve a obra que foi a sua grande contribuição para o direito: *Crítica da razão prática.*

Ano 1789 - Explode a Revolução Francesa, dando início à Idade Contemporânea.

Ano 1831 - Alexis de Tocqueville escreve *A democracia na América.*

QUARTA PARTE

A SÍNTESE na FILOSOFIA

IMMANUEL KANT, O GRANDE FILÓSOFO DO ILUMINISMO

Criado numa família luterana, Kant questionava a religiosidade exigida pela sua igreja, de vida frugal, e a obediência total à lei moral. Achava que a igreja praticava, com relação aos jovens, uma espécie de escravidão.

Kant e suas circunstâncias

Immanuel Kant escreveu sua obra fundamental, *Crítica da razão pura*, em 1781, para discutir os princípios e limites do entendimento. Nesse livro dizia que apenas a razão é insuficiente para realizar a felicidade. Em 1788, escreveu *Crítica da razão prática*, discutindo a ação moral do indivíduo em relação aos outros, que foi a sua grande contribuição para o direito. A base do seu pensamento é de que a verdadeira ética consiste no cumprimento do dever.

Immanuel Kant nasceu de família pobre, em 1724, na cidade de Königsberg (atual Kaliningrad), que, à época, pertencia à Prússia e que hoje faz parte da Rússia.

No período final do século XVIII havia na região diversos núcleos políticos, cidades, principados, cidades livres, pequenas e médias unidades fragilmente unidas pela estrutura do Império Romano-Germânico.

Após as invasões napoleônicas diminuiu o número de unidades independentes devido à luta entre os impérios Austro-húngaro e da Prússia.

Essa fragmentação política não deixou de produzir efeito sobre os filósofos alemães, vigiados de perto por integrantes do poder local. Nesse universo, intelectuais eram pouco mais que servos, porém essa dificuldade e limitação "eram compensadas por uma grande formação cultural"[1].

Isso se explica também, pela extrema importância que o luteranismo – meio no qual Kant nasceu e viveu – atribuía à leitura e à formação intelectual.

Kant teve uma vida totalmente regular, até metódica. Jamais saiu da cidade onde nasceu. Ali se doutorou em filosofia, em 1755, tornou-se professor e mais tarde reitor. Nunca se casou.

Escrevia, diariamente, em pé, em sua casa, apoiado a uma espécie de púlpito. Teve grande influência de Isaac Newton para escrever sobre as forças cinéticas, no livro *Pensamentos sobre o verdadeiro valor das forças vivas*.

Escreveu também sobre estética e religião, inspirado nos iluministas franceses. Morreu em 1804.

Kant foi pobre durante quase toda a vida. Após a morte do pai – um modesto artesão que trabalhava com couro –, foi ser professor particular para garantir o sustento da mãe e dos dez irmãos. Quando concluiu o doutorado e tornou-se catedrático de lógica e metafísica da mesma universidade, a vida melhorou.

Na época em que começou a desenvolver sua filosofia, a Alemanha já estava imbuída dos ideais liberais e burgueses. Christian Wolff havia trazido, da França, o Ilumi-

---

[1] Clérigos protestantes podiam ter filhos e, embora não transmitissem grandes propriedades, transmitiam sólida formação. Cf. MAYOS, Gonçal. O criticismo kantiano. In: AAVV. *Filosofía. EducaciOnline*, 2008, p. 1-35. Trad. Ricardo Henrique Carvalho Salgado e João Paulo Medeiros Araújo. Disponível em: <http://www.ub.edu/histofilosofia/gmayos_old/PDF/Criticismo%20portugues.pdf>. Acesso em: 20 jan. 2021.

nismo e, por isso mesmo, os intelectuais alemães receberam as ideias de Kant com reservas e até reprovação.

A primeira fase de Kant foi marcantemente empirista, dogmática e voltada para as ciências naturais. Depois de entrar em contato com o pensamento de David Hume, modificou e aperfeiçoou muitas de suas ideias.

Foi proibido pelo rei Frederico Guilherme II, da Prússia (sucessor do déspota esclarecido Frederico II), de escrever sobre temas religiosos, depois que publicou *A religião nos limites da simples razão*, um livro anti-iluminista, em 1793. Só voltou a publicar depois da morte do rei, cinco anos depois.

A Prússia tinha sido chamada, até a promulgação da sua Constituição (a primeira da Europa), de Primeira República da Polônia ou República das Duas Nações, porque reunia Polônia e Lituânia.

Fora, possivelmente, a primeira federação do mundo. Sua principal característica foi a redução gradual dos poderes do soberano, dando à nobreza o papel de controlar o poder legislativo. Também por isso o sistema político ficou conhecido como a *democracia dos nobres*. A rigor, era uma monarquia constitucional parlamentarista, na qual o rei funcionava mais como presidente do que como soberano.

O mote da República dos Dois Povos era este: "*Rex regnat et non gubernat*" ("O rei reina mas não governa").

Com a Constituição, a república foi extinta e o país tornou-se uma monarquia constitucional, um sistema político sobre o qual se basearam muitas das atuais democracias ocidentais. Foi um dos primeiros países a seguir o pensamento de Montesquieu, ao definir a separação dos poderes executivo, legislativo e judiciário.

A Prússia deixou de existir com a Primeira Guerra Mundial, em 1918, quando Polônia e Lituânia recuperaram seu *status* de países independentes.

Kant e suas ideias

Immanuel Kant obteve, com suas obras, uma síntese entre o empirismo e o racionalismo, duas correntes que se complementavam, mas que lutavam em torno de algumas diferenças. Kant viria a apresentar soluções aos problemas filosóficos de ambas.

Defendia a existência de uma lei natural, como Rousseau, mas descartava o domínio da experiência sobre a razão (como queriam os empiristas) ou mesmo o contrário (conforme pregavam os racionalistas). Foi assim que logrou fugir do dilema secular entre essas duas correntes filosóficas, embora reconhecesse qualidades em ambas.

Admitia que o conhecimento começa com a experiência. Mas pondera que a percepção só nos permite conhecer o fenômeno que as coisas apresentam. Pela experiência dos sentidos, apenas, não é possível conhecer as coisas em si. Portanto, não se consegue traçar a universalidade do conhecimento somente por meio da realidade objetiva.

Uma frase sua, em *Crítica da Razão Pura*, sintetiza o que pensa:

> *Todo o nosso conhecimento parte dos sentidos, vai daí ao entendimento e termina a razão, acima da qual não é encontrado em nós nada mais alto para elaborar a matéria da intuição e levá-la à suprema unidade do pensamento.*

Sua teoria tem, portanto, caráter alternativo ao empirismo e ao racionalismo, e fez parte do idealismo alemão, como Hegel, mais tarde.

Kant conciliava realidade e razão, sem desprezar a importância da percepção, mas esclarecendo que esta nos propicia apenas a representação das coisas, não as coisas em si.

Para organizar as informações propiciadas pela percepção, é preciso que o homem aplique a razão, mas também certas estruturas de apoio que já existem no espírito humano. Essas estruturas são o que chamou de condições *a priori*, a que acresceu as *formas da sensibilidade*, que são o *tempo* (para os objetos internos) e o *espaço* (para objetos externos).

Tais estruturas de pensamento, que são universais, são formadas pela soma dos conhecimentos adquiridos e complementam a apreensão sensível dos fenômenos. Portanto, a realidade requer a *razão* para ser tomada como dado concreto. E o uso da razão implica forçosamente outra característica humana, que é a capacidade de *julgamento* – ou juízo, como ele chamou o processo de avaliação da realidade. Chamou a isso de *formas do entendimento.*

Somadas, as *formas de sensibilidade* e as *formas do entendimento* fazem aflorar conceitos puros que sempre existiram na nossa consciência. Kant chamou esses conceitos de categorias, que afloram por meio da intuição ou da experiência sensível. São figuras que já existem em nosso espírito.

Kant formulou doze categorias como *conceitos puros apriorísticos do entendimento.* São elas: unidade, pluralidade, totalidade, realidade, negação, limitação, substância, causalidade, comunidade, possibilidade, existência e necessidade. Por meio dessas categorias, apontou os limites do conhecimento.

Para Kant, portanto, a razão é uma estrutura vazia, uma forma pura sem conteúdo. Em suma, uma estrutura apriorística que é universal, diferentemente dos conteúdos por ela assimilados, oriundos da experiência, sempre variável.

A inovação de sua filosofia está em que ela não se centra na realidade objetiva das coisas – como até então se procedia –, mas na própria razão que apreende tal realidade, incorporando-a ao sujeito conhecedor.

Como exposto acima, são três as partes ou formas que compõem a estrutura da razão: a forma da sensibilidade, a forma do entendimento e a forma da razão propriamente dita.

A *forma da sensibilidade* relaciona-se à percepção que capta os objetos da realidade objetiva, sujeitando-os à razão. Sua estrutura é composta pelas dimensões apriorísticas do tempo e do espaço.

A *forma do entendimento* organiza os conteúdos oriundos da sensibilidade. Da organização das percepções resultam os conhecimentos intelectuais ou os conceitos.

A *forma da razão propriamente dita*, por fim, regula e controla a sensibilidade e o conhecimento. Organiza os conteúdos empíricos, chamados por Kant de categorias.

O conhecimento racional pode versar sobre objetos e sobre suas próprias leis. Quanto aos objetos, há dois tipos: a natureza (objeto da física) e a liberdade (objeto da filosofia moral ou ética). As leis da própria razão são estudadas pela lógica (conhecimento puramente formal, independente da natureza).

Para Kant, *metafísica* é a ciência que trata dos princípios puros, estabelecidos pela razão previamente a qualquer experiência. A metafísica da moral se subdivide em duas partes: a primeira se refere à justiça e a segunda à virtude. Ambas estudam leis de liberdade.

Kant diferencia as leis morais das jurídicas pelo âmbito de atuação: aquelas são internas ao indivíduo e consubstanciam nele o sentimento da obrigação (em relação aos deveres morais, os homens são responsáveis perante si mesmos), ao passo que estas são a ele externas, coagindo-o ao seu cumprimento (na esfera jurídica, os homens são responsáveis perante os demais).

Na formulação kantiana, portanto, a moral abrange o direito, sendo ambos repositórios de leis fundamentadas na autonomia da vontade.[2]

Idealmente, a lei positiva está sobreposta à lei moral. As paixões humanas, contudo, controladas de maneira imperfeita pela razão, fazem com que na prática isso não ocorra.

Criticismo kantiano

Na chamada fase madura, talvez pelo atraso socioeconômico da Alemanha e outras dificuldades, aos 57 anos, tardiamente, portanto, fundou o criticismo. Assim foi denominado o seu sistema filosófico, apresentado principalmente no livro *Crítica da razão pura*, de 1781. Kant explica, nesse trabalho, por que motivo a razão, sozinha, é insuficiente para permitir o conhecimento profundo das coisas e para permitir que o homem chegue à felicidade.

Até então, no denominado período pré-crítico, Kant analisa e discute várias das grandes descobertas do século em que viveu, interessado na produção científica de Isaac Newton, cuja teoria (física newtoniana) e princípios (teoria geral da natureza e teoria do céu) emabasaram sua teoria em astronomia, a tese de Kant-Laplace.

Apesar de considerar a física newtoniana o ápice da ciência, de onde se deveria estudar as possibilidades do conhecimento científico, a formação de Kant ocorreu dentro do racionalismo dogmático e procurou evidenciar um fundamento metafísico das teorias newtonianas, de modo que fosse compatível com essa escola na qual desenvolveu sua formação.

O contraponto entre a física e ciência newtonianas e o sistema racionalista é importante para que se compreenda o caminho traçado por Immanuel Kant até chegar ao criticismo.

Quanto ao processo de conhecimento pela razão, para Kant, ao se aplicar a razão para além da experiência possível, poder-se-ia chegar a uma conclusão incoerente e,

[2] Sob influência materna, Kant recebeu educação luterana, na doutrina do pietismo, a qual sobrepunha e a fé em Deus e o comportamento ético (o agir corretamente) à racionalidade e ao conhecimento científico, mas se afastou dessa doutrina, preferindo manter distanciamento da religião e estudos teológicos. Sobre estes escreveu, posteriormente: "dentro dos limites da mera razão".

portanto, simples aparência de conhecimento, ou, ainda, a questões que não podem ser demonstradas. Assim, partir do racionalismo dogmático pode levar a contradições e sofismas.

Em conclusão, Kant percebeu que fazer uma crítica da razão pode guiar a própria razão e levar à sua correta aplicação e utilização, com evidências práticas ou experiências que sejam ao menos possíveis. Dever-se-ia, ainda, evitar a pretensão de ter conhecimento independentemente da experiência palpável.

Sem negar a aspiração natural por razões definitivas, a crítica da razão deve, portanto, distinguir o que é uma "pretensão do saber" e, por outro lado, afirmar que só é possível conhecer um fenômeno partindo da observação deste.

O tempo, o espaço e sua natureza

Kant refletiu, ainda, a respeito da natureza do espaço (que, segundo Isaac Newton, é absoluto, ou seja, existe por si, independentemente de haver corpo material e de alguém percebê-lo) e do tempo (considerado uma dimensão absoluta anterior a qualquer acontecimento concreto).

Para Kant, nem o tempo nem o espaço são realidades relativas e não absolutas. Assim, o tempo e o espaço são a condição de toda e qualquer percepção e não apenas percebidos: ninguém vive sem perceber o espaço. Quanto ao tempo, todo e qualquer ato da mente (mente esta que pressupõe um complexo sujeito transcendental) é, invariavelmente, associado a um momento: é, portanto, condição para que a consciência humana seja una, coerente, não fragmentada.

Essas e outras indagações levaram Kant a refletir e o separaram do racionalismo dogmático e das tentativas de compatibilizar essa escola com a linha de pensamento de Isaac Newton enquanto caminhava em direção ao criticismo[3].

Mayos lembra ainda que o próprio Kant afirmou que a leitura de David Hume (ceticismo) foi um fator que lhe causou profunda transformação de ideias, ajudando-o a "despertar do sono metafísico". Para Kant, o ceticismo era doutrina indispensável para educar adequadamente a razão, fazendo-a se desenvolver e evoluir. Assim, é o criticismo um "vigilante que conduz o raciocinador dogmático a uma saudável crítica do entendimento e da própria razão".

O criticismo baseava-se, como o próprio nome já indica, na crítica. Em outras palavras, na análise reflexiva de um tema para verificar as condições que o legitimassem. Para essa análise, propôs como ferramentas diferentes tipos de juízos.

O método crítico é uma alternativa metodológica. Para J. Hessen, o criticismo é um meio-termo "entre a temeridade dogmática e o desespero cético"[4], eis que, para o Dogmatismo, tanto na esfera da percepção quanto na do pensamento, um objeto é acessível,

---

[3] Op. cit.

[4] DEL VECCHIO, Giorgio, apud NADER, Paulo. *Filosofia do direito*. 19 ed. São Paulo: Gen-Forense, 2010, p. 183.

não havendo o que se enfrentar, e, para o ceticismo, é impossível apreender um objeto tal como ele realmente é e, por isso, não se deve fazer julgamentos[5].

A palavra "crítica", na obra de Immanuel Kant, não significa uma expressão valorativa necessariamente negativa, de rejeição, e está relacionada ao verbo grego *krinein* ("distinguir um elemento de outro, escolher algo entre as muitas coisas, ou separar os elementos de um conjunto"[6], destacando-os do todo) e, também, com o substantivo, também grego, *krités* (juiz, julgador, árbitro). É, portanto, definir, delimitar o valor; o que algo tem de bom e de ruim, de positivo e de negativo, segundo diversos critérios.

O criticismo não deve, portanto, ser visto somente como uma importante revolução na teoria do conhecimento, mas também como um decisivo aprofundamento na concepção de filosofia e da sua tarefa primordial.

Criticista, Kant negava validade a todo e qualquer conhecimento que não tenha como fundamento a análise crítica.

O *juízo analítico "a priori"* (para Kant, aqueles baseados em conhecimentos que são anteriores às experiências e à gama de conhecimentos a ele relacionados) é aquele cuja definição está contida no próprio sujeito – basta que eu diga a palavra "bola" para pensar num objeto redondo, característica necessária e universal, porque todas as bolas são redondas. Em outras palavras, nos juízos analíticos o predicado não é senão a explicitação do conteúdo do sujeito.

O *juízo sintético*, por sua vez, define o atributo complementar desse sujeito, o predicado, que acrescenta dados sobre o sujeito – bola vermelha, por exemplo, é um "juízo" que só se pode fazer depois de ver a bola, aplicar sobre ela a sensibilidade e verificar que nem todas as bolas são vermelhas (por isso o juízo sintético é sempre *a posteriori*).

O valor científico e filosófico de um juízo advém de sua universalidade e de sua correspondência com a realidade. Os juízos analíticos são sempre universais e verdadeiros, mas não acrescentam conhecimentos ao sujeito que conhece.

Fonte de conhecimento, portanto, é apenas o juízo sintético, o qual, para tanto, deve ser universal e verdadeiro, pelo que não pode depender da experiência, ou seja, o juízo sintético que resulta em conhecimento é apriorístico.

Kant dedicou-se à demonstração da existência e da validade de juízos sintéticos apriorísticos nas ciências, bem como à elucidação da metafísica possível.

O criticismo de Kant buscou, pois, dar fundamento a uma metafísica diferente para responder às principais questões, compiladas em três obras principais: a) *Crítica da razão pura* (1781 e 1787): O que se pode conhecer?; b) *Crítica da razão prática* (1788): O que se deve fazer?; c) *Crítica da faculdade de julgar* (1790): obra que responde, em parte, à questão O que é permitido esperar? Questões indissociáveis da condição humana.

---

[5] Como visto, Kant chegou ao criticismo se valendo das críticas empirista e cética de David Hume. Mas esse caminho foi percorrido também com reflexões relativas à diferença no uso da razão (Isaac Newton) e na metafísica (Christian Wolff).

[6] Op. cit.

Kant e sua influência no direito

É essencial em Kant a questão da liberdade individual. Retoma o tema em vários trabalhos, quando fala de escolha ou quando fala de moral. Em Kant, liberdade é agir segundo as próprias leis.

Para ele, a moral pressupõe liberdade de pensamento, sempre relacionada com o dever – e essa é a grande diferença para o direito, que para ele deve considerar o aspecto punitivo.

A justiça, segundo Kant, tem como função social e jurídica a eliminação de obstáculos à liberdade individual. O ideal de Kant, de justiça como liberdade, inspirou a teoria do Estado liberal: o conceito é de que liberdade é o não impedimento, por nossas próprias paixões ou normas particulares (liberdade interna), ou pela intervenção e arbítrio dos outros (liberdade externa).

Segundo Norberto Bobbio, no livro *Direito e Estado no pensamento de Kant*, a teoria da paz perpétua de Kant está baseada em quatro pontos principais.

Detalhadamente: os Estados, em suas relações externas, encontram-se num estado jurídico provisório; o estado de natureza é um estado de guerra, em consequência tão injusto quanto o estado de natureza entre os indivíduos; quando o Estado é injusto, guerreiro, os indivíduos têm o dever de abandoná-lo e fundar uma federação, na qual não há um Estado chefe, mas que funciona como uma associação de iguais, regida por um pacto social.

A filosofia do direito deve a Kant a doutrina do *Rechtsstaat*[7], palavra que pode ser traduzida como "Estado legal" ou "Estado de direitos". Refere-se a um Estado que se apoie em uma Constituição escrita, em que o exercício do poder, pelos governantes, é limitado pelas leis e fiscalizado pelo poder judiciário.

Segundo Kant, não há como um Estado se tornar uma democracia sem ter sido, antes, um *Rechtsstaat*. E, para ele, é a Constituição que assegura direitos aos cidadãos e facilita o atingimento da paz perpétua como premissa para a felicidade e prosperidade do povo.

Para o filósofo, a dignidade da pessoa humana constitui um valor intrínseco, sem equivalente. O homem, como ser racional, possui dignidade porque não obedece senão às leis que ele próprio estabelece para si. Daí a conhecida frase de Kant: "O homem é um fim em si mesmo".

Kant não se preocupa com o direito positivo, mas com o conceito universal apriorístico do direito fornecido pela razão. Para ele, a lei universal do direito é a seguinte: agir exatamente de modo que o livre uso do arbítrio possa coexistir com a liberdade de cada um segundo uma lei universal.

Vê-se em Kant, portanto, a ideia bastante vulgarizada na forma do jargão "o direito de cada um acaba quando começa o do outro". Em verdade, em sua formulação filosó-

---

[7] O termo *Rechtsstaat* foi criado pelo jurista alemão Robert von Mohl, que chegou a ser ministro da justiça. No direito anglo-saxão, a doutrina correspondente é conhecida como *rule of the law* (domínio da lei).

fica, ele aduz que uma sociedade justa é aquela em que cada um tem a liberdade de fazer o que quiser, contanto que não interfira na liberdade dos demais.

Para a garantia desse estado de coisas, o direito imbui-se de caráter coercitivo. Já em Kant, portanto, a liberdade individual está ligada à coerção propiciada pelo direito, ideia que seria depois amplamente desenvolvida, entre outros, por Hans Kelsen.

Para Kant, a base da legitimidade da norma é o consenso. O próprio Estado, diz ele, é fruto de um consenso. Na teoria kantiana, a obrigação política vincula-se à concepção apriorística de contrato, segundo a qual as leis vigentes devem ser obedecidas, ainda que injustas, ponto em que destoa de Locke (que admitia o direito de resistência no caso de leis injustas).

O Estado existente representa um progresso em direção ao Estado ideal e por isso Kant não admite, de forma alguma, o direito de resistência. A revolta é sempre ilegal, nenhuma Constituição pode outorgar ao povo um tal direito.

Kant é um teórico do liberalismo. Seguindo Rousseau, recusa o dilema hobbesiano que postulava: liberdade sem paz ou paz mediante submissão ao Estado. Em verdade, compatibiliza, no plano teórico, liberdade e Estado por meio do conceito de autonomia, aduzindo que as leis do soberano são as leis que as pessoas dão a si próprias.

Em Kant, o Estado é um meio necessário para a garantia da liberdade das pessoas. A convivência entre estas é possibilitada apenas pela promulgação das leis universais, papel desempenhado pelo Estado.

A finalidade do Estado é promover o bem público, isto é, a manutenção da juridicidade das relações interpessoais, e não conquistas individuais, subjetivas, como a felicidade e o bem-estar.

O bem público, para Kant, é precisamente a Constituição legal, que garante a cada um sua liberdade por meio da lei.

A melhor forma de Estado é a República. Como acima consignado, essa é a forma ideal de Estado porque é uma ideia objetivamente necessária e universalmente válida. Seus atributos são apriorísticos, e não inferidos de observações empíricas.

Na República, diz Kant, a lei manifesta a vontade do povo em geral, não a vontade de grupos particulares. O princípio da Constituição republicana é a liberdade.

Veja-se que o conceito de autonomia é central na teoria da razão de Kant. O filósofo busca compreender as formas de organização que melhor a preservam não apenas no plano individual, mas também no espaço público. Daí também ter procurado se posicionar pela garantia da liberdade política, pondo-a a salvo de influências particulares, o que poderia ser obtido por meio da tripartição do poder estatal (Executivo, Legislativo e Judiciário).

Mas, é importante consignar, uma vez mais, que Kant nega ao povo o direito à revolução. Assim, as reformas necessárias para se chegar à tripartição haveriam que ser implementadas pelo próprio soberano, o qual deveria evitar a todo o custo o despotismo – demonstração maior de irracionalidade.

Kant é partidário da ideia de progresso da humanidade, cujo processo seguiria a dialética, sendo, portanto, lento e contraditório. Por ser dialético, fundamental a preservação da liberdade de opinião e de imprensa para que as diferentes opiniões possam se encontrar, alargando o debate público e propiciando maiores condições para tal progresso.

Kant defende, ainda, a ideia de confederação dos Estados livres como forma de alcançar a paz internacional. Há, é verdade, certa similitude do pensamento do filósofo com o de Hobbes nesse ponto, pois também ele entende que o estado natural dos Estados, no plano internacional, é a guerra, não a paz.

É, pois, dever dos Estados pactuar entre si o fim das hostilidades de acordo com a razão, estabelecendo a comunidade jurídica internacional. Kant fala, então, em uma "Liga das Nações para a Paz", algo bastante semelhante com a atual Organização das Nações Unidas.

Como Kant elege a República como forma ideal de Estado, não causa espécie também ter pressuposto que todos os Estados componentes da Liga das Nações adotassem tal forma.

Kant e o imperativo categórico

Imperativo é uma figura filosófica criada por Immanuel Kant e que equivale à noção bíblica de mandamento. É o ponto central do seu sistema filosófico, para a compreensão do que é moral e do que é ético. Tem o traço da universalidade, porque é aplicável a todos. Mas não se trata de uma lista de normas morais; o imperativo categórico é, antes de tudo, um mecanismo da razão.

No livro *Fundamentos da metafísica dos costumes*, publicado em 1785, Kant estabeleceu a existência de três modalidades de imperativos.

Imperativo categórico: o indivíduo deve agir de tal modo que sua atitude seja correta a ponto de tornar-se uma lei universal.

Imperativo universal: o indivíduo deve agir de acordo com uma atitude que, por sua vontade, possa tornar-se uma lei universal.

Imperativo prático: o indivíduo deve agir de modo a que a humanidade seja o fim de seu objetivo, e não apenas o meio.

Resumidamente, o imperativo categórico é a afirmação do dever como fundamento da conduta humana. Ser ético, segundo Kant, é cumprir com o dever, e, agindo assim, cada homem contribuiria para fazer com que a coletividade alcançasse a felicidade. Por meio do imperativo categórico, o homem seria capaz de viver em paz, evitando a guerra.

O imperativo categórico é, em verdade, um comando moral que relaciona um dever-ser estabelecido pela razão e determinados móveis humanos. Diz-se que é categórico porque as ações por ele definidas são objetivamente necessárias, pouco importando sua finalidade.

A objetividade da necessidade resulta de que o imperativo categórico é válido para todos os seres humanos, de modo que o comando moral é uma norma universal. Em Kant, boa conduta é a que se universaliza pela razão, ou, em outros termos, é aquela racionalmente universalizável.

Veja-se que o imperativo categórico é um enunciado *a priori* da razão, e não o resultado de observação empírica da natureza humana.

Admirador de Rousseau, Kant desenvolveu um sistema liberal, de espírito burguês e capitalista, dentro do qual incluía a questão da ascensão social. Como vimos acima, o pensamento de Kant prezava o esforço do homem para evoluir, mas sempre dentro de um contexto social regido por leis elaboradas para privilegiar o bem coletivo.

É esclarecedor o conceito de Kant sobre a liberdade, que a classificava em positiva ou negativa. No livro *Crítica da razão pura*, define liberdade como a independência do arbítrio humano relativamente aos impulsos sensíveis que o afetam, mas vai além, afirmando a capacidade do homem de autodeterminação.

A liberdade é positiva quando o homem faz o que lhe dá vontade de fazer, conscientemente, com conhecimento das regras e das leis – liberdade positiva, portanto, é autonomia, mas tem reciprocidade com o conceito de moral.

A liberdade, entretanto, é negativa quando o sujeito não sofre coerção alguma – o indivíduo pode ser um mendigo, morar embaixo de um viaduto e não se banhar, mas ninguém o obriga a nada.

Em outras palavras, em sua acepção negativa, liberdade é a ausência de determinações externas ao comportamento.

"O DIREITO É, portanto, o conjunto das condições sob as quais o arbítrio de um pode unir-se ao arbítrio de outro segundo uma lei universal da liberdade" (Immanuel Kant).

"DUAS COISAS ME ENCHEM o ânimo de admiração e respeito: o céu estrelado acima de mim e a lei moral que está em mim" (Immanuel Kant).

JOHANN GOTTLIEB FICHTE E O ESTADO FORTE

Fichte foi discípulo de Kant, que o incentivou a publicar seu primeiro livro. No entanto, contrariando as ideias de liberdade e de direito do mestre, defendia para o Estado um papel de polícia e de força.

Rejeitava também a ideia da separação dos três poderes – para ele, o governo devia administrar a nação e também cuidar da distribuição da justiça, como forma de garantir-se como Estado forte.

Entendia que o Estado, tendo a obrigação de realizar os princípios do direito, ficava obrigado a esses mesmos princípios que limitavam a sua atuação. De certa maneira, um conceito que se aproximava do *Rechtsstaat* de Kant e – depois – de Hegel, apesar de não concordar com a separação dos poderes.

Fichte e suas circunstâncias

Johann Gottlieb Fichte, de família humilde, nasceu em 1756. Estudou teologia na Universidade de Jena. Nunca terminou os estudos.

Para ajudar os nove irmãos, passou a atuar como preceptor de filhos de aristocratas aos 28 anos. Por essa época leu as obras de Kant – fato que teria mudado sua concepção da filosofia.

Johann G. Fichte destoou do pensamento libertário de Kant e, ao contrário deste, defendia para o Estado um papel de polícia. Embora suas ideias autoritárias estivessem na contramão da doutrina liberal, Fichte acabou por se tornar popular porque pregava a necessidade do nacionalismo alemão.

Aprofundou-se no estudo da estrutura da razão. O sucesso do seu primeiro livro, *Fundamento do direito natural*, rendeu-lhe convite para lecionar na Universidade de Jena. Ficou famoso como escritor e conferencista.

Fichte e suas ideias

Argumentava que, havendo lei, bastava que os governantes as cumprissem, mas previa a existência de um conselho que fiscalizasse o governo. Também afirmava que há assuntos sobre os quais o Estado não tem o menor direito de intervir. Um deles é o domicílio; outro, a propriedade intelectual.

Seu trabalho *Discursos à nação alemã*, publicado entre 1807 e 1808, defendendo o nacionalismo numa época em que a Europa estava sob o domínio do império de Napoleão, influenciou os filósofos que o seguiram, como Hegel e Schelling. O movimento nacionalista alemão defendia a preservação de valores linguísticos e culturais de uma nação contra a interferência de outros países.

O nacionalismo tinha a sua vertente econômica, que era a condenação do domínio da nobreza feudal e apoio à nascente burguesia industrial. Mas continha também uma vertente religiosa, porque desaprovava o cristianismo – que se mancomunava com os nobres do feudalismo, enquanto os protestantes orientavam-se para a modernidade do mercado capitalista.

Fichte e sua influência no direito

Para Fichte, sociedade não se confunde com Estado. A primeira é regida por leis gerais de direito privado (além de uma relação moral que envolve direitos e deveres recíprocos). O segundo, pelo contrato social.

Essa distinção faz pressupor o direito coletivo de insubordinação e de insurreição, que pode levar a que o contrato social seja revogado, por qualquer uma das partes. Em outras palavras, o vínculo social não é político, em sua essência. Por isso mesmo, Fichte defende que o Estado precisa impor o Direito para garantir a liberdade pessoal e civil. E, por meio da educação, fazer com que os indivíduos sigam na direção da sociedade perfeita que, em última análise, acabará prescindindo do próprio governo.

> "A VONTADE HUMANA É LIVRE, e a felicidade não é o fim do nosso ser, mas a dignidade de ser feliz" (Johann Gottlieb Fichte).

SCHELLING E A NATUREZA AUTÔNOMA

Friedrich Schelling foi, inicialmente, seguidor de Hegel e, mais tarde, seu opositor. Sua filosofia buscava a descoberta de um princípio único para o universo. Para ele, o início do mundo é a intuição intelectual, que chamava de *razão absoluta*. Com isso, discordava de Hegel, que considerava que o princípio era o vazio.

Friedrich Schelling estudou, já aos 16 anos, no seminário protestante de Tübingen, o que pode ajudar a explicar sua noção teísta do mundo – de que as coisas existem porque foram pensadas por Deus.

Schelling e suas circunstâncias

Friedrich Schelling foi um dos principais idealistas alemães, ao lado de Fichte e Hegel. Sua filosofia influenciou a literatura do seu país, principalmente de autores que iniciaram o movimento romântico – como o poeta Hölderlin, os irmãos August Wilhelm e Friedrich Schlegel, Ludwig Tieck e Georg Philipp Friedrich von Hardenberg (que ficou conhecido pelo pseudônimo *Novalis* e foi o criador da *flor azul*, principal símbolo do romantismo alemão).

Talvez influenciado por essa grande proximidade com escritores e poetas, desenvolveu o conceito de que é por meio da atividade artística que o homem consegue apreender o mundo.

Conviveu também, no ambiente universitário (em Tübingen, Munique, Würzburg, Jena e Leipzig), com expoentes da intelectualidade da época, como Goethe, Fichte e Hegel.

Foi aluno e depois assistente de Fichte, sucedendo-o na Universidade de Jena. Mais tarde sucedeu Hegel na cátedra de Filosofia da Universidade de Berlim e passou a combater suas ideias.

Schelling e suas ideias

Como a maioria dos idealistas, voltava-se para a natureza. Com base nos estudos de cientistas do seu tempo, considerava a natureza um conjunto vivo e autônomo, bastante em si mesma, com capacidade para se renovar e para criar.

Questionava, em suas obras, a afirmação de que o homem só adquiria conhecimento por meio de suas experiências reais. Para ele, o conhecimento era algo infinito e, quando instalado na consciência do homem, ganhava substância. A aquisição do conhecimento dependia do nível de liberdade consciente do homem.

É considerado o precursor do existencialismo – corrente filosófica fundada na liberdade e responsabilidade do ser humano como mestre de seus próprios atos e de seu próprio destino.

"FILOSOFAR sobre a natureza significa produzir a natureza" (Friedrich Schelling).

HEGEL E A SÍNTESE DOS OPOSTOS

Filho de funcionário público, na região então chamada Prússia, Georg Hegel viu a queda prussiana diante de Napoleão. Não se incomodou com isso; achava o governo corrupto e antiquado. Antes disso, tinha visto a Revolução Francesa e, aos poucos, construiu uma opinião sobre os efeitos da revolta popular que mudou a França e o mundo. A partir de suas meditações sobre o tema, passou a considerar a história como uma manifestação progressiva da razão.

Seguindo a mesma linha de pensamento de Aristóteles (que já na Antiguidade dizia que o "homem é um ser perfectível"), Georg Hegel afirmava que o homem está fadado ao progresso.

Esse filósofo alemão, que foi um dos mais influentes do século XIX, alegava que o mundo é um todo sistemático, regido pela fé. Na busca do sentido da vida, o homem atravessa os séculos sempre em situação de avanço e se realiza na história. Costumava dizer que a história é o tribunal do mundo. Em suas palavras: "A história é o desenvolvimento do espírito universal no tempo".

Esse é, em resumo simplificado, o arcabouço lógico do sistema filosófico que criou e registrou no livro *Ciência da lógica*, publicado entre 1812 e 1816.

O pensamento de Hegel tinha dois pressupostos principais: necessidade e possibilidade. Onde há possibilidade, há opção, portanto há liberdade. Onde há necessidade, ou seja, a predestinação, o homem é apenas um escravo de forças da natureza.

Hegel concebeu a verdade como resultado de uma lógica baseada em três aspectos: afirmação, negação e identidade. O primeiro é a evidência que indica o que uma coisa é; o segundo são as evidências que indicam o que aquela mesma coisa não é; o terceiro aspecto é a compreensão de que aquilo é uma coisa e ao mesmo tempo não é esta coisa.

Em outras palavras, a lógica tradicional (pautada nos princípios da identidade e da contradição) afirmava que o ser é idêntico a si mesmo, excluindo o seu oposto. Já a lógica de Hegel (no mesmo sentido do princípio de movimento já defendido por Leibniz) afirmava que o ser é, essencialmente, mudança – ou seja, retoma o conceito de *devir eterno* proposto por Heráclito, em que os elementos se encontram em constante passagem de seu ser para o seu oposto.

Hegel pensava que todo conceito é formulado racionalmente, opondo-se uma abstração a outra e, ao final, atingindo-se a unidade do conceito, ou conclusão, exatamente pela oposição. É o que se chamou de *método dialético* (que foi inaugurado por Platão – em uma espécie de evolução do método da *maiêutica* utilizado por Sócrates – e seria, agora, aperfeiçoado por Hegel).

Em breves palavras, tal método trabalha com a existência de uma tese, sua antítese e a síntese. Essa última, por sua vez, estabelece uma nova tese, que novamente deveria ser contestada por outra antítese e coroada por nova síntese, num processo interminável.

Esse método seria utilizado, mais tarde, por Karl Marx, na concepção do materialismo histórico, também por Jean-Paul Sartre, na concepção do existencialismo, e por muitos outros filósofos do século XX.

A dialética de Hegel procura explicar o caráter dinâmico do mundo dos homens. Fenômenos culturais e históricos careciam de uma explicação científica desde os clássicos. Ele parte de um postulado ontológico segundo o qual o ser somente se afirma pela contradição ao seu oposto, contradição cujo resultado é a vitória, com a sujeição do outro.

Hegel retira, assim, a capa de harmonia da natureza, da realidade. Para ele, a realidade é essencialmente conflituosa. Sob os influxos da teologia cristã, o filósofo incorpora ao seu método três categorias que não se excluem; antes se complementam em uma dinâmica irrefreável.

Importante ressaltar que a filosofia de Hegel foi o último grande ensaio de explicação global do mundo e do homem de que se tem notícia no Ocidente, tendo gerado forte impacto tanto na Europa como na América, impacto que se faz sentir ainda na atualidade[8].

A forma prolixa que emprega em seus escritos, a vastidão e a profundidade de sua obra provocaram, desde logo, certo temor nos que o sucederam no que toca à formulação de interpretações pessoais.

---

8 Conforme pode ser constatado em COMPARATO, Fabio Konder. *Ética*: direito, moral e religião no mundo moderno, p. 328.

Exemplificando o método dialético

Maquiavel defendia a *tese* de que o rei devia ter todos os poderes e reinar com absolutismo.

Depois dele, os renascentistas lutaram pela limitação dos poderes do soberano. Era a *antítese*, de certo modo já pressuposta na afirmação original.

Adiante, no tempo histórico, viria Hume, com uma *síntese* das duas ideias, até com certa moderação, propondo a resistência a eventual tirania e o contrato social.

Hegel e suas circunstâncias

Georg Hegel foi um dos filósofos mais influentes do século XIX, graças ao modelo racional de análise da realidade que desenvolveu. Seu sistema filosófico, baseado no método dialético, é considerado o último já concebido, e teve grande repercussão em trabalhos de autores como Goethe, Rousseau e até em Karl Marx.

Era grande admirador de Espinosa e Kant. Contribuiu de forma significativa para a evolução do direito, com sua obra *Elementos de filosofia do direito*, em 1821.

Georg Wilhelm Friedrich Hegel nasceu em Stuttgart, na Alemanha, em 1770. Era filho de um funcionário público. Estudou teologia e filosofia no seminário protestante em Tübingen (ainda hoje um dos centros universitários mais importantes da Alemanha, onde estudaram, por exemplo, Goethe e Schelling, esse último seu amigo de toda vida). Depois de formado, mudou-se para Berna, na Suíça.

Viveu em um tempo repleto de transformações. Quando contava 19 anos, irrompeu a Revolução Francesa apoiada nos ideais do Iluminismo. Os Estados Unidos tinham, poucos anos antes, vencido a guerra de independência contra a Inglaterra. Pouco mais tarde, a Revolução Industrial alterava, definitivamente, os estratos sociais do mundo ocidental.

Foi um entusiasta da Revolução Francesa e um admirador da filosofia de Kant.

Escreveu *A fenomenologia do espírito*, considerada uma das mais importantes obras da história da filosofia.

Hegel lecionou em várias universidades até estabelecer-se em Frankfurt, de onde teve que fugir quando Napoleão invadiu a cidade. Foi nomeado reitor da Universidade de Berlim em 1830. Morreria um ano depois, de cólera.

Hegel e suas ideias

Já no prefácio de seus *Princípios da filosofia do direito*, Hegel critica o conhecimento baseado do senso comum, obtido por meio da atitude do sentimento ingênuo que se limita à verdade publicamente reconhecida. Faltava a esse conhecimento um sólido critério de validade, eis que há, no mundo, diversidade de opiniões e interesses.

Renegava, assim, a ciência fundada no sentimento imediato e na imaginação contingente, tão comum em seu tempo, segundo aponta, de modo a propiciar que cada um tivesse a "sua" filosofia, abandonando o mundo à contingência subjetiva da opinião e da arbitrariedade.

Se a maneira de pensar mudasse com o passar do tempo, seria impossível atingir uma verdade universal, filosofava Hegel. Por isso, propôs critérios que estabelecessem um modo histórico de reflexão. Fundamenta na história (ou seja, no contexto sociológico) a racionalidade de cada ideia. Isso porque, segundo ele, o contexto histórico define os valores do homem e da sociedade e esses valores, por sua vez, condicionam a verdade universal daquele tempo.

Para chegar ao sistema filosófico que criou, passou por várias áreas do conhecimento, como a psicologia, a estética, a religião e o direito.

Conforme já mencionado, Hegel defendia que o homem está em constante evolução. Portanto, cada alteração da maneira de pensar, na sequência histórica, eleva a humanidade a um patamar mais avançado na direção do autoconhecimento. Essa fé na humanidade, que Hegel chamava de "espírito do mundo", era típica da corrente de pensamento conhecida como idealismo, que encontrou grande acolhida entre os românticos alemães.

O sistema dialético de análise da realidade de Hegel está fundado sobre três elementos, como ele explica em *Enciclopédia das ciências filosóficas: os momentos do Ser, da Natureza e do Espírito.*

O Ser se refere ao conjunto dos elementos lógicos de toda realidade. A ideia é algo concreto, o princípio inteligível da realidade que existe na consciência, sujeito ao processo dialético da tese, antítese e síntese.

A Natureza é a manifestação do Ser no mundo fenomênico. É a forma pela qual a ideia se exterioriza no espaço e no tempo, realiza-se, ganhando concretude e tangibilidade.

O Espírito é, afinal, a síntese entre a ideia inicial e a sua natureza, que ganha substância. É a consciência da realidade. Deus é o espírito absoluto – daí por que o sistema filosófico de Hegel é baseado na fé. O homem é o espírito finito (ou espírito subjetivo) e a sociedade é o espírito objetivo. A natureza, por sua vez, é finita mas não é espírito, porque faz parte das relações externas ao homem.

O Espírito encontra-se, pois, numa posição elevada em relação ao Ser e à Natureza. Representa a ascensão histórica do humano ao divino.

O método dialético hegeliano tem por objetivo apreender o concreto e o universal, não o individual e o abstrato. Daí que na apreensão concreta do real busque a unidade entre o ser e o pensamento. Trata-se, em verdade, de um processo dinâmico que se repete sem cessar, no qual aquilo que é se contrapõe à sua expressão exterior, alcançando com isso uma nova forma de ser, superior à que era antes.

Justamente nesse ponto, Hegel critica Kant, que, segundo ele, se contenta em converter uma máxima pessoal de vida em lei universal, tornando-a um imperativo categórico, o que permite justificar tanto o bem como o mal. Para se evitar esse equívoco, deve-se recorrer ao contexto humano concreto, ao homem situado na História, com suas sucessivas contradições, numa cadeia ininterrupta de superações.

Hegel aplicou esse método de forma sistemática a todos os objetos de estudo, independentemente de sua natureza, mesmo quando disso resultava certo artificialismo, como se o real tivesse que se adaptar a seu esquema teórico, e não o contrário[9].

Para ele, a própria vida é dialética e, assim, outro não pode ser o modo do pensamento, senão o baseado no conflito e na integração dos opostos.

---

[9] COMPARATO, Fábio Konder. *Ética*: direito, moral e religião no mundo moderno, p. 307.

Assim, mesmo os três elementos de sua teoria – o Ser, a Natureza e o Espírito – são compostos por uma estrutura triádica. Há o Ser por si, o Ser para si (ou *essência*) e o Ser que, exteriorizado, retorna a si, ao qual Hegel denominou de *conceito*.

Do mesmo modo, há a Natureza por si (conjunto das leis físicas), a Natureza para si (conjunto de forças físico-químicas) e a Natureza em si e para si (o organismo vivo).

Por fim, há o Espírito por si (o espírito subjetivo, o indivíduo), o Espírito para si (o espírito objetivo, a cultura) e o Espírito absoluto.

Hegel e sua influência no direito

Os indivíduos estão organizados, em sua base, na família, depois na sociedade civil e, no ápice da pirâmide, o Estado. O Estado é o nível máximo da vida social, esta essencial para que o homem se desenvolva.

O Estado, para ser adequado, tem que ser único, dotado de autoridade e atuar pelo bem de toda a coletividade. Para cumprir esse papel, o Estado deve produzir leis corretas – porque não pode haver liberdade sem lei – e os indivíduos devem obedecer às leis, porque não pode haver liberdade sem obediência à lei.

A Filosofia do Direito de Hegel sugere leis universais que todas as pessoas devem seguir, não importando que razões possam ter para obedecê-las.

Hegel reconhece a abstração inerente ao direito. Enxerga-o como apenas uma possibilidade diante do conteúdo da ação concreta e das relações morais e éticas. Nesse sentido, o mandamento jurídico é apenas uma permissão ou uma autorização.

Veja-se que, aqui, temos o âmbito a que se restringirá, posteriormente, o positivismo jurídico, com sua análise eminentemente lógica do ordenamento, desvinculada, por imposição metodológica, dos influxos sociais e econômicos.

A proposta de Hegel, em *Princípios da filosofia do direito*, é demonstrar uma concepção do Estado como algo racional em si. A missão da filosofia, para ele, está em conceber o que é, pois o que é, é a razão.

Reconhece a limitação temporal de toda filosofia, como também se dá com o indivíduo, que não pode se colocar fora de sua própria vida. Desconsiderar esse aspecto implica, segundo ele, emitir mera opinião, elemento inconsciente sempre pronto a adaptar-se a qualquer forma.

Seu projeto é, pois, delimitar objetos e conceitos dados pela razão, mas apartados da subjetividade individual. A razão existe por si só. A unidade abstrata de forma e conteúdo possui também um sentido concreto: a *forma* é a razão como conhecimento conceitual; o *conteúdo* é a razão como essência substancial da realidade moral e também natural.

A identidade consciente de conteúdo e forma é a *ideia filosófica*. O objeto da ciência filosófica do direito é, para Hegel, a *ideia do direito*, ou seja, o conceito do direito e a sua realização. Não o conceito em sentido estrito, que não é objeto da filosofia, mas o conceito em sua realização da realidade, historicamente inserido.

Nesse sentido, para o filósofo, a ciência do direito está inserida na filosofia. Seu objeto de estudo encontra-se fora da própria ciência do direito: sua dedução é suposta e deverá ser aceita como um dado.

Hegel passa, então, a definir o conceito de direito positivo: a) será positivo pelo caráter formal de ser válido em um Estado (aqui a forma); b) quanto ao conteúdo, o direito será positivo: b1) pelo caráter nacional particular de um povo, o nível de seu desenvolvimento histórico, e as condições correspondentes às suas necessidades culturais; b2) por ser genérico e abstrato como todo sistema de leis, aplicável, portanto, à natureza particular dos objetos e das causas; b3) pelas últimas disposições necessárias para decidir na realidade.

Pelos critérios expostos, Hegel reconhece que a violência e a tirania podem constituir um elemento do direito positivo, o que, em verdade, é um acidente em nada relacionado com sua natureza.

No que toca às condições históricas do direito positivo, essenciais, como visto, para a determinação de seu conceito, Hegel aponta que foi Montesquieu quem definiu a verdadeira visão histórica a respeito, em um tratamento abrangente e preocupado com a relação entre o povo e sua época.

A investigação histórica, conquanto não deixe de representar valor e interesse, não constitui objeto da filosofia. Levando isso em consideração, Hegel critica os que formulam conceitos, sem maiores reflexões, a partir de regras do direito romano, denominando de "concepções" ou "conceitos" o que não passava de regra para um dado povo. Essa imprecisão não há que ser admitida em sede filosófica.

Com efeito, alerta, não se pode confundir a busca da verdadeira legitimação com o que não passa de uma justificação pelas circunstâncias. Em suma, descabido o esforço de legitimação pela história, que coloca em lugar da gênese conceitual a gênese temporal.

O que deve ficar claro é o fato de as leis positivas terem significado e utilidade de acordo com as circunstâncias; é dizer: possuem, sim, um valor histórico e são transitórias.

Para Hegel, o domínio do direito é o espírito em geral. Seu ponto de partida está na vontade livre – a liberdade constitui a sua substância e o seu destino, de sorte que o sistema do direito é, em suas palavras, o império da liberdade realizada.

Mas o que é a vontade? O que ela contém? Hegel aponta três elementos e demonstra que a vontade confunde-se com o Eu.

O primeiro é a pura indeterminação ou a pura reflexão do Eu em si mesmo. É o puro pensamento de si mesmo, a infinitude ilimitada da abstração e da generalidade absolutas. É, em outras palavras, a possibilidade de se abstrair de todas as determinações, a própria liberdade do intelecto, ou, como dizia Hegel, a *liberdade do vazio*.

O segundo elemento é a passagem da indeterminação indiferenciada à diferenciação, à elaboração de uma determinação específica que passa a caracterizar um conteúdo e um objeto. É a afirmação de si mesmo como determinado, pela qual o Eu entra na existência em geral e se particulariza. Esse elemento particular não nega o anterior, universal, eis que nele se encontra contido.

O terceiro elemento, ressalta Hegel, é a vontade como unidade dos dois anteriores: é a particularidade refletida sobre si e que assim se ergue ao universal. Em suma: é a *individualidade*.

Mais uma vez, como visto, temos uma estrutura triádica que perfaz uma conciliação de opostos, característica do método dialético hegeliano. Vê ele a autodeterminação do

Eu – a Vontade – como o posicionamento do Eu diante de sua negação, sem deixar de ser ele mesmo. Assim o diz o filósofo: *O Eu determina-se enquanto é relação de negatividade consigo mesmo.*

Tanto assim que, esclarece, toda consciência se concebe simultaneamente como universal (acima de toda e qualquer limitação externamente oponível) e como particular (provida, portanto, de um certo objeto, de um certo conteúdo, de um certo fim). Ambas as categorias (o universal e o particular), todavia, são apenas abstrações; o que existe de fato – ou, na linguagem de Hegel, o que é concreto e verdadeiro – é a integração do particular ao universal, isto é, a unidade formada por ambos.

Como já mencionado, enfim, na filosofia de Hegel, o Direito é constituído pelo fato de uma existência em geral ser a existência de uma vontade livre; o Direito é a liberdade em geral como Ideia. Ao trazer tal definição no § 29 de sua *Filosofia*, Hegel formula uma crítica à concepção de direito de Kant, a qual, afinal, se funda na ideia de contrato social de Rousseau (com efeito, Kant também concebe a liberdade como elemento central do Direito, definindo-o como a limitação do livre-arbítrio próprio, a fim de que esteja ele de acordo com o livre-arbítrio de cada um segundo uma lei geral).

A crítica de Hegel está em que a racionalidade, numa tal concepção, aparece apenas como elemento de limitação – constitui uma determinação negativa – e não como razão imanente. Com efeito, para ele, o Direito é algo de sagrado precisamente porque é o conceito absoluto da liberdade consciente de si. As diferentes formas de Direito, assim, devem-se às diferentes fases por que passou o conceito de liberdade.

Para Hegel, o que é racional é real. Isso trouxe problemas ao paradigma do direito natural – de acordo com o qual o direito natural engendraria o dever-ser –, pois ser e dever-ser, em Hegel, são a mesma e única coisa. A racionalidade do processo histórico é que explica o real, daí a quebra daquele paradigma.

A evolução da ciência também contribuiu nesse sentido ao demonstrar não ser imutável a natureza.

"O HOMEM NÃO É mais do que a série dos seus atos. A necessidade, a natureza e a história não são mais do que instrumentos da revelação do Espírito" (Georg Hegel).

O DECLÍNIO DO RACIONALISMO

O idealismo romântico na Alemanha

Como vimos, a Alemanha foi berço das principais correntes recentes da filosofia, representadas por Kant e Hegel, ambos resistentes ao racionalismo. Também foi berço do movimento artístico que ficou conhecido como Romantismo, estética que tomou conta de todas as artes e, geograficamente, por toda a Europa e pelas Américas.

E por que o movimento romântico alemão foi tão importante?

Porque, embora a teoria iluminista fosse bonita, especialmente no quesito liberdade, a conjuntura alemã do final do século XVIII não permitia a sua aplicação prática.

A Alemanha era ainda um amontoado de Estados, reinos, principados, ducados e condados, sem a coordenação de um governo central forte, e ainda sujeita a guerras internas. Em muitos pontos da região ainda existia o regime de servidão, num feudalismo obsoleto que o exemplo da Revolução Francesa não tinha sido capaz de eliminar.

A tentativa de Otto von Bismarck, de unificação dos Estados numa só Alemanha, esbarrou na indisposição de Napoleão III, que achava que estaria sendo criado um oponente poderoso demais, na Europa, a desafiar a sua hegemonia.

Entretanto, as tropas prussianas tinham acabado de vencer a Áustria, e estavam tão motivadas que não tiveram maior dificuldade em marchar sobre a França e cercar a cidade de Paris. Napoleão III assinou a rendição. A vitória prussiana acabou sendo responsável pelo fim do império francês e a consequente proclamação da Terceira República da França, em 1871. Esse era o ambiente político da Europa, no final do século XVIII.

A outra questão, decorrente dessa situação política, dizia respeito à supremacia da razão. O racionalismo, de caráter pragmático e de aplicabilidade prática, servia de instrumento para governos totalitários como fundamentação filosófica.

Kant, em sua *Crítica da razão pura*, criticou o racionalismo exacerbado, que podia levar líderes de má intenção a causar guerras e a subjugar pessoas. O privilégio que a filosofia kantiana emprestava à liberdade motivou muitos pensadores de sua época a rever o racionalismo e, revendo-o, optar por uma estética de conhecimento mais amena, mais humana e mais tolerante.

A Inglaterra já ensaiava uma literatura romântica, em 1793, com William Blake e, pouco depois, com Edward Young, Coleridge e Wordsworth. Na França, René de Chateaubriand e Victor Hugo iriam na direção romântica por inspiração da Revolução Francesa.

Mas foi mesmo na Alemanha, país das grandes universidades (Tübingen, Colônia, Leipzig, Jena, Heidelberg, Berlim, Frankfurt), que o idealismo romântico começou a ser definitivamente desenhado, num retorno à essência humana da sensibilidade não sufocada pela razão.

Goethe, com o livro *O sofrimento do jovem Werther*, de 1774, dava um passo gigantesco no lançamento dessa corrente. Em 1785, Schiller escreveria *Ode à alegria* (que outro romântico alemão, Ludwig van Beethoven, musicou em 1824 como a famosa Sinfonia n. 9 em ré menor, contendo, em um de seus movimentos, uma parte do texto de Schiller).

O grande mentor do romantismo alemão, porém, foi Johann Gottfried von Herder, um pesquisador da literatura alemã que escreveu, entre 1766 e 1767, o livro *Fragmentos sobre a literatura alemã moderna*, clamando os autores germânicos a produzirem uma literatura genuinamente nacional – questionava o retorno à estética dos antigos gregos, que imperava na Europa.

NA TANGÊNCIA DA FILOSOFIA

Charles Darwin e a evolução das espécies

Uma das teorias de maior impacto sobre a questão da natureza e, portanto, a sua validade como fundamento de várias vertentes da filosofia foi a doutrina do britânico

Charles Darwin, consolidada em dois livros: *Origem das espécies* (1859) e *Origem do homem* (1871).

Charles Darwin (1809-1882) pesquisou, durante cinco anos, espécimes da fauna e da flora nas ilhas Galápagos, que ficam a 1.000 km de distância do litoral do Equador. Tinha 26 anos quando iniciou a expedição a bordo do navio "Beagle". Reuniu coleções de amostras de rochas, plantas e animais (fósseis e vivos) de todos os lugares por onde passou - inclusive no Brasil - e as enviou para a Inglaterra.

Quando voltou, estudou cada uma e reuniu suas observações no livro que ia sacudir os conceitos científicos do seu tempo com relação à origem da vida na Terra.

Foi combatido pela Igreja, que considerava que as espécies criadas por Deus eram perfeitas e imutáveis. Mas praticamente a totalidade dos cientistas o aplaudiu, embora reconhecendo algumas inconsistências em seu trabalho. No entanto, demoraria cerca de um século para que sua doutrina fosse universalmente aceita. Basicamente, concluiu que as espécies que sobrevivem são aquelas que conseguem se adaptar às circunstâncias do ambiente. Outra conclusão é de que o homem descende diretamente do macaco.

Suas pesquisas tiveram influência sobre o naturalismo literário, movimento que se posicionou contra o Romantismo. Mas a importância de Charles Darwin para o presente livro reside, principalmente, na sua influência sobre as ciências jurídicas.

> *A partir das conclusões do darwinismo, o direito passou a ser considerado um sistema evolutivo, como a ciência da vida. O novo modelo legal, contrariando o anterior, tornava-se sistemático (a codificação propiciou isso) e foi sendo organizado segundo uma lógica dedutiva, em que o universal podia ser aplicado ao particular.*

Precursores da teoria da evolução natural

Antes de Charles Darwin, outros pesquisadores contribuíram grandemente para a história natural, entre eles o naturalista Georges Buffon e o biólogo Jean-Baptiste de Monet.

O francês Georges-Louis Leclerc, conde de Buffon (1707-1788), membro da Academia de Ciências, era tão interessado em ciências naturais que o rei Luís XV de França o nomeou intendente do Jardim do Rei, em Paris. Buffon transformou o jardim em um verdadeiro laboratório da vida e chegou à seguinte conclusão: "A natureza não precisa de Deus para criar a vida". Publicou importantes trabalhos sobre a classificação biológica, utilizando a metodologia desenvolvida por Carl Lineus (1707-1778) e que é usada até hoje.

Considera-se que o naturalista francês Jean-Baptiste de Monet, que ficou conhecido como o *cavalheiro de Lamarck*, tenha sido o primeiro a usar o termo *biologia*, em 1802. Nascido em 1744, dedicou-se a comparar fósseis com animais vivos. Seus estudos tiveram grande influência sobre a genética moderna. Isso porque afirmava o autor, antes mesmo de Darwin, que as espécies mudam conforme muda o meio, por necessidade de adaptação, e que seus novos caracteres eram herdados pelas gerações subsequentes.

Jean-Baptiste também é considerado o idealizador do moderno conceito de museu, no sentido de um local patrocinado onde espécies permanecem organizadas, sob a guarda de especialistas.

Morreu em 1829, na mesma época em que Darwin iniciava suas viagens de pesquisa.

As ideias do cavalheiro de Lamarck só foram contestadas pelos geneticistas da escola russa, a partir de 1930.

O mais renomado representante da escola russa de genética foi Trofim Lysenko (que viveu entre 1898 e 1976). Ficara famoso durante o período da Grande Fome Soviética, na década de 1930, propondo técnicas de melhoria da produtividade das lavouras – que incluíam, entre outras, o rodízio de culturas –, em contradição às técnicas ortodoxas de Mendel, o "pai da genética".

O austríaco Gregor Mendel nasceu em 1822. Chegou a ser monge agostiniano, mas abandonou a carreira para estudar ciências na Universidade de Viena. Ficou célebre, entre outras descobertas, por uma série de experiências que fez com ervilhas, para entender como as características hereditárias são passadas de geração para geração. Os resultados foram publicados em 1866. Suas descobertas ajudariam a derrubar a tese dos caracteres adquiridos, de Lamarck, quase 100 anos depois.

Oliver Wendell Holmes Jr. e o realismo jurídico

O realismo jurídico, que alguns autores chamam de *pragmatismo jurídico*, alcançou o ápice na obra de Oliver Wendell Holmes Jr., que se resume a dois livros, *The Common Law* e *The Path of the Law*. Esse jurista ficou famoso pelas suas sentenças que contrariavam o formalismo. Era o que se costuma chamar de pessoa "do contra". No entanto, suas decisões acabavam por se mostrar acertadas. Costumava recomendar aos juízes que estudassem economia, porque acreditava que as decisões em geral têm como embasamento motivações políticas, sociais e, principalmente, econômicas.

Para ele, a lei – e de resto, a Constituição – precisava ser interpretada de maneira flexível, porque achava que as gerações e as demandas se modificavam com o tempo, e que o direito não pode estar eternamente atrelado ao passado.

Oliver Wendell Holmes Jr. e suas circunstâncias

Oliver Wendell Holmes Jr. nasceu em 1841. Lutou pelo Norte na guerra civil norte-americana, tendo chegado ao posto de tenente, defendendo o abolicionismo. Filho de médico (o pai ensinou medicina em Harvard), mesmo casado, viveu com o pai e à custa dele até os 30 anos.

Cursou Direito em Harvard, universidade onde era tradição familiar estudar. Durante o curso, realizava encontros festivos em casa, com jovens intelectuais da época, como Charles Pierce e John Chapman Gray.

Era um leitor disciplinado. Estudou os principais pensadores, desde Platão e Aristóteles a Montesquieu, Hume, Locke, Hobbes e os contemporâneos, como John Stuart Mill. Destacou-se na faculdade e foi convidado pelo chefe do Departamento de Direito, Charles Eliot, a lecionar na mesma escola. Aceitou, mas queria mesmo era ser juiz da Suprema Corte, em Massachusetts, o que conseguiu em 1882 – por indicação, uma vez que não há concurso para

> *Oliver Wendell Holmes Jr.* é considerado o herói americano do Direito. Apesar disso, foi criticado – especialmente pelos católicos – por concordar com a noção de darwinismo social, em que os fortes sobrevivem e os fracos perecem.
>
> Atuando como juiz da Suprema Corte dos Estados Unidos, era contrário ao formalismo, o que lhe valeu a antonomásia de "o grande dissidente".

juízes nos Estados Unidos. Em 1902, Holmes foi elevado a juiz da Suprema Corte, em Washington, pelo presidente Theodore Roosevelt. Exerceu o cargo até 1932, quando pediu aposentadoria. Morreu em 1935, apenas três anos depois.

Oliver Wendell Holmes Jr. e suas ideias

Esse filósofo pensava que o Direito não é simplesmente o exercício de seguir a lógica da letra da lei, mas uma análise das experiências e das condições das partes. O juiz que julga apenas de acordo com a lei, segundo ele, não passa de apenas um prático, de alguém que segue receita ou método. E, mais incisivo ainda, dizia, no início de um de seus artigos publicado na *Harvard Law Review* (edição de número 457), que há "predição da incidência do poder público por meio do auxílio dos tribunais".

Essas opiniões e algumas de suas sentenças desfavoráveis ao governo levaram o presidente Theodore Roosevelt a decepcionar-se com ele. Mas, como o juiz da Suprema Corte, depois de aprovado pelo Senado, tem cargo vitalício, o presidente nada podia fazer a não ser torcer os bigodes.

Holmes era um liberal. Segundo Clarecen Morris, da Escola de Direito da Universidade da Pensilvânia, "era um aristocrata que não compartilhava das opiniões comerciais da classe média e que acreditava que os tribunais não deviam impor ao povo suas teorias econômicas e sociais"[10].

Oliver Wendell Holmes Jr. e sua influência no direito

Holmes dizia que um homem mau, diante do tribunal, não se importa com aqueles a quem prejudicou; importa-se apenas em prever o que os tribunais decidirão, ou seja, nas consequências que sofrerá. Holmes faz a comparação para condenar aqueles que praticam a advocacia buscando prever qual será a opinião dos juízes, conseguindo assim preparar defesa prévia. Essa rejeição à separação entre moralidade e direito está presente em grande parte dos mais de 1.000 votos que Holmes prolatou. Discordava da ideia de que as pessoas respeitam o direito apenas por temer o que lhes acontecerá se não cumprirem a lei.

No livro *The Common Law*, Holmes defendeu que julgar não é simplesmente aplicar um precedente, porque isso seria permanecer preso ao passado, um formalismo jurídico acomodado, então em voga nos Estados Unidos.

No livro *The Path of Law*, Holmes discute a validade do direito, se ele se transforma em mecanismo baseado em posturas previsíveis do julgador. Segundo ele, os julgados de um determinado período representam o conjunto do direito disponível naquele período, o que não significa que continuem válidos para outro momento. Quem se beneficia da previsão é "o fora da lei"[11].

> *Tem sido pensado que o motivo determinante da punição seja a reabilitação do criminoso; isto é, o objetivo é de impedir que o criminoso cometa outros crimes e que as pessoas em geral cometam crimes similares; e isto é uma retribuição. Poucos iriam sustentar que o primeiro destes propósitos é apenas um. E se fosse assim, todo prisioneiro deveria ser colo-*

---

[10] In: *Os grandes filósofos do direito*. São Paulo: Martins Fontes, 2002, p. 423.

[11] *The Path of Law*. Chicago: Chicago University Press, 1992, p. 161.

cado em liberdade assim que ficasse claro que ele jamais voltaria a cometer o mesmo crime, e se não há cura nem remédio para o prisioneiro, ele nem mesmo deveria ser punido. Certamente seria difícil conciliarmos a pena de morte com essa doutrina" (Oliver Wendell Holmes Jr.).

Jerome Frank e o americanismo

O realismo jurídico norte-americano teve outro representante no período que se concentra na década de 1930, quando os Estados Unidos, pela via do cinema, difundia a sua maneira de enxergar o mundo, o "American way of life".

Jerome Frank e suas circunstâncias

Jerome New Frank nasceu em Nova York, em 1889. Filho de advogado, graduou-se em Direito pela Universidade de Chicago em 1909, com apenas 20 anos e com as melhores notas da escola. Começou a advogar em 1912 e em 1919 já era sócio da firma, especializando-se em reorganizações corporativas.

> *Jerome Frank* desempenhou papel importante no movimento do realismo jurídico. Publicou vários livros em que enfatiza as forças psicológicas que atuam sobre as questões legais.

Em 1930, depois de passar por seis meses de terapia, publicou *A lei e a mente moderna*, livro que propunha que as decisões judiciais eram motivadas primariamente pela influência de fatores psicológicos sobre julgamento individual. Mudou-se para Nova York, também para advogar, e para atuar como pesquisador da Escola de Direito da Universidade de Yale, onde conviveu com Karl Llewellyn e Roscoe Pound (com esse último, teve polêmicas famosas). De tendências esquerdistas, foi preterido seguidamente para alguns cargos públicos, mas sua amizade com William O. Douglas lhe valeu um cargo no governo. Em 1941, foi levado pelo presidente Roosevelt para a Suprema Corte norte-americana, onde serviu até morrer, em 1957.

Jerome Frank e sua influência no direito

Foi considerado juiz competente, baseando suas decisões em posições liberais sobre questões de liberdade civil. Manteve acesos debates sobre preceitos de *Common Law.*

Era contrário a qualquer forma de censura de ideias ou imagens, e seus pareceres contribuíram para fortalecer as posições da Suprema Corte no mesmo sentido.

Participou do trio de juízes que julgou o caso do casal Rosemberg (Julius e Ethel), acusado de espionagem, tendo votado pela pena de morte – embora se diga que em particular tivesse aconselhado um dos outros juízes a não votar pela pena máxima. Em relação ao terceiro réu, Morton Sobell, engenheiro da General Electric acusado de enviar informações atômicas para a então União Soviética, Frank sugeriu à Suprema Corte que não aplicasse a pena de morte para crimes de traição.

Em 1942, escreveu um livro chamado *Se os homens fossem anjos*, em que defendia os programas do *New Deal* do presidente Roosevelt (programas que buscavam combater os efeitos da grande depressão econômica). Em 1945 publicou *Destino e liberdade*, criticando as posições teóricas do marxismo e negando que as sociedades seguiam qualquer progresso estrito, e insistindo em que o povo era livre para moldar o desenvolvimento da própria sociedade.

Em 1946, ministrou em Yale um curso que enfatizava o papel que a falibilidade humana e o partidarismo desempenhavam nos processos em tribunal.

Seu trabalho mais importante, para efeito de filosofia do direito, foi *Tribunais em julgamento*, de 1949, que enfatiza as incertezas e a falibilidade dos processos judiciais. Seu último livro (*Inocente*), relatando casos de condenações erradas por tribunais, foi concluído por sua filha Barbara e publicado depois de sua morte.

DEBATES EM TORNO DA FILOSOFIA DE KANT

Algumas correntes inspiradas na filosofia de Immanuel Kant foram concebidas no período que compreende o final do século XIX e o início do século XX. Kant, idealista, opunha-se ao realismo que fundamentava a visão corrente da filosofia.

O Realismo afirmava que o objeto existe, quer o indivíduo tenha conhecimento dele ou não. Era, basicamente, a noção de independência entre a realidade e a consciência, oposta ao Idealismo, que sustentava que as coisas reais só existem quando são captadas e interiorizadas pelo indivíduo.

O Realismo, na filosofia, teve forte repercussão nas artes, principalmente na literatura, com uma temática que enfatizava o cotidiano das pessoas. Esse movimento artístico reagia ao Romantismo, buscando a realidade objetiva e rejeitando características românticas, como a imaginação e a fuga da realidade.

Mesmo depois de Kant, surgiram filósofos – na própria Alemanha e em outros países – que ainda apoiavam o Realismo, preconizando que, embora o fenômeno mental das coisas exista como ideia *a priori*, a coisa em si existe fora da consciência do sujeito.

São muitos os filósofos que defendiam essas ideias. Entretanto, tendo em vista que seu pensamento não está diretamente ligado ao tema do presente livro – que é a filosofia do direito – limitar-nos-emos a citar alguns poucos, apenas a título de registro. São eles: Friedrich Heinrich Jacobi, Rudolf Hermann Lotze, Friedrich Ernst Daniel Schleiermacher e Johann Gottfried von Herder. Destacam-se o dinamarquês Sören Kierkgaard e os alemães Arthur Schopenhauer e Friedrich Nietzsche. Sobre esses últimos, falaremos mais detidamente, a seguir.

Sören Kierkgaard, um crítico da razão

Sören Kierkegaard pesquisou formas de encontrar o homem como indivíduo, e não as verdades de uma realidade universal, da qual o homem faz parte. Nessa busca, achava mais importante o subjetivismo do que a objetividade, e valorizava a reflexão de cada homem sobre si mesmo. Considerava que o homem era dotado de liberdade e responsabilidade e que não era um ser pré-definido ao nascer. Ao contrário, à medida que o homem vive (existe), adquire novas experiências e a partir delas redefine seu pensamento.

Chamou a atenção do mundo, pela primeira vez, com o livro *Ou isso, ou aquilo*, de 1843, em que rejeitava uma perspectiva determinada pela sensibilidade.

Costumava dizer que "nada tenho em minha vida, que ponho diretamente em jogo cada vez que uma dificuldade aparece".

Foi grande crítico do racionalismo de Hegel, discordando da teoria de que o homem seja resultado do meio em que vive. Por isso, é considerado um dos primeiros filósofos do Existencialismo, movimento que ganharia destaque na França, mais tarde, com Jean-Paul Sartre.

Dizia que a teoria de Hegel era puramente intelectual, e transformava o homem numa "coisa pública", numa "instância coletiva", retirando dele o arbítrio, a eleição, a escolha. Afirmava que, ao contrário, o homem construía o seu saber por meio de atitudes éticas, estéticas e religiosas. Para Kierkgaard, em primeiro lugar estava o indivíduo, depois, o sistema. E o indivíduo, como ser único e inigualável, evoluiu não por causa da sociedade, mas de seus próprios esforços e movido pelas circunstâncias de sua existência.

Kierkgaard e suas circunstâncias

Sören Kierkgaard nasceu em Copenhague, em 1813. Vindo de família luterana, estudou teologia e filosofia na Universidade de Copenhague. Tinha 25 anos de idade quando morreu seu pai, e essa perda realçou algumas características que ele já carregava. Transformou-se num homem melancólico, depressivo e solitário.

Três anos depois concluiu sua tese de doutorado, sobre o conceito da ironia em Sócrates, na qual questionava essa característica presente no romantismo então em voga.

> *Sören Kierkgaard* foi fundador da escola existencialista, na filosofia. Ficou famoso pela intensidade com que rejeitou as ideias de Hegel. Chegou ao exagero de argumentar que a razão não era essencial para a vida do homem, mas, sim, os sentimentos, as crenças e a fé.
>
> Seu pensamento seria retomado por Jean-Paul Sartre, na França.

Escreveu centenas de textos, mas não chegou a reunir sua obra numa só edição porque dizia não acreditar em sistemas filosóficos.

Usava pseudônimos, como Victor Eremita, Johannes de Silentio e AntiClimacus. Morreu em 1855, em razão de uma queda.

Considerava a teologia a mãe de todas as ciências, mas questionava fortemente as questões da Igreja – especialmente no que diz respeito ao determinismo cristão e na crença corrente de que os fiéis deviam ser conduzidos pelos líderes religiosos. Defendia um cristianismo baseado na fé e na conversão e não no temor e no castigo.

Kierkgaard e suas ideias

Questionava o pensamento de Descartes, que colocava a dúvida como método, mas ao mesmo tempo discordava da ideia de que a filosofia poderia reivindicar plena certeza. Para ele, o individual sobrepunha-se ao geral, portanto, não haveria verdades eternas. Dizia: "Todo conhecer essencial concerne à existência; ou: apenas o conhecer cuja relação para com a existência é essencial é conhecimento essencial. O conhecer que, voltado para dentro na reflexão da interioridade, não atinge a existência, é essencialmente visto, conhecimento fortuito, essencialmente visto, seu grau e abrangência são indiferentes".

Como se vê, defendia o autoconhecimento, ao estilo de Sócrates, e pregava que o sofrimento é necessário para atingi-lo. Sua filosofia tem forte base religiosa, embora tenha combatido a igreja oficial e seus sistemas. Acreditava que o homem enfrenta três esferas da existência: estética, ética e religiosa. Seus escritos têm sido estudados, atualmente, especialmente por pesquisadores da Linguística e da Crítica Literária.

"A MAIORIA DOS HOMENS PERSEGUE o prazer com tanta impetuosidade que passa por ele sem vê-lo" (Sören Kierkegaard).

Arthur Schopenhauer, o pessimista

O romantismo gerou uma corrente secundária, o *irracionalismo* (também chamado *voluntarismo*), cujo princípio original era opor-se ao racionalismo de Hegel. Mas essa nova corrente acabou rebelando-se ao próprio romantismo alemão.

Seu representante principal foi Arthur Schopenhauer, que defendia que a razão não era o valor absoluto, mas sim o instinto e a irrefreável vontade humana.

Para ele, a vontade é a intuição do Eu (e pelo vocábulo vontade ele englobava o desejo, a esperança, o amor, o sofrimento) e conduz todas as iniciativas humanas, inclusive o dispêndio de energia física. A vontade levaria, inexoravelmente, ao sofrimento e à morte.

Schopenhauer foi, possivelmente, o maior pessimista da filosofia, na afirmação de que as atitudes do homem, guiadas pela vontade irracional, acabam por levá-lo ao pecado.

O pecado, na opinião do filósofo, é necessário para a purificação, e a única forma de limitar a vontade é por meio do saber, do conhecimento, embora este não consiga suplantar a vontade. Esse pensamento influenciaria, pouco mais tarde, outro filósofo alemão, Friedrich Nietzsche.

Arthur Schopenhauer colocou o foco de suas ideias, portanto, no existir, e não no ser. A diferença é essencial, porque envolve a vontade de viver, uma força que leva o homem à evolução gradual.

O resultado desse pensamento é um acentuado pessimismo em relação à existência presente – Schopenhauer achava que o homem vai sempre melhorar, ser mais perfeito do que é hoje. Essa ideia seria retomada pelos existencialistas.

Schopenhauer e suas circunstâncias

Arthur Schopenhauer nasceu em 1788, na cidade alemã de Dantzig, que hoje pertence à Polônia, com o nome de Gdansk. Veio de família rica e estudou em boas escolas, como a Universidade de Berlim, onde passou a lecionar, em 1820.

Depois de viver em alguns lugares da Europa, fixou-se em Frankfurt. Ali produziu grande parte de suas obras e alcançou prestígio.

As mais importantes obras de sua fase madura são as seguintes: *Sobre a vontade na natureza*, de 1836; *Sobre os dois problemas fundamentais da ética*, de 1841; e *Parerga e parigômena – aforismos sobre a sabedoria da vida*, de 1847. Morreu em 1860.

Schopenhauer e suas ideias

Arthur Schopenhauer recebeu grande influência do pensamento de Kant, embora se afaste dele em muitos momentos.

Entende que o homem compreende apenas as representações do real, e que só por meio da vontade se aproxima da realidade em si.

Arthur Schopenhauer centra a existência humana sobre a vontade. Diz que a vontade (ou o instinto) é cega e que o homem não a consegue dominar. Sua obra principal foi *O mundo como vontade e representação*, publicado em 1819. Teve grande influência no pensamento de Sigmund Freud.

Foi um pessimista. Criticou o romantismo da Alemanha de sua época e a filosofia racionalista. Propôs uma revisão da filosofia de Kant, apresentando um novo sistema que coloca as representações em quatro planos: lógico, material, psíquico e causal.

A vontade, para Schopenhauer, é uma tirania natural, e o homem só consegue libertar-se do seu domínio por meio de três estágios espirituais. O primeiro é a *contemplação*, condição estética que só pode ser atingida por alguns poucos espíritos iluminados. O segundo estágio é a *solidariedade*, quando o homem atinge uma identificação com o sofrimento e a dor de todos os outros homens; é uma afirmação ética. O terceiro estágio, que só os santos conseguem atingir, é o *despojamento*, a completa indiferença em relação ao mundo material.

"QUANTO MAIS ELEVADO é o espírito, mais ele sofre" (Arthur Schopenhauer).

Friedrich Nietzsche e o poder

Admirador confesso de Schopenhauer, de quem se considerava sucessor, Friedrich Nietzsche analisou profundamente a cultura grega e sua influência sobre o pensamento ocidental ao longo dos séculos. Buscou nos clássicos, principalmente gregos, os elementos de base da sua filosofia.

Friedrich Nietzsche defendia a primazia da vontade como condição humana, seguindo as ideias de Arthur Schopenhauer. Desenvolveu a teoria do *super-homem*, aquele que escapa da condição de homem comum por meio do controle e submissão dos instintos.

Não acreditava em vida após a morte e dizia que o único mundo real é este em que vivemos. Para ele, o mundo repete sempre as mesmas condições e situações, que o homem deve entender e superar, se puder – é a teoria conhecida como Eterno Retorno.

Foi ele quem propôs a ideia dos dois elementos básicos da cultura: o espírito *apolíneo* e o espírito *dionisíaco*, o primeiro relacionado com o deus Apolo e seus apanágios – que são a harmonia e a razão – e o segundo relacionado com o deus Dionísio, cujos apanágios são a anarquia, a desordem e a alegre irresponsabilidade.

Nietzsche e suas circunstâncias

Friedrich Wilhelm Nietzsche, embora originário de uma família luterana (nasceu em 1844, na Alemanha), rejeitou a fé cristã já na adolescência. Mesmo assim, estudou teologia na Universidade de Bonn, dedicando-se também à filologia.

Nesse período tomou contato com a obra de Arthur Schopenhauer, cujas ideias passou a seguir. Aos 24 anos já era professor na Universidade da Basileia, na Suíça.

Foi voluntário na guerra franco-prussiana de 1870. Testemunhou os horrores e sofrimentos da guerra, que ficaram marcados em sua vida e em sua obra. Passou a sofrer de crises nervosas, que alguns historiadores acham que pode ter sido câncer no cérebro. Chegou a ser internado num manicômio em Jena. Por conta de todo esse quadro, em 1879 foi obrigado a abandonar a cátedra na universidade.

A partir de 1882 dedicou-se a escrever o livro que se transformaria em sua obra-prima: *Assim falou Zaratustra*. Em 1888, escreveu sua autobiografia, intitulada *Ecce Hommo – como alguém se torna aquilo que é*. Pouco depois, teve uma crise de loucura da qual jamais se recuperaria. Morreu no dia 3 de janeiro de 1889.

Seu livro foi utilizado como base teórica do nazismo. Vários estudiosos defendem que o texto original foi alterado para agradar os adeptos do partido alemão da social-democracia.

Nietzsche e suas ideias

Nietzsche era um crítico radical do cristianismo, que considerava (junto com o budismo) a religião da decadência. Chegou ao extremo de dizer essa que, talvez, seja sua mais famosa frase: "Deus está morto".

Defendia uma moral cujo objetivo era o poder. Por meio desse poder o homem suplantaria o seu condicionamento à vontade, à emocionalidade, e, portanto, ao espírito dionisíaco, ao contrário do que determinava a Igreja.

Afirmou que tanto a Igreja quanto os filósofos que defendiam uma moral tradicional, preconceituosa (porque baseada no ressentimento e na culpa) e universal, como Kant e Hegel, apenas contribuíam para mascarar a dolorosa realidade e assim evitar que o homem alcançasse a visão completa do que é a vida.

No entanto, confessa que apenas alguns homens especiais seriam capazes de atingir tamanha compreensão e superação. A esses homens chamou de *super-homens* – aqueles capazes de se despir completamente de preconceitos e ideias prontas, e autênticos a ponto de serem capazes até de crueldades para satisfazer a sua vontade de poder.

Esse despojamento de preconceitos, por um lado, e de normas, por outro lado, pode ser considerado libertário, e entrava em oposição ao racionalismo, que Nietzsche considerava ser uma prisão.

Costumava dizer, numa crítica ao romantismo, que "o amor é o estado no qual os homens têm mais probabilidades de ver as coisas tal como elas não são".

Contrariando o pensamento de Locke, Hume e Voltaire, esse filósofo alemão afirmava, junto com Immanuel Kant, que ao homem comum não era dado o direito de rebelar-se. Portanto, negava os conceitos de democracia e de socialismo. Do mesmo modo negava os governos. O que defendia era a anarquia aristocrática, em que o poder estaria nas mãos dos *super-homens*.

"NÓS, HOMENS DO CONHECIMENTO, não nos conhecemos; de nós mesmos somos desconhecidos" (Friedrich Nietzsche).

MUNDO NOVO – O MATERIALISMO

O materialismo

Na filosofia, o materialismo representa a doutrina filosófica de que tudo o que existe é matéria. A matéria é a única realidade, a substância de todas as coisas, e é gerada ou degenerada em conformidade com leis físicas. Sendo assim, a matéria está em permanente transformação.

Consequentemente, os materialistas negam a alma, a divindade ou qualquer princípio inteligente independente da matéria. Também acham que os sentimentos são atributos da matéria.

Parmênides, na Grécia Antiga, pode ter sido o primeiro materialista da história da filosofia. Para ele, os fenômenos deviam ser explicados pela observação da realidade, e não por crenças ou mitos religiosos.

Com essas mesmas teses, mas sob formas diferentes, o materialismo ressurgiu na Europa, no século XVI, com Thomas Hobbes.

Apesar de todo o idealismo de que se revestiu a filosofia depois da Idade Média, trazendo o indivíduo para o centro do pensamento filosófico, e apesar de todo o idealismo concretizado pela corrente estética do romantismo, as ciências haviam entrado numa correnteza de progresso que não permitia ao homem remeter-se ao passado, como fizeram os renascentistas.

Ao contrário do romantismo, que primava pela exaltação do espírito, o desenvolvimento das ciências da natureza ofereceu uma visão mais materialista do mundo. Um materialismo que, de qualquer modo, já existira em Thomas Hobbes, mas ganhou adeptos ao longo dos séculos que se seguiram, e foi uma corrente de pensamento que conviveu com outras correntes da filosofia.

Um dos mais importantes seguidores de Hobbes, no materialismo filosófico, foi Julien Offray de La Mettrie, físico e filósofo francês do século XVIII.

Seu principal livro, publicado em 1747, foi *O homem-máquina*, considerado uma das obras mais radicais do Iluminismo francês. Nele, afirma, o autor, que o homem é apenas um artefato mecânico que funciona através de processos metabólicos.

Como médico, pretendeu conhecer o ser humano fisiológica e psicologicamente. Desenvolveu teorias materialistas para fundamentar sua própria filosofia médica em relação à saúde pública. Seus escritos objetivavam, pela sátira, trazer iluminação intelectual aos médicos de sua época.

Seu primeiro trabalho filosófico foi *A história natural da alma*, de 1745, uma leitura materialista da obra de John Locke. No livro, argumenta que a alma humana pode estar completamente identificada com as funções físicas do corpo e que a fisiologia confirma a existência da alma. Considerado ateu, seus livros foram proibidos e ele foi banido para a Holanda, onde permaneceu, até morrer, em 1751.

Outros materialistas importantes foram Denis Diderot – o afamado enciclopedista, que teve um desempenho importante na Revolução Francesa –, Etienne Bonnet, Paul Heinrich Dietrich von Holbach e Claude Adrien Helvetius. Todos eles questionavam o idealismo puro como explicação da realidade, mas contrapunham-se às análises áridas e secas dos mecanicistas, e também não aceitavam o império da razão.

A participação alemã, na filosofia, foi crucial, como vimos, especialmente pelas propostas de Kant, Fichte, Schelling e Hegel.

Mas, também da Alemanha, veio contribuição do materialismo defendido por Ludwig Feuerbach, por exemplo. Ele e seus seguidores chegaram ao extremo de negar a existência do espírito.

Ludwig Feuerbach e o materialismo dialético

O materialismo dialético (ou científico) surgiu na Alemanha do século XIX. Derivou do idealismo de Hegel, pela interpretação racionalista de Ludwig Feuerbach.

Feuerbach e suas circunstâncias

Ludwig Feuerbach foi o criador do *materialismo dialético.* Materialismo porque considerava a natureza como princípio filosófico, e dialético porque usava a dialética de Hegel como método (uma tese continha em si uma antítese, o que fazia chegar à síntese).

Negava a existência da alma e negava a existência de Deus, que considerava ser apenas uma exteriorização do homem.

Ludwig Andreas Feuerbach foi um filósofo alemão, nascido na Baviera em 1804. Estudou nas Universidades de Heidelberg e de Berlim. Foi aluno de Hegel.

Em 1830 publicou *Pensamentos sobre a morte e a imortalidade*, em que rejeita a ideia da imortalidade individual da alma. Por causa do livro, teve que abandonar a carreira de professor do ensino oficial. Mas, como a família da mulher era rica, pôde dedicar-se a escrever durante quase quinze anos, sem preocupações financeiras.

Em 1859, um incêndio destruiu a fábrica da família, e ele teve que mudar-se para Nuremberg, onde viveu modestamente até morrer, em 1872.

O *materialismo dialético* de Feuerbach foi instituído como doutrina por Lênin, no início do século XX[12]. Essas ideias foram, posteriormente, adaptadas por Karl Marx, que acrescentou a elas as causas econômicas para a elaboração do *materialismo histórico.* Segundo Marx, a história do homem é a da luta entre as diferentes classes sociais, determinada pelas relações econômicas de cada época.

Feuerbach e suas ideias

Hegel afirmava que a natureza era a concretização da ideia; já Feuerbach afirmava que a natureza era a representação da ideia. Portanto, para esse autor, a natureza (matéria) é a realidade, que cria representações.

Transportando o raciocínio para a filosofia religiosa, concluiu que Deus não passava de uma fantasia da mente, uma invenção da Igreja para afastar os fiéis da realidade. O materialismo científico substitui Deus pela razão ou pelo homem, e pregava que o pensamento é apenas um produto do cérebro.

A intenção de Feuerbach, ao criar o materialismo dialético, era ter um instrumento que permitisse compreender a realidade e, se possível, transformá-la.

"O SER ABSOLUTO, o Deus do homem, é o próprio ser do homem" (Ludwig Feuerbach).

"A SITUAÇÃO MATERIAL em que o homem vive, é o que o cria" (Ludwig Feuerbach).

LINHA DO TEMPO – A SÍNTESE NA FILOSOFIA

Ano 1781 – Immanuel Kant escreve sua obra fundamental, *Crítica da razão pura*, para discutir os princípios e limites do entendimento.

[12] Houve ainda uma outra vertente dessa corrente filosófica, chamada *materialismo energetista*, no início do século XX, que defendia que espírito e matéria são apenas formas da energia que constituem a realidade. Os principais pensadores dessa corrente foram Richard Avenarius, Ernst Mach e Wilhelm Ostwald.

Ano 1791 – Promulgação da Constituição da França, como resultado da Revolução Francesa.

Ano 1793 – A literatura romântica dá seus primeiros passos, na Inglaterra, com William Blake.

Ano 1804 – Promulgado, por Napoleão Bonaparte, o Código Civil francês.

Ano 1807 – Johann Gottlieb Fichte divulga *Discursos à nação alemã*, defendendo o nacionalismo numa época em que a Europa estava sob o domínio do império de Napoleão.

Ano 1807 – Georg Wilhelm Friedrich Hegel publica *A fenomenologia do espírito.*

Ano 1809 – Friedrich Schelling publica *Investigações filosóficas sobre a essência da liberdade humana.*

Ano 1814 – Thibaut publica o livro *Da necessidade de um direito civil geral para a Alemanha.*

Ano 1814 – Savigny publica o livro *Da vocação de nosso tempo para a legislação e a jurisprudência*, declarando-se contra a codificação do direito alemão.

Ano 1815 – Merlin Douai publica, na França, o *Repertório de jurisprudência*, que analisava o Código de Napoleão, comparando-o com o antigo direito francês.

Ano 1819 – Arthur Schopenhauer escreve *O mundo como vontade e representação.*

Ano 1821 – Hegel publica a obra *Elementos de filosofia do direito.*

Ano 1822 – Friedrich Nietzsche inicia sua obra-prima: *Assim falou Zaratustra.*

Ano 1830 – Ludwig Feuerbach, o criador do materialismo dialético, publica *Pensamentos sobre a morte e a imortalidade*, em que rejeita a ideia da imortalidade individual da alma.

Ano 1838 – Georg Friedrich Puchta publica o *Manual das Pandectas*, em que define a Jurisprudência dos Conceitos.

Ano 1840 – Charles Darwin publica *A evolução das espécies.*

Ano 1846 – Sören Kierkgaard publica *Pós-escrito final não científico às migalhas filosóficas.*

Ano 1871 – A Prússia vence Napoleão III e determina o fim do império francês e consequente proclamação da Terceira República da França.

Ano 1884 – Rudolf von Ihering cria o conceito da Jurisprudência de Interesses, criticando a Jurisprudência dos Conceitos de Puchta.

Ano 1891 – Promulgada a primeira Constituição Republicana do Brasil, de espírito liberal.

Ano 1898 – O Japão edita o seu Código Civil.

Ano 1900 – Edição do Código Civil alemão, considerado uma evolução do similar francês, e que influenciou toda a Europa.

Ano 1916 – Entra em vigor o Código Civil brasileiro, que seria substituído somente em 2002.

QUINTA PARTE

A CRISE da FILOSOFIA MODERNA

A filosofia moderna entrou em crise no século XIX. As duas posições dominantes, o mecanicismo e o subjetivismo, começavam a encontrar opositores de peso. Tudo porque a Europa ficou abalada, com seguidas guerras, no aspecto econômico e social, com repercussões na arte e até na religião. Iniciava-se o império da lógica.

A França destacou-se, nesse novo caminho de pensamento, com o positivismo fundado por Augusto Comte, de que trataremos adiante.

Nesse período, Isaac Newton foi contestado, assim como Descartes. As pessoas começavam a ter uma nova concepção do universo físico, que era uma concepção relativa – e consequentemente o universo espiritual também foi colocado em xeque. Consequentemente, toda a filosofia de Kant seria, igualmente, contestada.

UMA IDEIA UNIVERSAL DE JUSTIÇA

Todo ideal de justiça depende das conjunturas e das circunstâncias históricas.

Miguel Reale comenta a crise histórica que se desenrolou ao longo dos séculos XIX e XX, ocasionada pelos fatos econômicos e sociais e que, pela via do conflito, romperam o equilíbrio reinante entre as pautas da justiça e a experiência jurídica. Diz ele:

> Pode-se dizer que, desde a eclosão da Primeira Guerra Mundial, recrudesceu a atenção de jurisfilósofos e juristas pela problemática da justiça, não se podendo afirmar que os incessantes e renovados estudos sobre o grande tema tenha tido a virtude de aplacar as dúvidas imensas que ainda o cercam (...). Penso que pelo menos uma conclusão plausível podemos tirar, e de fundamental importância, no sentido da inconsistência de qualquer estudo da justiça desvinculado do cenário histórico-cultural que lhe corresponde. Se algo me parece possível afirmar com segurança, a esta altura das indagações havidas, é o superamento de toda e qualquer doutrina que pretenda oferecer-nos:
>
> a) um paradigma ideal de justiça de validade universal, seja ele concebido à luz da razão, ou pretensamente inferido de dados empíricos; ou
>
> b) uma categorização formal de critérios aferidores do que deva ser considerado justo ou injusto;
>
> c) a solução de compreender-se o ordenamento jurídico-positivo com abstração da ideia de justiça"[1].

CAPITAL E TRABALHO: O SOCIALISMO

Os dicionários definem *socialismo* como a teoria que defende a posse ou o controle dos meios de produção, como o capital e a terra, pela comunidade em conjunto, sob uma administração que seja orientada para o interesse de todos.

A primeira versão desse pensamento foi o *socialismo utópico*, surgido no início do século XIX. Chamava-se utópico, em referência ao livro *Utopia*, de Thomas Morus, de 1516, porque seus idealizadores imaginavam ser possível eliminar a miséria e reduzir a desigualdade social, sem que houvesse conflito entre burgueses e proletários. Essas duas classes tinham ascendido em razão da Revolução Industrial e da consequente expansão do capitalismo.

---

1 *Nova fase do direito moderno*. São Paulo: Saraiva, 2010, p. 11-12.

Principais nomes do socialismo utópico

Claude-Henri de Rouvroy, também conhecido como *Conde de Saint-Simon*, foi um dos primeiros socialistas utópicos. Em 1814 escreveu *Da reorganização da sociedade europeia*, onde lançava a primeira ideia de uma união de países nos moldes em que existe hoje a União Europeia.

Propunha, para acabar com as guerras, a criação de um novo regime político-econômico, baseado no desenvolvimento científico e industrial, em que todos os homens tivessem os mesmos interesses e recebessem adequada remuneração pelo seu trabalho. Segundo ele, a sociedade deveria ser dividida entre os produtores, classe trabalhadora capaz de gerar riquezas, e os ociosos, os capitalistas. Esses capitalistas tinham obrigação de assumir responsabilidades sociais para com os trabalhadores.

Saint-Simon é considerado um dos fundadores da Sociologia.

Participou da Revolução Francesa e sofreu com o subsequente período de terror comandado por Robespierre. Defendeu a necessidade do surgimento de uma nova religião que denominou *religião da razão*. Nessa religião utópica, os padres seriam substituídos pelos cientistas na condução dos destinos da sociedade.

Em suas obras, Saint-Simon afirmava que o progresso da ciência é que determinava as transformações sociais, políticas, morais e religiosas. Augusto Comte, o criador do positivismo, foi seu secretário durante alguns anos.

Outro filósofo do socialismo utópico foi *Charles Fourier*, economista que defendia o associativismo e o cooperativismo como formas de organizar as relações econômicas. Lançou, em 1822, um jornal chamado *O Falanstério*, para defender a ideia de reconstrução da sociedade francesa, com base no idealismo de Jean-Jacques Rousseau.

Pregava a criação de falanstérios, espécie de comunas de produção e moradia, cada uma para 1.800 pessoas, que teriam o tempo dividido entre atividades agrícolas e industriais e atividades de lazer e de aprendizado intelectual. Os bens de cada comuna seriam divididos conforme as necessidades de cada membro. Do ponto de vista educacional, achava que o sistema de ensino devia se adaptar aos talentos e habilidades de cada criança.

O filósofo mais atuante do socialismo utópico foi o escocês *Robert Owen*. Também defendia o cooperativismo como forma de combater os excessos do capitalismo contra os trabalhadores. Criou em 1817 uma empresa para fiação de algodão e implantou um regime de trabalho de dez horas (na época, as fábricas exigiam dos empregados um expediente de catorze a dezesseis horas diárias).

Também oferecia assistência escolar, à saúde e social aos seus empregados. Criou várias comunidades operárias com o conceito de autogestão, onde circulavam, em vez de dinheiro, vales correspondentes ao número de horas trabalhadas.

Embora tivessem gozado de sucesso por algum tempo, essas cooperativas não duraram muito. Roberto Owen dedicou-se, então, a organizar associações de trabalhadores, matrizes dos atuais sindicatos.

Em seu livro *O novo mundo moral*, publicado em 1834, usou pela primeira vez a palavra socialismo para designar a sua maneira de pensar.

O socialismo científico - ou socialismo marxista

Enquanto os pensadores do *socialismo utópico* alimentavam a esperança romântica de que os chefes das classes dominantes um dia despertariam para os problemas de miséria e de desigualdade que o capitalismo acarretava, e promoveriam então as reformas necessárias para a justiça social, os *socialistas científicos* tinham uma posição mais radical.

Karl Marx e Friedrich Engels, formuladores do socialismo moderno, ou socialismo científico, viam a revolução como única maneira de o proletariado obter respeito e justiça. Analisavam a sociedade capitalista de modo mais crítico e defendiam contra ele ações mais práticas e mais diretas.

O método dialético aproveitado de Hegel pelos marxistas assevera que não se pode compreender nenhum fenômeno se a sua análise for feita isoladamente de outros fenômenos, porque tudo é processo e está em movimento e em transformação.

Marx não definiu exatamente o que viria depois da sociedade capitalista. Mas atreveu-se a antecipar que, com a elevação do proletariado à condição de classe dominante, o Estado iria aos poucos desaparecendo.

Entre os socialistas não marxistas, há os que defendem um *socialismo estatal* e os que defendem um *socialismo corporativo*. Ambos, porém, convergem para uma organização da sociedade que garanta aos trabalhadores não apenas os direitos políticos, mas também segurança econômica: pleno emprego, assistência à saúde pelo Estado e redistribuição de renda.

Friedrich Engels e o materialismo histórico

O *materialismo histórico* estende os princípios do materialismo dialético ao estudo da vida social e ao estudo da história da sociedade.

A expressão materialismo histórico surgiu em 1877. Foi utilizada por Engels, na seguinte afirmação: "A concepção materialista da história parte da tese de que a produção e, junto com ela, a troca dos produtos, constitui a base de toda a ordem social". Esse trecho faz parte do prefácio de sua obra *Do socialismo utópico ao socialismo científico*.

Friedrich Engels foi um dos fundadores do socialismo moderno, também chamado de socialismo científico, cujos princípios delineou inicialmente no livro *Esboço de uma crítica da economia política*, de 1844.

Amigo de Karl Marx, escreveu com ele o *Manifesto Comunista*, em 1848, e numerosos textos teóricos sobre economia, filosofia e política. Depois da morte de Marx, completou e publicou o segundo e o terceiro volumes de *O capital*.

A teoria do materialismo histórico passou para a história com o nome de *marxismo*, em homenagem a Karl Marx, mas o trabalho de elaboração é de ambos.

Friedrich Engels e suas circunstâncias

Friedrich Engels nasceu em 1820, na Prússia (Alemanha atual), numa família burguesa protestante.

Na juventude, integrou-se ao grupo "Jovens Hegelianos", que seguia o conceito dialético de que as mudanças históricas resultam do conflito de ideias opostas que são concluídas numa nova síntese. Interpretavam de modo revolucionário a dialética de Hegel, porque rejeitavam a doutrina de que o poder devia pertencer ao Estado.

Nesse grupo conheceu Karl Marx, de quem se tornou amigo. Ambos romperiam com o grupo em 1844.

Rejeitou o cristianismo e tornou-se ateu. Em 1841, conheceu Moses Hess, que o "converteu" ao comunismo.

Viveu na Inglaterra, ponto central da Revolução Industrial, por três anos. Lá reuniu material para o livro *A situação da classe trabalhadora na Inglaterra*, publicado em 1845, que exibe o contraste entre a pujança da indústria e a miserável condição dos trabalhadores.

Passou a escrever sobre as contradições da doutrina da economia liberal e da divisão da sociedade em classes. Defendia a revolução social e a eliminação da propriedade privada.

Fundou, com Marx, a Liga Comunista, em 1847, com a seguinte divisa: "Trabalhadores de todo o mundo, uni-vos". Escreveu o livro *Princípios do comunismo*, no mesmo ano e, por isso, foi indicado, ao lado de Marx, para elaborar uma declaração política e de princípios do comunismo.

Essa declaração ficou conhecida como "Manifesto do Partido Comunista", publicada em 1848. O documento argumenta que o capitalismo transforma "em cruas relações mercantis os fetiches morais, religiosos e políticos do passado".

Com a derrota na Revolução de 1848, Engels e Marx foram exilados e jamais puderam voltar à Alemanha. Nesse período, produziu diversos livros em parceira com Marx, sendo o mais importante deles o afamado *O capital*.

Friedrich Engels e suas ideias

O método dialético construído por Engels e Marx vê a natureza como um conjunto de elementos ligados e reciprocamente dependentes, sempre em movimento e sempre em transformação. De tal modo, nada pode ser entendido isoladamente – para considerar um fenômeno específico é necessário estudar o ambiente inteiro. Isso porque cada elemento ou fenômeno da natureza traz em sua essência contradições internas, com aspectos positivos e negativos.

"AS IDEIAS DOMINANTES de uma época sempre foram as ideias da classe dominante" (Friedrich Engels).

Karl Marx e a revolução de classes

O socialismo de Karl Marx, principalmente em relação à economia, mudou definitivamente a face do mundo contemporâneo – e continua tendo influência sobre ele.

O materialismo filosófico idealizado por Ludwig Feuerbach foi a base do pensamento de Marx, entre 1844 e 1845. A principal qualidade que Marx enxergava na teoria de Feuerbach era o seu conteúdo contrário às instituições políticas existentes na época – e contrário, também, à religião, à teologia e à metafísica.

Repudiou o idealismo assim como repudiou Hegel, Hume e Kant, porque achava que faziam concessões "reacionárias" ao idealismo. Pregou e realizou a revolução.

Feuerbach – como já exposto no tópico respectivo –, influenciado pelo materialismo francês do século XVIII, foi o primeiro a debater contra a religião a partir de um viés materialista (1841 – *A essência do cristianismo*). A essência de sua crítica volta-se contra a alienação religiosa.

Em Hegel, o sentido de alienação é positivo; em Feuerbach, é negativo: quanto mais o homem sublima Deus, mais ele se torna miserável (Deus se torna uma potência estranha que justifica a condição miserável do homem).

Essas ideias surtiram enorme influência em Marx, como se pode ver em seus *Manuscritos econômico-filosóficos*, obra em que formula incisiva crítica à alienação econômica. Marx, muitos o afirmam, substituiu o Deus de Feuerbach pela mercadoria, e o ateísmo pelo comunismo.

Logo, todavia, o filósofo desencanta-se do legado de Feuerbach, acabando por concluir, com Engels, que sua crítica à religião não passara de uma simples "luta contra frases".

Marx e Engels, então, ao amadurecerem seus pensamentos, colocam-se contra o materialismo feuerbachiano, o qual, segundo eles, limitava-se a apreender o mundo como objeto de contemplação, ignorando a importância da ação humana.

Com efeito, Feuerbach limita seu materialismo ao homem como ser corpóreo, como se sua natureza se esgotasse em seu ser, em sua consciência. No âmbito social, entretanto, apontou Marx, o filósofo preconizava o mesmo idealismo ingênuo até então em voga.

Karl Marx e suas circunstâncias

Karl Marx foi o idealizador do socialismo moderno. Sua doutrina pregava o desenvolvimento e a evolução do homem, pela via da tecnologia. Socialmente, pregou a luta de classes, em que os trabalhadores devem opor-se à ideologia das classes dominantes, sob pena de tornarem-se escravos. O antagonismo das classes, segundo Marx, é a chave para entender a história da humanidade. Considerava como ideal uma sociedade sem classes.

Karl Marx nasceu na Prússia, em 1818 (a região pertence atualmente à Alemanha). Originário de família rica, protestante, cursou as excelentes universidades de Bonn e de Berlim e defendeu tese de doutorado sobre a filosofia de Demócrito e Epicuro.

Foi nessa época que fez contato com o grupo "Jovens Hegelianos" (para o qual o Estado era o resultado de uma evolução racional e deveria ser celebrado – o Estado seria a consubstanciação da razão) e pouco depois conheceu Friedrich Engels, seu companheiro intelectual de toda a vida.

Também nessa época interessou-se pelo pensamento de Ludwig Feuerbach, que criticava a teologia. Assim como Engels, "converteu-se" ao materialismo e tornou-se comunista.

Foi redator de um jornal revolucionário em Colônia e, por causa de seus artigos, teve que se exilar na França.

Em Paris editou uma revista radical, e também de lá foi expulso, indo viver em Bruxelas, na Bélgica. Foi ali que, junto com Engels, filiou-se à Liga dos Comunistas.

Ganharam destaque e – como já salientado anteriormente – foram chamados a redigir o *Manifesto do Partido Comunista*, publicado em fevereiro de 1848. Foi expulso também da Bélgica, mas pôde voltar a Paris e depois à Colônia.

Julgado em 1849, foi novamente expulso e teve que se exilar em Londres, onde viveu miseravelmente, sustentado apenas por uma pensão oferecida por Friedrich Engels, até morrer, em 1883.

Não obstante a pobreza, produzia intensamente: *Sobre a crítica da filosofia do direito de Hegel*, *Teses sobre Feuerbach*, *A ideologia alemã* (esse em coautoria com Engels); *Miséria da filosofia*, *Manifesto comunista* (também com Engels); *O dezoito de Brumário de Luís Bonaparte*; *Sobre a crítica da economia política*; *Esboços de crítica de economia política* e *O capital*.

Pouco importa, para Marx, o resultado do pensamento isoladamente. Uma de suas teses em *A ideologia alemã* refere-se precisamente a isso: "Os filósofos só *interpretaram* o mundo de diferentes maneiras; do que se trata é de *transformá-lo*".

Pode-se dizer, com isso, que a filosofia de Marx e Engels inaugura uma nova filosofia, que já não é mais puramente contemplativa, mas, antes, instrumento concreto para a ação dos homens: a filosofia da *praxis*.

Em Marx, é de grande importância o conceito de *práxis revolucionária*: a objetividade da matéria resulta da subjetividade humana e vice-versa; práxis é essa relação subjetiva/objetiva do mundo (relação dialética entre materialidade e subjetividade). A ação humana é, portanto, ao mesmo tempo matéria e ideia.

A essência humana não é fruto de uma ideia pré-concebida, mas o resultado do conjunto das relações sociais subjacentes. Em outras palavras, não é um atributo metafísico, não é predeterminada, mas, sim, historicamente determinada. O homem é produto das relações sociais, as quais, por sua vez, são também por ele alteradas, transformando-o, encetando um incessante ciclo de influências.

O materialismo filosófico de Marx tem como princípio a noção de que o homem é aquilo que as condições materiais o determinam a ser e a pensar – o mundo é material, objetivo, e existe mesmo fora da consciência humana.

Seu pensamento é chamado de *materialismo histórico* porque afirmava que a sociedade não nasce do desejo divino ou da ordem natural do universo, mas das ações dos homens ao longo do tempo, especialmente ações de força.

Segundo Marx, a história determinava o conjunto das relações sociais que compunham a essência humana e o caráter dinâmico da história exigia, do homem, transformações. Essas transformações deveriam dar-se no ambiente, nas relações sociais, nos sistemas dominantes etc., por meio de revoluções.

Marx redefine a trajetória da filosofia ocidental ao preconizar novas relações entre ser e consciência: o ser do homem é seu processo de vida real.

Já em *A ideologia alemã*, o filósofo se incumbe da tentativa de reconstruir a história universal da Europa centro-ocidental por meio da crítica às doutrinas idealistas – partindo do pressuposto de que os indivíduos devem ser considerados em seu contexto histórico, em sua ação real. Trata-se de concepção eminentemente materialista.

A premissa fundamental da obra referida é a seguinte: o trabalho é o substrato objetivo de toda a história. Com efeito, os indivíduos vivos são que, por meio do trabalho, produzem história, produzem seus meios de vida – comem, vestem, moram.

O trabalho, por sua vez, assume formas históricas, as quais estão intimamente relacionadas com as diversas espécies de propriedade.

Assim, nos primórdios, quando a propriedade era predominantemente tribal, observava-se a organização familiar na execução do trabalho. Já na propriedade comunal (ou estatal) – como existiu na Grécia e em Roma – observa-se o predomínio do trabalho escravo. A propriedade feudal, de seu turno, foi acompanhada do trabalho servil. Por fim, na propriedade privada capitalista, a forma de trabalho característica é a assalariada.

Afirmava o autor que os indivíduos manifestam o que são por meio do que produzem e pela forma com que o fazem. Nesse sentido, aquilo que os indivíduos são depende das condições materiais de sua produção.

A produção, por sua vez, é levada a efeito por meio do trabalho, em condições historicamente determinadas, como mencionado acima. Impróprio dizer, portanto, que as relações burguesas de produção são naturais – ou seja, decorram das leis da natureza –, como se pudessem ser eternas. Da mesma forma, incabível pensar em um fim da história com o alcance do capitalismo.

Todos os processos ligados à produção são transitórios e dependem das relações sociais subjacentes, como também delas dependem o pensamento e a consciência.

Karl Marx e suas ideias

O maior legado de Karl Marx foi a sua doutrina econômica. Nela, analisava o capitalismo baseando-se em alguns conceitos.

O primeiro deles é o conceito de *valor*. Dizia que a mercadoria é algo que satisfaz a necessidade de qualquer homem e também pode ser trocada por outra, portanto tem *valor de uso* e *valor de troca*.

Outro conceito marxista é que a *mercadoria é produto do trabalho*. A troca de mercadorias leva o homem a criar relações de equivalência entre os mais diferentes gêneros de trabalho, o que Marx chamou de divisão social do trabalho.

O terceiro conceito é a *mais-valia*. A mais-valia – conforme já salientado – é o lucro obtido com um acréscimo no valor entre a aquisição e a revenda, que se transforma no capital, que financia a produção. A força de trabalho, que propicia esse lucro, não é compensada, pelo capitalista, por esse aumento de valor. E nisso reside toda a injustiça do sistema capitalista, de acordo com a doutrina marxista.

Entendendo a mais-valia

Uma das principais bases do capitalismo é, sem dúvida, o lucro, razão pela qual esse conceito foi profundamente analisado por Marx.

O lucro não está centrado sobre o valor original da mercadoria, porque esse valor só serve para produtos equivalentes. Tampouco está centrado sobre o aumento de preços, porque o mercado acaba se acomodando e eliminando a diferença.

Portanto, dizia o autor, o lucro está centrado sobre a mais-valia, isto é, o esforço de trabalho extraordinário aplicado visando à ampliação da produção (em jornadas mais longas) ou à sua melhoria (em processos que reduzem o tempo de trabalho necessário).

A força de trabalho é, portanto, a única mercadoria que o proletário tem para vender. O proletário deve ter liberdade para vender a sua força de trabalho a quem oferecer maior valor de troca. E precisa, igualmente, ter liberdade para vender apenas um volume razoável de horas por dia.

A diminuição da jornada de trabalho foi, por essa razão, a primeira grande batalha travada pela classe operária. A segunda foi pela melhoria da produtividade, por meio da cooperação, da divisão do trabalho e da introdução de maquinário.

Karl Marx condenou a sociedade capitalista e defendeu a sua transformação em sociedade socialista, pregando o fim da propriedade privada e a socialização do trabalho. O proletariado deveria, segundo ele, conquistar o poder político. Previu a valorização do papel da mulher na base econômica da sociedade.

Foi um pensador essencialmente dialético. Entretanto, não se trata, aqui, da mesma dialética proposta por Hegel, eis que Marx a tornou histórica, o que Hegel não fez.

Como se sabe, a lógica analítica, que enfeixa a ideia de estática, se baseia em dois princípios: i) da identidade; ii) da não contradição. Por sua vez, a lógica dialética, que enfeixa a ideia de movimento e pressupõe a analítica, toma por base outros dois princípios diametralmente opostos: i) da não identidade; ii) da contradição. É essa última composta por três momentos: afirmação (tese), negação (antítese) e negação da negação (síntese).

Em *A ideologia alemã*, Marx aduz que a ideologia não passa de elucubrações metafísicas, falsos estados da mente, visão que não corresponde à verdade. Já em *Contribuição à economia política*, texto de 1859, concebe as ideologias como formas superestruturais e, nesse sentido, não são falsas, mas a verdade delas depende das circunstâncias e devem ser entendidas dialeticamente.

Para Marx, não existia ciência absoluta, mas, sim, ciência mais verdadeira – que seria aquela produzida pelo proletariado, por ser a classe menos conservadora, com menos interesses na manutenção da ideologia vigente e mais comprometida com a busca da verdade.

Reconhece, portanto, haver um horizonte intelectual: a ideologia de classes impõe limites à cientificidade. A pertença a uma classe, diz Marx, limita a produção científica. Interesses imediatos limitam a ciência e por isso o proletariado, que não tinha interesse na manutenção do *status quo*, seria a classe mais apropriada para produzir ciência.

No que toca à ontogênese da atividade humana, Marx afirma que a atividade humana sociometabólica natural corresponde à atividade dos primatas originários.

Contudo, o homem se destacaria das relações naturais, em um primeiro momento, a partir do instante em que começa a produzir seus instrumentos de trabalho. A isso denominou *consciência prática* (linguagens rudimentares).

Em um segundo momento, há a criação de novas necessidades – as necessidades propriamente sociais, as quais vão progressivamente ocasionando a diferenciação entre o homem e os demais animais. A essa associação social corresponde o que Marx denomina de *consciência necessária*.

Tem-se, até aqui, a humanização dos instintos baseada em uma divisão de trabalho primitiva (ainda sexual).

Por fim, surge a *consciência gregária*, na qual subsiste a cooperação social, por intermédio do trabalho consciente.

Para Marx, a história humana começa efetivamente a partir da oposição entre trabalho manual e trabalho intelectual criada pela divisão do trabalho, o que ocorreu ainda no período Neolítico (início do excedente de produção a proporcionar que determinada classe da sociedade deixasse de se dedicar exclusivamente à reprodução material de sua existência). A partir de então, observa-se o surgimento de interesses particulares – os interesses da casta que consome e não trabalha.

Tais interesses acabam por dar origem a ideologias, que, para Marx, consistem em fazer passar os interesses da minoria como os da maioria – em outras palavras, o propósito de universalizar os interesses particulares.

Veja-se, portanto, que a divisão de trabalho produz e reproduz a oposição entre interesses particulares e coletivos.

O proletário, ao trabalhar, *coisifica-se*, ou seja, transforma-se ele também em mercadoria. E é tanto mais pobre quanto mais riqueza produz.

O próprio Estado deriva da divisão do trabalho e da oposição acima mencionada. O Estado, na concepção de Marx, representa o interesse particular (que se quer crer coletivo, utilizando-se, para isso, da ideologia) e constitui verdadeiro instrumento de dominação.

Marx não percebe a sociedade como sendo formada por apenas duas classes sociais (burguesia e proletariado), mas afirma que, do ponto de vista da produção objetiva direta, são essas as classes existentes no capitalismo.

Karl Marx e sua influência no direito

Para Marx, não há como entender o direito independentemente das relações sociais e econômicas. A luta de classes, portanto, é motor para o rompimento das estruturas dominantes – entenda-se, por isso, o capitalismo – e o estabelecimento de redução das desigualdades sociais.

Marx chamava a base econômica da sociedade de *infraestrutura*, e afirmava que era ela que determina a *superestrutura*. A superestrutura é representada pela ideologia (religião, moral, filosofia) e pela política (Estado, polícia, direito).

As principais superestruturas dos dominadores, para Marx, são o Direito e o Estado (a religião serviria como elemento de alienação do povo, a serviço dos poderosos – justamente por isso Marx chegou a dizer que "a religião é o ópio do povo"). O Direito serve aos poderosos, dizia ele, e é contra a opressão burguesa que as classes oprimidas devem executar a revolução.

O elemento mais valioso da sociedade deve ser o trabalho. Por isso, deveria ser instaurado o comunismo dos bens em vez da propriedade privada. Nem o Estado nem o Direito deveriam intrometer-se na vida das pessoas e a burocracia deveria ser eliminada.

O Direto, de acordo com Karl Marx, deveria ser a teoria fundamental para equacionar politicamente a sociedade conforme um modelo justo de distribuição de riquezas. Em suma, a sociedade ideal seria uma sociedade sem classes.

Há em Marx uma relação entre base material e representações ideológicas consubstanciada no conceito de *totalidade estruturada*.

A base material, que não é homogênea, mas estruturada, é constituída, segundo o autor, pela articulação entre forças produtivas (trabalho humano vivo, instrumento de trabalho e meios de produção) e relações de produção ou formas sociais de intercâmbio (relações de propriedade e relação salarial – que são aquelas necessárias, do ponto de vista histórico, à reprodução da vida social, como a servidão, a propriedade privada dos meios de produção etc.).

O fundamento empírico da história é sua base material. É a partir da análise desta que se explicam as formas sociais de consciência, e não o contrário. Não se deve, por exemplo, analisar o indivíduo pela ideia que faz de si mesmo.

Sobre essa base material – e dela derivada – se ergue todo um conjunto complexo de instituições (superestrutura), como o Estado, o Direito, a Filosofia, a Religião. As classes que se organizam dentro das superestruturas são fundamentalmente conservadoras (daí a conhecida frase, já mencionada nesta obra, "a ideia dominante de uma época é a ideia da classe dominante").

Em Marx, o direito aparece como produto do desenvolvimento da base material, compondo a superestrutura. Nesse ponto Marx diverge profundamente de Hegel – para quem o direito tem vida própria, sendo fruto da objetivação da vontade do Espírito.

Para o materialismo histórico, portanto, o direito não se assenta em si mesmo – sua história corresponde à da evolução da propriedade. Ele surge da necessidade de organizar o Estado, cuja finalidade é assegurar a preponderância do interesse particular sobre o coletivo.

O direito depende, pois, fundamentalmente do Estado e este carrega consigo uma contradição: a tarefa de fazer o interesse particular parecer coletivo.

Dessa forma, pela primeira vez na história das ideias políticas, o Estado deixa de ser tido como representante dos interesses coletivos da sociedade e passa a ser concebido como instrumento de dominação da classe dominante.

Por ser o Estado a forma encontrada pela classe dominante para dominar, as lutas de classe a serem travadas devem, necessariamente, assumir a forma de lutas políticas, visando à conquista do poder.

Como abstração, o Estado não aparece como a síntese do poder social, mas, antes, como um poder alienado, fora do alcance dos homens, algo superior a eles.

"PARA HEGEL, o processo do pensamento – que ele mesmo transforma num sujeito autônomo sob o nome de Ideia – é o demiurgo do real. Para mim, inversamente, o ideal não é senão o material transposto e traduzido na cabeça do homem" (Karl Marx).

"HEGEL FAZ NOTAR algures que todos os grandes acontecimentos e personagens históricos ocorrem, por assim dizer, duas vezes. Esqueceu-se de acrescentar: a primeira vez como tragédia, a segunda como farsa" (Karl Marx).

Manifesto comunista

Tendo em vista sua grande relevância história, cita-se, aqui, um pequeno excerto do Manifesto Comunista:

As acusações contra o modo comunista de produção e de apropriação dos produtos materiais têm sido feitas igualmente contra a produção e a apropriação dos produtos do trabalho intelectual. Assim como o desaparecimento da propriedade de classe equivale, para o burguês, ao desaparecimento de toda a produção, também o desaparecimento da cultura de classe significa, para ele, o desaparecimento de toda a cultura. A cultura, cuja perda o burguês deplora, é, para a imensa maioria dos homens, apenas um adestramento que os transforma em máquinas.

Mas não discutais conosco enquanto aplicardes à abolição da propriedade burguesa o critério de vossas noções burguesas de liberdade, cultura, direito etc. Vossas próprias ideias decorrem das relações de produção e de propriedade burguesas, assim como vosso direito não passa da vontade de vossa classe erigida em lei, vontade cujo conteúdo é determinado pelas condições materiais de vossa existência como classe.

A falsa concepção interesseira que vos leva a erigir em leis eternas da natureza e da razão as relações sociais oriundas do vosso modo transitório de produção e de propriedade – relações históricas que surgem e desaparecem no curso da produção – a compartilhais com todas as classes dominantes já desaparecidas. O que admitis para a propriedade antiga, o que admitis para a propriedade feudal, já não vos atreveis a admitir para a propriedade burguesa.

Abolição da família! Até os mais radicais ficam indignados diante desse desígnio infame dos comunistas. Sobre que fundamento repousa a família atual, a família burguesa? No capital, no ganho individual. A família, na sua plenitude, só existe para a burguesia, mas encontra seu complemento na supressão forçada da família para o proletário e na prostituição pública. A família burguesa desvanece-se naturalmente com o desvanecer de seu complemento e uma e outra desaparecerão com o desaparecimento do capital. Acusai-nos de querer abolir a exploração das crianças por seu próprios pais? Confessamos este crime. Dizeis também que destruímos os vínculos mais íntimos, substituindo a educação doméstica pela educação social.

E vossa educação não é também determinada pela sociedade, pelas condições sociais em que educais vossos filhos, pela intervenção direta ou indireta da sociedade, do meio de vossas escolas etc.? Os comunistas não inventaram essa intromissão da sociedade na educação, apenas mudam seu caráter e arrancam a educação da influência da classe dominante.

As declamações burguesas sobre a família e a educação, sobre os doces laços que unem a criança aos pais, tornam-se cada vez mais repugnantes à medida que a grande indústria destrói todos os laços familiares do proletário e transforma as crianças em simples objetos de comércio, em simples instrumentos de trabalho. Toda a burguesia grita em coro: "Vós, comunistas, quereis introduzir a comunidade das mulheres!" Para o burguês, sua mulher nada mais é que um instrumento de produção. Ouvindo dizer que os instrumentos de produção serão explorados em comum, conclui naturalmente que ocorrerá o mesmo com as mulheres. Não imagina que se trata precisamente de arrancar a mulher de seu papel atual de simples instrumento de produção[2].

Georg Lukács e a totalidade

Georg Lukács escreveu, em 1920, o livro *História e consciência de classe*. Apontou certa discordância do marxismo, no sentido de não considerar o objeto de análise filosófica, o capital, como a essência do pensamento de Karl Marx, mas sim o método. Para ele, o conceito de *totalidade* e o domínio universal do todo sobre as partes constituem o método de Hegel aproveitado por Marx e que seria o princípio revolucionário da ciência.

---

[2] MARX, Karl; ENGELS, Friedrich. *Manifesto do Partido Comunista*, de 1848.

A filosofia capitalista e burguesa observa a realidade e, portanto, a sociedade, de forma *fragmentada*. Assim, vê com naturalidade a estratificação social, a existência de dominadores e dominados, a liberdade relativa, a exploração dos fracos pelos poderosos.

Já a classe trabalhadora, afirmava Lukács, justamente por ser objeto da exploração e lidar com a parte mais importante da lógica do capital, que é a mercadoria, conseguiria ver a realidade de forma não fragmentada (até porque, para o capitalismo, o próprio homem é tratado como mercadoria). Por isso, somente essa classe, na sua luta por ascensão social, tem condições concretas de apreender a *totalidade*.

O próprio Lukács disse, textualmente: "Não é o predomínio dos motivos econômicos o que diferencia decisivamente o marxismo da ciência burguesa, e sim o ponto de vista da totalidade".

Interessante notar como essa crítica se encontra diretamente ligada com a noção de totalidade, porque destaca a quebra de unidade entre a representação da obra de arte e o mundo.

Defendia uma literatura engajada politicamente. Por isso, depois de aproximar-se do marxismo, Lukács renegaria o que escreveu em "Teoria do Romance", o que não impediu o livro de tornar-se um clássico da crítica literária.

Georg Lukács e suas circunstâncias

Georg Lukács nasceu em Budapeste, na Hungria, mas teve toda a sua formação intelectual influenciada pela Alemanha, onde estudou – na Universidade de Berlim – e onde conviveu com intelectuais como Max Weber e Ernst Bloch.

Antes de "converter-se" ao marxismo, na maturidade, foi neokantiano e hegeliano.

Depois de duas temporadas na Alemanha, voltou para a Hungria em 1915, e integrou um grupo de esquerda, que contava, entre outros, com Béla Bartok e Karl Polanyi.

> *Georg Lukács* foi um dos principais filósofos marxistas. Analisou o capitalismo e a burguesia, com a tendência de enxergar o mundo de maneira fragmentada. Uma análise que transpôs para a literatura, como crítico literário importante que foi. Nesse campo, é famosa sua comparação entre as obras de dois autores da época (no livro *Kafka ou Thomas Mann?*), em que defende o primeiro.

Em 1918, depois da Revolução Russa, filiou-se ao, então clandestino, Partido Comunista Húngaro e trabalhou para criar a República Soviética da Hungria. No entanto, a derrota do Império Austro-Húngaro na Primeira Guerra Mundial enterrou as pretensões da república, que não durou mais que quatro meses (de março a agosto de 1919).

Lukács teve que fugir para Viena, onde foi preso, mas escapou da extradição por interferência do escritor Thomas Mann. Mudou-se para Berlim, onde permaneceu até 1933, quando a ascensão do nazismo o levou a exilar-se em Moscou, onde ficaria até o fim da Segunda Guerra Mundial.

Em 1956, Lukács participou da refundação do Partido Comunista Húngaro e chegou a ser ministro da nova república. Novamente foi exilado, dessa vez na Romênia, mas voltaria para Budapeste. Depois de 1968, após os movimentos revoltosos da Tchecoslováquia e da França, tornou-se um crítico ferrenho do Partido Comunista Soviético. Morreu em 1971.

Georg Lukács e sua influência no direito

Para Lukács, o capitalismo inverteu a própria noção de direito. O que era empírico e tradicional virou racional e objetivo, mas rígido a ponto de ocultar a sua imobilidade atrás de um aparente dinamismo, ou seja, o próprio direito coisificou-se, contribuindo para deixar propositalmente confusas as relações de poder entre as classes.

O pensamento estético de Lukács teve, também, grande aplicação na literatura, a ponto de ele ser conhecido como um dos mais importantes críticos literários do século XX.

Nesse sentido, é famoso o seu *Teoria do romance*, publicado em 1916, em que faz uma reflexão sobre o romance realista clássico como o gênero literário próprio do capitalismo – porque mostrava o distanciamento entre o homem e o mundo.

"QUEM IRÁ nos salvar da cultura ocidental?" (Georg Lukács).

Antonio Gramsci e a emancipação pela educação

Enquanto grande parte dos seguidores de Karl Marx centravam suas teses na economia e na política, pregando a tomada de poder pelo proletariado – até pelas armas –, o filósofo italiano Antonio Gramsci afirmava que, para ascender ao poder, os trabalhadores precisavam, primeiro, evoluir culturalmente. Pregava que o único caminho para isso é uma educação geral e humanista, que ofereça ao indivíduo um espírito crítico.

Gramsci e suas circunstâncias

Essa teoria era uma reação à posição de Benito Mussolini – ditador da Itália no período que precedeu a Segunda Guerra Mundial – de manter dois tipos de ensino no Ministério da Educação chefiado por Giovanni Gentile. A chamada *Reforma Gentile* oferecia, para os alunos oriundos de famílias de classes altas, o ensino integral, com todas as disciplinas; já para os alunos de classes economicamente mais baixas, apenas disciplinas voltadas para o ensino técnico profissionalizante.

Mussolini implantou o fascismo na Itália dez anos antes de Hitler chegar ao poder, instituindo, na Alemanha, o nazismo. Essas duas correntes de extrema direita se uniriam, na Segunda Guerra Mundial, para compor o Eixo (completado pelo Japão).

Antonio Gramsci foi um dos fundadores do Partido Comunista Italiano, em plena era fascista. Passou muito tempo na prisão por defender a tomada de poder pelo proletariado. Mas considerava que era necessário, antes, que os trabalhadores evoluíssem pela educação.

Foi o criador do conceito de cidadania que, para ele, devia ser ensinado na escola.

No Brasil, o educador Paulo Freire adotou suas ideias de pedagogia crítica e instrução popular.

Como chefe de um regime autoritário, Mussolini não suportou as provocações do comunista Antonio Gramsci e mandou prendê-lo, durante oito anos (1926 até o ano de sua morte, em 1934), sob a acusação de instigar os trabalhadores a se rebelarem contra o fascismo.

Antonio Gramsci nasceu na Itália, em 1891. Aos 2 anos de idade sofreu de uma doença que o deixaria corcunda e que lhe prejudicou o crescimento. Compensou a saúde precária com grande interesse pelos estudos, a ponto de, aos 21 anos, receber uma bolsa de estudos, por mérito, para a Universidade de Turim. Matriculou-se no curso de Letras.

Já no ano seguinte ingressou no Partido Socialista. Tornou-se jornalista.

Em 1919, rompeu com o Partido Socialista e aproximou-se dos comunistas. Visitou a Rússia e, ao voltar, ajudou a fundar o Partido Comunista Italiano.

Foi preso em 1926 pela polícia de Mussolini. Só seria libertado em 1937, porque estava mal de saúde e precisava de tratamento. Morreu numa clínica, na cidade de Roma, nesse mesmo ano.

Na prisão, escreveu a maior parte de sua obra, que foi chamada de *Cadernos do cárcere* e *Cartas do cárcere*.

Gramsci e suas ideias

No Brasil, o conceito de Gramsci de pedagogia crítica e de instrução popular para elevação moral do povo foi apropriado por Paulo Freire. A *pedagogia do oprimido*, de Paulo Freire, é dedicada a transformar as oligarquias, fortalecendo as classes subjugadas e, também, educando os opressores.

No pensamento do pedagogo brasileiro está contemplada a *falsa consciência do opressor* – Paulo Freire considera necessário esclarecer o opressor de que impedir o processo educativo desumaniza tanto o opressor como o oprimido.

Gramsci considerava que havia dois instrumentos utilizados para efetivar a dominação de um grupo social sobre o restante da sociedade: *força*, exercida pela polícia e tropas militares, e *consenso*, obtido em geral por meio de táticas pedagógicas.

Discordou de Karl Marx na medida em que achava que o filósofo alemão idealizava demais o trabalhador, intelectualmente. Por isso mesmo, entendia ser fundamental o estímulo à educação, para que o homem comum pudesse desenvolver criticismo e escapar da condição de portador da sabedoria apenas relacionada ao folclore.

Fascismo no Brasil

A Primeira Guerra Mundial deixou sequelas no mundo inteiro, especialmente na economia.

A debilidade do sistema capitalista, em decorrência da guerra, ocasionaria a quebra da Bolsa de Nova York, em 1929, aprofundando uma recessão que atingiu vários países, entre eles o Brasil. Vários governantes passaram a acreditar que era preciso firmeza e autoridade para superar esses problemas. Em decorrência disso é que surgiram movimentos extremistas, tais como o fascismo italiano.

No Brasil, os mesmos reflexos puderam ser sentidos. O Partido Fascista Brasileiro foi fundado em 1923, em São Paulo, pelo italiano Emilio Rochette. Em 1930, Getúlio Vargas liderou uma revolução e subiu ao poder, com promessas de inspiração fascista. Em 1932, o escritor Plínio Salgado criou o partido da Aliança Integralista Brasileira, com ideologia anticomunista. Por fim, em 1937, Getúlio Vargas editou a Constituição – que passou a ser conhecida como "A Polaca", por ter sido influenciada pela Carta autoritária da Polônia –, que resultou na implantação do chamado Estado Novo.

Essa Constituição, aliás, foi redigida pelo ministro da justiça de Getúlio, o jurista Francisco Campos, que era membro do Partido Fascista Brasileiro. O integralismo, no Brasil, chegou a reunir mais de 500 mil adeptos.

É preciso dizer que houve, simultaneamente, no Brasil, movimentos antifascistas, liderados por outro italiano, Antonio Piccarolo.

Manifesto de Outubro

Plínio Salgado, jornalista e escritor, que se denominava Chefe Nacional do Integralismo, redigiu em 1932 o "Manifesto de Outubro", documento que definia os princípios do fascismo brasileiro, sob o lema Deus-Pátria-Família.

Dada a importância histórica de tal documento, principalmente no que tange à afirmação dos valores filosóficos que regiam o movimento, abre-se aqui espaço para que o leitor conheça, resumidamente, o seu conteúdo:

Deus dirige o destino dos povos. O homem deve praticar sobre a terra as virtudes que o elevam e o aperfeiçoam. O homem vale pelo trabalho, pelo sacrifício em favor da Família, da Pátria e da Sociedade. Vale pelo estudo, pela inteligência, pela honestidade, pelo progresso nas ciências, nas artes, na capacidade técnica, tendo por fim o bem-estar da nação e o elevamento moral das pessoas. A riqueza é bem passageiro, que não engrandece ninguém, desde que não sejam cumpridos pelos seus detentores os deveres que rigorosamente impõe, para com a Sociedade e a Pátria.

(...) Precisamos de hierarquia, de disciplina, sem o que só haverá desordem. Um governo que saia da livre vontade de todas as classes é representativo da Pátria: como tal deve ser auxiliado, respeitado, estimado e prestigiado. Nele deve repousar a confiança do povo. A ele devem ser facultados os meios de manter a justiça social, a harmonia de todas as classes, visando sempre os superiores interesses da coletividade brasileira. Hierarquia, confiança, ordem, paz, respeito, eis o de que precisamos no Brasil.

O cosmopolitismo, isto é, a influência estrangeira, é um mal de morte para o nosso Nacionalismo. Combatê-lo é o nosso dever. E isso não quer dizer má vontade para com as Nações amigas, para com os filhos de outros países, que aqui também trabalham objetivando o engrandecimento da Nação Brasileira e cujos descendentes estão integrados em nossa própria vida de povo. Referimo-nos aos costumes, que estão enraizados, principalmente em nossa burguesia, embevecida por essa civilização que está periclitando na Europa e nos Estados Unidos. Os nossos lares estão impregnados de estrangeirismo, as nossas palestras, o nosso modo de encarar a vida, não são mais brasileiros. Os brasileiros das cidades não conhecem os pensadores, os escritores, os poetas nacionais. Envergonham-se também do caboclo e do negro de nossa terra.

(...)

E somos contra a influência do comunismo, que representa o capitalismo soviético, o imperialismo russo, que pretende reduzir-nos a uma capitania. Levantamo-nos, num grande movimento nacionalista, para afirmar o valor do Brasil e de tudo que é útil e belo no caráter e nos costumes brasileiros; para unir todos os brasileiros num só espírito (...). O nacionalismo para nós não é apenas o culto da Bandeira e do Hino Nacional; é a profunda consciência das nossas necessidades, do caráter, das tendências, das aspirações da Pátria e do valor de um povo. Essa é uma grande campanha que vamos empreender.

(...)

A nossa Pátria está miseravelmente lacerada de conspiratas. Políticos e governos tratam de interesses imediatos, por isso é que conspiram. (...) Todos os seus programas são os mesmos e esses homens estão separados por motivos de interesses pessoais e de grupos. Por isso, uns tramam contra os outros. E, enquanto isso, o comunismo trama contra todos.

(...)

A questão social deve ser resolvida pela cooperação de todos, conforme a justiça e o desejo que cada um nutre de progredir e melhorar. O direito de propriedade é fundamental para nós, considerado no seu caráter natural e pessoal. O capitalismo atenta hoje contra esse direito, baseado como se acha no individualismo desenfreado, assinalador da fisionomia do sistema econômico liberal-democrático. Temos de adotar novos processos reguladores da produção e do comércio, de modo que o governo possa evitar os desequilíbrios nocivos à estabilidade social. O comunismo não é uma solução, porque se baseia nos mesmos princípios fundamentais do capitalismo, com a agravante de reduzir todos os patrões a um só e escravizar o operariado a uma minoria de funcionários cruéis recrutados todos na burguesia. O comunismo destrói a religião para melhor escravizar o ser humano aos instintos; destrói a iniciativa de cada um, mata o estímulo, sacrifica uma humanidade inteira, por um sonho, falsamente científico, que promete realizar o mais breve possível, isto é, daqui duzentos anos no mínimo.

(...)

Tão grande a importância que damos à Família. Ela é a base da felicidade na terra, das únicas venturas possíveis. (...) O município é uma reunião de famílias. O homem e a mulher, como profissionais, como agentes de produção e de progresso, devem se inscrever nas classes respectivas, a fim de que sejam por estas amparados, nas ocasiões de enfermidade e desemprego. Dessa maneira, os que trabalham e produzem estão garantidos pela sua própria classe, não dependem de favores de chefes políticos, de caudilhos, de diretórios locais, de cabos eleitorais. É a única maneira de se tornar o voto livre e consciente. As classes elegem seus representantes às Câmaras Municipais, como dissemos, e estas elegem seu presidente e prefeito.

Os municípios devem ser autônomos em tudo o que respeita a seus interesses peculiares, porque o município é uma reunião de moradores que aspiram ao bem-estar e ao progresso locais. A moralidade administrativa pode ser fiscalizada pelas próprias classes, pois o que determinava a desmoralização das Câmaras Municipais, no sistema liberal, era a politicagem, o apoio com que contavam os chefes políticos locais dirigentes da política estadual; extintos os partidos, o governo municipal repousará na vontade das classes. Dentro destas, nenhuma influência estranha poderá ser exercida, porque todos se sentem amparados pela própria classe a que pertencem. Não haverá jeito algum de se fazerem perseguições políticas, porque o governo local estará livre de injunções de homens que, morando fora do município, se metem nos seus negócios, como tem sido comum. O município, portanto, será administrado com honestidade, será autônomo e estará diretamente ligado aos desígnios nacionais.

Pretendemos realizar o Estado Integralista, livre de todo e qualquer princípio de divisão: partidos políticos; estadualismos em luta pela hegemonia; lutas de classes; facções locais; caudilhismos; economia desorganizada; antagonismos de militares e civis, antagonismos entre milícias estaduais e o Exército; entre o governo e o povo; entre o governo e os intelectuais; entre estes e a massa popular. Pretendemos fazer funcionar os poderes clássicos (Executivo, Legislativo e Judiciário), segundo os impositivos da Nação Organizada, com bases nas suas Classes Produtoras, no Município e na Família. Pretendemos criar a suprema autoridade da Nação. Pretendemos mobilizar todas as capacidades técnicas, todos os cientistas, todos os profissionais, cada qual agindo na sua esfera, para realizar a grandeza da Nação Brasileira.

Esses são os rumos da nossa marcha!

A FALÊNCIA DA FÉ – O POSITIVISMO

Pode-se dizer que o positivismo foi, em sua essência, uma retomada dos valores pregados pelo empirismo, porém, em versão mais desenvolvida.

Tinha por princípio o conceito de que a única fonte real do saber é a experiência. Baseava-se na ciência e na técnica que formavam os pilares da sociedade industrial moderna, e apenas levava em consideração o que podia ser cientificamente comprovado, ou seja, havia uma identidade fundamental entre as ciências exatas e as ciências humanas.

A filosofia positivista rejeita a ideia de que a explicação dos fenômenos naturais ou sociais tenha origem em um só princípio. Em outras palavras, contrariava a visão dominante da época, que considerava Deus, ou a natureza, como causa de todos os fenômenos.

Prega que o mundo resulta de relações constantes entre fenômenos que podem ser observados e analisados cientificamente. Para os positivistas, a filosofia é apenas a síntese das ciências.

O fundamento científico que escolheram foi a teoria de Charles Darwin, que ensinava que a evolução das espécies ocorre por fenômenos estritamente mecanicistas.

Surgido na França, no começo do século XIX, o positivismo foi inicialmente formulado por Augusto Comte, nos livros *Opúsculos de filosofia social*, publicados entre 1819 e 1828. Pouco mais tarde, o economista inglês John Stuart Mill desenvolveria o pensamento de Comte para aplicação em diversas áreas do conhecimento. Na Alemanha, o positivismo seria introduzido por Ernst Laas e Friedrich Jodl.

O positivismo é uma linha teórica da sociologia, porque atribui fatores humanos (não a razão, isoladamente) à explicação dos fenômenos. Com isso, nega a teologia, bem como a metafísica: crença, fé, superstição, nada disso pode ser levado em consideração por não serem passíveis de comprovação científica.

Sua formulação tem grande influência, ainda, do socialismo de Karl Marx e do evolucionismo de Charles Darwin. Decorre, daí, a descrição crua da realidade a partir da observação, e a convicção de que o homem é resultado das suas heranças biológicas e do meio social em que vive.

O pensamento de Augusto Comte teve influência direta sobre a economia, a política e até a literatura da época.

O positivismo foi representado, na literatura, pela escola do naturalismo. O francês Emile Zola foi o iniciador do naturalismo na literatura, principalmente com seu livro *O germinal*, de 1885. Nesse livro, examina a realidade dos trabalhadores em minas de extração de carvão. Para escrever o livro, Zola passou um período convivendo com uma família de mineiros para experimentar pessoalmente o cotidiano daqueles trabalhadores.

No Brasil, a corrente naturalista (da qual foram representantes principais Aluísio de Azevedo, Adolfo Caminha, Raul Pompeia e Inglês de Souza) cuidou de abordar a realidade social brasileira, como a vida nas favelas e cortiços urbanos e o preconceito. Euclides da Cunha foi outro grande escritor que sofreu as mesmas influências.

O positivismo também teve grande repercussão nos processos educacionais, especialmente na implantação de testes e avaliações nas escolas.

Embora tenha sido recebido com grande aceitação na Europa e também no Brasil, o positivismo de Augusto Comte foi duramente criticado pelos marxistas, principalmente pelos representantes da Escola de Frankfurt.

Resta dizer que, na mesma época, surgiram outras correntes de pensamento que não tiveram a mesma aceitação, mas que não podem ser esquecidas. Uma delas foi o *irracionalismo* de Arthur Schopenhauer e Sören Kierkgaard. Outra foi a chamada *corrente metafísica*, com Johann Friedrich Herbart e Gustav Theodor Feche, entre outros, na Alemanha, e Victor Cousinha, Felix Ravaisson-Molien e Jules Lachelier, na França.

Correntes do direito

O direito contemporâneo se divide em duas correntes: juspositivismo e jusnaturalismo.

O jusnaturalismo acredita que o direito independe da vontade humana, uma vez que é preexistente ao homem e, portanto, não se submete às leis humanas, mas a leis superiores. Os pressupostos do direito são os valores, que ajudam na busca de um ideal de justiça.

Por sua vez, o juspositivismo acredita que a vida social deve ser governada por princípios e regras que dependem do povo e do momento histórico que esse povo vive. Por isso mesmo, o direito deve ser flexível, devendo as leis ser alteradas conforme a conjuntura do momento.

As ideias de Comte foram adotadas no Brasil por volta de 1870, quando seu pensamento deixou o âmbito acadêmico e foi adotado pelos políticos da época. Os positivistas, dentre eles Benjamin Constant, coronel e professor do Colégio Militar (onde estudou Euclides da Cunha, por exemplo), tiveram participação decisiva no movimento pela Proclamação da República, em 1889, e na elaboração da Constituição de 1891. A inscrição que consta da bandeira brasileira (Ordem e Progresso) é o lema clássico do positivismo. Veremos mais sobre esse tema no tópico "O positivismo no Brasil", adiante.

Augusto Comte e a ordem como valor

O positivismo foi concebido por Augusto Comte como reação ao idealismo. É chamado de o antigo positivismo, uma tendência filosófica de permitir apenas proposições que se apoiem exclusivamente nas observações. Portanto, não admite qualquer espécie de pensamento metafísico.

Augusto Comte é considerado o organizador da sociologia moderna – foi o primeiro a utilizar o termo sociologia. Elaborou o positivismo, corrente filosófica que defendia que tudo o que o homem sabe pode ser sistematizado de acordo com os critérios usados para as ciências. Chegou a pregar que os cientistas deviam formar a elite dominante.

Afirmava que os súditos devem obediência aos governantes, em nome da grandeza e prosperidade da humanidade.

Augusto Comte e suas circunstâncias

Augusto Comte nasceu em 1798. Testemunhou, na sua França natal, revoluções, regimes despóticos e guerras. Tudo isso o levou a questionar os valores da filosofia reinante e a propor novas formas de organização social que podiam levar ao bem-estar da coletividade.

Foi secretário de Saint-Simon, que, como vimos, foi um dos primeiros socialistas utópicos e iniciador da Sociologia. Mas Comte se afastou dele para escrever o seu primeiro trabalho (*Curso de filosofia positiva*, entre 1830 e 1842). Também se aproximou de outro grande nome do positivismo, John Stuart Mill, mas também o abandonou.

Interessou-se pelo método das ciências, especialmente as ciências sociais, que permite estabelecer relações entre os fatos, independentemente de interpretações.

Chegou a um tal radicalismo que propôs a criação de templos positivistas, para culto de uma nova "religião da humanidade", baseada no materialismo científico, ideia que foi ridicularizada.

Augusto Comte e suas ideias

A construção do seu pensamento teve início com a *lei dos três estágios*, que demonstra que o homem, por natureza, utiliza três métodos de investigação, em sequência: teológico, metafísico e positivo.

Essa lei foi associada por Augusto Comte a outro princípio, a classificação das ciências fundamentais (puras e abstratas), que para ele eram a matemática, a astronomia, a física, a química, a biologia, a sociologia e a moral. Em seguida, procurou coordená-las por meio do cálculo algébrico idealizado por Descartes, para as ciências inorgânicas, e por meio da síntese, para as ciências orgânicas.

A sociedade, para Augusto Comte, seria como um organismo vivo, em que nenhuma parte pode subsistir desvinculada das outras. Suas ideias foram consolidadas no livro *Curso de filosofia positiva*, publicado em 1830.

Para a sociologia, previu o organismo social como elemento estático, mas condicionado por uma evolução dinâmica ao longo da história.

A *estática social* estuda as forças que mantêm a sociedade unida, sendo a principal delas a ordem. A *dinâmica social* estuda as mudanças sociais e suas causas, fundamentando-se no progresso. Esse pensamento é a base do lema "Ordem e progresso", que consta da bandeira brasileira por inspiração positivista. Como símbolo de sua filosofia, usava uma escada, para ilustrar a imagem de que o homem está em contínuo progresso e evolução, e que havia uma hierarquia na ordem de importância das ciências.

Nessa ideia de ordem, Comte tinha certo desprezo pela democracia. Ao contrário, pregava a disciplina e a hierarquia como elementos que garantiriam a adequada organização da sociedade. Sua concepção da educação escolar, por exemplo, era rígida. A solidariedade, que ele considerava ser impulso natural do homem, devia ser promovida pela escola, quase como obrigação – o que, de fato, acabava sendo uma solidariedade falsa, e por isso mesmo é um modelo superado.

Comte criticava a liberdade de consciência; para ele, o homem devia estar mais preocupado com os seus deveres do que com os seus direitos.

Esperava que o espírito positivo criasse uma comunhão entre os homens que resultasse numa associação harmoniosa. Essa ideia chegou a constituir uma proposta de organização de uma república ocidental, algo como o que é hoje a União Europeia.

O projeto positivista de Comte era, na realidade, um projeto sociopolítico: almejava uma sociedade que progredisse em paz, de modo ordeiro, sem guerras, revoluções ou mudanças bruscas.

"A MORAL CONSISTE em fazer prevalecer os instintos simpáticos sobre os impulsos egoístas" (Augusto Comte).

John Stuart Mill e as mudanças sociais

John Stuart Mill foi um crítico do racionalismo e de Immanuel Kant. Na esteira do empirismo, achava que o conhecimento era dado pela experiência presente, ou percepção do momento.

Desenvolveu trabalhos sobre as relações entre a linguagem e a lógica, em que estabelece relações de verdade e falsidade a partir da denotação. Defensor do método indutivo, é o autor deste famoso silogismo: "O homem é mortal. Sócrates é homem. Portanto, Sócrates é mortal".

John Stuart Mill e suas circunstâncias

John Stuart Mill nasceu em Londres, em 1806, em plena fase de industrialização da Inglaterra. Precoce, contou ainda com o preparo intelectual do pai, o filósofo e historiador James Mill, que o iniciou nos estudos muito cedo.

Aos 18 anos, John Stuart Mill já preparava textos sobre a obra de Jeremy Bentham sobre evidências legais. Aos 22 anos conheceu Gustave d'Eichtahl, que o apresentou aos trabalhos de Saint Simon e de Augusto Comte.

Convenceu-se, pela leitura das obras de Comte, de que as mudanças sociais avançam por meio de períodos de crise em que velhas instituições são derrubadas, seguidos por períodos orgânicos – quando novas formas sociais harmônicas emergem e são consolidadas.

John Stuart Mill foi considerado um dos mais influentes economistas da era moderna. Foi o grande inspirador de Alfred Marshall. Desenvolveu trabalhos que visavam reorganizar a sociedade britânica, que saía de uma crise social, nos campos da política, da economia e do direito. Foi um dos primeiros filósofos a se ocupar do papel das mulheres na sociedade, defendendo para elas o direito ao voto.

John Stuart Mill e suas ideias

Considerava que a classe letrada teria que ser responsável pela consolidação dessas mudanças sociais e que o papel do cidadão devia ser o de superar obstáculos impostos pelo Estado. Achava que a verdadeira definição de liberdade era a ausência de coerção. A educação, para esse filósofo, tem o papel de determinar os atos livres do indivíduo, no futuro, porque esclarece as suas motivações.

Talvez pelo fato de sofrer de graves crises de depressão, estudou também a mente humana e desenvolveu a *teoria do associacionismo*, defendendo que a mente humana deriva do processo da memória associativa. Desse estudo concluiu algumas regras que governam o aprendizado humano.

Foi um defensor do prazer como elemento motivador primário da espécie humana, portanto um epicurista.

Despontou para a comunidade filosófica com o livro *Sistema de lógica*, publicado em 1843, em que trata do método da ciência experimental baseado na indução; a partir de fenômenos observados e analisados cientificamente, seria lícito generalizar a conclusão para outros fenômenos semelhantes.

Cinco anos depois, em 1848, publicaria a sua obra mais conhecida, *Princípios de economia política*, de espírito liberal.

Na área da filosofia moral escreveu *Sobre a liberdade*, em 1859, e *Utilitarismo*, em 1861. Nesse último, pondera que a concepção de bem e de mal depende do momento vivenciado pelo homem. O principal critério para julgamento do comportamento do homem é a utilidade de seus atos. Absorveu, de Saint Simon e de Augusto Comte, o espírito do altruísmo.

Trabalhou com o pai na Companhia das Índias Orientais, tendo chegado a ocupar o posto máximo, aposentando-se quando a instituição foi dissolvida. Foi eleito para a Casa dos Comuns em 1865 e participou da reforma de 1866, ao lado de Herbert Spencer. Morreu em 1873. É considerado o último dos grandes autores da escola clássica da economia política.

John Stuart Mill e sua influência no direito

Para esse filósofo inglês, que concordava com David Hume, há motivações para atos das pessoas que estão acima de sua capacidade de resistência, e por essas motivações não há como responsabilizar os indivíduos, como a fome ou o medo. Mas há muitas outras motivações que o homem tem obrigação de dominar.

A base do pensamento social de Mill é essa: um homem é livre quando consegue resistir à tentação de se deixar levar por motivos que ele pode controlar, ou seja, o ser humano tem papel ativo em relação à sua autodeterminação.

Dentro da teoria do *utilitarismo*, Mill argumentava que o valor moral das ações devia ser julgado em face de suas consequências. Pensava que o utilitarismo não era um princípio moral simplista para ser aplicado mecanicamente, mas um projeto social de longo prazo.

Sobre o governo, discordava dos liberais que consideravam que esse provinha de direitos naturais ou de contratos sociais. Ao contrário, o governo devia ser olhado como um elemento de permanente interesse do homem como ser em constante progresso, ou seja, o governo só teria utilidade se preenchesse a necessidade humana de atingir formas refinadas de felicidade.

Como membro do parlamento inglês, defendeu a ideia de que as minorias deveriam ter representatividade proporcional. Chegou até mesmo a defender a concessão de propriedades para os camponeses. Por outro lado, achava que as pessoas letradas deveriam ter direito a votos proporcionalmente mais valiosos que os votos de pessoas iletradas.

Além disso, era contra a educação geral do Estado, porque a considerava padronizada e destinada a impor um despotismo sobre o espírito.

> "AS AÇÕES SÃO CORRETAS na medida em que tendem a promover a felicidade, erradas na medida em que tendem a promover o reverso da felicidade" (John Stuart Mill).

Herbert Spencer, o inconformado

O sociólogo Herbert Spencer nasceu em Derby, Inglaterra, em 1820. Viveu os últimos anos da era vitoriana – período da história inglesa marcado pela austeridade, pelo puritanismo e pela autoridade de ferro da Rainha Vitória.

Desde muito jovem, Spencer mostrou-se um insatisfeito com a situação político-social do Reino Unido. Sua obra foi grandemente influenciada por Augusto Comte, mas discordou de várias de suas ideias, tornando-se um dos principais críticos do criador do positivismo. Isso se deu especialmente depois que conheceu a teoria evolucionista de Charles Darwin.

Procurou aplicar as ideias do evolucionismo às ciências sociais, como a Psicologia, Sociologia e Política. Foi o autor da ideia da seleção natural na sociedade, por meio da automática eliminação dos menos aptos. Isso, antes do seu compatriota Charles Darwin, que afinal foi quem formulou a teoria que ficou conhecida como *darwinismo social*.

Formulou uma classificação das ciências que divergia da classificação feita anteriormente por Comte. Para ele, as ciências deviam estar divididas em três grupos: ciências abstratas (lógica e matemática), ciências concretas (astronomia, geologia, biologia e psicologia) e ciências concreto-abstratas (mecânica, física e química).

Como símbolo de sua classificação, usou a imagem de uma árvore, cujos galhos representavam o conceito da eterna interação entre os ramos do conhecimento a partir de um tronco comum.

Herbert Spencer e suas circunstâncias

Herbert Spencer foi um admirador do evolucionismo. Seu pensamento influenciou de maneira importante os Estados Unidos, principalmente com a noção da competição contida no *darwinismo social*, segundo a qual a sociedade naturalmente elimina os seus elementos mais fracos.

Foi um crítico de Augusto Comte, embora seguisse o mesmo conceito de que a sociedade precisava estar firmada sobre as ciências.

Defendeu a implantação do ensino básico obrigatório e laico, e as ideias liberais da não intromissão do Estado na economia.

Foi o ideólogo da luta pela vida.

Herbert Spencer nasceu numa época em que o desenvolvimento técnico e científico da Inglaterra estava no apogeu. Mas, ao mesmo tempo, era uma época em que ficavam patentes os contrastes sociais – que vieram à tona com as revoltas operárias.

A Grã-Bretanha, liberal, assistia ao questionamento das religiões e do imperialismo. Floresciam as ideias socialistas.

Nesse ambiente, o menino Herbert Spencer foi obrigado a frequentar uma escola protestante, o que fez a contragosto até os 16 anos, quando decidiu que aquela educação não lhe convinha.

A partir daí cuidou sozinho de sua formação, com leituras voltadas principalmente para as ciências. Encantado com as novas tecnologias, como o telégrafo, dedicou-se a estudar engenharia e iniciou carreira nas ferrovias, então em processo de expansão.

Tomou contato com as pesquisas de Charles Darwin e tornou-se admirador do evolucionismo. Entre 1848 e 1853 foi subeditor da revista *The Economist*. Nessa época, já escrevia artigos de conteúdo liberal, defendendo que o papel dos governos devia se limitar a garantir os direitos naturais do cidadão.

Em 1853, recebeu uma vultosa herança e decidiu dedicar-se unicamente a escrever. Em 1855, publicou o livro *Princípios de psicologia*. Alguns anos mais tarde, em 1896, escreveu aquelas que são consideradas suas principais obras: *A filosofia sintética* e *Estática social*.

Herbert Spencer e suas ideias

Esse pensador aplicou à sociologia muitas ideias que observou nas ciências naturais, sempre tomando a natureza como fonte da verdade. Constatando a sobrevivência do animal mais propenso a adaptar-se ao ambiente, foi levado a defender a primazia do indivíduo em relação à sociedade (e na sociedade incluía o Estado).

Lutou pela implantação do ensino da ciência nas escolas e condenava a interferência do Estado na educação, que devia ser conduzida pelos educadores.

Para ele, o que chamou de lei da persistência da força era a lei fundamental da matéria. Grupos homogêneos, fossem de animais ou humanos, ao entrarem em contato com forças externas pela primeira vez, eram obrigados a sair da homogeneidade e entravam num processo de heterogeneidade e, portanto, de variedade. Quanto mais os grupos sofrem interferência externa, tanto mais se tornam heterogêneos.

Com isso, e dado que o homem devia ser livre, pregava que o Estado deveria ser ignorado, já que era imperfeito – e portanto não adiantava que as leis fossem perfeitas.

"A CIVILIZAÇÃO É UM PROGRESSO de homogeneidade indefinida e incoerente rumo a uma heterogeneidade definida e coerente" (Herbert Spencer).

O POSITIVISMO NO BRASIL

Recém-libertado da condição de colônia portuguesa, o Brasil do início do século XIX buscava uma nova emancipação, uma espécie de independência intelectual. Os líderes da nova pátria procuravam extirpar, dos costumes e da cultura brasileira, os hábitos da antiga metrópole. Isso justificou a natural aproximação cultural com a França, Inglaterra e Estados Unidos, como alternativa para afastar a influência portuguesa.

O positivismo mostrou-se excelente opção filosófica para a velha escolástica das cortes e da igreja portuguesas. Isso porque a teoria dos três estágios, de Comte, explicava à perfeição a história brasileira, com a passagem da etapa teológica (liderada pelos jesuítas e pelos inquisidores) para a fase metafísica, e desta para a positivista.

Intelectuais brasileiros, em busca de fundamentação teórica para uma nova ordem política, queriam a República. O pensamento de Augusto Comte, mais uma vez, se harmonizava perfeitamente com os ideais dessa nova geração de brasileiros – que incluiu, entre outros, Benjamin Constant, Tobias Barreto e Euclides da Cunha.

O positivismo era visto como um instrumento educativo, cujo objetivo era o de formar uma sociedade de homens práticos, parecidos com os ingleses e os norte-americanos – que eram os povos que lideravam o processo evolutivo da sociedade da época.

Entre as ideias de Comte, na área da filosofia social, os brasileiros da nova geração aprovavam, especialmente, a abolição da escravatura.

Benjamin Constant criou, em 1868, um centro para o estudo do positivismo. Seus alunos da Escola Militar (entre eles Euclides da Cunha) recebiam lições consistentes a favor da república e contra a monarquia. Tobias Barreto, por seu lado, escreveu continuamente, nos jornais do Recife, a respeito da filosofia positivista, formando uma geração de jovens admiradores da nova doutrina. O mesmo se deu com as obras de Euclides da Cunha, Pereira Barreto e Sílvio Romero.

Quando da proclamação da República, Benjamin Constant forjou a frase que figura na bandeira brasileira: "Ordem e Progresso" – de inspiração positivista. A frase contida em nossa bandeira foi retirada da fórmula máxima do positivismo (cunhada por Comte): "O amor por princípio, a ordem por base, o progresso por fim".

No campo do Direito, Clóvis Beviláqua foi um positivista, tendo inclusive escrito, em 1883, o livro *A filosofia positiva no Brasil*.

O positivismo no Brasil foi duradouro e inflamou a sociedade a reagir contra o tradicionalismo e o provincianismo, influenciado pelo evolucionismo de Spencer. Seu representante mais radical, depois de Benjamin Constant, foi Júlio de Castilhos, que chegou a implantar uma Constituição estadual no Rio Grande do Sul, em 1861, na qual concedia isonomia salarial aos funcionários daquele Estado. O seguidor mais ferrenho de Júlio de Castilhos foi Getúlio Vargas.

Aos positivistas opunham-se os liberais, dos quais o mais famoso foi Rui Barbosa.

Eugen Ehrlich e a sociologia do direito

Eugen Ehrlich foi o primeiro jurista a escrever um livro especialmente sobre sociologia aplicada ao direito, e por isso é considerado o fundador da Sociologia Jurídica. Pretendeu modernizar o conhecimento acerca do direito, em sua época.

Eugen Ehrlich e suas circunstâncias

Eugen Ehrlich nasceu em 1862, na cidade de Chernovtsky (atualmente pertencente à Ucrânia, mas à época parte da Áustria). O pai era advogado.

Estudou Direito em Viena, onde permaneceu por alguns anos como professor assistente. Aos 35 anos, de volta à cidade natal, foi convidado a lecionar Direito Romano na Universidade de Chernovtsky.

Eugen Ehrlich defendeu em seus dois livros que a ciência do direito deve atender não apenas às *palavras*, mas também aos *fatos subjacentes ao direito*, pela indução, ou seja, que o direito não tem origem apenas no Estado, mas na organização interna das sociedades.

Tinha temperamento difícil, o que lhe causou problemas para a reputação. Entendia as opiniões judiciais como racionalizações de decisões tomadas com base em equilíbrio de interesses – consciente ou intuitivo.

Escreveu *A livre procura do direito e a livre jurisprudência*, em 1903, e *Fundamentos da sociologia do direito*, em 1912. Mas a obra mais importante de sua produção é *Princípios da sociologia do direito*, publicada em 1913.

Eugen Ehrlich e suas ideias

Esse filósofo elaborou várias pesquisas que se tornaram inspiração para as modernas pesquisas científicas de opinião pública. Um estudo que realizou mostrou, por exemplo, "que os costumes familiares variavam muito em grupos raciais romenos e divergiam amplamente do direito codificado"[3].

Eugen Ehrlich e sua influência no direito

Existem, conforme o filósofo, fenômenos jurídico-sociais reveladores do direito. Assim, por exemplo, o costume, a posse, a família, os estatutos associativos, as declarações de vontade. Por isso, achava que o direito criado pelo Estado pode ser considerado como mero fenômeno social específico, servindo tão somente para organizar a sociedade e dirimir disputas jurídicas – portanto, uma função secundária. O direito, para ele, deve ser mais sujeito a regras de harmonia entre os homens (regras de conduta) do que propria-

3 In: MORRIS, Clarence (org.). *Os grandes filósofos do direito*. São Paulo: Martins Fontes, 2002, p. 443.

mente a uma norma de decisão. É o que Ehrlich chama de direito vivo, fazendo ver que a base do direito não está na lei, mas na própria sociedade, contrapondo-se à jurisprudência, que é a base do positivismo jurídico. Dizia Ehrlich que a jurisprudência encerra em si, ao mesmo tempo, a teoria e a prática, e que "o juiz não pode ser um servidor cego da lei".

> "QUERER APRISIONAR O DIREITO de uma época ou de um povo nos parágrafos de um código corresponde mais ou menos ao mesmo que querer represar um grande rio num açude: o que entra não é mais correnteza viva, mas água morta e muita coisa simplesmente não entra" (Eugen Ehrlich).

Émile Durkheim: um dissidente do positivismo

Na França, uma corrente de pensamento liderada pelo sociólogo Émile Durkheim (1858-1917) mostrou-se importante dissidente do positivismo de Augusto Comte.

Professor da famosa Universidade de Sorbonne, Durkheim procurou desenvolver um sistema que explicasse as leis gerais de funcionamento da sociedade. Foi um sistema fundado na educação, a que se denominou *sociologismo.*

Durkheim e suas circunstâncias

> A obra mais famosa de *Émile Durkheim* é *A divisão do trabalho social.* Foi, em verdade, uma das suas teses de doutoramento, tendo sido publicada em 1893 e reeditada em 1902.
>
> Foi considerado o pai da sociologia moderna, disciplina a que deu metodologia específica, objeto e objetivos, no livro *As regras do método sociológico* (1895), sempre com base nas ciências naturais.

Émile Durkheim nasceu em 15 de abril de 1858, em Épinal, Departamento de Vosges, localizado entre a Alsácia e a Lorena. De família judia – sendo, seu pai, um rabino –, veio a se desvencilhar do misticismo apenas ao conhecer Paris, após o que se tornou agnóstico.

Foi ao lecionar Filosofia em diversos liceus da França que se interessou pela Sociologia. Apesar de ter lido autores franceses e alemães, não chegou a tomar contato com a monumental obra de Max Weber, que também não conheceu pessoalmente.

Ministrou o primeiro curso de Sociologia numa universidade francesa (o curso denominava-se Pedagogia e Ciência Social, na *Faculté de Lettres de Bordeaux*, no período compreendido entre 1887 e 1902). Tornou-se titular na Sorbonne, em 1902. Apenas em 1910 conseguiu criar a cátedra de Sociologia, consolidando, assim, o *status* acadêmico dessa disciplina.

Foi o criador da Escola Sociológica Francesa. Procurou conduzir a Sociologia àquilo que Augusto Comte havia denominado de *era da especialidade*: como já mencionado, sua obra visou a conferir à Sociologia objeto e metodologia próprios, tornando-a um ramo autônomo da ciência.

Durkheim e suas ideias

Segundo Durkheim, um sistema educacional moderno seria necessário para modificar, ao longo do tempo, a conduta dos indivíduos na direção da solidariedade, e isso seria a base de uma nova ordem social. Durkheim considerava a educação um fato social, porque contemplava as três características necessárias para isso: generalidade, exterioridade e coercitividade.

A sociedade, para ele, era um organismo vivo, com todos os seus elementos interligados – se uma parte não funciona bem, todo o restante será prejudicado.

Nesse chamado *positivismo social*, a sociedade é algo mais do que a simples soma dos indivíduos que a compõem; é uma entidade, com atribuições e características específicas. Isso porque, por meio da vivência social e da educação, o homem deixa a sua condição inata de indivíduo bruto (uma espécie de retomada da tábula rasa de John Locke) para se transformar em um ser dotado de consciência – consciência que é formada, nele, pela sociedade.

O *objeto*, segundo ele, são os fatos sociais; já o *método* é a observação e a experimentação indireta – em outras palavras, o método comparativo. Reconhece, contudo, que os múltiplos aspectos da vida social dão origem a um sem-número de ramificações da Sociologia.

Define *fatos sociais* como maneiras de agir, de pensar e de sentir exteriores ao indivíduo, dotadas de um poder de coerção em virtude do qual se lhe impõem. Diferem, pois, dos fenômenos orgânicos, já que são representações e ações, e também dos fenômenos psíquicos, eis que estes existem apenas na consciência individual – e precisamente por meio dela.

O substrato do fato social não é o indivíduo, mas a sociedade, em sua integralidade ou apenas parte dela (confissões religiosas, escolas políticas, corporações profissionais etc.). O conceito abrange, assim, tudo quanto é externo ao indivíduo, impondo-se à consciência individual por meio de um aparato coercitivo, que pode ser de diferentes ordens e graus.

Um claro exemplo do quanto afirmado é a educação a que as crianças são submetidas desde o início de suas existências. Dizia Durkheim que a educação tem justamente por objeto formar o ser social, fazendo-o pela imposição às crianças de determinados modos de ver, sentir e agir, aos quais elas não chegariam espontaneamente. A coerção externa é, pois, o traço marcante do fato social.

É interessante, também, notar que o suicídio, tema pretensamente marcado pelo egoísmo e pela individualidade, tenha sido objeto de profundas considerações do filósofo.

Ainda na última década do século XIX, fez publicar *O suicídio*, obra considerada um ícone da Sociologia. Isso porque foi o primeiro estudo de caso de suicídio que não se ateve a aspectos particulares, focando-se, isso sim, nas conexões existentes entre o indivíduo e a sociedade.

Buscava provar o quanto os atos individuais são influenciados pelas conjunturas sociais que envolvem os homens. Para isso, analisou as diferenças no número de mortes voluntárias em diferentes grupos – principalmente religiosos –, comparando-as com o grau de integração social vivenciado por aqueles indivíduos.

O filósofo notou que a taxa de suicídio (relação entre o número global de mortes voluntárias e a população de todas as idades e dos dois sexos) é uma ordem de fatos única e determinada, permanecendo constante durante longos períodos de tempo. Tal invariabilidade, constatou ele, é mesmo maior que a dos principais fenômenos demográficos.

Durkheim concluiu que há, sempre, uma certa tendência ao suicídio claramente observável em todos os países europeus pesquisados. Sendo assim, estudou essa predisposição com foco nas causas pelas quais tal tendência pôde surgir. Entretanto, não o fez sob o ponto de vista dos indivíduos isoladamente considerados (o que constituiria objeto de estudo da Psicologia), mas analisando o seu grupo social (daí a importância da obra para a Sociologia).

Quanto a esse objeto, o filósofo estabelece três proposições.

A princípio, postulou que o suicídio varia na razão inversa do grau de integração da sociedade religiosa; depois, que o suicídio varia na razão inversa do grau de integração da sociedade doméstica; por fim, que o mesmo fenômeno varia na razão inversa do grau de integração da sociedade política.

Durkheim aponta uma causa comum a essas três sociedades como fator de moderação da taxa de suicídios, de forma a ser possível a seguinte síntese: o suicídio varia na razão inversa do grau de integração dos grupos sociais de que o indivíduo faz parte.

Em outras palavras, quanto mais enfraquecidos são os grupos a que pertence o indivíduo, menos este depende deles, e mais de si próprio, já que não reconhece outras regras de conduta senão as estabelecidas em prol de seu interesse particular. A esse estado, Durkheim denomina de egoísmo, ou seja, o *suicídio egoísta* é fruto da afirmação demasiada do ego individual em face do ego social.

O interessante é que o filósofo vislumbra no ceifar a própria vida um relaxamento dos próprios laços sociais, responsável direto pela atitude egoística do indivíduo. Os incidentes da vida privada ficam, nesse sentido, em segundo plano. Tanto assim que o suicídio é excepcional entre crianças e diminui sensivelmente entre os velhos que atingem os limites da vida. O mesmo se diga da imunidade dos animais ao fenômeno. Também por isso essa espécie de suicídio é raramente encontrada nas sociedades primitivas, nas quais a vida social é mais simples e, portanto, em cujo seio menor dificuldade encontra o indivíduo em obter socialmente tudo de que necessita.

Nesse ponto em particular, o filósofo aponta que o fato de, segundo ele, as mulheres suportarem melhor a vida em isolamento deve-se não às suas faculdades afetivas – supostamente mais intensas que as do homem –, mas, sim, ao caráter rudimentar de dita sensibilidade.

Dizia ele: como a mulher vive, mais que o homem, fora da vida comum, a vida comum penetra-a menos. Assim, a sociedade lhe é menos necessária porque está menos impregnada da sociabilidade.

Durkheim, como se vê, considera o homem um ser social mais complexo que a mulher.

Há, ainda, de acordo com o filósofo, outras duas espécies de suicídio: o altruísta e o anômico.

O *suicídio altruísta* pode ser encontrado nas sociedades primitivas (já vimos que o egoísta nelas não tem lugar, ou apenas raramente ocorrem). Apenas no Exército ele ainda remanesce na modernidade.

Durkheim aduz que este pode ser reduzido a três categorias: 1) suicídio de homens que chegaram ao limiar da velhice ou foram atingidos por doença; 2) suicídio de mulheres por ocasião da morte do marido; 3) suicídio de fiéis ou de servidores por ocasião da morte de seus chefes.

Em casos tais, o homem priva-se da própria vida, não porque entende possuir o direito de fazê-lo, mas, para além disso, porque se sente no dever de fazê-lo. O desrespeito a esse dever implica desonra ou castigos religiosos. Em outras palavras: no suicídio altruísta, a sociedade impele o indivíduo a se sacrificar. Aliás, a diferença entre o suicídio egoísta e o altruísta está no papel desempenhado pela sociedade como causa: naquele, ela se limita a envolver o homem numa linguagem que o desliga da existência; neste, prescreve-lhe formalmente a abandoná-la.

Sob outra perspectiva, no suicídio egoísta, como dissemos, há um individualismo exacerbado; no altruísta, ocorre o oposto: vislumbramos um individualismo rudimentar, prostrado em relação aos fins maiores da sociedade.

Por fim, Durkheim trata do *suicídio anômico*, que decorre do estado de verdadeiro caos (daí o termo anomia) em que se encontra determinada sociedade, é dizer, tem lugar nos casos em que a atividade dos homens encontra-se desregrada.

Reconhece que ele está ligado ao suicídio egoísta, pois em ambos a sociedade não se faz presente nos indivíduos. Mas há diferenças entre eles: no egoísta, a sociedade falta à atividade propriamente coletiva, que fica, então, sem qualquer finalidade ou significação; já no anômico, a sociedade falta às paixões propriamente individuais, deixando-as sem freio que as regule. Assim, ambas as espécies de suicídio são mesmo independentes uma da outra, como, aliás, o demonstram suas "clientelas": o egoísta atinge mais as carreiras intelectuais, ao passo que o anômico, o mundo industrial ou comercial.

O suicídio anômico, em suma, liga-se a desastres econômicos ou, inversamente, a crises originadas por um brusco aumento de poder e de riqueza.

No primeiro caso, os indivíduos não estão ajustados à condição que lhes é imposta e tal perspectiva lhes é mesmo intolerável, daí porque arrefecem-se os seus laços com a existência. No segundo caso, as ambições superexcitadas vão sempre além dos resultados obtidos, independentemente de quais sejam – como resultado, nada contenta o indivíduo e essa agitação permanece sem alcançar qualquer apaziguamento. E os laços da vida vão progressivamente se enfraquecendo.

Em suma – e transpondo, agora, o resultado de todo esse estudo para o âmbito jurídico –, Durkheim logrou demonstrar que níveis anormais de integração social – seja para mais, seja para menos – podem implicar em um aumento do número de autocídios. Fundamenta-se, assim, a necessidade de um correto, e presente, controle social.

Durkheim e sua influência no direito

Interessante notar, no ponto, a aproximação com Kelsen, que vê, como nota característica da norma jurídica, o ser dotado de sanção. Veremos adiante, com mais detalhamento, o pensamento de Kelsen.

Durkheim considera a *solidariedade* como fato social de primeira categoria, que pode ser sentido em suas formas particulares, como a solidariedade doméstica, a profissional, a nacional etc.

Para ele, há duas espécies de solidariedade: a mecânica e a orgânica.

A *mecânica*, diz o filósofo, está relacionada a um certo número de estados de consciência comuns a todos os membros da mesma sociedade e é representada materialmente pelo direito repressivo, ao menos no que tem de essencial. Pode, assim, ser medida pela própria extensão do direito penal. Nasce das semelhanças e liga o indivíduo à sociedade.

A *solidariedade orgânica*, por sua vez, é produzida pela divisão social do trabalho e difere por completo da mecânica, pois, ao contrário desta, supõe que os indivíduos diferem uns dos outros.

Assim, enquanto a solidariedade mecânica só se faz possível na medida em que a personalidade individual seja absorvida pela coletiva, a solidariedade orgânica somente se viabiliza se ao indivíduo for assegurada uma esfera própria de ação. A coesão que resulta dessa solidariedade, conclui o filósofo, é mais forte – isso porque, quanto maior a divisão do trabalho, mais o indivíduo depende da sociedade para sobreviver.

Durkheim equipara a solidariedade orgânica àquela observada nos animais superiores, no que toca à diferenciação de seus órgãos: a unidade do organismo é tanto maior quanto mais acentuada seja a individualização das partes. Precisamente por isso denomina dita solidariedade de "orgânica".

O filósofo faz menção à lei histórica segundo a qual a solidariedade mecânica, inicialmente a única ou quase isso, perde progressivamente espaço para a solidariedade orgânica.

À primeira, corresponde idealmente uma massa absolutamente homogênea, a que Durkheim propõe chamar de *horda*. Existe, ainda hoje, em sociedades "inferiores", como a dos índios da América do Norte.

Com efeito, a solidariedade orgânica – fruto de um sistema de órgãos diferentes a desempenhar, cada qual, um papel especial – só pode ter lugar na medida em que a mecânica desapareça. Baseia-se na função que cada indivíduo desempenha no tecido social, e não na consanguinidade, real ou fictícia, típica de estados sociais primitivos. O tipo social que a caracteriza idealmente é definido pela divisão do trabalho social, que determinará os traços constitutivos de sua estrutura.

Obviamente, a passagem de um estado para outro se faz por meio de uma lenta evolução, resultado do desenvolvimento e da complexidade da sociedade.

"A EDUCAÇÃO tem por objetivo suscitar e desenvolver na criança estados físicos e morais que são requeridos pela sociedade política no seu conjunto" (Émile Durkheim).

PENSADORES ALEMÃES DO SÉCULO XX

Versalhes, um tratado que mudou o mundo

A Primeira Guerra Mundial, oficialmente encerrada em 1918, continuou seus efeitos maléficos sobre a população mundial por muitos anos. Mas, decerto, quem sofreu mais foi o país derrotado.

Escrevi sobre isso em meu livro *Direitos humanos* (2010). A história conta que, embora tivessem capitulado, os dirigentes da Alemanha recusavam-se a assinar o acordo internacional que lhes foi apresentado em 7 de maio de 1919, determinando os termos da paz. Os alemães consideravam o acordo rigoroso demais e com cláusulas que achavam humilhantes.

Esse acordo, de 440 artigos, ficou conhecido como Tratado de Versalhes. Os alemães só assinaram o documento depois que os países aliados promoveram um embargo naval que durou mais de um mês.

O processo de paz subordinado ao Tratado de Versalhes alterou de maneira sensível a configuração do mundo moderno, tanto no sentido político quanto geográfico. A Alemanha perdeu mais de 13% do seu território, porque teve que abrir mão de todas as colônias ultramarinas.

Na Europa, devolveu a Alsácia e a Lorena para a França e o porto de Dantzig e a província de Posen para a Polônia; também foi forçada a reconhecer a independência da Áustria e perdeu territórios para a Bélgica, Lituânia e Dinamarca.

A configuração mundial mudara substancialmente.

O Império Austro-Húngaro foi desmontado em quatro países: Tchecoslováquia (hoje República Tcheca), Hungria, Polônia e Iugoslávia (hoje dividida em vários países).

Mais ainda, os países aliados também tiveram que abrir mão de protetorados no Oriente Médio, com o fim do Império Turco-Otomano: o Iraque, a Jordânia e a Palestina deixaram o poder dos britânicos e a Síria e o Líbano dos franceses.

Além de perda de possessões, a Alemanha sofreu outras penalidades, entre elas a de pagar aos países aliados uma indenização de guerra de US$ 33 bilhões (equivalentes a 270 milhões de marcos-ouro). Esses tributos de guerra levaram a Alemanha a enfrentar, nas décadas seguintes, inflação altíssima e consequente desemprego. As revoltas internas seguiram em estado crescente e foram agravadas pela quebra da Bolsa de Nova York, em 1929, que teve efeitos devastadores sobre a economia alemã.

A República de Weimar

O Tratado de Versalhes derrubou a monarquia alemã e o país se debateu por breve período de tempo entre o socialismo e a democracia parlamentar. Esse último regime venceu a disputa política e, em 1919, o então presidente da Assembleia Nacional Constituinte, Philipp Scheidemann, proclamou a República de Weimar.

Sob essa nova nomenclatura, a Alemanha tornou-se um Estado federal democrático. Gozou de certa prosperidade até 1929, mas os efeitos do Tratado de Versalhes continuavam a sufocar o país, e a quebra da Bolsa de Valores de Nova York, como vimos, acentuou a crise econômica, levando os dirigentes a deixarem de pagar indenizações à França e à Bélgica.

Nesse ambiente, surgiu a figura de Adolf Hitler, nomeado chanceler em 1933. Esse líder iniciou campanha interna contra o que os alemães consideravam ser uma grande injustiça: o Tratado de Versalhes. Desenhava-se um cenário de conflito que acabaria deflagrando a Segunda Guerra Mundial.

Um caso à parte – a Escola de Frankfurt

Os intelectuais alemães também procuraram participação política na vida do país. Em 1924, num período em que, como vimos, a Alemanha se debatia entre inflação alta e tumultos sociais, um grupo de pensadores decidiu criar o *Instituto de Pesquisa Social*.

Esse instituto funcionou como anexo da Universidade de Frankfurt, num momento democrático da Alemanha que coincidiu com a existência da República de Weimar e com os efeitos da Revolução Russa de 1917.

Nesse contexto surge um movimento, em 1924, conhecido como a *Escola de Frankfurt*, encabeçado pelo economista austríaco Carl Grumberg, editor do "Arquivo para a

História do Pensamento Operário". Compunham o grupo Theodor W. Adorno, filósofo, sociólogo e musicólogo, Walter Benjamin, ensaísta e crítico literário, Herbert Marcuse, filósofo, e Max Horkheimer, filósofo e sociólogo. Todos marxistas que sonhavam com a convivência harmônica entre povo e governo, mais tarde se afastariam da doutrina de Karl Marx, deixando a crítica da economia política para adotar a crítica da sociedade tecnicista.

Outros nomes importantes do marxismo foram sendo acrescentados ao longo da existência do instituto: Ernst Bloch, Erich Fromm, Friedrich Pollock, Georg Lucáks, Karl Wittfogel, Karl Korsh e Victor Sorge. Schopenhauer e Nietzsche, embora não pertencessem ao grupo, também tiveram participação no movimento.

Salienta-se, ainda, a presença de Félix Weil como mais um dos membros da Escola, mas sua importância é relativamente secundária, porque foi apenas o financiador da *Revista de Pesquisa Social* editada pelo grupo – que se tornou um dos documentos mais importantes para a compreensão do espírito europeu do século XX.

A Escola de Frankfurt torna-se conhecida por desenvolver uma "teoria crítica da sociedade", unindo elementos da filosofia e da sociologia para combater o totalitarismo, buscar o entendimento e promover a transformação da sociedade. Seus objetivos foram consolidados no ensaio, publicado em 1937, por Max Horkheimer, chamado "Teoria Tradicional e Teoria Crítica".

A Escola reunia materialismo histórico (marxismo) e psicanálise, numa espécie de retomada do pensamento de Hegel.

Os seus integrantes, especialmente Theodor Adorno, Max Horkheimer e Herbert Marcuse, consideravam que a sociedade alemã havia atingido o que se poderia chamar de *sociedade de massas* – ou sociedade totalmente administrada – com as pessoas voltadas para o individualismo, acomodadas e presas à rotina. Era um nivelamento por baixo. Chamavam a isso de *sociedade unidimensional.*

Muitos dos intelectuais da Escola de Frankfurt foram banidos, em razão de suas convicções políticas – eminentemente de esquerda – e, também, por terem origem judaica, numa época em que o nazismo tomou conta da Alemanha. Por essa razão o grupo perambulou por vários países.

Um fato marcou mundialmente a importância desse grupo. Em 1940, perseguidos pela *Gestapo* – a polícia política de Hitler –, alguns deles tentaram ingressar na Espanha pela fronteira com a França. Foram proibidos de entrar por um funcionário da alfândega espanhola, leal a Francisco Franco – o ditador espanhol aliado dos nazistas. Desgostoso com a situação, Walter Benjamin, um dos mais importantes intelectuais da Escola de Frankfurt, suicidou-se.

O incidente assumiu proporções muito grandes porque Walter Benjamin, jornalista, crítico de cinema e ensaísta, era considerado o autor da mais perfeita tradução para o alemão do livro *Em busca do tempo perdido,* de Marcel Proust. Seu suicídio marcaria o início de uma grande resistência dos intelectuais de todo o mundo ao nazismo.

Embora se denominassem marxistas, os participantes da Escola de Frankfurt consideravam seus estudos estritamente científicos, no campo da filosofia, economia, estética, psicanálise e ciência política. O grupo, aliás, contestou a tese fundamental marxista de que a revolução é papel histórico do proletariado – afirmava que o proletariado falhou nessa sua responsabilidade histórica ao permitir a ascensão de sistemas totalitários como o nazismo e o stalinismo.

Sendo assim, em vez de apoiarem a revolução de classes, os membros da Escola de Frankfurt voltaram-se para a arte como instrumento essencial de transformação da sociedade. Para lograr tal objetivo, entretanto, ela teria de ser aplicada adequadamente ao processo educacional. Para eles, o sujeito da história é o capitalismo tardio, que manipula as massas.

O Instituto de Pesquisas Sociais lançou os *fundamentos da teoria crítica*, um conjunto de ideias multidisciplinares sobre a cultura contemporânea que contestava o positivismo.

Max Horkheimer e a Teoria crítica

Max Horkheimer foi o líder mais importante da Escola de Frankfurt. Sucedeu o economista e historiador austríaco Carl Grünberg, que ocupou a função de diretor do Instituto de Pesquisas Sociais, entre 1923 e 1930.

Seu pensamento, chamado de *Teoria Crítica*, foi a mais importante contribuição alemã para a filosofia na década que antecedeu a Segunda Guerra Mundial. Era um posicionamento filosófico de oposição ao positivismo.

Max Horkheimer e suas circunstâncias

Max Horkheimer nasceu em Stuttgart, em 1895, e morreu em Nuremberg, em 1973.

Foi o principal pensador da teoria crítica na década que precedeu a Segunda Guerra Mundial.

Filósofo e psicólogo, foi o criador do Instituto de Pesquisas Sociais de Frankfurt, ao lado de Friedrich Pollock e Theodor Adorno. Foi o principal diretor da famosa *Revista de Pesquisa Social*, que reuniu artigos e ensaios dos principais pensadores alemães da época.

Seus principais escritos foram publicados nessa revista: "Materialismo e metafísica", "O problema da verdade", "O último ataque à metafísica" e "Teoria tradicional e teoria crítica".

> *Max Horkheimer* liderou um grupo de intelectuais que influenciou o pensamento filosófico alemão na defesa da democracia. Foi expulso pelos nazistas e viveu nos Estados Unidos, onde lecionou na Universidade de Colúmbia e publicou seus principais livros. Depois da guerra, voltou para a Alemanha e chegou a ser reitor da Universidade de Frankfurt.
>
> Foi o grande inspirador dos movimentos estudantis na França, em 1968.

Em 1930, tornou-se professor da Universidade de Frankfurt, mas, em 1934, com a ascensão do nazismo, teve que se refugiar nos Estados Unidos. Voltaria para a Alemanha em 1949, para reorganizar o Instituto de Pesquisas Sociais e para reassumir sua cadeira na Universidade de Frankfurt.

Max Horkheimer e suas ideias

Segundo Horkheimer, os fatos sensíveis – vistos pelos positivistas como possuidores de um valor irredutível – são formados socialmente pelos eventos históricos que os envolvem, bem como pela conjuntura social em que estão inseridos.

Horkheimer analisou as teorias de Marx e Engels, concluindo que essas ideias devem ser entendidas como indicações para pesquisas futuras, e não como conceitos definitivos.

Contrapunha a *teoria tradicional* – ou seja, a noção de ciência concebida por Descartes – a uma *teoria crítica*, segundo a qual a ciência teria uma gênese social. Por isso, discordava da relevância do método para a investigação da verdade, como queriam os positivistas. Ao contrário, defendia que o homem se rebelasse contra a ordem imposta de maneira totalitária.

Considerava que a existência social é que determinava a consciência dos homens, dentro do seu tempo e sob certas condições, com a ajuda de instrumentos de trabalho. Era o que chamava de *razão polêmica* – que somente seria possível quando o homem se libertasse de qualquer dominação – e que era o oposto da *razão instrumental*. Defendia ser necessária uma síntese entre o individual e o coletivo.

Para Horkheimer – assim como para todos os integrantes da Escola de Frankfurt –, a relação entre homem e máquina é basicamente uma relação de dominação.

"AQUELES QUE NÃO QUEREM FALAR criticamente sobre o capitalismo deveriam manter silêncio semelhante sobre o fascismo" (Max Horkheimer).

Theodor Adorno e a indústria cultural

A principal contribuição desse filósofo nascido em Frankfurt, em 1903, foi analisar o envolvimento das massas populares com as artes.

Ele considerava o racionalismo de um otimismo ingênuo. Por isso, acreditava que as artes seriam instrumento de emancipação cultural do povo e até de renovação da estrutura social, desde que não estivessem sob o controle e monopólio de empresários interessados apenas em lucros. Achava que o cinema e o rádio não passavam de negócios, o que lhes tirava o caráter de arte – e por isso os chamava de elementos da "indústria cultural", expressão que usou pela primeira vez em 1947.

Theodor Adorno e suas circunstâncias

Theodor Adorno foi, ao lado de Max Horkheimer, o criador do Instituto de Pesquisas Sociais, que reunia intelectuais contrários ao positivismo vigente.

Envolvido com a música, trabalhou com a perspectiva marxista de que a arte deve ser ferramenta de libertação social.

Refugiou-se nos EUA durante a Segunda Guerra Mundial e lá publicou uma obra importante, em parceria com Horkheimer: *Dialética do iluminismo*.

Theodor Ludwig Wiesengrund-Adorno, ao lado de ter criado, com Horkheimer, o Instituto de Pesquisas Sociais, foi um apaixonado pela música. Estudou composição musical com Alban Berg, em Viena, e produziu textos importantes, como o ensaio "A situação social da música".

Em 1925, conheceu outro filósofo, Georg Lukács, que publicou *A teoria do romance* e *História e consciência de classe*. A primeira obra de sua trajetória foi uma tese sobre Kierkegaard, em 1933.

Outro filósofo que influenciou seus ideais foi seu amigo Walter Benjamin – o pensamento adorniano é completamente identificado com os conceitos defendidos por ele. Suas obras, umas das mais complexas do século XX, fomentaram a crítica e a rebeldia radical da sociedade dos anos 1960 e teve como vertente principal a profunda insatisfação com o mundo.

Com a subida dos nazistas ao poder, em 1933, refugiou-se na Inglaterra, para lecionar na Universidade de Oxford. Em 1937 mudou-se para os Estados Unidos, onde escreveu uma obra em parceria com Max Horkheimer.

Com forte influência marxista, a produção intelectual de Adorno é marcada pela perspectiva da dialética. Uma de suas importantes obras foi a *Dialética do esclarecimento* (*Dialetik des Aufklärun*), escrita em parceria com seu amigo e também filósofo, Mark Horkheimer, durante a Segunda Guerra Mundial. Nela, Adorno interpreta de forma negativa o Iluminismo e o sistema econômico e cultural do capitalismo.

Exilou-se nos Estados Unidos entre 1937 e 1941. Para ele – um europeu apurado que passara considerável parte de sua vida a se dedicar à música de Alban Berge e Schönberg –, a América era toda igual. Um país que celebrava e pregava a individualidade visando à diferenciação entre os indivíduos, para que cada um tivesse sua opinião própria e fosse diferente dos demais, ao mesmo tempo em que imprimia e produzia tudo idêntico, plagiado, visando ao principal objetivo do sistema capitalista: o lucro.

Analisando a mídia norte-americana, ele percebeu que jornais, revistas, filmes, rádios e os demais meios de comunicação tinham como objetivo último domesticar e monopolizar ideologicamente as massas. Concluiu que o cidadão, ao chegar do trabalho, procurava alternativas de lazer em sua casa e era bombardeado por programas de níveis intelectuais baixíssimos, intercalados com anúncios comerciais, o que, segundo o filósofo, constituía uma espécie de monopólio das massas, comprometido com a produção e o consumo desenfreado.

Em 1950, depois de publicar também nos Estados Unidos a obra de sociologia *A personalidade autoritária*, voltou para a Alemanha e dedicou-se a reorganizar o Instituto de Pesquisas Sociais.

Em 1969, envolveu-se em uma polêmica com seu amigo e companheiro da Escola de Frankfurt, Herbert Marcuse: Adorno não apoiou estudantes que invadiram a sala em que dava aula e que tentavam dar prosseguimento, dentro do Instituto, aos protestos que assolavam as ruas das capitais europeias, e acionou a polícia.

Marcuse, que apoiava os estudantes, repreendeu-o severamente em uma série de cartas. Uma delas dizia acreditar que "em determinadas situações, a ocupação de prédios e a interrupção de aulas são atos legítimos de protesto político".

Adorno veio a falecer meses depois, no dia 6 de agosto de 1969, com problemas cardíacos.

Theodor Adorno e suas ideias

Adorno explicava que o capitalismo aumentou o poder de compra da maioria da população, transformando-a em simples consumidores. Essa massificação do consumo é uma estratégia que, apoiada pela indústria cultural, mantém a sociedade dentro de uma estrutura unidimensional – ou seja, uma uniformização da forma de agir e de pensar. A moda, por exemplo, é para ele um instrumento de massificação.

Foi um dos críticos mais fervorosos dos meios de comunicação de massa. Antes de se formar, iniciou a amizade com Walter Benjamin e Max Horkheimer, que se tornariam seus companheiros na militância política e intelectual.

De acordo com o filósofo, a civilização atual, baseada no espírito do Iluminismo, representa um domínio racional sobre a natureza e, diante disso, um domínio paralelo e irracional sobre o homem. O nazismo e o fascismo, para ele, foram a pior maneira de demonstrar essa atitude autoritária de domínio de um homem sobre outro.

Theodor Adorno tentou mostrar, na *Dialética negativa*, o melhor caminho para uma reforma da razão com a finalidade exclusiva de pôr um fim nesse domínio autoritário sobre o homem e sobre as coisas. A atitude dominadora da razão só poderia ser mudada se aceitássemos a dualidade entre sujeito e objeto, interrogando-se o aquele diante deste, sem a noção de que se pode chegar a compreender o sujeito totalmente.

É preciso considerar que Adorno viveu numa época em que o mundo passava por uma completa mudança na economia, advinda principalmente da Revolução Industrial – iniciada na Inglaterra e que se difundiu pelo mundo a partir do século XIX.

Nesse contexto, como já apontado acima, criticava o que chamou de "indústria cultural". Sua tese era de que a mídia moderna não queria somente proporcionar horas de lazer ou dar informações e notícias aos seus espectadores ou ouvintes, mas, também, e sobretudo, manipular o homem (até mesmo em suas horas de lazer).

Em sua concepção, tudo o que o homem moderno faz segue a ideologia dominante, que é difundida pela mídia moderna e que impede a formação de indivíduos independentes, autônomos e capazes de decidir e julgar conscientemente. O homem perdeu sua autonomia e, em consequência disso, a sociedade tornou-se cada vez mais desumanizada.

Adorno escreveu a respeito de pequenos detalhes da vida sob um novo estilo de sociedade, por ele denominada de *sociedade administrada*. Nela o antigo liberalismo não mais estaria em vigência, eis que a liberdade individual fora perdida para uma sociedade classificadora, caracterizada por uma massificação intensa. Na sociedade administrada, em suma, encontramos os elementos centrais responsáveis pela perda da individualidade e pela conformação do indivíduo à vontade das massas.

Para o filósofo, a indústria cultural é puramente voltada aos negócios – o cinema é tomado como exemplo em sua obra como um dos mecanismos de manipulação da massa. O que antes era uma atividade de lazer do cidadão, uma arte, tornara-se um eficaz meio de controle e manipulação, visando dirimir toda forma de pensamento livre que o homem possa ter.

Em sua *Teoria estética*, aborda a questão de como se dará a salvação do homem. Alegava que o combate do mal com o próprio mal provou ser ineficaz – e um exemplo dessa afirmação é a sucessão interminável de guerras. Diante disso, sustentava que a salvação do homem viria por meio da arte, eis que ela liberta o homem das garras do sistema e o transforma em um ser autônomo – portanto, um ser humano.

Na arte, o homem seria livre para agir, pensar, falar de seu modo, possuindo total autonomia sobre seus atos – o oposto, portanto, do observado na indústria cultural, que trata o homem como mero objeto de consumo e trabalho e que visa a suprir a necessidade voraz do sistema vigente: o consumismo.

Adorno cunhou a expressão *apatia burguesa*, que é a melhor designação para a insensibilidade do mundo moderno. Com ela, buscava demonstrar sua crença de que que o mundo ficava cada vez mais insensível aos acontecimentos. Vislumbrava, ainda, o ponto em que o homem tornar-se-ia totalmente apático, sem reação nenhuma a qualquer espécie de barbárie.

Seus textos e obras são, de fato, atemporais. Uma espécie rara de construção intelectual que mesmo com o passar dos anos consegue permanecer atual. Adorno, logrou escrever de modo a sintetizar realidades diferentes sobre um mesmo contexto, conduzindo o leitor a uma perspectiva diferente de análise e, portanto, de consciência. De acordo com o filósofo, é melhor manter, em cada expressão, em cada palavra, uma "insistência desconfiada".

Theodor Adorno e sua influência no direito

Esse pensador colocava o nazismo como sinônimo de barbárie. Considerava que a educação tinha o papel principal de impedir a volta da barbárie (nazismo, ou qualquer outra manifestação totalitária). Até o fim da vida argumentou que todas as condições históricas e sociais que resultaram no nazismo continuam existindo, por isso é preciso formar o caráter de crianças que, bem-educadas, não permitirão que a violência ressurja (violência que ele chamava, como Freud, de "fuga da civilização").

Segundo Adorno, a educação emancipa porque estimula a ojeriza à repressão. Mas existem os obstáculos, como a idolatria pelas máquinas e pela tecnologia, o que chamava de "fetichismo da técnica". Isso torna o homem individualista, egocêntrico e insensível, e, em resumo, torna repressiva a sociedade inteira. Ele considerava que existe uma tensão dialética entre indivíduo e Estado.

O pensamento de Adorno tem sido base para o debate da forma jurídica e do Estado. Em especial para a análise de julgadores sobre as condições atenuantes de um delito, como a violência familiar, a fome, a dominação do capitalismo repressivo etc.

"DESBARBARIZAR tornou-se a questão mais urgente da educação hoje em dia" (Theodor Adorno).

Herbert Marcuse e a ditadura da tecnologia

Estudioso do pensamento de Hegel – sobre quem escreveu sua tese de doutoramento em filosofia –, Herbert Marcuse integrou o Instituto de Pesquisas Sociais, ao lado de Max Horkheimer e Theodor Adorno. Como eles, fugiu para os Estados Unidos para escapar da perseguição nazista, mas, diferentemente dos companheiros, não quis voltar para a Alemanha depois que acabou a Segunda Guerra Mundial; preferiu ficar na América, lecionando Ciência Política na Universidade Brandeis e na Universidade da Califórnia.

Herbert Marcuse e suas circunstâncias

Herbert Marcuse nasceu em Berlim, em 1898. Foi considerado o filósofo da revolução, ao estudar profundamente o capitalismo e o comunismo.

Herbert Marcuse foi um crítico do socialismo soviético, por ter se transformado em sistema totalitário. Criticou também a ditadura da tecnologia, que transforma o homem em uma espécie de autômato, sem possibilidade de escolha. Foi um dos criadores do Instituto de Pesquisas Sociais de Frankfurt, ao lado de Horkheimer e Adorno.

Tornou-se uma espécie de guru dos estudantes europeus, e suas ideias foram a base para as revoltas estudantis da Alemanha e da França, no final da década de 1960.

Contra o capitalismo, escreveu que a industrialização promoveu uma "pasteurização" de necessidades, limitando as potencialidades individuais e praticando uma nova espécie de dominação totalitária baseada na tecnologia industrial.

Contra o comunismo, questionou a sua transformação em um sistema totalitário baseado na burocracia e na repressão às liberdades individuais.

Em ambos os sistemas políticos, enxergava a noção de nacionalismo como pretexto das classes dominantes para atuarem de maneira totalitária, uma ideia já contida no pensamento de Karl Marx.

Judeu, foi perseguido pela polícia política nazista e precisou refugiar-se nos Estados Unidos em 1942. Além de lecionar ciência política, trabalhou no Departamento de Estado norte-americano. Naturalizou-se cidadão norte-americano, mas morreu em Frankfurt, em 1979, de infarto, aos 81 anos.

Herbert Marcuse e suas ideias

Na década de 1950 publicou dois livros importantes. O primeiro foi *Eros e a civilização*, em que mostra, numa perspectiva freudiana, que a sociedade cria obstáculos para a realização dos desejos individuais e, portanto, para a concretização da felicidade. O segundo foi *Marxismo soviético*, voltado para a crítica aos desvios que os soviéticos aplicaram ao pensamento humanista de Karl Marx.

Para Marcuse, a sociedade moderna impôs uma racionalidade tecnológica de dominação e manipulação em massa, do controle da ideologia e dos pensamentos humanos. Assim, o homem se tornou objeto da sociedade industrial. Por não ter liberdade de pensamento e estar sujeito a tal manipulação, o homem não consegue se opor ao sistema e se torna completamente submisso.

Em *Eros e a civilização* (1955), Marcuse se utiliza da psicanálise para compreender melhor a repressão sexual utilizada para a autoconservação da sociedade. Ele também abordou o que chamou de *super-repressão* e *princípio do rendimento*, segundo o qual uma série de imposições e restrições auxiliam na "domesticação" do homem para o convívio em sociedade. De acordo com essa tese, a integridade e a existência da sociedade constituem prioridades perante a conservação do indivíduo – a *super-repressão* não apenas fragmenta as condições existenciais e sociais como também a sexualidade.

O conceito de super-repressão e o princípio do rendimento foram, em verdade, uma tentativa de Marcuse de relacionar a psicanálise de Freud com o marxismo. Foram desenvolvidos com o intuito de conjugar as concepções sociológicas com as históricas da psicanálise e, desse modo, adequá-las ao marxismo.

Em 1964 publicou *A ideologia da sociedade industrial*, mostrando que o homem é produto de uma sociedade massificada, esmagado pelo aparato da tecnologia, sem liberdade de escolha. Diz ainda que a sociedade pós-industrial é repressiva e estimula um constante estado de beligerância. Nessa obra questiona o capitalismo globalizado, com ideias que foram fundamentais para a eclosão dos movimentos estudantis na Alemanha e na França, no final da década de 1960.

Herbert Marcuse preocupou-se com o desenvolvimento descontrolado da tecnologia, especialmente na produção industrial, que leva à massificação do consumo e à invenção de necessidades – o que apartaria o homem da possibilidade de escolha.

Foi ele quem criou a já citada expressão *sociedade unidimensional*, que reflete o tamanho do poder exercido pela sociedade industrial sobre o pensamento humano e as falsas necessidades criadas, que integravam o indivíduo ao sistema de produção e de consumo.

Em 1969, envolveu-se na já mencionada polêmica com seu colega da Escola de Frankfurt, Theodor Adorno. Marcuse, manifesto defensor dos direitos estudantis, digladiou-se em cartas trocadas com o amigo, após Adorno chamar a polícia quando teve a sala onde ministrava aulas invadida por uma manifestação estudantil.

Da mesma forma que Adorno, Marcuse criticava os meios de comunicação de massa, bem como a cultura e os modos de pensamento contemporâneos, tudo a formar uma sociedade unidimensional nas ideias e no comportamento, eliminando, assim, qualquer aptidão para o pensamento crítico.

Para o filósofo, a tecnologia no modo de produção é fundamental como forma de modificar e organizar as relações sociais. A manifestação do pensamento e dos padrões de comportamento dominantes é reproduzida de forma fiel e isso decorre diretamente da organização da estrutura industrial, voltada integralmente para satisfazer as necessidades crescentes dos indivíduos.

Marcuse também sustentou, em suas obras, que a crescente produtividade de serviços e mercadorias traz hábitos e atitudes anteriormente abolidos e acaba por mobilizar a sociedade com a utópica promessa do entretenimento, do lazer e do ócio.

Nesse sentido, a sociedade torna-se totalitária e pode exigir dos indivíduos a aceitação de suas instituições e princípios, pois o objetivo fulcral é o aumento de produtividade para a satisfação das necessidades do homem.

A realidade contemporânea foi apresentada por Marcuse da seguinte forma: consumir para produzir e produzir para consumir. Sendo assim, o indivíduo que não atinge as demandas e as necessidades de consumo e produção impostas pela sociedade sente-se humilhado – é esta a essência do consumismo.

O sistema de vida imposto pela indústria moderna é eficaz e conveniente para o trabalhador. No capitalismo, contestado por Marcuse, os valores que predominam na sociedade estão inequivocadamente ligados a esse princípio em torno do qual tudo gira no mundo moderno: o lucro. As necessidades dos cidadãos, que eles consideram úteis, não passam de necessidades forjadas e impostas pelos interesses do capital, mormente a necessidade de consumir em sobejo.

Sustenta Marcuse que a sociedade industrial transforma todo o progresso técnico e científico em meio de manipulação. Quanto mais a tecnologia gera condições para a pacificação, mais o corpo e a mente dos indivíduos são dispostos contra essa alternativa. Segundo o filósofo, essa é a incoerência interna desta sociedade: o elemento irracional de sua racionalidade.

Por consequência, a sociedade industrial acaba sendo estruturada de modo que a dominação do homem também sirva para utilização eficaz de seus recursos. A dominação se propaga por todas as esferas das vidas privada e pública. A racionalidade tecnológica mostra o seu caráter político, no qual a natureza, o corpo, a sociedade mantêm-se num estado ininterrupto de mobilização, para defesa desse sistema.

Herbert Marcuse questiona a ideia superficial de progresso, segundo a qual a produtividade é o objetivo principal, afastada a indagação sobre a finalidade almejada pelo referido progresso econômico. Segundo o filósofo, a racionalidade tecnológica possui, no capitalismo, uma ligação moral indissolúvel com a manipulação política.

O processo de reconquista da liberdade individual somente seria viável com a denominada "Grande Recusa", ou seja, recusar totalmente o sistema de vida estabelecido pela sociedade atual, o que deveria ocorrer por meio de manifestações revolucionárias lideradas pelos jovens estudantes. Marcuse acreditava que os jovens eram a melhor arma revolucionária, pois o restante do povo, em geral, já estaria corrompido pelo sistema da sociedade industrial.

Herbert Marcuse e sua influência no direito

Na chamada sociedade tecnológica, diz Marcuse, desaparecem os direitos e liberdades individuais, porque o indivíduo está alienado, oprimido, não tem os seus valores respeitados. A máquina é mais importante do que ele. Com isso, a sociedade se degrada. É o que ele chama de mecânica do conformismo – o homem sucumbe ao sistema capitalista de consumo, adere às necessidades falsas veiculadas pela publicidade, para de pensar e de contestar, e com isso deixa de ser livre. Em suma, o progresso e os avanços da tecnologia acabam se transformando em instrumentos de dominação.

Não há como não considerar o que ocorre nos dias de hoje, de consumo de massa, com a invasão do espaço privado, nos *e-mail*, nos celulares, nas páginas das redes sociais.

Recordar Herbert Marcuse é pensar na sua contribuição ao desenvolver uma teoria social que prima pela crítica à sociedade industrial de exploração. A partir de sua teoria, no livro *A ideologia da sociedade industrial*, de 1964, estudantes de vários países promoveram manifestações revolucionárias em 1968, contra o imperialismo (capitalista e socialista) e as ditaduras.

E o pensamento desse filósofo pode ajudar a explicar os movimentos de junho de 2013, nas grandes cidades brasileiras – é o que ele chamou de "A grande recusa", em que as massas contestam fortemente a falta de autonomia imposta pelo mercado do consumo.

"A SOCIEDADE UNIDIMENSIONAL em desenvolvimento altera a relação entre o racional e o irracional. Contrastado com os aspectos fantásticos e insanos de sua irracionalidade, o reino do irracional se torna o lar do realmente racional, das ideias que podem promover a arte da vida" (Herbert Marcuse).

Cronologia da Escola de Frankfurt

1924 – Fundação do Instituto de Pesquisas Sociais de Frankfurt. A ideia teve início durante um colóquio de que participaram Georg Lukács, Pollock, entre outros.

1928 – Benjamin vê rejeitada sua tese sobre *As origens da tragédia barroca na Alemanha*.

1932 – Criação da *Revista para a Pesquisa Social*, editada em Leipzig entre 1932 e 1933. A revista mudou o foco de análise da economia para a filosofia social.

1933 – O Instituto de Pesquisas Sociais transfere-se para Genebra, com a chegada do nazismo ao poder, na Alemanha. A *Revista para a Pesquisa Social* passa a ser editada na França.

1936 – Benjamin publica em francês *A obra de arte na era de sua reprodutibilidade técnica*.

1937 – Horkheimer lança o ensaio *Teoria tradicional e teoria crítica*, uma espécie de manifesto da Escola de Frankfurt.

1938 – Adorno viaja para os Estados Unidos.

1939 – Adorno publica *Fragmentos sobre Wagner* no ano em que começa a Segunda Guerra Mundial. A *Revista para a Pesquisa Social* começa a ser editada em Nova York e muda de nome: *Estudos de Filosofia e Ciência Social*. Em 1941, a revista foi descontinuada.

1940 – Benjamin suicida-se. No mesmo ano, são publicadas suas teses sobre a Filosofia da História.

1947 – Adorno e Horkheimer empregam pela primeira vez a expressão *indústria cultural*.

1950 – Reorganização do Instituto de Pesquisas Sociais, na Alemanha. Adorno publica seu estudo sobre a *Personalidade autoritária*.

1951 – Horkheimer profere as primeiras conferências sobre o conceito de razão.

1954 – Habermas defende tese sobre Schelling: *O absoluto e a história*.

1955 – Publicação do original alemão de *A obra de arte na era de sua reprodutibilidade técnica*, de Walter Benjamin. Herbert Marcuse publica *Eros e a civilização*.

1956 – Adorno publica *Para a metacrítica da teoria do conhecimento*: estudos sobre Husserl e as antinomias fenomenológicas.

1958 – Adorno inicia uma série de publicações chamada *Ensaios de literatura*. Herbert Marcuse publica *Marxismo soviético*.

1959 – Habermas inicia colaboração com Adorno.

1961 – Adorno inicia a *Teoria estética*.

1962 – Habermas publica sua tese de doutorado, *Evolução estrutural da vida pública*.

1963 – Habermas publica *Teoria e práxis*.

1964 – Herbert Marcuse publica *A ideologia da sociedade industrial*.

1966 – Adorno publica a *Dialética negativa*.

1968 – Adorno conclui a primeira versão da *Teoria estética*. No mesmo ano, Habermas publica *Técnica e ciência como ideologia*.

1969 – A 6 de agosto, com 66 anos, falece Theodor Wiesengrund-Adorno.

1973 – A 9 de julho, com 78 anos de idade, morre Max Horkheimer.

1979 – A 29 de julho, com 81 anos incompletos, morre Herbert Marcuse.

NA TANGÊNCIA DA FILOSOFIA

Sigmund Freud, o criador da psicanálise

Os filósofos da Escola de Frankfurt basearam muitos de seus estudos na concepção psicanalítica de Sigmund Freud.

Médico austríaco, que viveu entre 1856 e 1939, Freud nasceu na cidade de Freiberg, então pertencente ao Império Austro-Húngaro (hoje Pribor, na República Tcheca). Aos 4 anos foi levado com a família a morar em Viena, em razão da falência do comércio de tecidos do pai, um negociante judeu. Na capital da Áustria estudou Medicina e especializou-se em neurologia. Foi aluno de Franz Brentano e colega de Edmund Husserl.

Embora tido como bem-humorado, Freud sofreu de depressão, principalmente por causa da perseguição praticada contra os judeus, na época de sua infância e mocidade. Passou a usar cocaína, então um medicamento recomendado como estimulante. Estudou os efeitos anestésicos da droga na medicina, tendo chegado a publicar o artigo científico "Sobre a cocaína", em 1884.

Seu primeiro livro foi *Estudo sobre a histeria*, de 1895, explicando que muitas vezes são as emoções reprimidas que levam à histeria, verificando, ainda, que os sintomas desaparecem quando a pessoa consegue expressar-se. Era o primeiro passo para estabelecer o desejo como força motora da personalidade humana.

A *livre associação de ideias*, base da técnica psicanalítica, é considerada a sua grande contribuição para a psicologia e a própria medicina. Nessa técnica, o médico estimula o paciente a exprimir, sem censura, qualquer coisa que lhe venha à mente, exibindo assim memórias reprimidas que, inconscientemente, podem ter se transformado em neuroses.

Para confirmar suas teses, Freud fez autoanálise durante anos, para perscrutar a sua vida inconsciente, o que lhe permitiu perceber que os sonhos são maneiras simbólicas encontradas pela mente para expressar desejos não preenchidos e memórias escondidas. A partir dessa conclusão, estabeleceu que os sonhos se encontram num patamar além do consciente (o inconsciente) e podem ajudar a explicar a razão de determinadas atitudes e comportamentos.

Seus dois principais livros são *A interpretação dos sonhos* e *Psicopatologia da vida diária*, ambos publicados em 1899. Em 1923, escreveu *O ego e o id*, com uma teoria completa sobre a mente humana. Foi também ele quem elaborou a afamada teoria do complexo de Édipo.

Em 1908, criou a Sociedade Psicanalítica de Viena. Um de seus seguidores foi Ernest Jones, que mais tarde seria seu principal biógrafo. Outros membros importantes do grupo foram Karl Abraham e Sandor Ferenczi. Também discípulos, inicialmente, Alfred Adler e Carl Jung terminaram por discordar das ideias do mestre e criar cada um a sua teoria – Adler elegeu o poder como força motora da personalidade humana, e Jung colocou o indivíduo como mera parte de um todo maior que chamou de *inconsciente coletivo*.

Com a tomada de poder pelos nazistas, Freud foi perseguido e teve seus livros queimados. Em 1938, fugiu para a Inglaterra, onde morreu um ano depois.

"A RENÚNCIA PROGRESSIVA dos instintos parece ser um dos fundamentos do desenvolvimento da civilização humana" (Sigmund Freud).

Albert Einstein e a física moderna

Nascido na cidade de Ulm, na Alemanha, em 1879, Albert Einstein é considerado o mais importante cientista dos séculos XIX e XX. Levado pela família para a Suíça, lá estudou e obteve o grau de doutor. Lecionou física teórica em Berna, Zurique e Praga. Voltou para a Alemanha em 1914, tornando-se diretor do Instituto Kaiser Guilherme de Física e professor na Universidade de Berlim.

Em 1933, perseguido pelos nazistas por ser judeu, renunciou à cidadania alemã, imigrou para os Estados Unidos e foi lecionar na Universidade de Princeton.

Fato interessante foi que os alemães chegaram a invadir a sua casa, sob o argumento de que ele possuiria armas de destruição em massa ali escondidas. Entretanto, segundo os relatórios oficiais, o objeto mais mortal encontrado pelos alemães nessa investida foi uma faca de cozinha.

Ficou muitos anos na situação de apátrida – considerava-se um "cidadão do mundo". Em 1940 adotou a cidadania norte-americana, tendo ajudado grandemente os aliados contra a ameaça nazista, na Segunda Guerra Mundial.

Em 1952, depois que a ONU criou o Estado de Israel, Einstein foi convidado pelo primeiro-ministro Bem Gurion para assumir o posto de presidente do recém-criado Estado; não aceitou, porque estava doente, mas colaborou com o Dr. Chaim Weizmann na implantação da Universidade Hebraica de Jerusalém.

No início de seu trabalho científico, questionou a mecânica de Newton. Mais tarde, com a Teoria da Relatividade (publicada em 1905, com o título de "Teoria Especial da Relatividade" – completada, em 1916, com "Fundamento geral da teoria da relatividade"), estabeleceu as conexões entre as leis da mecânica e as leis do campo eletromagnético, explicando o movimento das moléculas.

Em 1919, durante um eclipse solar, teve oportunidade de ver sua teoria da Relatividade Geral comprovada por uma série de estudos desenvolvidos na cidade de Sobral, no Ceará.

Ganhou o Prêmio Nobel de Física de 1921, por causa de suas descobertas, que propiciaram verdadeira revolução, não apenas na ciência, mas em todas as áreas do pensamento humano, inclusive a filosofia.

Interessante que, na época, suas teorias eram ainda de tal forma desconhecidas e criticadas pela comunidade científica, que o referido prêmio foi concedido tendo em vista uma de suas teorias hoje considerada – diante do restante de sua produção intelectual – de somenos importância: aquela relacionada ao efeito fotoelétrico.

Einstein realizou, em 1925, uma viagem à América do Sul onde visitou diversos países, entre eles o Brasil. Infelizmente, dos relatos de Einstein acerca desta viagem ao nosso país, extrai-se que o que mais lhe marcou a viagem foi a desorganização dos eventos em que aqui participou.

Importante registrar que foi devido à propaganda nazista que este grande cientista ficou mundialmente conhecido como o responsável pelo desenvolvimento da bomba atômica. Entretanto, na realidade, justamente por ter origem alemã, nunca teve qualquer participação no afamado Projeto Manhattan – que se iniciou em 1941 e foi coordenado por seu amigo, o físico nuclear e antifascista Julius Robert Oppenheimer.

A famosa carta enviada, em 1955, ao então presidente dos Estados Unidos Bertrand Russell, que passou para a história como o documento no qual Einstein teria incentivado as autoridades ao desenvolvimento de armas nucleares, em realidade, nunca teve esse escopo.

Ocorre que, naquela época, alguns físicos alemães tomaram contato com transações secretas de compra de urânio e outros materiais radioativos por parte das tropas alemães. Receosos do pior, houveram por bem alertar Einstein, justamente por sua grande influência política e social na América.

Sendo assim, a afamada carta apenas alertava ao presidente do risco que tais materiais poderiam representar.

Em verdade, durante toda a sua vida, Einstein foi um pacifista. Sempre exortou todas as nações a abandonarem as pesquisas para a construção de bombas nucleares, chegando até mesmo a aproveitar-se da fama (que tanto desprezava) para promover diversas manifestações públicas nesse sentido.

Seu trabalho científico, apesar de direcionado para a física, propiciou aos intelectuais da época uma compreensão aperfeiçoada de todo o universo.

Outras obras importantes de Albert Einstein: *Sobre o sionismo, Por que a guerra?* e, talvez a mais famosa delas, *Minha filosofia*.

Ainda no campo da Filosofia, outro importante resultado adveio de suas pesquisas científicas.

Einstein sempre olhou com desconfiança a forma como a física pretendia explicar o Universo. Na época, para cada tipo de circunstância e inter-relação observadas pela experiência, as ciências apresentavam fórmulas e sistemas distintos para descrever os fenômenos físicos.

Entretanto, Einstein acreditava que o Universo deveria ser considerado um todo harmônico, de tal forma que não poderiam existir leis que fossem válidas para descrever uma parte de suas manifestações e, ao mesmo tempo, inaplicáveis à descrição de outras.

Resumindo essa sua inquietude intelectual, chegou a afirmar: "Sou, por natureza, inimigo das dualidades. Dois fenômenos ou dois conceitos que parecem opostos, ou diversos, me ofendem. Assim agindo, permaneço fiel ao espírito da ciência, que, desde o tempo dos gregos, sempre aspirou à unidade".

Foi com base nesse grande objetivo que desenvolveu suas tão revolucionárias teorias. Através delas conseguiu demonstrar que inúmeros fenômenos antes considerados distintos e independentes eram, na realidade, simples manifestações distintas de uma única realidade.

Assim, demonstrou que o espaço e o tempo, na realidade, eram manifestações de uma única entidade que passou a denominar *espaço-tempo*. A partir do momento que demonstrou que essa nova entidade *espaço-tempo* curvava-se com a presença de massa, também demonstrou que os conceitos de aceleração e gravidade estavam profundamente relacionados.

Por fim, em uma das mais belas simplificações já vistas na história da ciência mundial conseguiu solucionar a grande questão que assolou filósofos e cientistas por tantos séculos: demonstrou que matéria e energia não são mais que manifestações diferentes de um mesmo objeto. Com isso, desenvolveu essa que talvez seja a mais famosa – em que pese menos compreendida – fórmula de física: $E=mc^2$.

Entretanto, ainda não estava satisfeito. Observava que a física moderna ainda se encontrava – e em geral até os dias atuais ainda está – dividida em dois grandes campos: A Física Relativística – utilizada para a descrição dos fenômenos macroscópicos – e a Física Quântica – que ele ajudou a desenvolver, utilizada para a descrição dos fenômenos microscópicos.

Foi com o intuito de unificá-los que Einstein mergulhou em sua última e maior empreitada: o desenvolvimento de uma *Teoria Sobre Tudo*, que pudesse ser aplicada, indistintamente, desde as menores até as mais extremas manifestações do universo conhecido.

Abandonado pela comunidade científica – que não acreditava ser possível semelhante formulação –, empreendeu sozinho essa heroica caminhada em busca daquela que ficou mundialmente conhecida como *Teoria do Campo Unitário.*

Até os dias atuais, alguns dos maiores nomes da física continuam defendendo a impossibilidade dessa tese – tais como o afamado professor emérito da Universidade de Cambridge, e sucessor da cátedra de Isaac Newton, Stephen William Hawking.

Entretanto, sem nunca desistir desse seu propósito, foi ao final de sua vida que escreveu um pequeno texto autobiográfico denominado "A unidade da vida", onde afirmava ter encontrado a tão buscada formulação.

É nesse singelo, mas significativo texto – até hoje não foi levado em consideração pela sociedade científica, tendo em vista que não traz explicações técnicas acerca de suas afirmações –, que Einstein vem a concluir que todos os esforços de síntese das ciências levariam invariavelmente a um único conceito: o Movimento.

Retomando esse conceito – que, como dito anteriormente, já era mencionado por Heráclito de Éfeso e foi retomado por Giordano Bruno e, após, por Leibniz –, Einstein encerra seu texto com os seguintes dizeres: *No Princípio – disse São João – era o Verbo. No Princípio – disse Goethe – era a Ação. No Princípio e no Fim – digo eu – era o Movimento. Não podemos dizer nem saber mais. À força de Unificar é necessário obter algo incrivelmente simples.*

"NÃO SEI COMO SERÁ a Terceira Guerra Mundial, mas a quarta será lutada com paus e pedras" (Albert Einstein).

FILÓSOFOS POSITIVISTAS DO SÉCULO XX

O século XX foi marcado com significativos avanços em diversas áreas. Inúmeras evoluções da tecnologia e da política determinaram a independência de antigas colônias por todo o globo. Já com o advento da informática, com as pesquisas nucleares e com a crise do petróleo – que definiu nova abordagem econômica mundial – surgem novas reflexões filosóficas e consequentemente jurídicas.

Uma das questões levantadas nas primeiras décadas do século foi a rejeição ao materialismo, até então a doutrina dominante, a partir do positivismo. Alguns filósofos passaram a defender que, embora a base do conhecimento continuasse a ser científica, apenas a consciência permitiria a compreensão do resultado das pesquisas. A consciência formaria o conjunto da cultura, somada aos sentimentos e aos ideais religiosos e morais. Esse movimento intelectual seria chamado de neopositivismo ou espiritualismo.

Henri Bergson e o fim da era cartesiana

Com uma análise social que desce à grande profundidade, Bergson criou um sistema filosófico que representou um marco, porque contesta a dialética de Hegel e também as ideias racionais de Descartes. Filosofia é uma coisa, ciência é outra, dizia Bergson, criticando os cartesianos.

Seu sistema é um novo positivismo, não mais baseado no materialismo da ciência, mas apoiado numa visão biológica: o que vale, a partir de seu sistema, é a consciência – algo que o homem adquire como resultado do somatório de sua individualidade psíquica, da vida em grupo e da cultura de sua época.

Henri Bergson e suas circunstâncias

Henri Bergson recebeu o prêmio Nobel de Literatura em 1927, pelo conjunto de suas obras. Influenciou escritores importantes, como Marcel Proust e George Bernard Shaw. Costumava dizer que o homem é o único animal que ri.

No livro *Introdução à metafísica*, de 1903, criou um sistema filosófico que prevê que a consciência existe em dois níveis. O primeiro nível está no eu profundo, que o homem alcança pela introspecção intuitiva, e é lá que reside a criatividade e a vontade. O segundo nível é apenas uma projeção exterior do primeiro.

Henri Bergson nasceu em Paris, em 1859. Passou a vida ensinando, em vários colégios da França. Produziu muitos livros, propondo uma nova abordagem positiva da realidade, tendo como base a consciência – e não mais a subjetividade ou a história.

Inaugurou uma nova fase do positivismo que contesta o racionalismo do século XVII.

Seus livros não eram somente tratados de filosofia, mas textos literários primorosos, cheios de metáforas e analogias, o que lhe valeu o prêmio Nobel de Literatura de 1927.

Teve grande expressão nos meios acadêmicos com a sua tese de doutorado sobre o riso, especialmente na área da crítica literária. *O riso – ensaio sobre a significação da comicidade*, publicado em 1900, é uma retomada aristotélica da noção de que o riso é a atitude que representa de melhor forma a vida social: o homem ri depois que se acostuma aos seus próprios dramas e, assim acostumado, torna-se insensível, e por essa razão deixa de dar importância aos problemas, que passam a ser vistos sob uma perspectiva cômica.

Aristóteles falou sobre o hábito social de rir dos outros, em seu livro *A retórica*. Nessa *teoria da comédia*, a vida é mais cômica do que dramática, dizia Henri Bergson, ou seja, algo próximo do que Marx dizia sobre a história, que se repete, da primeira vez como tragédia, da segunda vez como farsa. Não devemos nos esquecer de que o riso, na Idade Média, era considerado instrumento do demônio, e era proibido.

Morreu em 1941.

Henri Bergson e suas ideias

Sofreu grande influência de Herbert Spencer, John Stuart Mill e Charles Darwin, mas sua filosofia contesta principalmente os sistemas racionalistas desses três pensadores. Determinou que o mundo real tem uma metade composta de matéria, mas a outra metade é um "elã vital" (vontade, desejo, alma), que constitui a base da evolução. Com essa ideia, opunha-se à seleção natural de Charles Darwin.

Em vários livros debateu o que considerava equívocos da filosofia e da ciência nesse estudo – principalmente o dualismo alma/corpo da metafísica clássica.

Para Bergson, o conhecimento era multidisciplinar e a sua aquisição tinha grande influência da percepção.

Seu sistema filosófico era composto de quatro elementos. O primeiro é a *intuição*, uma capacidade intelectual que nos leva a identificar o que uma coisa tem de único. O segundo é a "*durée*" (duração, em francês), uma teoria que relaciona tempo, espaço e consciência. O terceiro é a *memória*, ou seja, o acúmulo de conhecimento incorporado, que permite a análise comparativa de um objeto ou de um ser com outros objetos ou seres conhecidos. O quarto elemento é o *"elã" vital*, ou seja, a alma.

Suas ideias são muito utilizadas em psicologia – na teoria da percepção – e até na música – na relação tempo/espaço.

"O QUE TEM MAIS faltado à filosofia é a precisão" (Henri Bergson).

Edmund Husserl e o método fenomenológico

O pensamento filosófico contemporâneo foi decisivamente influenciado por Edmund Husserl e por Henri Bergson.

Inicialmente dedicado a estudos matemáticos, Husserl surgiu como filósofo em 1900, com o livro "Investigações lógicas". Em 1913, porém, publicou aquela que é considerada a sua maior obra: "Ideias relativas a uma fenomenologia pura", um aprofundamento da teoria de seu professor Franz Brentano sobre a intencionalidade da consciência humana. Com esse livro, estudou os fenômenos, ou seja, os dados reais oferecidos pela consciência.

Edmund Husserl e suas circunstâncias

Edmund Husserl nasceu na Morávia, uma província do então Império Austro-Húngaro (que hoje pertence à República Tcheca), em 1859.

Obteve grau de doutor em matemática na Universidade de Berlim. Dedicou-se à filosofia depois de ter sido aluno de Franz Brentano. Foi professor nas Universidades de Halle, Goettingen e Friburgo.

Em 1900, publicou *As investigações lógicas*, mas ganharia prestígio em 1911, ao publicar na revista *Logus* um artigo chamado "A filosofia como ciência rigorosa", que abriu caminho para a produção da sua obra mais impor-

---

Edmund Husserl estudou com o filósofo Franz Brentano, tendo sido colega de Sigmund Freud.

Teve como assistente, quando lecionava na Universidade de Friburgo, ninguém menos que Martin Heidegger, que seguiria suas ideias.

Sua doutrina da fenomenologia foi ampliada na França, principalmente na filosofia existencialista de Jean-Paul Sartre e nos estudos de Merleau-Ponty.

---

tante: *Ideias relativas a uma fenomenologia pura e uma filosofia fenomenológica*, publicada em 1913.

Produziu, ainda, muitos outros livros, cujos originais tiveram que ser levados para o exterior, porque seus trabalhos foram proibidos na Alemanha nazista. Vários dos seus livros só seriam publicados depois do fim da Segunda Guerra Mundial. Husserl não testemunhou isso, porque morreu em 1938. Ainda existem escritos inéditos seus, guardados na Universidade de Louvain, na Bélgica, e na Universidade de Colônia, na Alemanha.

Para entender a fenomenologia de Franz Brentano

A *fenomenologia* foi a teoria elaborada pelo filósofo alemão Franz Brentano, que viveu entre 1838 e 1917.

Autor do livro *Psicologia a partir de um ponto de vista empírico*, Brentano buscou sistematizar o que chamava de ciência da alma. Para esse alemão, no relacionamento entre o físico e o psíquico, era mais importante o processo mental do que o conteúdo da mente.

Brentano propunha a eliminação da distinção entre sujeito e objeto, ao contrário do que queriam os positivistas do século XIX.

Acreditava que a mente podia referir-se aos objetos de três maneiras: por meio da percepção e da idealização (para isso usava a sensação e as imagens), pelo julgamento (que seria baseado em reconhecimento, rejeição e recordação) e pelo amor ou pelo ódio (ambos baseados em desejos, vontade e sentimentos).

Edmund Husserl e suas ideias

O método fenomenológico de Husserl consiste simplesmente em mostrar o objeto, o dado real, e em esclarecer esse dado. Por isso, o saber está baseado na essência do objeto, e não nas impressões do sujeito sobre o objeto.

Nesse sentido, Husserl é positivista. No entanto, seu método considera que o objeto é mais do que aquilo que se pode verificar com a experiência sensível.

É exatamente nisso que reside a originalidade de Husserl. Ele queria ver o mundo de maneira pura, despida de impressões, comparações ou associações. Ao buscar a essência de cada objeto ou ser, nessa chamada consciência pura, Husserl escapa do racionalismo, que dizia que o conhecimento se originava somente da razão do sujeito, e ao mesmo tempo escapa do empirismo, que dizia que o conhecimento era obtido apenas por meio da experiência sobre o objeto.

"EU EXISTO, e tudo o que não sou eu é um mero fenômeno que se dissolve em ligações fenomenais" (Edmund Husserl).

Bertrand Russell e a filosofia na vida política

Considerado um dos fundadores da filosofia analítica, foi um matemático britânico, cuja principal contribuição está contida no livro *Principia mathematica* ("Princípios matemáticos"). Nesse livro, desenvolveu a chamada *Teoria dos Tipos*.

Segundo essa teoria matemática, existe uma hierarquia nas coisas: um conjunto não pode ser membro de si mesmo nem de qualquer conjunto de tipo inferior. Com esse livro, Bertrand Russell entrou para a história como um dos maiores lógicos do século XX.

Mas não foi somente na matemática que a contribuição de Bertrand Russell é apreciada. Ao longo de sua extensa carreira – morreu aos 97 anos –, escreveu também sobre educação, história, teoria política e religião.

Bertrand Russell e suas circunstâncias

Bertrand Russell nasceu em 1872, no País de Gales. Foi criado pelo avô, Lord John Russell, ex-primeiro-ministro britânico. Estudou filosofia e lógica na Universidade de Cambridge.

Iniciou carreira publicando ensaios em revistas especializadas. Durante a Primeira Guerra Mundial foi um ativista político. Em razão de seus protestos contra a guerra foi expulso do Colégio Trinity e mais tarde condenado a cinco meses de prisão. Foi na prisão, em 1918, que escreveu *Introdução à filosofia matemática*.

> *Bertrand Russell* foi contemplado com o prêmio Nobel de Literatura em 1950. É considerado um dos maiores lógicos do século XX. Escreveu alguns livros de modo bastante simples, contribuindo para a popularização da filosofia.
>
> Foi um dos fundadores da filosofia analítica. Além de filósofo, foi ativista político, participando de importantes protestos contra as guerras e contra as armas nucleares.

Depois da Primeira Guerra Mundial, viveu na Rússia e na China. Tornou-se conhecido escrevendo livros populares sobre ética e filosofia.

Voltou para a Inglaterra, onde fundou uma escola experimental chamada Beacon Hill. Chegou a concorrer a uma vaga no Parlamento inglês por três vezes, e por três vezes foi derrotado: em 1907, 1922 e 1923.

Em 1939 foi morar nos Estados Unidos, onde lecionou na Universidade da Califórnia e depois no City College de Nova York, mas teve sua nomeação como professor anulada por causa de suas opiniões radicais. Ainda assim, permaneceu nos Estados Unidos até 1944, quando retornou para a Inglaterra, voltando a lecionar no Colégio Trinity, de onde fora expulso em 1916.

Não deixou de ter participação política nos eventos mundiais. Em 1957, foi o responsável por uma campanha global pelo desarmamento nuclear, de cuja origem participaram grandes nomes como o de Albert Einstein, no movimento denominado *Pugwash*.

Pugwash, uma cidade do Canadá, foi onde Bertrand Russell e Joseph Rotblat promoveram as Conferências sobre Ciência e Negócios Mundiais, depois da publicação do "Manifesto Russell-Einstein" (ver adiante, neste tópico).

Em 1962, Bertrand Russell foi mediador na famosa crise dos mísseis, em Cuba, e sua ingerência impediu a ocorrência de um conflito atômico que poderia ter assumido repercussão mundial. Também nos anos 1960 protestou ferozmente contra a intervenção norte-americana no Vietnã.

Em 1963, criou a Fundação Bertrand Russell para a Paz. Morreu em 1970.

Bertrand Russell e suas ideias

Esse pensador promoveu a famosa distinção entre duas espécies de conhecimento da verdade. Uma delas é direta, intuitiva e infalível. A outra é indireta, derivativa e sujeita a erro. Cada conhecimento indireto só pode ser justificado se derivar de um conhecimento direto. Por exemplo, quando alguém sente calor ou frio, sente sem precisar perguntar a um cientista se realmente está fazendo calor ou frio. Portanto, a verdade que pode ser conhecida diretamente está embasada sobre fatos imediatos da sensação e verdades lógicas.

Bertrand Russell considerava que uma das tarefas dos filósofos era descobrir uma linguagem logicamente ideal, que pudesse evidenciar a verdadeira natureza do mundo, de modo a impedir desentendimentos decorrentes da estrutura vaga e ambígua da linguagem natural – uma ideia que Ludwig Wittgenstein desenvolveria mais profundamente.

Por exemplo, separou três diferentes sentidos da forma verbal "é". Esse verbo pode ser usado para indicar predicado, identidade ou existência. Sendo assim, propôs usar um símbolo para cada sentido, para determinar logicamente a intenção de quem formula a frase. Desse modo, pensava ele, seria possível dar clareza e lógica a uma afirmação filosófica.

"A EDUCAÇÃO é a chave para o novo mundo" (Bertrand Russell).

O Manifesto Russell-Einstein

Em 1954, o mundo ainda estava estarrecido diante da brutalidade que fora o lançamento, pelos Estados Unidos, de duas bombas atômicas sobre o território japonês, que atingiram Hiroshima e Nagasaki. Mas, desde 1946, os Estados Unidos vinham fazendo testes com bombas de hidrogênio e bombas nucleares, detonando mais de vinte ogivas no Atol de Bikini, pertencente às Ilhas Marshall.

Em 1954, Bertrand Russell leu, na BBC, um texto que teve por título "O perigo do homem", condenando os testes no Atol de Bikini.

Em 1955, Bertrand Russell escreveu, junto com Albert Einstein, um manifesto contra o uso bélico desses artefatos. A seguir, o texto do manifesto, numa tradução livre de nossa autoria.

> *Na trágica situação que a humanidade enfrenta, entendemos que os cientistas devem se reunir em conferência para avaliar os perigos que surgiram como resultado do desenvolvimento de armas de destruição em massa, e para discutir uma resolução de acordo com o espírito do rascunho anexado. Estamos falando, nesta ocasião, não como membros deste ou daquele país, continente, ou credo, mas como seres humanos, membros da espécie humana, cuja sobrevivência está em dúvida. O mundo está cheio de conflitos; e, fazendo sombra a todos os conflitos menores, a luta titânica entre comunismo e anticomunismo. Quase todo mundo que é politicamente consciente tem fortes sentimentos acerca de uma ou mais dessas questões; mas queremos que você, se puder, ponha de lado esses sentimentos e considere-se apenas como membro de uma espécie biológica que teve uma excelente história, e cujo desaparecimento nenhum de nós deseja. Tentaremos não usar qualquer palavra que possa indicar apelo a um grupo em detrimento de outro. Todos, igualmente, estamos em perigo, e, se o perigo for compreendido, há esperança de que possamos coletivamente evitá-lo.*
>
> *Temos de aprender a pensar de um jeito novo. Temos de aprender a nos perguntar não sobre os passos que devem ser tomados para dar vitória militar para qualquer grupo que preferimos, uma vez que não existem esses passos; a questão que temos de nos perguntar é esta: que medidas podem ser tomadas para evitar uma corrida militar que deve ser desastrosa para todas as partes?*
>
> *O público geral, e mesmo muitos homens em posições de autoridade, não se aperceberam de que estariam envolvidos em uma guerra com bombas nucleares. O público geral ainda pensa em termos de obliteração de cidades. É claro que as novas bombas são mais poderosas do*

que as velhas, e que, enquanto uma bomba A pôde obliterar Hiroshima, uma bomba H poderia obliterar cidades maiores, como Londres, Nova York e Moscou.

Sem dúvida, numa guerra travada com bomba H, as grandes cidades seriam obliteradas. Mas esta é uma das menores catástrofes que teriam de ser enfrentadas. Se todos, em Londres, Nova York e Moscou fossem exterminados, o mundo poderia, no decurso de poucos séculos, se recuperar do golpe. Mas sabemos agora, especialmente desde o teste em Bikini, que bombas nucleares podem gradualmente espalhar destruição sobre uma área muito mais vasta do que antes se supunha.

Afirma-se, com grande autoridade, que a bomba que agora pode ser fabricada será 2.500 vezes mais poderosa do que aquela que destruiu Hiroshima. Tal bomba, se explodir perto do chão ou sob a água, enviará partículas radiativas para a atmosfera superior. Essas partículas descerão gradualmente e alcançarão a superfície da terra sob a forma de pó ou chuva letal. Foi um pó assim que infectou pescadores japoneses e suas cargas de peixes. Ninguém sabe quão largamente tais partículas radiativas letais poderão ser difundidas, mas os melhores especialistas são unânimes em afirmar que uma guerra com bombas H poderia possivelmente pôr fim à raça humana. O que se teme é que, se muitas bombas H forem utilizadas, haverá a morte universal, súbita apenas para uma minoria, mas para a maioria uma lenta tortura de doença e desintegração.

Muitos avisos têm sido emitidos por eminentes homens de ciência e por autoridades em estratégia militar. Nenhum deles dirá que os piores resultados são certos. O que eles dizem é que esses resultados são possíveis, e ninguém pode ter certeza de que não se realizarão. Ainda não concluímos se as opiniões de peritos sobre esta questão dependem, em algum grau, de suas convicções políticas ou de seus preconceitos. Elas dependem apenas, pelo que revelam nossas pesquisas, da extensão do conhecimento de cada especialista em particular. O que verificamos foi que os homens que mais sabem são ao mesmo tempo os mais sombrios.

(...).

Eis, portanto, o problema que apresentamos a vocês, completo, terrível e inescapável: devemos dar fim à raça humana, ou deve a raça humana renunciar à guerra? As pessoas não enfrentarão essa alternativa, porque é muito difícil abolir a guerra. A abolição da guerra exigirá desconfortáveis limitações para a soberania nacional. Mas o que talvez impeça a compreensão da situação, acima de tudo, é que o termo "humanidade" parece vago e abstrato. As pessoas raramente percebem, em sua imaginação, que o perigo existe para si mesmas e para seus filhos e netos, e não apenas para uma indistintamente apreendida humanidade. Dificilmente as pessoas entenderão que elas, individualmente, e aqueles a quem amam, estão em risco iminente de morte agonizante. E assim alimentam esperanças de que talvez a guerra possa continuar desde que armas modernas sejam proibidas.

Essa esperança é ilusória. Embora acordos de não utilização de bombas H sejam alcançados em tempo de paz, em tempos de guerra esses acordos perdem a validade, e ambos os lados iniciariam a fabricação de bombas H assim que a guerra fosse desencadeada, para prevenir que, se um dos lados construísse a bomba e os outros não, o lado que construísse inevitavelmente acabaria vitorioso.

Embora um acordo de renúncia a armas nucleares, como parte de uma redução geral de armamento, não garantisse uma solução definitiva, serviria para importantes propósitos. Em primeiro lugar, qualquer acordo entre Oriente e Ocidente é bom, na medida em que tende a diminuir a tensão. Em segundo lugar, a abolição das armas termonucleares, se cada um dos lados acreditasse que o outro a encarasse sinceramente, reduziria o receio de um ataque súbito no estilo de Pearl Harbor, o que hoje mantém ambos os lados em estado de nervosa apreensão. Devemos, portanto, saudar esse acordo ainda que apenas como um primeiro passo.

A maioria de nós não é neutra em sentimento, mas, como seres humanos, temos de lembrar que, se as questões entre Oriente e Ocidente devem ser decididas de tal maneira a dar alguma satisfação a alguém, seja comunista ou anticomunista, seja asiático ou europeu ou americano, seja branco ou negro, então essas questões não devem ser decididas pela guerra. Desejaríamos que isto fosse compreendido, tanto no Oriente quanto no Ocidente.

Está aí, diante de nós, se assim o escolhermos, contínuo progresso em felicidade, conhecimento e sabedoria. Devemos, ao contrário, escolher a morte, porque não conseguimos resolver nossas querelas? Apelamos, como seres humanos para seres humanos: lembrem-se de sua condição humana, e esqueçam do resto. Se puder fazer isso, o caminho permanece aberto para um novo Paraíso; se não pode, está diante de si o risco de morte universal.

Resolução:

Convidamos este Congresso, e por meio dele os cientistas do mundo e o público em geral, a subscrever a seguinte Resolução:

"Tendo em vista o fato de que, em qualquer futura guerra mundial, armas nucleares serão certamente utilizadas, e que tais armas ameaçam a continuidade da existência da humanidade, exortamos os governos do mundo a assumir, e a reconhecer publicamente, que o seu propósito não pode ser fomentado por uma guerra mundial, e os exortamos consequentemente a encontrar meios pacíficos para a solução de todas as questões de litígio entre elas".

Max Born
Percy W. Bridgman
Albert Einstein
Leopold Infeld
Frederic Joliot-Curie
Herman J. Muller
Linus Pauling
Cecil F. Powell
Joseph Rotblat
Bertrand Russell
Hideki Yukawa

Para entender o paradoxo de Russell

Em 1901 descobriu o famoso "paradoxo de Russell", com grande repercussão no campo da lógica. O paradoxo tem a seguinte formulação: "Há em Sevilha um barbeiro que reúne as duas condições seguintes: 1 – Faz a barba a todas as pessoas de Sevilha que não fazem a barba a si próprias e 2 – Só faz a barba a quem não faz a barba a si próprio". O paradoxo, nessa proposição, é o seguinte: se o barbeiro de Sevilha faz a barba a si próprio, não pode fazer a barba a si próprio, para não violar a condição 2; mas se não fizer a barba a si próprio, então, tem de fazer a barba a si próprio, pois essa é a condição 1.

Foi a partir desse paradoxo que Bertrand Russell desenvolveu a sua Teoria dos Tipos.

"POR QUE REPETIR ERROS ANTIGOS, se há tantos erros novos a escolher?" (Bertrand Russell).

Carlos Cossio e a teoria egológica

Segundo Carlos Cossio, mais importante do que a lei é a conduta do indivíduo e sua interação com outras condutas em sociedade.

Carlos Cossio e suas circunstâncias

> *Carlos Cossio* criou o egologismo jurídico, uma aplicação das noções da fenomenologia existencial à experiência jurídica. É uma teoria da liberdade, inspirada em Hans Kelsen.

Carlos Cossio nasceu em 1903, na Argentina. Foi militante universitário e participou ativamente do movimento que resultou na reforma universitária argentina. Foi professor de Filosofia do Direito nas Universidades de La Plata e de Buenos Aires.

Publicou *A valoração jurídica e a ciência do direito* em 1941, mas retomaria a teoria egológica em outras obras, publicadas entre 1944 e 1963. Estudou também, em profundidade, a verdade jurídica.

Morreu em 1987.

Carlo Cossio e sua influência no direito

A *teoria egológica*, que desenvolveu, é um estudo sobre o direito como a tutela da conduta humana em sociedade. Ego significa "eu", portanto egologia é o estudo direto do indivíduo, do sujeito. Cada homem tem as suas especificidades, portanto é importante, segundo o criador da teoria egológica, que cada homem seja partícipe da elaboração da norma jurídica.

Carlos Cossio buscou inspiração na fenomenologia de Edmund Husserl para compor essa teoria do direito. A fenomenologia apresentava cinco noções fundamentais para permitir a análise despojada de qualquer fenômeno: intencionalidade, temporalidade, transcendência, subjetividade e liberdade. A essas noções, Carlos Cossio agregou os valores.

Segundo ele, valores são a soma dos valores pessoais, os valores da sociedade e mais os chamados valores do direito, que incluem justiça, solidariedade, paz, poder, segurança e ordem. Em resumo, Carlos Cossio sugere que, para construir a normatividade jurídica, é preciso fazer a análise da relação que o sujeito tem com a norma jurídica, por meio dos seus atos.

São famosos os debates que Carlos Cossio travou com Hans Kelsen, porque este defendia que a normatividade prescindia da análise da conduta. Cossio, ao contrário, considerava necessário, para entender um fenômeno em sua totalidade, analisar todos os seus elementos formais e materiais.

Defendia também que a norma contém elementos lógicos, estimativos e dogmáticos, e que é tarefa do jurista considerá-los.

Para ele, *dogmática jurídica* é a experiência jurídica vista como uma unidade. A *lógica jurídica* afirma que uma norma não se resume a um enunciado (um *ser*), em relação a um objeto, mas a uma definição do *dever-ser*. E, finalmente, a *estimativa jurídica* é a utilização de valores para a identificação da verdade ou do erro jurídico.

> "MAIS IMPORTANTE que a própria norma é a conduta humana e a interação do ego em sociedade, sendo que uma de suas projeções é o 'dever-ser'" (Carlos Cossio).

Ludwig Wittgenstein e a precisão da linguagem

O austríaco Ludwig Wittgenstein, engenheiro mecânico de formação, dedicou-se a estudos matemáticos e, por essa razão, aproximou-se de Bertrand Russell na Inglaterra.

Frequentou as aulas de Russell em Cambridge e interessou-se em aprofundar os conhecimentos de lógica que obteve do mestre.

Uma questão que aproximou grandemente os dois estudiosos foi o uso da linguagem na filosofia. Ambos acreditavam que a linguagem devia expressar a realidade essencial dos fatos, e que cabia aos filósofos trabalhar a linguagem para que as proposições fossem claras e impedissem desentendimentos. Essa afirmação seria modificada por Wittgenstein, no fim da vida – naquela que seria chamada de sua segunda fase, quando admitiu que o inverso é que era verdadeiro: a linguagem revela a nossa concepção de mundo, e não o mundo é que determina a nossa linguagem.

Ludwig Wittgenstein e suas circunstâncias

Ludwig Wittgenstein concebeu o seu *Tratado lógico-filosófico* com base em sete proposições, em torno da ideia de que o pensamento e a linguagem são imagens lógicas da realidade. Trabalhou com a noção de que o significado de uma palavra depende da sua inserção na linguagem – introduziu a noção de "jogos de linguagem", como chamava esse fenômeno linguístico.

Foi aluno de Gottlob Frege e de Bertrand Russell. Integrou o círculo de Viena.

Somente depois de sua morte, em 1951, seu segundo livro foi publicado.

Ludwig Wittgenstein nasceu em Viena, na Áustria, em 1889. Vinha de família rica. Estudou engenharia mecânica no seu país de origem.

Seguiu, em 1908, para a Inglaterra, a fim de estudar engenharia aeronáutica em Manchester, onde se aproximou de Gottlob Frege, filósofo e matemático alemão considerado o principal criador da moderna lógica matemática. Por sugestão de Frege, entre 1911 e 1913, foi aluno de Bertrand Russell, de quem se tornou grande amigo.

Em 1914, ao eclodir a Primeira Guerra Mundial, voltou para a Áustria e alistou-se no Exército austríaco. Foi capturado em 1917 e permaneceu preso até o fim da guerra. Durante o confinamento aproveitou para fazer as anotações para o seu livro *Tratado lógico-filosófico*, publicado em alemão em 1921 e um ano depois traduzido para o inglês.

Em 1922 publicou o *Tratado lógico-filosófico*, que recebeu introdução de Bertrand Russell. No prefácio, o mestre dizia que certamente o aluno resolveria problemas matemáticos que ele estava muito velho para resolver.

Sofreu influência da filosofia existencialista. Seu livro trata de problemas centrais da filosofia, que têm a ver com as relações entre a realidade, o pensamento e a linguagem.

Passou a frequentar o chamado Círculo de Viena até 1929, quando decidiu voltar para a Inglaterra. Conduziu seminários em Cambridge, famosos pelas rusgas que manteve com alunos. Suas anotações de aulas constituiriam seu livro seguinte, *Investigações filosóficas*, que ele só permitiu que fosse publicado postumamente.

No final da vida retratou-se a respeito do que disse em seu *Tratado lógico-filosófico*, mudando de ideia especialmente em relação ao papel da linguagem. Debateu frequentemente sobre o sentido das coisas e sobre a falta de sentido em algumas delas – *sense* e *nonsense*. Achava que atrás da ineficiência da linguagem estava a falta de sentido, ou seja, uma proposição que não queria dizer coisa alguma.

Ludwig Wittgenstein achava que filosofia não era uma doutrina, mas algo que devia estar acima ou abaixo das ciências naturais, e nunca ao lado delas. A filosofia, dizia ele, apenas põe as coisas diante de nós; não deduz nada. Já que tudo está diante de nós, para ser visto, nada há que explicar.

Morreu de câncer, em 1951.

Ludwig Wittgenstein e suas ideias

Wittgenstein apresenta soluções baseadas na lógica e na natureza da representação. Para ele, o mundo é representado pelo pensamento, desde que mundo, pensamento e linguagem tenham a mesma forma lógica. Portanto, pensamento e linguagem (ou proposição, como a chamava) podem ser imagens lógicas dos fatos. E a imagem, para Wittgenstein, era o modelo da realidade. Para ele, diferentemente do que pensavam os atomistas, o mundo era feito de fatos, e não de objetos.

Cada proposição é o resultado de sucessivas aplicações de operações lógicas a proposições elementares, ou seja, a estrutura da linguagem revela a estrutura do mundo, portanto revela a nossa concepção sobre a realidade. Cada proposição, dizia Wittgenstein, tem valor igual.

"A FILOSOFIA deve tornar claros e delimitar rigorosamente os pensamentos, que de outro modo são turvos e vagos" (Ludwig Wittgenstein).

O Círculo de Viena e o positivismo lógico

O mundo ocidental do século XIX estava atrelado, quase obrigatoriamente, a duas correntes de pensamento filosófico que contestavam o idealismo da Teoria do Conhecimento: os positivistas seguidores da doutrina de Kant e os fenomenologistas baseados na doutrina de Hegel.

Nenhuma das duas correntes, porém, parecia satisfazer os cientistas na sua necessidade de estabelecer os fundamentos da ciência. Além disso, Ludwig Wittgenstein tinha jogado uma pá de cal na metafísica, não apenas abolindo o dualismo inerente a ela (alma/corpo, interior/exterior, ser/parecer), mas rejeitando todo conhecimento que não pudesse ser validado pela experiência.

Para discutir a filosofia da ciência e buscar nas ciências a fundamentação do verdadeiro conhecimento, um grupo de cientistas de áreas diversas, como a física e a economia, passou a se reunir, na Universidade de Viena, na Áustria, por volta de 1922. O elemento catalisador do grupo era Moritz Schlick, professor de Filosofia da Natureza daquela universidade.

Os debates que esses homens empreenderam levaram à criação de uma corrente de pensamento que ficaria conhecida como *positivismo lógico*.

Apesar de eminentemente empiristas – ou seja, de considerarem que o conhecimento científico só chega à verdade por meio da experiência –, os participantes desse grupo levaram em conta as então modernas concepções da lógica e da matemática para o estudo do processo de aquisição do conhecimento (por influência principalmente de Bertrand Russell, Einstein, Frege e Wittgenstein). Por esse motivo o positivismo lógico também recebeu a denominação de *empirismo lógico*, porque tinha como base o princípio da verificabilidade (o que excluía, forçosamente, da filosofia, as especulações metafísicas).

A liderança do grupo, inicialmente, era desempenhada por Philipp Frank, Moritz Schlick, Otto Neurath e Hans Hahn. Alguns anos mais tarde, o trio ganhou a participação de Friedrich Waismann, Herbert Feigl, Karl Gödel e Rudolf Carnap. Esse último, ao lado de Hans Hahn e Otto Neurath, redigiu em 1929 o manifesto "A visão científica do mundo: o Círculo de Viena". Estava batizado o grupo, que, com esse nome, passou para a história.

A principal influência do grupo foi a filosofia analítica, que parte da lógica da linguagem preconizada por Bertrand Russel e Ludwig Wittgenstein.

Entre os anos de 1930 e 1938, o Círculo de Viena editou a revista *Erkemtnis*. Quando a Áustria foi ocupada pelas tropas de Hitler, na invasão denominada *Anschluss*, em 1938, alguns dos integrantes tiveram que fugir para o exterior e outros morreram.

Moritz Schlick e suas circunstâncias

Moritz Schlick publicou várias obras que contestavam a teoria de Immanuel Kant. Foi também o responsável por inserir a ética como ramo da filosofia. O manifesto "A visão científica do mundo: o Círculo de Viena" foi escrito em sua homenagem.

Moritz Schlick, que viveu entre 1882 e 1936, foi o grande incentivador das reuniões regulares do grupo, na Universidade de Viena, onde lecionava. É considerado o criador do positivismo lógico.

Alemão de Berlim, estudou física, tendo sido aluno de Max Planck – o pai da física quântica, que ganhou o prêmio Nobel de Física de 1918. Aos 23 anos de idade escreveu um ensaio sobre a Teoria Especial da Relatividade, de Einstein, que lhe propiciou prestígio. Aos 30 anos já era professor de filosofia na Universidade de Viena.

Foi nessa época que liderou a formação da Associação Ernst Mach (rebatizada em 1929 como Círculo de Viena), para discutir filosofia e ciência. O tema constante dos debates era o livro *Tratado lógico-filosófico*, de Wittgenstein. O próprio autor chegou a ser convidado e compareceu a algumas das reuniões.

Quando os nazistas subiram ao poder, promoveram intensa perseguição aos intelectuais alemães e austríacos que não seguiam os mandamentos políticos da social-democracia, e por isso vários integrantes do Círculo de Viena tiveram de fugir. Schlick, apesar das ameaças de perseguição, escolheu continuar lecionando na Universidade de Viena. Em junho de 1936, numa discussão a respeito de um trabalho, um aluno nazista o assassinou com um tiro no peito, nas escadarias da universidade.

Rudolf Carnap e suas circunstâncias

Rudolf Carnap enriqueceu o princípio da verificabilidade, instituído pelos pensadores do Círculo de Viena, com outro princípio, o da *confirmabilidade*, que é a possibilidade de uma teoria, proposição ou questão que não tenha caráter geral ser confirmada, gradualmente, pela experiência.

Rudolf Carnap (1891/1970) foi o responsável pelo Manifesto do Círculo de Viena e considerado um dos principais membros. Como Wittgenstein, foi aluno de Gottlob Frege. Alemão, Carnap doutorou-se em física na Universidade de Jena aos 30 anos e logo foi convidado para o cargo de professor-assistente de Schlick, desse modo passando a frequentar as reuniões do Círculo de Viena.

Em 1930, assumiu o papel de editor da revista *Erkenntnis*, dividindo a tarefa com Hans Reichenbach (criador do Círculo de Berlim, uma associação muito semelhante ao Círculo de Viena, da qual diferia apenas em alguns pontos de vista).

Perseguido pelos nazistas, emigrou para os Estados Unidos. Lecionou nas Universidades de Chicago, Harvard, Princeton e Los Angeles. Naturalizou-se norte-americano em 1941. Publicou algumas obras, entre as quais se destacam *A construção lógica do mundo* e *Sintaxe lógica da linguagem*. Seus estudos principais tinham por base as proposições, ou seja, a linguagem.

Morreu nos Estados Unidos, em 1970.

Karl Popper e suas circunstâncias

Karl Raimund Popper (1902/1994), austríaco, foi outro dos integrantes do Círculo de Viena a se refugiar no exterior por causa da ascensão do nazismo. Em 1937, fugiu para a Nova Zelândia e, em 1946, mudou-se para a Inglaterra, para trabalhar como professor da renomada London School of Economics, e naturalizou-se inglês.

Karl Popper criou a expressão "racionalismo crítico" para nomear a sua filosofia, que rejeitava o empirismo clássico.

Como todos os integrantes do Círculo de Viena, apreciava Wittgenstein e dedicou-se a estudar a filosofia da linguagem.

Graças à sua atuação como filósofo social e político, defendendo a democracia liberal e protestando contra qualquer espécie de autoritarismo, foi nomeado cavaleiro da Rainha Elisabete II, em 1965. Em 1982, recebeu a importante comenda de Companheiro de Honra (Companion of Honour).

No Círculo de Viena, sua contribuição foi o critério da *falsibilidade* (ou falseacionismo ou ainda falseabilidade), segundo o qual uma teoria somente pode ser considerada científica se admitir refutação pelos fatos. Por isso mesmo, era contrário à metafísica, porque contém afirmações que não podem ser nem comprovadas, nem refutadas cientificamente.

Com esse critério, demarcava a distinção entre o que é e o que não é ciência. Dizia que o papel da filosofia era buscar provas de que uma ou outra teoria é falsa, para que nova teoria ocupe o seu lugar. Como se pode deduzir, considerava a verdade inalcançável, mas acreditava que a busca da verdade por meio de tentativas é um caminho correto para o conhecimento.

Morreu em 1994.

O EXISTENCIALISMO

Como vimos, a fenomenologia de Edmund Husserl afirmava que a vivência subjetiva é mais importante do que a realidade objetiva. Husserl procurava compreender os fenômenos tais como eles se apresentam, sem se preocupar com o conhecimento da natureza essencial dos fenômenos, ou seja, o importante é a existência.

Também vimos que, antes mesmo de Husserl, Sören Kierkgaard valorizava a reflexão de cada homem sobre si mesmo, e que considerava o homem dotado de liberdade e responsabilidade e que não era um ser pré-definido ao nascer. Ao contrário, à medida que o homem vive (existe), adquire novas experiências e a partir delas redefine seu pensamento. Aí está, novamente, a existência como ponto fundamental.

Somando essas duas correntes, dois filósofos e literatos, o alemão Martin Heidegger e o francês Jean-Paul Sartre, definiram os conceitos e proposições do *existencialismo*, logo depois do encerramento da Segunda Guerra Mundial.

A base desse pensamento é esta: o homem tem responsabilidade sobre seu próprio destino porque é dotado de livre-arbítrio. Dado que o homem tem livre-arbítrio e não está preso a qualquer condição previamente determinada, sua existência é mais importante do que a sua essência.

Existir, simplesmente, retira então do homem as preocupações repassadas pelas descobertas da ciência ou pelas revelações da fé. A própria vida é uma constante aquisição de conhecimento e consequente construção do ser humano. E, à medida que vai vivendo – vai existindo –, o homem procura encontrar o sentido da própria existência, diante das circunstâncias e dos acontecimentos que muitas vezes não compreende. Suas escolhas é que vão definir a sequência seguinte desses acontecimentos. É por isso que, segundo Sartre, o viver é sempre acompanhado de angústia, porque o homem abandona opções quando faz a escolha de uma das possibilidades apresentadas a ele.

O existencialismo e o direito

Por causa das rejeições a preceitos científicos e religiosos, o existencialismo é considerado um dos movimentos filosóficos mais radicais da história.

Desse modo, o existencialismo de Sartre tem grande relação com o direito natural, e pouco influenciou o direito adotado no Brasil, que é positivista. Sartre deu espaço em suas considerações para essa angústia que acomete o homem, de errar ao escolher seus atos e assim ferir o direito natural das pessoas que serão influenciadas pelas suas decisões.

Essas escolhas, segundo Kierkgaard, estão categorizadas em três opções principais: estética (o homem escolhe para aproveitar o máximo que puder daquele momento), ética (buscando viver de acordo com preceitos morais corretos) e religiosa (apoiada sobre a fé e a crença dada pela religião).

Embora Heidegger tenha sido o formulador inicial do existencialismo, com o livro *O ser e o tempo*, publicado em 1927, foi Sartre quem deu nome a essa corrente filosófica, no seu tratado filosófico *O ser e o nada*, de 1943.

Martin Heidegger e o ser-no-mundo

O existencialismo não recomenda apenas viver a vida, porque isso significaria simples sobrevivência. O homem deve voltar-se para si mesmo, indagar, aprender (até mesmo por meio da angústia natural) e assim enriquecer a existência.

Martin Heidegger e suas circunstâncias

Martin Heidegger nasceu na Alemanha, em 1889, na região da Suábia. Assistiu, na mocidade, à queda do *II Reich* alemão, com a derrota para os países aliados e a deposição do *Kaiser* Guilherme II.

Viveu a fase da República de Weimar, com o florescimento da intelectualidade alemã. A Alemanha foi o centro cultural do Ocidente, durante os quinze anos que durou a República de Weimar – terminaria com a ascensão de Hitler ao poder. O país viveria, depois disso, anos de conflito político, entre comunistas e nazistas.

Heidegger jamais publicou comentários sobre a filosofia de Karl Marx, de quem foi contemporâneo.

Ultraconservador, apoiou o partido nacional-socialista, cerrando fileira ao lado do filósofo nazista Carl Schmidt. Chegou a se filiar ao partido nazista, em 1933, para auxiliar na chamada *revolução parda* de Adolf Hitler, que dizia pretender implantar uma nova ordem na Alemanha. Conta-se que teria dito a Alfred Rosemberg, ministro da Cultura do *III Reich*, que, para construir uma nação, era necessário haver *Dichter, Führer und Denker* – o poeta, o chefe político e o filósofo. (O poeta seria Hölderlin; o líder político, Adolf Hitler; e o filósofo, o próprio Heidegger.) Depois da derrota da Alemanha na Segunda Guerra Mundial, foi proibido de lecionar. Nunca se retratou pela participação no partido nacional-socialista.

> *Martin Heidegger* foi o criador do existencialismo, corrente que Sartre prosseguiu na França. Seu livro mais importante, *O ser e o tempo*, trata da existência humana sempre relacionada com o tempo. Propõe que o homem viva intensamente o momento presente, o "aqui e agora", em razão da finitude humana. E afirma que o homem tem uma angústia atávica relacionada com a única certeza que tem, a morte. O alívio a essa angústia deve ser o relacionamento com as outras pessoas, para o enriquecimento da existência.
>
> É considerado o líder da Escola de Weimar, da qual participaram Karl Jaspers e Hannah Arendt.

Filho de um sacristão católico pobre, Martin Heidegger conseguiu bolsa de estudos para o Liceu de Constança, em 1903. Em 1909, ingressou no seminário de Friburgo, onde desenvolveria um ensaio de defesa ao monge Abraham a Sancta Clara (cujo nome real era Uleich Megeele), importante orador alemão reconhecido como xenófobo e antissemita. (Esses estudos possivelmente o aproximariam, mais tarde, da doutrina nazista da raça superior.) Mas, em 1919, deixou o seminário e rompeu definitivamente com o catolicismo. Também na Universidade de Friburgo foi aluno e assistente de Edmund Husserl, o fundador da fenomenologia. A partir daí dedicou-se ao desenvolvimento do existencialismo.

Lecionou na Universidade de Marburgo, época em que teve relacionamento amoroso com a aluna Hannah Arendt.

Martin Heidegger e suas ideias

O existencialismo afirma que a arte deve ser instrumento de promoção da liberdade. Por isso, a corrente filosófica de Sartre influenciou, a partir da década de 1950, várias gerações de escritores (Albert Camus e Simone de Beauvoir, por exemplo) e artistas plásticos (Bernard Buffet, por exemplo) e até psicoterapeutas (Ronald David Laing, por exemplo). Também influenciou fortemente a moda e a música, especialmente entre os jovens, nos anos 60 e 70.

Martin Heidegger foi assistente de Edmund Husserl e cuidou de editar vários de seus escritos. Seu pensamento foi uma mescla da fenomenologia de Husserl, dos estudos de Nietzsche e do existencialismo de Kierkgaard. Por ter apoiado os nazistas, em 1931, que preparavam a Segunda Guerra Mundial para implantar o *III Reich* alemão, foi visto com reservas pelos intelectuais europeus durante muitos anos, mas depois passou a ser reconhecido como um dos mais influentes pensadores do século XX.

Seu livro mais importante é *O ser e o tempo*, publicado em 1927. Teve como escopo investigar a natureza do ser e a sua existência – de onde vem o nome de existencialismo à filosofia que desenvolveu. Foi uma retomada do pensamento dos gregos clássicos, no estudo da ontologia.

O existencialismo de Heidegger negou a metafísica clássica e negou Deus. Sem a predestinação imposta pela religião, o homem era responsável pelo seu destino, que resultava de suas próprias escolhas e de seus próprios atos. Essa solidão, dizia Heidegger, levava o homem a viver em estado de angústia, sabendo que a existência é transitória e que a morte é certa. Sua doutrina define três fenômenos que regem a existência: a afetividade (a memória do passado, que serve para julgar os acontecimentos presentes), a fala (sua ligação direta com o momento presente) e o entendimento (com que julga o passado e projeta o futuro).

Martin Heidegger e sua influência no direito

Com o existencialismo, a liberdade volta para a discussão da filosofia. Principalmente no seu envolvimento com o conceito de moral, dado que o homem é um ser social e os seus atos esbarram forçosamente nos outros.

A repercussão do existencialismo no direito assume, assim, relação com a liberdade. O debate jurídico ganhou praticidade, porque a liberdade deixou de ser tomada apenas como conceito essencial e passou a ser encarada como prática diária, e casos exemplares de constrangimento à liberdade ilustraram o cotidiano jurídico.

> "O HOMEM age como se fosse o senhor e mestre da linguagem, enquanto que na verdade a linguagem permanece mestra do homem" (Martin Heidegger).

Giorgio Del Vecchio e a pessoa humana

Giorgio Del Vecchio foi um neokantiano. Tratou a Filosofia do Direito como a própria filosofia aplicada ao direito. Do ponto de vista lógico, costumava fazer duas perguntas: O que é o Direito? e O que é de direito? Do ponto de vista fenomenológico, buscava comparar sistemas jurídicos de diferentes nações, tentando encontrar pontos que evidenciassem a universalidade do direito. E, afinal, do ponto de vista da deontologia, fazia a análise ética dos sistemas normativos.

Nas primeiras décadas do século XX, foi o primeiro jusfilósofo italiano a tecer considerações não mais focadas no objeto passivo, mas na pessoa humana, em contraposição à filosofia positivista da Itália da época. Desprezava o pacto social de Rousseau. É considerado um dos principais jusfilósofos contemporâneos.

Giorgio Del Vecchio e suas circunstâncias

Giorgio Del Vecchio nasceu em 1878, em Bolonha. O pai era professor de estatística na Universidade de Bolonha. Obteve o doutorado em Direito aos 22 anos, em Gênova, publicou seu primeiro livro (*Le dichiarazioni dei diritti dell'uomo e del cittadino nella rivoluzione francese*), e logo em seguida foi lecionar Filosofia do Direito em universidades de várias cidades, como Ferrara e Messina.

Suas principais obras foram escritas muito cedo: *O sentimento jurídico*, em 1902, *Os pressupostos filosóficos da noção do direito*, em 1905 (traduzido para o inglês e o espanhol), e *O conceito do direito*, em 1906.

Em 1921, fundou e passou a dirigir o *Arquivo Jurídico Filippo Serafini* e a *Revista Internacional de Filosofia e de Direito*. Uma de suas principais obras foi publicada em 1922: *A justiça*. De 1925 a 1927 foi reitor da Universidade de Roma. Em 1927 tornou-se reitor da Universidade de Bolonha, até 1970, quando morreu.

Giorgio Del Vecchio e sua influência no direito

O pensamento jurídico de Del Vecchio está condensado nesta frase: "O direito é a coordenação objetiva das ações possíveis, de vários sujeitos, segundo um princípio ético que as determina, excluindo-se o motivo". Nota-se aí evidente influência de Kant.

Diz Paulo Nader que a noção constante do direito, segundo Del Vecchio,

> não se manifesta por um conteúdo da realidade jurídica, por norma ou proposição, mas por pressupostos de natureza formal, uniformemente presentes em toda experiência jurídica, independente do seu conteúdo"[4].

Paulo Nader também relata que Del Vecchio refutava o direito da força, segundo o qual o justo é aquilo que convém ao mais forte. E, na multiplicidade que reconhecia a respeito das normas que regulam o convívio social, admitia apenas Moral e Direito, porque seriam as duas únicas normas éticas. Essas duas categorias decorreriam da atividade humana, portanto ação é a base da análise do direito. Tanto que afirmava que os fenômenos da natureza e as próprias ações humanas estão subordinados ao princípio da causalidade. Portanto, como parte integrante da natureza, o homem deve agir em harmonia com as leis físicas, ou seja, tem liberdade de ação, mas deve agir de acordo com os princípios universais e absolutos de sua consciência e não pelo que constitui a sua individualidade.

Hannah Arendt e a condição humana

Nascida na Alemanha em 1906, Hannah Arendt é autora de dois livros que marcaram o século XX: *Origens do totalitarismo*, em 1951, e *A condição humana*, em 1958. Nesses dois trabalhos principais (embora tenha publicado outros livros), faz uma análise profunda da sociedade contemporânea, abordando liberdade, poder e comunicação.

Hannah Arendt e suas circunstâncias

De ascendência judia, *Hannah Arendt* foi perseguida pelos nazistas já no início do governo de Hitler, em 1933, e teve que passar uma temporada em Paris, onde conheceu o filósofo Walter Benjamin, da Escola de Frankfurt, que também estava refugiado naquela cidade francesa. Voltou para a Alemanha e, durante a guerra, chegou a ser confinada num campo de concentração, em 1941, mas conseguiu fugir e asilou-se em Nova York, onde permaneceu até morrer, em 1975.

---

4 *Filosofia do direito*. Rio de Janeiro: Forense, 2007, p. 242.

Hannah Arendt é considerada uma das precursoras dos direitos do homem, consolidados na Declaração da ONU, de 1948. Escreveu, sempre, sobre a liberdade, mostrando que os regimes totalitários, como o nazismo e o comunismo, prosperaram exatamente porque se serviam do trabalhador comum como massa de manobra para suas pretensões de poder.

Foi além: vinculou o poder à violência, lamentando que essa conexão seja mais frequente do que se poderia esperar. Diz ela também que, inversamente, a violência costuma gerar um poder que aniquila o poder legítimo.

Com essa experiência, credenciou-se a escrever, para a revista *The New Yorker*, um ensaio sobre o oficial da Gestapo nazista Adolf Eichmann, quando este foi julgado por crimes de guerra em Israel, em 1961. Ele fora capturado pelo Mossad (serviço secreto israelense) em 1960, na Argentina, onde vivia desde 1950, sob o nome falso de Ricardo Klement. O julgamento durou quase um ano, teve repercussão mundial e, em vários momentos, foi transmitido ao vivo pelos principais veículos de comunicação.

Adolf Eichmann, tido como responsável pelos campos de extermínio alemães, foi considerado culpado das acusações de crimes contra a humanidade, crimes contra o povo judeu e de participação em organização criminosa. Apesar de a lei israelense não prever a pena de morte, foi aberta uma exceção e Adolf Eichmann foi enforcado no dia 1º de junho de 1962. O ensaio de Hannah Arendt sobre esse julgamento foi ampliado e transformado em livro, sob o título *Eichmann em Jerusalém*. Nesse livro ela criou uma expressão que ficou célebre: a *banalidade do mal*.

Como existencialista, costumava dizer que para compreender a realidade era preciso observá-la e enfrentá-la sem preconceitos e sem a ajuda de antecedentes históricos.

Como ativista política, atuou intensamente nas campanhas contra a Guerra do Vietnã.

Hannah Arendt e suas ideias

Em *A condição humana*, a filósofa emprega a expressão *vita activa* para designar três atividades humanas fundamentais: o labor, o trabalho e a ação.

O labor, segundo ela, é a atividade que corresponde ao processo biológico do corpo humano – é a própria vida biologicamente considerada. O trabalho é a atividade correspondente ao artificialismo da existência humana. A condição humana do trabalho é a mundanidade. A ação, por fim, única atividade que os homens exercem sem a mediação das coisas ou da matéria, corresponde à condição humana da pluralidade, ao fato de sermos todos semelhantes, isto é, humanos, sem que ninguém seja exatamente igual a qualquer pessoa que tenha existido, exista ou venha a existir.

Essas três atividades relacionam-se intimamente com o nascimento e a morte. Não obstante, a ação é a mais intimamente relacionada com a condição humana da natalidade. No sentido de iniciativa, todas as atividades humanas possuem um elemento de ação e, portanto, de natalidade, sendo essa a categoria central do pensamento político.

Diz Hannah Arendt que a condição humana compreende algo mais que as condições nas quais a vida foi dada ao homem. Os homens são seres condicionados: tudo o que os circunda e acaba por ser por eles percebido torna-se imediatamente uma condição de sua existência. Mas a partir de tais condições os homens constantemente criam as suas próprias condições que, a despeito de sua variabilidade e sua origem humana, possuem a mesma força condicionante das coisas naturais.

Assume o caráter de condição da existência humana tudo o que com ela entre em contato. Daí que os homens sejam todos condicionados, independentemente do que venham a fazer na vida.

Arendt ressalva que a condição humana não é o mesmo que a natureza humana. Igualmente, não se equipararia a esse conceito a soma total das atividades e capacidades humanas que correspondem à condição humana.

Segundo ela, o problema da natureza humana parece insolúvel, tanto em seu sentido psicológico como em seu sentido filosófico geral. Tentar defini-la seria como pular sobre nossa própria sombra.

Para a filósofa, se o ser humano possuir alguma natureza que lhe seja intrínseca, certamente só um deus pode conhecê-la e defini-la; e a condição prévia é que ele possa falar de um "quem" como se fosse um "quê". As limitações cognitivas do ser humano impedem uma tal perquirição. Assim, não há diferença relevante, segundo Arendt, entre investigar a natureza humana e buscar compreender a natureza de Deus. A resposta, em ambos os casos, somente pode ser divinamente revelada.

É preciso esclarecer que Hannah Arendt não é determinista a ponto de afirmar que as condições da existência humana explicam o que o homem é em sua totalidade. O condicionamento advindo da mundanidade jamais é absoluto e, portanto, nesse sentido, não somos meras criaturas terrenas.

Em *A condição humana*, em suma, Arendt debruça-se sobre a *vita activa* do homem, expressão que, na filosofia medieval, corresponde ao *bios politikos* de Aristóteles, cujo significado é uma vida dedicada aos assuntos públicos e políticos.

Aristóteles – ensinava ela – não considerava livre quem estivesse preso ao reino da necessidade, isto é, quem dependesse, para viver, do labor ou do trabalho. Seriam livres aqueles cuja vida estivesse voltada para os prazeres do corpo, dedicada aos assuntos da *polis*, bem como a vida do filósofo – esta dedicada à investigação e à contemplação das coisas eternas.

No decorrer da história, o conceito de *vita activa* deixou de designar apenas a ação propriamente política do ser humano, para passar a denotar todo tipo de engajamento ativo nas coisas deste mundo. A ação, nesse sentido, passara a ser vista como uma das necessidades da vida terrena, de onde se conclui que apenas a contemplação passou a ser tida como modo de vida realmente livre.

Em outras palavras, a contemplação passou a uma posição notável de superioridade em relação à ação. Já em Aristóteles, vê-se que a verdade do Ser só pode ser revelada por meio da completa quietude humana. A abstenção estática do próprio movimento físico externo é tida como necessária para uma elevação da racionalidade do ser humano a ponto de se alcançar a verdadeira liberdade.

Hannah Arendt e sua influência no direito

Até o início da Era Moderna, a expressão *vita activa* possui uma conotação negativa. Designa uma "não quietude". Revela ainda a concepção grega de superioridade da contemplação sobre a atividade, pois por meio desta – da atividade – o homem produz coisas em nada comparáveis à singular beleza dos objetos da natureza.

Por certo o cristianismo, bem o nota Arendt, contribuiu para o rebaixamento da vida *ativa* ao enaltecer a contemplação a Deus. Não obstante, a própria descoberta da contemplação como faculdade humana, distinta do pensamento e do raciocínio – ocorrida na escola socrática –, deu a ela o *status* de superioridade que a acompanhou desde então, a ponto de a contemplação ter norteado o pensamento metafísico e político de toda a nossa tradição.

Arendt, todavia, não parte dessa concepção, isto é, não acata a subordinação hierárquica da *vita activa* em relação à contemplação, pois, segundo ela, tal hierarquia tradicional obscureceu as diferenças e manifestações no âmbito da própria *vita activa*, o que não restou superado nem mesmo pela inversão da ordem hierárquica em Marx e Nietzsche, já na Era Moderna.

A filósofa assim o diz porque a inversão da ordem hierárquica, por si só, não altera a maneira de pensar o problema. No cerne da preocupação da investigação filosófica persiste a premissa, em assim procedendo, de que há um único princípio global a prevalecer em todas as atividades humanas, tal e qual se sucedia na hierarquia tradicional. Arendt aduz que tal premissa não é necessária nem axiomática. Por esse motivo, não a acata e utiliza a expressão *vita activa* pressupondo que não há hierarquia entre ela e a vida contemplativa e que cada qual envolve preocupações próprias, não reconduzíveis a um núcleo comum.

Vita activa, portanto, na obra arendtiana, é empregada de um modo singular, original, havendo, nesse sentido, um rompimento com a tradição filosófica. Não se baseia em um sentido universal, como até então ocorria, ou seja, reconhece, a filósofa, que cada atividade humana possui um sentido próprio e que não é possível estabelecer qualquer hierarquia entre cada um desses sentidos.

Há, de fato, uma diferença entre o princípio global do labor, do trabalho e da ação e o princípio global da vida contemplativa. Todavia, conclui a filósofa, do ponto de vista racional não há nada que permita afirmar que a contemplação é a atividade superior do ser humano.

Referida diferença é ilustrada, por Arendt, por meio da distinção entre imortalidade e eternidade. *Imortalidade*, diz ela, significa continuidade no tempo, vida sem morte nesta terra e neste mundo; mortalidade é mover-se ao longo de uma linha reta num universo em que tudo o que se move o faz num sentido cíclico.

Os homens são capazes de feitos imortais, de sorte que, a despeito de sua mortalidade individual, atingem o seu próprio tipo de imortalidade e demonstram sua natureza “divina”.

O *eterno*, por sua vez, constitui o verdadeiro centro do pensamento estritamente metafísico. Em Platão, diz Arendt, o eterno e a vida do filósofo são vistos como inerentemente contraditórios e em conflito com a luta pela imortalidade, que é o modo de vida do cidadão, o *bios politikos*. Isso porque o filósofo, ao escrever os seus pensamentos, adota a *vita activa*, busca a imortalidade (deixar aos vindouros vestígios de seus pensamentos) e, por consequência, afasta-se da eternidade.

O filósofo somente pode passar pela experiência do eterno ao deixar de estar com outros homens, correspondendo, nesse sentido, à morte. A experiência do eterno, diferentemente da experiência do imortal, não corresponde a qualquer tipo de atividade nem pode nela ser convertida.

Designa-se a experiência do eterno por *theoria* ou *contemplação*, em contraposição a todas as outras atitudes que, no máximo, podem estar relacionadas com a imortalidade. Como já mencionado, a história consagrou a visão da contemplação como superior hierárquica à *vita activa*. Diz Hannah Arendt que isso não se deveu propriamente ao pensamento filosófico. A queda do Império Romano é emblemática nesse sentido, pois, por um lado, demonstrou que nenhuma obra de mãos mortais pode ser imortal e, por outro, foi acompanhada da ascensão do evangelho cristão, pregador da vida individual eterna. Diminui-se, assim, a importância de qualquer busca pela imortalidade terrena. Como resultado, a *vita activa* e o *bios politikos* desvalorizaram-se em face da contemplação.

"ESTAR EM SOLIDÃO significa estar consigo mesmo; e, portanto, o ato de pensar, embora possa ser a mais solitária das atividades, nunca é realizado inteiramente sem um parceiro e sem companhia" (Hannah Arendt).

NA TANGÊNCIA DA FILOSOFIA

Mahatma Gandhi e a não violência

Mohandas Karamchand Gandhi, mais conhecido como *Mahatma Gandhi* (que, em sânscrito, significa "grande alma"), nasceu em 1869 na cidade de Porbandar, da Índia Ocidental.

Casou-se aos 13 anos de idade, por um arranjo familiar (prática comum ainda hoje naquela sociedade). Estudou Direito em Londres, na Inglaterra.

Voltou à Índia no ano de 1891, quando da morte de sua mãe e, logo depois, mudou-se para a África do Sul. Foi lá que, diante das mazelas causadas pela exacerbada discriminação social, percebeu que era capaz de utilizar seus conhecimentos jurídicos para ajudar o próximo – e mergulhou em uma quase interminável empreitada pela defesa da minoria Hindu.

Por sugestão de Leon Tolstoi, tomou contato com a obra de Henry David Thoureau, de onde retiraria a ideia de promover modificações sociais não pela revolução, mas sim pela desobediência civil – a que denominou *Satyagraha* (que, em sânscrito, significa "força da verdade").

Para tanto, desenvolveu um método de atuação que viria a chocar o mundo – o da não violência (chamado por ele de *ahimsa*).

Surpreendentemente, através desse método, conseguiu atingir todos os objetivos a que se propôs, inclusive o mais marcante deles: a Independência da Índia em agosto de 1947.

Surpreendentemente, apesar da grande vitória, Gandhi não comemorou a conquista. Ao contrário, lamentou o fato de o país ter se dividido em dois: de um lado, a República da Índia (com maioria hindu), e, de outro, a República Islâmica do Paquistão (de maioria muçulmana) – o que só viria a agravar a intolerância religiosa e a não aceitação mútua.

Trecho do discurso pronunciado por Gandhi na reunião do Congresso Pan-Indu, realizado em Bombaim, Índia, no dia 7 de agosto de 1942:

> *Li muito sobre a Revolução Francesa. No cárcere, li as obras de Carlyle. Grande é minha admiração pelo novo francês. "Pandit" Nehrú falou-me extensamente sobre a Revolução Russa. Posso dizer-vos que, conquanto a deles fosse uma luta para o povo, não foi uma luta para a verdadeira democracia que eu procuro. Minha democracia significa que cada um é o*

seu próprio dono. Tenho lido bastante a história e não encontrei tamanha experiência em escala parecida para o estabelecimento da democracia pela não violência. Quando tenhais compreendido essas coisas esquecereis as diferenças entre hindus e muçulmanos.

A resolução que vos apresento diz: "Não queremos ser rãs num poço".

Visamos à Federação Mundial, que apenas pode ser estabelecida pela não violência. O desarmamento é unicamente possível se usais da arma incomparável da não violência. Há gente que me pode chamar de visionário, mas sou um verdadeiro homem de negócios e meu negócio consiste em obter a independência.

Se não aceitardes esta resolução, não o lamentarei muito. Contrariamente, dançarei de alegria porque, então, me tereis descarregado da tremenda responsabilidade que, de outra maneira, me colocaríeis nos ombros. Desejo que adoteis a não violência como tática política. Para mim é uma crença, mas no que a vós se refere, quero que a aceiteis como tática política. Deveis aceitá-la como soldados disciplinados e praticá-la quando estiverdes na luta. Há muita gente que me pergunta se sou o mesmo que em 1920. A única diferença que há é que estou muito mais forte em certos aspectos do que em 1920[5].

Carl Schmitt, fé e política

Foi jurista, professor e filósofo, reconhecido com um dos mais importantes teóricos políticos da Alemanha. Considerado um dos grandes especialistas em direito internacional do século XX, foi um obstinado defensor do nazismo. Nessa defesa, desenvolveu um conceito de *democracia pura* baseado no princípio da identidade. Segundo esse conceito, somente um povo que tenha identidade com seus governantes é capaz de reação diante de circunstâncias adversas de sua realidade imediata, e, portanto, pode ser verdadeiramente democrático.

Carl Schmitt e suas circunstâncias

Carl Schmitt nasceu em 1888, na Alemanha. Graduou-se em Direito em Estrasburgo, em 1915. Em 1933, assumiu cátedra na Universidade de Berlim e, no mesmo ano, ingressou no Partido do Nacional-Socialismo – o partido nazista de Hitler.

Carl Schmitt foi um importante filósofo alemão do século XX. Especialista em direito internacional, foi membro e grande defensor do partido nazista. Escreveu, entre outras obras, *A ditadura*, sobre a República de Weimar. No livro, comenta a figura do *Reichspräsident* (presidente da nação).

Seu pensamento tinha bases firmes na fé católica. Suas teses estão no livro *Teologia política*, de 1922.

Ao fim da guerra, ficou durante dois anos numa prisão, mas nunca se retratou pelo apoio ao nazismo. Sobre esse período de cativeiro, escreveu o livro *O cativeiro liberta*. Iniciou uma campanha contra o pensamento de Ortega y Gasset, com um livro chamado *A tirania dos valores*, de 1960.

Mas sua obra mais famosa é *O conceito do político*, escrito em 1932, um livro em que estabelece a xenofobia como elemento legítimo de manutenção da identidade nacional. Morreu em 1985.

Carl Schmitt e suas ideias

Para Carl Schmitt, contradizendo o liberalismo de Kant, a liberdade não é um princípio político, porque nenhuma forma de governo tem origem na liberdade. Comple-

[5] Publicado no jornal *Folha da Manhã*, de 8 de agosto de 1942.

mentava essa teoria a ideia de que esse povo tinha que ter uma característica existencial (ou seja, psicológica e sociológica) de homogeneidade, o que, praticamente, implicava afastar todos os que não teriam igualdade com ele. Com isso, concluiu que eleição secreta não seria representativa, e devia ser substituída pela aclamação.

Essa homogeneidade se traduz em todos os campos, segundo Schmitt: língua, religião, moral, tradição, expectativas. E ao Estado cabe preservar a homogeneidade do povo. Por isso defendeu, no livro *A ditadura*, publicado em 1921, que um ditador forte representa a vontade popular mais efetivamente do que um grupo legislativo. O livro foi escrito para comentar a República de Weimar, que acabava de ser criada.

Com essa noção de mito de nação e ditadura, que o caracteriza como inimigo da democracia liberal, Carl Schmitt manteve intenso debate com Hans Kelsen acerca de quem seria o responsável pela guarda da Constituição.

Para Schmitt, a Constituição de um país devia obrigatoriamente prever a situação de "estado de exceção", em que o líder teria liberdade de executar ações necessárias, e até violentas, para defender a nação. Seria uma suspensão temporária do Estado de Direito, em benefício do interesse público, segundo afirmava.

"AQUELES QUE GOVERNAM se diferenciam através do povo, mas não frente ao povo" (Carl Schmitt).

Jean-Paul Sartre e o espírito da solidariedade

Em visão diametralmente oposta à de Schmitt, a premissa básica do existencialismo de Sartre foi a liberdade.

Jean-Paul Sartre e suas circunstâncias

Jean-Paul Sartre nasceu em Paris em 1905. Perdeu o pai aos 2 anos de idade e foi criado pela mãe e pelo avô. Formou-se na Escola Normal Superior.

Em 1928, cumpriu o serviço militar obrigatório como meteorologista. Ao terminar, tornou-se professor de filosofia na Universidade La Havre. Com uma bolsa de estudos do Instituto Francês passou o ano de 1932 em Berlim, estudando os trabalhos de Edmund Husserl e de Martin Heidegger. Voltou para Paris para lecionar na Universidade La Havre e no Liceu Pasteur, até que eclodiu a Segunda Guerra Mundial.

Foi convocado para a guerra, na função de meteorologista. Chegou a cair prisioneiro dos alemães, tendo sido levado para um campo de concentração, mas conseguiu fugir. Em 1941, conheceu Simone de Beauvoir, em Paris, que seria sua companheira até o fim da vida. Com ela, fundou um grupo para ajudar na resistência francesa contra a ocupação alemã. Depois que acabou a guerra, criou a revista *Le Temps Modernes* (*Os Tempos Modernos*), com intelectuais marxistas, entre eles Merleau-Ponty e Raymond Aron. Em 1952 filia-se ao Partido Comunista, com o qual romperia em 1956.

Jean-Paul Sartre elaborou o existencialismo moderno, profundamente original em relação aos seus inspiradores (Sören Kierkgaard e Edmund Husserl). Sua filosofia ficou registrada em todas as suas obras, com destaque para *O ser e o nada*. Depois do fim da Segunda Guerra Mundial, passou a viver como escritor independente. Entre seus escritos sobre literatura estão ensaios sobre Baudelaire e Jean Genet. Foi indicado para o prêmio Nobel de Literatura em 1964, mas recusou-se a recebê-lo.

Jean-Paul Sartre visitou o Brasil em 1961, durante a campanha que promovia pelo mundo contra a guerra do Vietnã.

Morreu em 1980.

Jean-Paul Sartre e suas ideias

Segundo Sartre, o homem é livre de qualquer predestinação, inclusive da igreja – uma vez que afirmava a não existência de Deus. Sem as imposições da religião, o homem é absolutamente livre para fazer escolhas e realizar os atos que decidir realizar. A existência precede a essência, assegurava Sartre, portanto não é possível que haja uma força (nem mesmo uma força divina) que defina o que o homem deve ser ou fazer antes do nascimento. O homem é livre e, por isso mesmo, o único responsável pelos seus atos e decisões.

Com esse pensamento ateu, retomou as ideias de Sören Kierkgaard, o primeiro pensador existencialista. Dele também colheu a noção de que essas duas forças, a liberdade e a responsabilidade, trazem ao homem uma angústia atávica de viver, porque exige de si mesmo uma batalha diária, ao longo da vida, para praticar um comportamento adequado do ponto de vista moral e ético. Isso porque o homem é livre para fazer o bem e também é livre para fazer o mal; quando pratica algo errado, não pode usar como desculpa as crenças, como desígnios de Deus, destino e coisas semelhantes.

Uma frase famosa, de sua autoria, dá a medida de quanto a interação com as outras pessoas pode trazer sentido à existência de alguém: "O inferno são os outros". O significado da frase não é negativo – ao contrário, expressa a importância que a solidariedade pode levar para a vida de alguém, porque esse alguém se esforçará para merecer o respeito e a confiança de quem convive com ele.

O existencialismo de Sartre, como se pode ver, foi um dos movimentos mais radicais da filosofia em todos os tempos. Essa concepção de que não há nada antes da existência, e que nada faz sentido antes que o próprio ser dê sentido à existência, é o que se chama de *niilismo*.

Seus trabalhos pregavam o combate individual à alienação, assegurando que a arte é um dos componentes mais importantes para a salvação do homem. Ele mesmo dedicou-se à literatura, a tal ponto que escreveu um livro chamado *O que é literatura?*, em 1948. No livro, Sartre afirma que, para ele, a literatura é um compromisso, porque a criação artística é um compromisso moral. Sua dedicação à literatura rendeu-lhe indicação para o prêmio Nobel em 1964 – mas recusou o prêmio, sob a alegação de que aceitá-lo equivaleria a submeter-se à autoridade intelectual dos juízes.

Para a construção do existencialismo, Sartre uniu, aos ensinamentos de Kierkgaard, a fenomenologia de Edmund Husserl, que defendia a supremacia da consciência livre e completamente intencional do homem.

As ideias de Jean-Paul Sartre foram registradas em vários escritos, voltados inicialmente para estudos psicológicos, como *A imaginação*, de 1936, *Esboço de uma teoria das emoções*, de 1939, e *O imaginário: psicologia fenomenológica da imaginação*, de 1940.

Todas as suas obras contêm os fundamentos do existencialismo, como se pode ver nas duas novelas ("Náusea", de 1930, e "Caminhos da liberdade", de 1945), que lhe deram prestígio e reconhecimento em todo o mundo. Sua fama cresceu muito com as peças teatrais "As moscas", "Entre quatro paredes" e "Sem saída", e também com a publicação do ensaio "Existencialismo é um humanismo", de 1946.

Ainda escreveu romances: *A idade da razão*, *Sursis*, *Com a morte na alma*. Mas sua obra mais expressiva foi um trabalho filosófico, *O ser e o nada*, que trava uma espécie de diálogo com *O ser e o tempo*, de Martin Heidegger, o outro nome forte do existencialismo.

"O INFERNO são os outros" (Jean-Paul Sartre).

Maurice Merleau-Ponty e a linguagem do corpo

Em geral, esse filósofo é inserido na categoria de existencialista, embora não defendesse com tanto ardor a liberdade radical e a angústia existencial, temas que nortearam as teses de Jean-Paul Sartre e Simone de Beauvoir.

Seu ponto central é o mecanismo psicológico que baseia o conhecimento. Deu ênfase especial à linguagem, e, como Jacques Derrida, pregou a análise da origem da comunicação para que se possa apreender o seu real sentido.

Maurice Merleau-Ponty e suas circunstâncias

Maurice Merleau-Ponty nasceu em 1908. Formou-se em Filosofia na Escola Normal Superior de Paris, em 1930. Na Segunda Guerra Mundial serviu como oficial de infantaria. Logo depois do fim da guerra, publicou seus primeiros livros de filosofia e assumiu a cadeira de filosofia na Universidade de Lyon e na Sorbonne.

Colaborou na revista *Les Temps Modernes*, com Jean--Paul Sartre. Entretanto, rompeu com Sartre em 1953 porque não concordava com o apoio deste ao regime de Stalin.

Morreu em 1961.

Maurice Merleau-Ponty reformulou algumas das teses existencialistas de Jean-Paul Sartre, especialmente no que diz respeito ao dualismo entre mente e corpo, por exemplo. O corpo, diz ele, é um excelente instrumento de comunicação.

Sua filosofia da linguagem afirma que aquilo que percebemos do mundo é influenciado por uma série de fatores que influenciam a conexão entre o mundo exterior e o mundo interior.

Maurice Merleau-Ponty e suas ideias

O principal trabalho de Merleau-Ponty, *Fenomenologia da percepção*, de 1962, discute as dicotomias filosóficas tradicionais, em especial o dualismo entre corpo e consciência. Sua *teoria da comunicação*, descrita nesse livro, enfatiza que nós somos nosso corpo; o corpo tem relação estreita com o mundo, é a articulação do nosso ser social, e, portanto, cada gesto agrega significação às palavras.

O corpo não é simplesmente um instrumento que a mente comanda, como pensava Descartes. Portanto, diz Merleau-Ponty, a linguagem falada não é exemplo de manifestação do pensamento puro. O essencial é captar, na fala e no comportamento, a percepção em via de realização, o que só conseguiremos depois de nos livrar de preconceitos e dogmas que nos prendem a ideias antigas.

Na sua filosofia da linguagem, embasada na fenomenologia de Edmund Husserl, Merleau-Ponty critica tanto o empirismo quanto o idealismo, e anota o distanciamento que existe entre a palavra e o objeto que essa palavra designa.

Filosoficamente, Merleau-Ponty busca a rearticulação entre sujeito e objeto, ou seja, entre o eu e o mundo, porque considera (ao contrário do empirismo) que há uma conexão interna entre o objeto e a ação.

"AO QUEBRAR O SILÊNCIO a linguagem realiza o que o silêncio pretendia e não conseguiu obter" (Maurice Merleau-Ponty).

LINHA DO TEMPO – A CRISE DA FILOSOFIA MODERNA

Ano 1819 – Augusto Comte inicia a publicação dos livros *Opúsculos de filosofia social*, propondo as bases do positivismo.

Ano 1844 – Friedrich Engels estabelece os princípios do socialismo moderno, no livro *Esboço de uma crítica da economia política*.

Ano 1848 – Engels e Marx publicam o *Manifesto Comunista*.

Ano 1848 – John Stuart Mill publica *Princípios de economia política*.

Ano 1867 – Karl Marx inicia a publicação dos livros que compõem a obra *O capital*.

Ano 1868 – Benjamin Constant cria, no Brasil, um centro para o estudo do positivismo.

Ano 1883 – Clóvis Beviláqua publica o livro *A filosofia positiva no Brasil*.

Ano 1893 – Émile Durkheim publica, na França, *A divisão do trabalho social*.

Ano 1896 – Herbert Spencer publica *A filosofia sintética* e *Estática social*.

Ano 1903 – Henri Bergson publica *Introdução à metafísica*.

Ano 1905 – Albert Einstein publica *Teoria especial da relatividade*, que seria completada em 1916 com a *Teoria geral da relatividade*.

Ano 1913 – Edmund Husserl publica *Ideias relativas a uma fenomenologia pura*.

Ano 1918 – Bertrand Russell escreve, na prisão, durante a Primeira Guerra, em 1918, *Introdução à filosofia matemática*.

Ano 1919 – O Tratado de Versalhes muda a geografia e a política mundial.

Ano 1920 – Georg Lukács publica *História e consciência de classes*.

Ano 1922 – Ludwig Wittgenstein publica *Tratado lógico-filosófico*.

Ano 1922 – Carl Schmidt publica *A ditadura*.

Ano 1923 – Mussolini implanta o fascismo na Itália. No mesmo ano, Emilio Rochette cria o Partido Fascista Brasileiro, em São Paulo.

Ano 1923 – Sigmund Freud publica *O ego e o id*, com uma teoria completa sobre a mente humana.

Ano 1924 – Criada a Escola de Frankfurt, importante centro de discussão político-filosófica.

Ano 1927 – Martin Heidegger publica *O ser e o tempo*.

Ano 1929 – Criado o Círculo de Viena.

Ano 1932 – O escritor Plínio Salgado lança a Aliança Integralista Brasileira, com ideologia anticomunista.

Ano 1937 – Depois da morte de Antonio Gramsci, sua obra é publicada sob o título de *Cadernos do cárcere* e *Cartas do cárcere*.

Ano 1941 – Carlo Cossio publica *La valoración jurídica y la ciência del derecho*.

Ano 1943 – Jean-Paul Sartre publica o tratado filosófico *O ser e o nada*.

Ano 1958 – Hannah Arendt publica *A condição humana*.

Ano 1962 – Maurice Merleau-Ponty publica *Fenomenologia da percepção*.

SEXTA PARTE

A FILOSOFIA do DIREITO CONTEMPORÂNEA

O NEOKANTISMO

O pensamento de Immanuel Kant chama a atenção de filósofos, juristas e professores até hoje. Mas, ao longo do tempo, o idealismo alemão do século XVIII e o positivismo foram sendo superados, embora jamais tenham sido desvalorizados. Pequenas dissidências ao conjunto do pensamento kantiano foram desenvolvidas – na Alemanha, principalmente.

As teorias do filósofo alemão ganharam nova fisionomia no século XIX, sem perder, porém, a estrutura. Essas novas faces do pensamento de Kant foram chamadas *neokantismo*.

Foi uma espécie de retorno ao idealismo, iniciado na Inglaterra com Thomas Hill Green e Edward Caird. Na Alemanha, pátria de Immanuel Kant, o neokantismo teve como representantes mais importantes Otto Liebmann, Johannes Volkelt e as escolas de Marburgo e de Baden.

Não se pode dizer que tenha havido um representante mais expressivo desse retorno à doutrina de Kant, iniciado por volta de 1850. Mas é importante destacar alguns pensadores que marcaram posição no neokantismo, principalmente na Alemanha.

Por ordem cronológica, o primeiro deles foi o médico *Hermann von Helmholtz*, cujos estudos foram mais orientados para a psicologia. Pouco depois, observa-se o surgimento de *Eduard Zeller*, que foi discípulo de Hegel, e *Kuno Fischer*, que sucedeu Zeller na cadeira de filosofia da Universidade de Heidelberg.

Mas, todas elas foram abordagens individualizadas, cada uma com a sua novidade em relação ao pensamento de Kant.

Exceções foram a Escola de Marburgo, que defendia a ideia de que tudo, inclusive as sensações, está contido no pensamento (com Hermann Cohen, Paul Natorp e Ernst Cassirer), e a Escola de Baden, que defendia a ideia de que os valores estão numa categoria separada da lógica, numa concepção histórica do fenômeno jurídico (com Wilhelm Windelband e Heinrich Rickert). Fez parte da Escola de Baden o pensador Max Weber, cujo pensamento detalharemos, adiante, neste livro.

Já no século XX, houve um movimento mais organizado a pregar o retorno ao pensamento de Kant. Um dos responsáveis foi o filósofo *Otto Liebmann*, que publicou a obra *Kant e seus epígonos – um ensaio crítico*, em 1865.

Outro pensador que seguiu a atitude de Otto Liebmann foi *Friedrich Albert Lange*, com o livro *História do materialismo*. Junto com outros intelectuais, criaram a revista *Kantstudien*, para debater as ideias de Kant sobre o conhecimento.

O movimento neokantiano perdurou bastante. Já no século XX, podemos destacar Georg Simmel e Hans Cornelius. Mas, para efeito da filosofia do direito, é necessário pontuar, entre os neokantistas, a contribuição de Max Weber.

Max Weber e a influência recíproca entre direito e economia

O alemão Max Weber dedicou-se à economia e à sociologia, valorizando a história como forma de compreender a evolução das sociedades.

Doutor em Direito, estudou principalmente o capitalismo inglês como forma de organização econômica, que ele considerava ser a força mais arbitrária da vida moderna.

Segundo ele, direito e economia influenciaram-se reciprocamente ao longo do tempo – as iniciativas capitalistas teriam tido repercussão sobre a racionalização formal do direito e, vice-versa, o desenvolvimento jurídico teria influenciado o desenvolvimento histórico do capitalismo.

A revolução bolchevique de 1917 influenciou a obra de Weber, particularmente no que diz respeito à sua teoria política e à ideia de dominação carismática.

Sua obra é de tal importância que, juntamente com Marx, Comte e Durkheim, é considerado um dos fundadores da metodologia da sociologia moderna.

Max Webber e suas circunstâncias

Max Weber nasceu em Erfurt, Turíngia, em 1864, na Alemanha, de família rica: seu pai era advogado e político e sua mãe, culta e liberal, de fé protestante.

Consta que aos 13 anos já redigia ensaios históricos de fôlego. Doutor em Direito, atuou como professor na Universidade de Berlim e também como assessor do governo.

Interessou-se por várias áreas do conhecimento, especialmente a economia política, filosofia e história. Atuou como coeditor do *Arquivo de Ciências Sociais*, publicação importante para os estudos sociológicos na Alemanha.

Foi professor em Berlim, Friburgo, Heidelberg, Viena e Munique. Em 1891, participou da fundação da Federação Pan-Germanista. Em 1918, como um dos fundadores do Partido Democrático Alemão (DDP), fez conferências em que pedia que o imperador Guilherme II abdicasse do trono. Também fez parte da delegação alemã que negociou a paz, no fim da Primeira Guerra – negociação essa que culminou no Tratado de Versalhes. Participou do movimento de criação da República de Weimar, tendo sido um dos redatores da Constituição promulgada em 1919.

> *Max Weber* é considerado um dos fundadores da sociologia. Criou a teoria dos tipos puros de poder legítimos, que são modelos de comportamento social. Defendia a educação jurídica formal como uma necessidade para impedir que o capitalismo prejudicasse a sociedade. Foi quem relacionou capitalismo e protestantismo, porque essa doutrina cristã tem como doutrina o sucesso econômico, e não a realização transcendental, como o catolicismo.

De saúde precária, nos seus últimos anos de vida, restringiu-se a dar conferências em Viena e em Munique. Desde 1898 foi assolado por depressões agudas e crises nervosas, entre as quais produzia sem cessar sua obra intelectual. Morreu em 1920.

Max Weber e suas ideias

Webber defendia que quanto mais sistematizadas fossem a ordem jurídica e a administração, mais previsíveis seriam os resultados de qualquer ação econômica. Com isso, censurava a maneira como a *common law* evoluiu, à mercê de casos particulares acrescentados à jurisprudência, embora admitisse que algo de formalismo existia no processo, o que teria impedido uma balbúrdia jurídica.

Pregava a necessidade de implantação de uma educação jurídica universitária e formal, porque o empreendedor capitalista não quer saber de leis, mas deveria conhecê-las.

Realizou importante pesquisa sociológica sobre a dominação, analisando diversos modelos de democracia.

De orientação marxista, Max Weber discordou em parte da corrente de Engels e Marx, ao considerar que não é apenas a luta de classes a causa das transformações sociais. Seu primeiro livro, *Para a história das sociedades comerciais da Idade Média*, de 1889, analisou a situação agrícola de Roma Antiga, fazendo uma analogia sobre a funcionalidade do latifúndio na Alemanha de sua época.

Criou o conceito da *ação social*, como denomina a conduta humana dotada de sentido, com metas e propósitos determinados para interferir na vida de outros indivíduos. O fenômeno social, assim, pode ser explicado pela conduta social de cada indivíduo; cada ato social é baseado em interesses e juízos individuais, e está vinculado ao grupo.

Criou a *teoria do poder de tipo puro* para explicar os fenômenos sociais. Segundo a teoria, são três os tipos de poder ou dominação. Importante ressaltar que os tipos ideais não são dogmas, mas apenas esquemas interpretativos da realidade (podem, assim, ser úteis ou inúteis, mas não verdadeiros ou falsos). Não são modelos descritivos da realidade; são categorias interpretativas (não existem na realidade em sua forma pura).

Um deles é o tipo *racional-legal*, despido de sentimentos e que domina por meio de um sistema de normas; o Estado, pela sua burocracia, é um exemplo de autoridade desse tipo.

A dominação racional-legal é aquela em que vigora a crença em regras abstratas e impessoais intencionalmente estabelecidas. O pressuposto de tais regras é a igualdade: todos se submetem a elas da mesma forma. Assim, essa espécie de dominação consiste em um tipo de exercício do poder desprovido de afeição ou paixão. Há uma indiferença emocional. O funcionário burocrata deve agir sem nenhum tipo de envolvimento emocional. Deve apenas executar o que dispõem as regras.

A dominação racional-legal implica, pois, rejeição de qualquer ética ou privilégio. É típica de sociedades modernas, nas quais entre em crise a ideia de Deus como fundamento único.

Com efeito, a progressiva racionalização observada ao longo da história mostrou a crescente afinidade entre esse modo de dominação e a democracia nos Estados modernos. A passagem do Estado absolutista para o moderno é acompanhada, preponderantemente, pela dominação racional-legal, a qual ocasionou a separação entre a vida privada e a esfera pública.

Weber reconhece a primazia dessa forma de dominação sobre as demais por dois motivos: i) histórico: a história mostra a evolução dos tipos de dominação, culminando neste tipo; ii) metodológico: é a forma de dominação que mais se adequa às premissas weberianas. Esse último aspecto será retomado no próximo tópico.

O poder de tipo *carismático* é aquele em que um indivíduo submete o grupo – seja pelo desempenho da liderança, seja pela simpatia, pelo misticismo ou até pela demagogia. Na dominação carismática, observa-se uma crença no caráter sagrado das características excepcionais, mediante prova, do líder (ditador, líder militar, líder revolucionário e profeta). O grande exemplo desse tipo é Cristo (características excepcionais comprovadas pelos milagres). A dominação carismática é típica de sociedades primitivas.

Observa-se, nessa espécie, uma devoção à santidade, ao líder espiritual, que deve ser obedecido devido a suas excepcionais e particulares características. O líder carismático possui uma característica que é inacessível à pessoa comum, por ser personalíssima.

Percebe-se, pois, que a dominação racional-legal leva em consideração, na sua dinâmica, a racionalidade do mercado, ao passo que a carismática, não. Esta, aliás, é instável por natureza, diferentemente das outras formas de dominação, que tendem a se perpetuar no tempo. É possível, entretanto, que haja uma rotineira reiteração do carisma, o que gera institucionalização e uma maior estabilidade.

O terceiro tipo é o poder de *tipo tradicional*, em que as leis são baseadas na tradição daquela comunidade. Os súditos prestam obediência incondicional aos senhores, porque sempre foi assim; pensam que desobedecer aos líderes equivale a desobedecer à tradição.

Há, na dominação tradicional, uma crença no caráter sagrado do costume, que se localiza numa autoridade tradicionalmente constituída (por exemplo, o respeito que se deve ter em relação ao chefe familiar). É típica de sociedades pré-modernas.

Esse tipo ideal de dominação não é visível em curto prazo. Envolve desigualdade, distanciamento entre os agentes, relação desigual. Pressupõe uma diferença de *status*, ou posições sociais diferentes.

Uma espécie de dominação tradicional é o *patriarcalismo*, no qual a autoridade pessoal do patriarca se sobressai e ele, então, se apresenta como líder natural. Costuma ser, em certo grau, religioso. As normas costumam ter um certo grau de sacralidade e a desobediência é quase pecaminosa, implicando malefícios quase mágicos ao transgressor.

Veja-se que há algo em comum entre a dominação carismática e a tradicional: em ambas, quem domina não é um igual, mas um excepcional – o que não ocorre na dominação racional-legal. Ambas diferem, contudo, na medida em que, na carismática, o fundamento da autoridade não se baseia em regras preestabelecidas, mas sim em um comportamento revolucionário, na mudança (o líder carismático cria novas regras e as positiva e, nesse sentido, há aproximação com a dominação racional-legal).

Em resumo, a autoridade ideal, ou o Estado ideal, é aquela em que a legitimidade reside na associação voluntária de pessoas livres e iguais, e não na submissão a um líder, a costumes nem sempre corretos ou a leis impostas por um grupo dominante. Como se pode ver, o Estado ideal não existe, e Max Weber sabia disso; o que ele fez foi criar modelos de análise do comportamento social para servirem de parâmetro. Esses modelos foram, entre outros, o feudalismo, o capitalismo e o protestantismo.

O meio específico da política, para Weber, é a força, que dá sustento ao poder, à legitimidade e à dominação.

Poder, segundo ele, é a capacidade de um indivíduo fazer valer sua vontade sobre a de outros a despeito das resistências – tal capacidade é expressada de modo probabilístico.

Legitimidade diz respeito à adesão ativa do grupo social à autoridade constituída.

Já a *dominação* é a oportunidade, que se expressa também de modo probabilístico, de um indivíduo ou um grupo obter exitosamente o que deseja; trata-se de conceito que envolve relações de mando e obediência em um agrupamento territorial determinado (o Estado nacional, por exemplo).

A dominação pode ser imposta, ao passo que a legitimidade implica envolvimento: uma fé na autoridade.

O Estado, seguindo essa ordem de ideias, seria um agrupamento político (sempre de uma minoria) que exerce legitimamente a violência física. Todo Estado, portanto, tem por base o direito de dominação.

Estado em particular, aponta Weber, é o Estado moderno, baseado no modo de produção capitalista. Trata-se de Estado que se fundamenta na legalidade, no direito racional (direito normativo e procedimental).

No Estado moderno, portanto, há um grupo que se destaca da sociedade e se incumbe de aplicar as leis: é a chamada burocracia.

A dominação burocrático-legal, aliás, é a forma típica do Estado moderno, e se fundamenta na crença do caráter sagrado da lei. Para aplicá-la, o Estado institui uma polícia e consolida forças militares regulares.

A burocracia possui caráter nacional (o indivíduo exerce sua função não em nome próprio, mas em nome da lei), é cinza, se move das sombras (os membros da sociedade não conhecem de fato o funcionamento do Estado) e, por fim, serve sempre ao grupo dirigente (exceto em momentos de crise).

No campo da ética, Weber dessacralizou a religião, ao negar que fosse ela a chave para o entendimento das relações entre os indivíduos e a sociedade. Esses estudos de Max Weber foram importantes para a compreensão dos processos de legitimação do poder na formação das sociedades. Entre os pensadores que analisaram o comportamento humano e que foram influenciados por esses estudos está Émile Durkheim.

Na modernidade, dizia ele, a religião perde seu papel de centralidade. Há a racionalização das esferas e o reconhecimento cada vez maior de que é a vontade humana que positiva os valores, e não Deus.

A Sociologia Religiosa de Max Weber procura estabelecer a relação entre capitalismo e protestantismo.

O capitalismo é visto, pelo senso comum, como um sistema econômico em que predomina a ânsia pelo lucro, caracterizado por um impulso racional direcionado para o acúmulo de riqueza. Para Weber, entretanto, tal não há no capitalismo moderno.

Segundo ele, o capitalismo moderno, em sua vertente ocidental, tem como principal característica a renovação do lucro por meio da organização racional do trabalho (trabalho livre) e da produção (organização burocrática). A característica predominante é, então, a racionalização, que define o modo de desenvolvimento do capitalismo moderno.

Racionalização, no sentido usado por Weber, é a aplicação do racionalismo (vertente cultural moderna que diferencia o Ocidente e o Oriente) à base material. A preocupação de Weber em sua Sociologia Religiosa é perquirir a origem desse processo; mais precisamente, busca estabelecer qual o papel da religião na organização da racionalidade que se inclina à prática de determinado ato de teor econômico.

Aduz Weber que o capitalismo explica o protestantismo, e não o contrário, mesmo porque o capitalismo é, a ele, anterior. De qualquer forma, a ascese protestante potencializa a racionalidade do capitalismo porque elimina as barreiras que a tradição católica havia criado para a acumulação de riquezas.

Weber procura relacionar determinada conduta racional a certa ética religiosa. Nesse sentido, segundo ele, a formação profissional, que se origina da formação familiar, inclina os protestantes a atividades economicamente mais rentáveis (iniciativa privada) e os católicos a atividades burocráticas (carreiras de Estado).

A tradição católica, enfatiza, colocava barreiras ao desenvolvimento capitalista. Com efeito, a ética católica tendia ao livre-arbítrio e privilegiava a bondade do cristão. Essa bondade, por exemplo, impedia que dinheiro fosse emprestado a juros (proibição da usura).

Calvino critica o livre-arbítrio e prega a predestinação – alguns serão salvos e outros, não; não há meio de se conhecer a vontade de Deus, não há meio ou instrumento para a salvação (para a Igreja Católica havia, e eram os sacramentos, as boas obras – embora por um longo período tenha existido, também, a venda de indulgências). Há, entretanto, indícios de que alguém será salvo (indícios psicológicos): a vocação, a disciplina e a obrigação na fé.

Esses indícios podem também ser ampliados para a esfera social: por exemplo, disciplina na profissão (deve-se ser o melhor profissional).

Essa ética protestante seria, segundo Weber, o espírito do capitalismo. A ascese protestante, com efeito, preconiza o trabalho duro e a abstenção dos prazeres da vida como imperativos da conduta, estabelecendo parâmetros racionais condizentes com os pressupostos para a origem do capitalismo.

Isso porque uma vida dedicada ao trabalho intenso e com abdicação dos prazeres mundanos conduz fatalmente à sobra de dinheiro, que, uma vez investida, fomenta o ciclo do capital e, assim, a origem do sistema capitalista.

A teoria de Weber nesse campo, é preciso salientar, procura explicar a origem do capitalismo, não seu ulterior desenvolvimento. Além disso, importante ter em mente que Weber não explica a conduta racional exclusivamente por meio da religião; ele se utiliza também da história ocidental. O papel decisivo da religião está, sim, na massificação daquela conduta racional, mormente a partir da reforma protestante.

Para Weber, as ordens exaradas do Estado, nas sociedades ocidentais modernas, são manifestações do que chama de *dominação legal*. São comandos legítimos na direta proporção da fé que as pessoas têm na legalidade com que o poder dessas autoridades é exercido, admitidas a força e a violência nesse processo político.

Isso porque, segundo Weber, os sistemas políticos pretendem a dominação, mas têm necessidade da legitimação para serem duráveis. Em suma, não há dominação sem legitimação. Por isso, os governantes usam a técnica de "morder e assoprar", aplicando coerção e obtendo consentimento. Weber afirma que, mesmo nos sistemas democráticos, impera a dominação.

A preocupação central da obra weberiana é a racionalidade. Ele procura perquirir as condições para sua formação e seu fomento em diferentes campos de conhecimento e, em especial, no direito e na economia.

Daí que, como mencionado acima, Weber tenha preconizado que toda ação humana é realizada visando a determinados fins ou valores. O homem age, segundo ele, sempre de acordo com o esquema mental de meios-fim, visando adequar aqueles a este. As condições em que as opções pelo meio são tomadas é que constituem o grande objeto de estudo do filósofo.

Weber, com efeito, acreditava que o fenômeno característico da sociedade era a racionalização da vida. Para que a ação possa ser objeto de conhecimento, deve estar regulada por algum tipo de regra: não é possível conhecer o sentido de uma ação sem que se examine a regra que a regula.

A ação social é uma ação com sentido (visa a alguma coisa), com um mínimo de racionalidade – é o objeto da Sociologia. Em outras palavras, toda ação social está influenciada por algum tipo de regra ou norma. Exemplo: parar no semáforo é uma ação social, uma vez que se dá mediante as regras de trânsito – mesmo aquele que avança o sinal, agindo ilicitamente, pratica uma ação social, mas, dessa vez, negando ou burlando a norma por ele considerada.

Toda ação social, excetuando-se, assim, os comportamentos meramente reativos (respirar à noite, por exemplo), regula-se por um conjunto de regras. Pressupõe, portanto, um mínimo de racionalidade, bem como algum tipo de liberdade de decisão: não se trata de uma ação necessária, mas de uma ação escolhida.

É importante considerar o contexto da Alemanha na segunda metade do século XIX, quando nasce Weber: enfrentava-se, então, um processo tardio de unificação nacional, com uma Prússia fortemente desenvolvida do ponto de vista industrial e as demais unidades alemãs em absoluto atraso. Diferentemente do que se passou na unificação italiana, na qual houve considerável participação popular, na Alemanha o processo foi encabeçado pela Prússia (capitaneada por Bismarck), sem aquela participação.

A Prússia, assim, foi responsável pela transição da Alemanha para o capitalismo monopolista, sem que o país, contudo, tenha passado pela experiência do capitalismo concorrencial. A burguesia simplesmente capitulou perante o Estado, que passou a ser administrado pela aristocracia fundiária alemã. O resultado: forças feudais e capitalistas se uniram para conter a participação popular na unificação alemã.

O fato de ter se unificado tardiamente, por outro lado, fomentou o militarismo exacerbado na Alemanha, que se viu, de imediato, envolvida na disputa por novas colônias.

Weber foi defensor e entusiasta da unificação alemã e também do imperialismo, que constituiriam, na sua visão, caminhos para potencializar a produção material da sociedade, permitindo melhores condições de vida para as diferentes classes. Pode-se dizer, assim, que era um liberal-nacionalista.

Do ponto de vista filosófico, Weber pode ser tido como existencialista: preocupava-se com o modo pelo qual o sujeito afirma conscientemente o seu ser para o mundo.

Reconhece que fenômenos sociais carregam consigo uma singularidade: são sempre valorativos, subjetivos. O problema da Sociologia é precisamente analisar cientificamente – isto é, de modo objetivo – algo marcadamente subjetivo. Reconhece, contudo, que uma atitude completamente isenta de valoração perante a realidade é impossível (a valoração é, por assim dizer, inescapável).

A própria escolha do objeto de estudo já está impregnada por valores. Além disso, a própria neutralidade é um valor. Nesse plano, existe um tipo de conhecimento valorativo inescapável, a saber, o baseado na neutralidade que, no limite, é um valor – e esse tipo de conhecimento é o científico.

Ainda que se parta de uma valoração controlada, a Sociologia, segundo Weber, pode produzir conhecimento neutro e objetivo.

Para essa explicação científica, Weber critica a adoção de um *reducionismo analítico*, que preconiza uma causalidade mecânica. Em Weber, a ideia de causalidade está ligada à probabilidade, à causalidade múltipla.

Isso porque a realidade social é infinitamente mais complexa do que a capacidade humana de compreensão, ou, em outras palavras, diante da limitação da cognição humana, pode-se mesmo falar em irredutibilidade do fenômeno social.

Nas ciências sociais, todo conhecimento possui um caráter probabilístico; o conhecimento científico nas ciências sociais se reflete não em uma relação de causalidade necessária, mas em uma relação de causalidade provável. Essa noção é central na obra weberiana.

A Sociologia, para Weber, é uma ciência compreensiva, baseada na empatia (tentativa de se fazer a conexão entre duas subjetividades – a de quem analisa e a do próprio fenômeno) e na neutralidade axiológica (o observador deve desconsiderar os juízos de valor e tomar como objetos de estudo o valor em si, de modo sistematizado). Esse ramo de conhecimento cuida basicamente de identificar as regras que dão sentido às ações sociais.

Compreender de modo causal uma circunstância, em Sociologia, implica um duplo movimento: a empatia e o distanciamento (são atitudes praticamente antagônicas).

É importante considerar que conhecer e avaliar são atitudes distintas, muito embora o acolhimento dessa distinção não seja pacífico no plano filosófico.

Platão, por exemplo, aduzia que a descoberta da verdade traz a capacidade de avaliá-la (se conheço o bem, consigo julgar o mundo segundo ele). Já para Weber, conhecer um valor não implica necessariamente avaliar o mundo por meio dele. Assim, surge a indagação: se não é por meio de uma especulação filosófica que se pode estabelecer o que é certo e o que é errado, como os indivíduos escolhem seus valores? Em outras palavras, se não fazem suas escolhas a partir do conhecimento, como o fazem então?

A origem dos valores estaria, para Weber, em um ato de vontade, ou seja, nossos valores não são escolhidos racionalmente, por meio de reflexão. Esse ato de vontade não é totalmente livre – deve-se considerar o ambiente cultural em que se vive, a influência da família etc.

Não existe, pois, um fundamento racional universal que explique a adoção individual de valores: os condicionamentos históricos não podem ser desprezados. Para Weber, os valores são positivados, instituídos por um ato de vontade e não por um fundamento racional.

Há em Weber, portanto, uma radical distinção entre valores e conhecimento (para este seriam necessárias duas coisas: empatia pelo objeto de estudo e distanciamento em relação a ele).

Nas ciências sociais, a objetividade não é algo acabado, como nas ciências naturais, mas algo a ser buscado. Aduz Weber, como já indicado, que a objetividade do conhecimento não pode ser reduzida a uma única fonte. Daí sua crítica ao materialismo histórico (redução dos fenômenos sociais a um determinado comportamento econômico), o qual, segundo ele, não é científico, mas, sim, apenas dogmático.

A realidade social, de fato, é composta por várias esferas (religião, cultura, ideologia, política, economia etc.), cada uma delas com um sentido inerente (a religião, por exemplo, traz o sentido inerente da salvação).

Essas esferas não são redutíveis umas às outras, mas também não são completamente independentes entre si. Como resultado, tem-se que o fenômeno social é sempre fruto de uma pluralidade causal, o que justifica a importância da noção de probabilidade da obra weberiana, ponto que merece aprofundamento.

Com efeito, a explicação científica sempre possui um caráter probabilístico. A ação social orienta-se por regras, mas não se pode determinar com absoluta certeza o motivo que a causou. Um exemplo é oportuno para esclarecer: parar no semáforo, que é uma ação social, se dá preponderantemente em virtude do direito, mas pode também ter por causa motivos morais (é certo parar), religiosos (respeito à vida) ou econômicos (o valor do carro), entre outros.

Max Weber e sua influência no direito

Sua maior contribuição ao direito está no conceito da *mão de obra livre*, que foi uma crítica à modernidade. Esse conceito afirma, em primeiro lugar, que há diferença entre homens e coisas – o homem pode possuir coisas, mas não pode possuir outros homens.

Portanto, Weber elimina a servidão ou a escravidão do ambiente capitalista moderno. A mão de obra livre também afirma que o trabalhador é dono de sua capacidade de trabalho e que pode vendê-la, por um determinado período de tempo, a outra pessoa. Mas o conceito também implica a ideia de que o trabalhador foi expropriado da posse dos meios de produção, ou seja, trabalha com materiais e instrumentos que pertencem a outra pessoa (no caso, o dono do capital).

Uma parte do conjunto do pensamento jurídico de Max Weber está no livro *Rechssoziologie* ("Sociologia da lei"), em que raciocina a respeito da estrutura da sociedade moderna, em que impera a racionalização. Weber admite que a racionalização do direito permitiu maior controle da vida social, mas lamenta que o homem comum tenha sido obrigado a depender de especialistas para auxiliá-lo nas avenças ou desavenças jurídicas.

Segundo Weber, o indivíduo pode assumir três diferentes tipos de atitude diante das regras: i) moral; ii) dogmático-jurídica; iii) sociológica.

A atitude *moral* busca um critério externo ao conjunto de regras para estabelecer um juízo acerca delas. Assim, todo juízo moral é avaliativo e, como tal, sugere um posicionamento. Além disso, o juízo moral geralmente se apoia na presunção de que determinado padrão é legítimo, válido. Por fim, de alguma forma, juízos morais levam o indivíduo a realizar um encadeamento entre determinadas premissas e determinadas conclusões.

Há, inclusive, questionamento por parte de alguns autores sobre tais apontamentos de Weber, sob o argumento de que os princípios morais, de certa maneira, estão embutidos no ordenamento político, o que Weber rechaça, aduzindo que, mesmo que tal ocorresse, o ordenamento não mudaria, apenas se tornaria mais complexo.

A atitude *dogmático-jurídica*, por sua vez, busca estabelecer quais são as regras do jogo. Suas características: não é avaliativa, mas descritiva; embora não haja uma avaliação externa, há uma análise da regra em face das demais regras.

Por fim, o sociólogo do direito, de acordo com os apontamentos weberianos, não avalia as regras de direito; ele basicamente quer saber como os comportamentos dos indivíduos são causalmente determinados por um sentido, sentido esse dado pelo ordenamento jurídico. Em outras palavras, procura-se determinar em que medida a normatividade influencia o comportamento dos indivíduos.

A atitude sociológica se aproxima da atitude do advogado – as regras do jogo são avaliadas e analisa-se como essas regras influem nas decisões dos juízes. Por óbvio, diferentemente do advogado, o sociólogo busca, a partir da compreensão das decisões dos tribunais, um conhecimento universal, não casuístico. Além disso, como já mencionado, o verdadeiro conhecimento sociológico busca se revestir de neutralidade axiológica.

O direito, em suma, é um conhecimento dogmático (premissas estabelecidas em crenças não questionáveis). A Sociologia é um conhecimento zetético (postura explicativa e atitude não valorativa em face dos fatos).

Para Weber, ordem jurídica é aquela garantida por uma alta probabilidade de que a transgressão a uma norma seja sucedida por uma sanção imposta por um órgão especializado (burocrático). Não existe nenhum campo da atividade humana que não esteja regulado pelo direito.

Assim, direito não se define pelo tipo de sanção que esteja a ele relacionado, nem pelo procedimento utilizado para produção das normas, nem tampouco pelo tipo de comportamento regulado.

Pode mesmo haver direito sem Estado, desde que as sanções sejam, ainda assim, impostas por um órgão especializado (conselho dos anciãos ou dos guerreiros, por exemplo). A noção moderna de direito, entretanto, está ligada à ideia de Estado.

Direito, em suma, caracteriza-se pelo modo como a norma é aplicada: por um órgão especializado. Há casos limites, todavia, em que o descumprimento de uma norma não implica imposição de sanção (para tomarmos o contexto brasileiro, nas favelas, por exemplo, há um órgão responsável pela aplicação das sanções e, entretanto, não se fala em direito naquele ambiente). Tais casos poderiam colocar em xeque a noção weberiana de direito. Ocorre, porém, que Weber se refere ao direito prevalecente, que, na atualidade, é o estatal.

Veja-se que a concepção de direito de Weber é distinta da de Kelsen e Hobbes, eis que não considera que a ordem jurídica tenha por origem a ordem constituída, a autoridade, mas, antes, o órgão burocrático que aplica as sanções.

Weber busca entender em que medida a economia influi na constituição do direito. Nessa busca, sustenta uma explicação causal hermenêutica de dois níveis, enfatizando as relações recíprocas entre os objetos de seus estudos.

Quando o indivíduo age no mercado, ele procura a maximização da satisfação de suas vontades individuais. Na esfera religiosa, age ele de maneira também racional em relação ao fim (ir para o céu, obter a salvação), praticando fervorosamente sua fé.

Como já indicado, para Weber, existe uma certa autonomia entre as esferas do comportamento humano (econômica, jurídica, religiosa etc.), no que se diferencia de Marx, que deduz da econômica todas as demais.

A Sociologia Jurídica, então, estuda a normatividade emanada da esfera jurídica. Assim reciprocamente com as Sociologias religiosa, econômica etc.

Existem, sim, articulações de sentido entre fatos que ocorrem nas diferentes esferas. Há um processo presente em todas as esferas do comportamento humano: a racionalização (tendência de organizar e sistematizar as regras, além de criar mecanismos interpretativos avançados, bem como um corpo especializado para a aplicação delas).

Essa racionalização não pode ser explicada de modo causalmente mecânico. Não se pode afirmar, por exemplo, que a racionalização do direito foi causada pela evolução do capitalismo – essa dedução não pode ser mecânica, automática. Aliás, se assim fosse, o direito racionalizado teria surgido primeiro na Inglaterra, o que, como se sabe, não ocorreu.

As esferas do comportamento se influenciam mutuamente, mas não são determinantes umas as outras.

O tema weberiano por excelência é o que provoca e o que resulta da racionalização nas diferentes esferas, mesmo que esse processo não seja idêntico em cada particular situação (em sua obra, ele procura os pontos em comum). Exemplo: por que o direito racionalizou-se na Inglaterra e na Alemanha, mas não na China? Quais os motivos?

Weber reconhece que processos de racionalização não são necessários; a evolução pode se dar de outra forma. Na história ocidental, entretanto, observa-se um predomínio daqueles processos.

Toda ação social e toda organização institucional guardam sempre um aspecto de contingência: há um alto grau de probabilidade de que determinados padrões se repitam, de que determinados processos ocorram, mas não há processo necessário.

No campo do Direito, impossível desconsiderar-se a obediência. Por que, afinal, as pessoas obedecem? Por que essa ação faz sentido? Em que medida podemos compreender a ação social de obediência? Para responder, é necessário antes entender o que é poder.

Poder, como já apontado, é a possibilidade – no sentido de probabilidade – de que determinados atos sociais de alguém se sobreponham à vontade alheia, mesmo mediante resistência.

Dominação é um tipo especial de poder (espécie do gênero); envolve uma forma de aceitação do poder – a pura coerção não constitui relação de dominação.

O elemento de voluntariedade, assim, não é necessário para a definição do conceito de poder, mas o é para o de dominação.

O gênero poder, portanto, subdivide-se nas espécies violência e dominação. É sobre essa última que Weber concentra suas atenções.

Isso porque dominação é a forma mais estável de exercício do poder. Nenhuma estrutura de poder perdura se estiver estabelecida exclusivamente na violência; há necessidade de legitimação para a estabilidade. Justamente por esse motivo, a dominação permite o desenvolvimento dos institutos sociais. Daí o interesse de Weber sobre o tema.

Para ele, a relação de dominação ou autoridade, diferentemente da coerção violenta, é uma relação tipicamente humana, pois há um sentido na obediência. Não se trata apenas de uma causa ou puro condicionamento; o homem tem uma necessidade natural de encontrar um sentido para sua existência (o pior inferno para o homem é viver sem sentido) – esse é um elemento que funda a relação de dominação.

Essa busca por sentido é particularmente aguda entre pessoas mais abastadas – elas procuram justificar a sua situação comparando-a com a dos demais. De qualquer modo, o homem procura legitimar (conferir sentido) a situação por ele vivida.

Por que Weber se interessa pelo direito, pela religião, pela cultura, pela música? São, segundo ele, esferas doadoras de sentido para a vida das pessoas.

O impulso humano universal de viver significativamente encontra respaldo nos diferentes tipos de dominação; tais tipos, assim, doam significado à vida das pessoas. Enfim, a questão do sentido e a questão da dominação estão diretamente ligadas.

Para Weber, como já afirmado, os valores são positivados. Assim, racionalmente é impossível estabelecer hierarquia entre eles. As escolhas valorativas, portanto, não estão ligadas à razão, a algum fundamento racional.

Valores nascem da mesma forma que as leis, por um ato de vontade, e, como tal, um ato de poder. É impossível qualificar um valor de racional ou não racional. A questão assim posta simplesmente não tem qualquer sentido.

Weber, portanto, sustenta uma teoria positivista dos valores (valores como atos de vontade). Entende que cabe à Sociologia explicar como surgem e como se mantêm os valores, que, como dito, não são fatos naturais, mas humanos, e conferem sentido às ações sociais e às relações de dominação.

Valores são inventados e, por isso mesmo, positivados. São impostos por algum tipo de vontade (não se trata de ato racional, mas ato de poder, isto é, essencialmente irracional). Em suma, é uma decisão não redutível ao critério racional que impõe os valores e o processo de imposição destes é descrito por Weber por meio de seus tipos ideais de dominação, tema já tratado em tópico anterior.

É preciso, ainda, estabelecer qual a afinidade entre o tipo ideal da dominação racional-legal e os pressupostos metodológicos weberianos, tema também mencionado no tópico anterior.

Convém, então, uma vez mais explicitar os principais pontos de partida da metodologia de Weber: i) os valores não podem ser fundamentados racionalmente e, por consequência, não é possível uma ciência dos valores, mas apenas sobre os valores, os quais, como já mencionado, são produzidos por um ato de vontade (teoria positivista dos valores); ii) os valores são importantes para orientar a ação (são códigos de sentido para a ação); iii) a ação científica é orientada também por um valor: o da neutralidade; iv) outras formas de ação são, cada qual, orientadas por valores (políticos, ideológicos etc.).

Todas as formas de dominação são úteis para compreender um tipo específico de ação social: a obediência.

Na forma de dominação racional-legal é evidente que a escolha do conteúdo das leis é claramente derivado de um ato de vontade. Na tradicional, diferentemente, a origem dos valores se reportava a um tempo imemorial, isto é, nela não há clareza de que o valor foi criado por um ato de vontade, ao contrário, é reconhecido como se sempre tivesse existido. A percepção de que os valores tinham sido positivados não era nítida.

É na distinção entre fatos e valores, no reconhecimento de que não se podem derivar valores da análise do assento, que se pode vislumbrar a semelhança entre a metodologia weberiana e a dominação legal-racional, motivo pelo qual, aliás, Weber confere primazia a esta sobre as demais.

Somente na forma de dominação legal-racional é que se pode ver claramente a origem dos valores em um ato de vontade – as leis promulgadas são produto da vontade do legislador. Assim, resta claro, nesse tipo ideal, que os valores não estão escritos na natureza, como preconiza o jusnaturalismo. Vê-se claramente, em suma, a separação radical entre valores e mundo, entre dever-ser e ser.

Para Weber, enfatize-se uma vez mais, todo valor é constituído em última instância por um ato de vontade. Na dominação legal-racional essa criação voluntarista é evidente, ao passo que nos outros tipos ideais de dominação essa premissa metodológica de Weber não é tão perceptível.

A forma racional-legal, em resumo, é aquela em que as pessoas aceitam obedecer às regras cujo conteúdo foram obrigadas a criar sem qualquer fundamento racional (mas por atos de vontade). Reconhece-se, pois, nesse tipo, um certo vazio valorativo.

Na modernidade, Weber aponta que na medida em que as pessoas não mais encontram um sentido único para suas vidas (papel atribuído à religião na Idade Média, por exemplo), são desafiadas a reencontrar um novo sentido, o que se liga diretamente a uma tentativa de instituir valores. Esse processo, por sua vez, relaciona-se intimamente com a racionalização e é concomitante às passagens das dominações tradicional e carismática para a racional-legal.

Esse movimento também ocorre no direito, que passa a ser racionalizado (formal e substancialmente).

De um lado, essa racionalização é posta como forma de libertação de valores outrora únicos. De outro lado, também serve para criar uma espécie de vida racionalizada que pode ser descrita como uma jaula de ferro: o homem se vê criando sentido para suas ações sem ter a consciência dos motivos para tal proceder. O homem se escraviza a valores criados. Age racionalmente, de acordo com valores irracionalmente postos. Assim, por exemplo, o burocrata que age segundo regras e perde a referência sobre qual é o sentido de sua obediência a elas. Em suma, passa o indivíduo moderno a um automatismo.

A ideia de dominação-racional, portanto, deriva não da noção de justiça, mas da positivação de dados valores por um ato de vontade investido de autoridade. Não há qualquer predeterminação desses valores (não há valores necessários para esse tipo de dominação). Daí se dizer que apenas a dominação racional-legal mantém vínculo com a teoria dos valores de Weber.

Weber aponta, também, a existência de um processo de afirmação da ciência moderna (bem como da filosofia moderna) como padrão de conhecimento científico – liberta-se o conhecimento progressivamente de qualquer vinculação metafísica.

Na Idade Média, a Bíblia (onde Deus se revelava) era tida como a fonte de todo o conhecimento, visto que todo conhecimento tinha fonte sagrada. Daí se considerar heresia, em suas respectivas épocas, as afirmações de Giordano Bruno sobre astronomia e de Darwin sobre a evolução das espécies – afirmações que questionaram todo o conhecimento tradicional existente até então como dogma, sem que seus autores tivessem autoridade para fazê-lo.

Houve em tais heresias uma contestação do saber filosófico-político. As consequências foram revolucionárias, eis que comprometeram toda uma base de fundamentação. Locke, por exemplo, questionou o poder divino dos reis ao colocar dúvidas sobre o fato de serem os reis descendentes de Adão.

Locke, aliás, escreve contra o fundamento teológico da autoridade dos reis, sendo, nesse sentido, um expoente do processo racionalista, que não admite que a legitimidade repouse na autoridade tradicional dos reis, da Igreja etc.

Hobbes e Hume, diferentemente de Rousseau e Locke, apontam ser impossível uma fundamentação racional dos valores. Weber se filia à tradição dos primeiros.

Hobbes afirmava que o fundamento do direito é o poder soberano, a autoridade, e não a verdade, mesmo porque não seria possível conhecer o que é a verdade ou o justo.

Weber, como já dito outras vezes, aduzia que conhecer o mundo não permite ao conhecedor apreender o sentido dele.

Na modernidade, o uso da razão permitiu criar novos valores e fundamentá-los racionalmente. Assim, uma época que admite que o fundamento do conhecimento é a razão (e não a religião) – permeada de autores que vão de Hobbes a Weber –, e tão somente ela (o cientista não pode trabalhar com algo que não seja racional, demonstrável), reconheceu que não é possível raptar o sentido das coisas.

É possível, pois, explicar o mundo, mas não captar o sentido das coisas (o porquê de tal e tal coisa acontecerem), sentido que outrora era fornecido pela religião. Assim, na Idade Moderna, sabe-se que existe a gravidade, mas não o sentido, o porquê de ela existir.

O ser humano da modernidade está, assim, acostumado a descrever as coisas e a tentar explicar o porquê das coisas por sua finalidade. Trata-se de legado deixado pelo modo de pensar da chamada era das trevas.

Com efeito, para o religioso, a explicação está no destino: Deus sabe o que está fazendo. A religião atribui sempre um sentido às coisas, mesmo que as pessoas não consigam apreendê-lo. Na modernidade, diferentemente, afirma Weber, as causas podem ser explicadas e toda fundamentação pela finalidade é inválida, eis que, nesse sentido, essa finalidade não pode ser apreendida.

Afirma, ainda, que a ciência moderna não conseguiu se desvencilhar totalmente do viés de atribuir sentido às coisas (constatação que pode também ser vista em Kant e em Habermas).

Daí concluir Weber que o sentido do mundo não pode ser apreendido pelo resultado de sua análise. O pensamento moderno, assim, não aponta qual valor deve necessariamente fundamentar a ação do ser humano. Surge, então, a indagação sobre onde buscar os valores a serem acolhidos, se a ciência não os fornece e, ademais, rejeita a fundamentação religiosa.

A resposta dada por Weber: cada um deve criar seus próprios valores, ou seja, por força de vontade, positivar valores que atribuam sentido a um mundo que não tem sentido. A nossa era está, pois, condenada a criar o seu sentido.

No campo jurídico, isso significa que, não sendo mais possível a fundamentação jusnaturalista, deve o homem criar os valores a que quer obedecer, como a democracia.

De todo modo, para contornar essa ausência de sentido imanente, o homem busca racionalizar os valores adotados, elegendo-os como dogmas, com natureza normativa. Com isso, o homem admite que a própria religião seja adotada como uma das fontes doadoras de sentido à ação (de igual modo, o ateísmo mostra-se válido e faz sentido para quem o adota e racionaliza essa escolha).

No mesmo sentido, os valores inerentes ao chamado direito natural podem, em verdade, ser escolhidos a qualquer tempo e por qualquer um – daí a coexistência de valores diferentes em sociedades distintas, cada qual com seu "direito natural".

Não há, portanto, uma razão única que revele um valor único. O que ocorre é que cada agrupamento humano escolhe um valor ou conjunto de valores, escolhe um sentido para suas ações e tenta justificar racionalmente sua escolha (para os muçulmanos, a ditadura religiosa é plena de sentido, para os ocidentais só a democracia possui sentido, mas ambas as posições são válidas, eis que cada qual tem sentido para aqueles que as positivaram).

Esse posicionamento metodológico vai de encontro às tentativas de fundamentar uma verdade ou razão universal. Weber fala, por isso, em *desencantamento do mundo*, atribuindo-o à ciência moderna, que traz em seu bojo o desenvolvimento tecnológico e cultura, solapando valores tradicionais e religiosos.

A tarefa do sociólogo é, pois, segundo Weber, buscar qual o sentido mais próximo de certa racionalidade, qual o sentido que orienta cada ação social. Com isso, porém, não deve se deixar levar pela ilusão de que é possível estabelecer e determinar o fundamento de cada ação, como se houvesse um sentido único. Isso não é possível porque não há uma mente coletiva e cada pessoa positiva seus próprios valores. Mas, diante da existência de fatores uniformizadores das escolhas, pode-se entender por que dada coletividade adotou um valor comum, sem olvidar que essa escolha não foi racional, e, sim, derivou de atos de vontade.

Veja-se, em síntese, que a novidade metodológica de Weber se liga à ideia de multiplicidade de normatividades (estética, direito, moral, religião etc.), que se entrelaçam na orientação do indivíduo.

O desencantamento do mundo a que faz referência é a dessacralização dos valores religiosos, donde o caráter subversivo da ciência moderna, que substitui valores tradicionais por outros, pautados na neutralidade, mas sem conexões necessárias e intrínsecas (pode-se fazer uso da ciência para curar doenças ou para fazer bombas).

Com efeito, no mundo moderno a moral perde seu caráter absoluto e surge com força a ideia de tolerância (ou relativismo moral) – a admissão de que é possível conviver com diversos padrões. Tal resulta da constatação de que não há fundamento racional a apontar que determinados valores devem preponderar sobre outros. No máximo, pode-se entender tais valores, o porquê de obedecê-los.

Valores, como já tantas vezes reiterado aqui, resultam de um ato de vontade, e hoje são relativos (não se consegue, por exemplo, conceber arte perfeita como os gregos antigos o faziam). Algo semelhante ocorre com o direito: não há em Weber o direito absoluto, fruto de autoridade soberana (concepção hobbesiana); há, segundo ele, um corpo de funcionários (burocratas) a que se atribui uma função especializada, qual seja a aplicação do direito.

O direito veicula valores (não é neutro); a experiência do direito contemporâneo tem como fundamento a ideia de que a ordem jurídica não se vincula a um determinado valor preestabelecido, mas pode se ligar a qualquer valor (não há problema algum em existirem leis injustas).

Kelsen segue Weber nesse ponto, donde não vê qualquer problema quanto à legitimidade de um ordenamento nazista, por exemplo (essa, aliás, a maior crítica sofrida pelos sistemas positivistas). Weber, de fato, admite que qualquer conteúdo valorativo pode ser conteúdo de direito (trata-se de uma dimensão contingente).

> "A AÇÃO ECONÔMICA é o exercício pacífico do controle do agente sobre os recursos, que é orientada racionalmente, por planejamento deliberado, para fins econômicos" (Max Weber).

Rudolf Stammler e o direito como querer

Expoente da Escola de Marburgo, Rudolf Stammler foi um estudioso da ciência do direito. É considerado um filósofo neokantiano porque retomou a obra *Crítica da razão pura*, de Immanuel Kant, para determinar os pressupostos do direito.

É preciso lembrar que o direito foi objeto de estudo dos filósofos, desde a Antiguidade clássica até Hegel. Apenas modernamente é que passou a ser estudado pelos jusfilósofos (ou juristas-filósofos).

Rudolf Stammler foi um dos primeiros jusfilósofos que adotaram o direito como objeto de estudo. Sua originalidade foi construir um sistema filosófico do direito que o distinguiu da filosofia comum.

Rudolf Stammler e suas circunstâncias

Rudolf Stammler nasceu em 1856. Foi professor em várias universidades alemãs, como Leipzig, Hamburgo e Berlim. Morreu em 1938.

Suas obras mais importantes foram *A teoria do direito justo*, escrita em 1902, *A escola histórica do direito*, de 1908, e *Tratado de filosofia do direito*, de 1930.

Com seu método, contrário ao positivismo, procurou dar, ao direito, instrumentos que permitissem lidar com o objetivo e os meios dessa ciência, ao contrário do que pregavam os jusnaturalistas, que preferiam lidar com causa e efeito.

> *Rudolf Stammler* inaugurou a fase em que o direito passou a ser observado como fenômeno universal, porque o direito existe em qualquer lugar onde existam pessoas. É considerado um dos precursores da moderna filosofia do direito.
>
> O ponto de partida do método de Stammler é que o homem deve seguir a sua consciência, e atuar para obter o que deseja. O homem deve querer.

Rudolf Stammler e sua influência no direito

Com a filosofia do direito de Stammler, tornou-se possível definir questões que a filosofia não resolvia, como, por exemplo: o que é justo e o que é injusto? Que diferença existe entre moral e direito?

O direito, segundo Stammler, segue o princípio da finalidade. Por isso, o maior pressuposto de seu pensamento é de que o homem deve assumir uma atitude que o situe na realidade em que vive.

Não basta observar o mundo, contemplá-lo apenas, mas agir com um objetivo definido. Toda atividade humana está envolvida com uma questão de consciência, com o querer alguma coisa. Nesse aspecto, a juridicidade é um acordo formal de vontades. Com essa visão formalista, Stammler compreende a justiça como um valor abstrato e apenas ideal, desvinculado da realidade social e política. Por isso mesmo, há diferentes direitos justos.

Rudolf Stammler influenciou jusfilósofos como Kelsen.

Para esse filósofo, o objetivo do direito é a justiça. Mas, quando o conceito de justiça é aplicado ao cotidiano dos diferentes povos, com suas peculiaridades sociais e culturais, o resultado é que surgem diferentes direitos justos. O homem tem a capacidade, com o livre-arbítrio, de modificar as coisas.

Stammler suprimiu a metafísica e buscou uma justificação formal da moralidade, na sua concepção do direito.

Rejeitando o materialismo histórico, afirmou que existe diálogo entre direito e economia, porque ambas as ciências tratam do mesmo objeto de estudo, que é o homem como ser social, submetido a uma regulação e em contínua cooperação com outros homens para a satisfação de suas necessidades, sejam essas materiais ou ideais.

"TODO DIREITO é um ensaio no sentido de ser justo" (Rudolf Stammler).

Oskar von Büllow e o processo como relação jurídica

Até 1868, o direito processual era apenas uma parte do direito civil. Daí ter recebido a denominação, tão abominada pelos processualistas modernos, de *direito adjetivo* – em contraposição ao *direito substantivo*, relativa ao direito civil.

Os contratualistas, inspirados em Robert Joseph Pothier, de que já tratamos neste livro, dominavam a doutrina processual, então dividida em duas categorias: o direito material e o direito processual.

Até aquele momento não era permitido, ao cidadão, acompanhar o seu processo, porque não havia a figura da autodefesa, a não ser em casos muito específicos, como a legítima defesa. E o juiz, como representante do Estado e com a obrigação de resolver conflitos, tinha um papel que nada mais era do que aplicar uma norma existente ao caso concreto posto em análise.

Oskar von Büllow foi o responsável por transformar o direito processual em ciência autônoma, desvinculada do direito material. No livro *A teoria das exceções processuais e os pressupostos processuais*, definiu as bases para a Teoria da Relação Jurídica, que revolucionou o direito processual e que é praticada até hoje.

Oskar von Büllow e suas circunstâncias

Oskar von Büllow é o fundador do moderno processualismo. Nasceu em 1837, na Alemanha. Obteve o grau de Doutor em Direito em 1859. Foi professor de Direito Romano e Direito Civil na Universidade de Giessen, depois em Tübingen e por fim em Leipzig.

Aposentou-se cedo, aos 55 anos, em função de problemas cardíacos, mas continuou escrevendo. Morreu em 1907.

Oskar von Büllow e suas ideias

Oskar von Büllow, em 1868, publicou *A teoria das exceções processuais e os pressupostos processuais*, tendo sido o primeiro jurista a defender que a lei não é a única fonte criadora do Direito.

Oskar von Büllow afirmou, em sua teoria, que existem duas relações jurídicas em um processo. Uma é a relação material, relativa aos bens de que trata o processo. A outra é a relação formal, estabelecida entre as pessoas envolvidas no processo.

Oskar von Büllow e sua influência no direito

Esse autor defendia que a teoria do processo implicava necessariamente uma relação entre o juiz e as partes envolvidas. Oskar von Büllow é considerado o primeiro teórico a tratar da sistematização da relação processual. Sua obra foi responsável pela transformação do direito processual em ciência autônoma.

Embora tenha sido o formulador da Teoria da Relação Jurídica, não foi o primeiro jurista a pensar no assunto. Antes dele, houve, na Alemanha, a célebre polêmica entre Bernhard Windscheid, professor da Universidade de Greifswald, e Theodor Müther, da Universidade de Königsberg, nos anos de 1856 e 1857.

Ambos divergiram sobre o direito de ação, isto é, em que circunstâncias um indivíduo que se sente lesado pode impetrar ação contra o ofensor e até invocar a tutela do Estado. O debate foi travado sobre os preceitos defendidos por Savigny, de que não há ação sem direito, não há direito sem ação, e que a ação segue a natureza do direito.

Apesar das discordâncias, esse famoso debate despertou os juristas da época para a necessidade de conceder autonomia ao direito processual, o que acabou sendo realizado por Von Büllow, alguns anos depois.

> "O PROCESSO é uma relação de direitos e obrigações recíprocas, a dizer, uma relação jurídica" (Oskar von Büllow).

Gustav Radbruch, contra a injustiça legal

Também neokantiano, Gustav Radbruch celebrizou-se como o autor do Código Penal alemão. O princípio neokantiano é de que a lei é definida por valores morais.

Pertenceu à Escola de Baden. Como vimos, a Escola de Baden e a Escola de Marburgo foram os dois movimentos neokantianos efetivamente organizados. A diferença de visão entre as duas escolas relacionava-se com a noção de apreensão do genérico e do particular.

Gustav Radbruch e suas circunstâncias

Gustav Radbruch nasceu em 1878. Foi professor de Direito Penal e de Filosofia do Direito nas Universidades de Königsberg, Kiel e Heidelberg. Foi ministro da justiça da República de Weimar, entre 1921 e 1923. Nessa função, redigiu o Projeto do Código

Gustav Radbruch foi o autor do Código Penal alemão. Considerava o direito um fato cultural. Contrariando filósofos de sua época, afirmou a validade das ciências históricas, que, junto com as ciências matemáticas, levavam o homem a participar dos valores culturais de seu grupo social. Dizia que esses valores são atemporais e universais, e consolidam-se no transcorrer da história.

Penal alemão, em 1922. Também foi deputado constituinte de Weimar entre 1920 e 1924.

Foi proibido de lecionar por uma medida de Hitler, em 1933, por ter tido atividades políticas anteriores contrárias ao partido nacional-socialista (sempre foi fiel ao partido social-democrata). Só conseguiria voltar a lecionar depois do fim da guerra.

Gustav Radbruch e suas ideias

Inicialmente, Radbruch foi seguidor do positivismo jurídico (que veremos no próximo tópico deste livro), mas desiludiu-se com leis cruéis e injustas dos governantes alemães durante a Segunda Guerra Mundial e, por isso, alterou sua maneira de pensar e tornou-se jusnaturalista. Trabalhou, então, para acumular argumentos para a negação de validade de leis injustas, impostas pela coação e pela força.

Entre suas principais obras estão *Introdução à ciência do direito*, de 1910, *Fundamentos de filosofia do direito*, de 1914, *Minuta de um Código Penal alemão*, de 1922, e até uma autobiografia: *O caminho interior – a trajetória de minha vida*, publicada em 1951.

Suas obras configuram uma observação do direito por meio de juízos de existência (que avaliam o ser) e juízos de valor (que avaliam o dever-ser). No entanto, considerava que todos os juízos eram relativos.

Gustav Radbruch e sua influência no direito

Para Radbruch, o direito é formado por três pilares centrais. O primeiro é a *Justiça*, que pode ser atingida com base em conteúdo formal universal e numa relação jurídica ideal entre os indivíduos envolvidos em um processo. O segundo pilar é a *Finalidade*, que configura o interesse político. O terceiro pilar é a *Segurança Social*, que daria segurança jurídica à população pela existência de um sistema legal adequado e estável.

A partir de 1933, com a ascensão do nazismo ao poder, e principalmente depois do fim da guerra, em 1945, a justiça, como valor, assumiu fundamental importância nos trabalhos de Radbruch, que temia um Estado em que a formalidade legal servisse para disfarçar a injustiça. Por isso estabeleceu, em suas obras, que a justiça deve ter como base a retidão, ou seja, a aplicação rigorosa e imparcial da lei, pelo juiz, mas sem deixar de ser apoiada pela igualdade, no sentido da isonomia.

"A IDEIA DE DIREITO não pode ser diferente da ideia de Justiça" (Gustav Radbruch).

José Ortega y Gasset e a rebelião das massas

Foi um filósofo da chamada Escola de Madri, que teve grande influência no Brasil, principalmente sobre Gilberto Freyre, no sentido de que ambos trataram das populações excluídas e dos problemas ocultos da sociedade. Depois de obter o grau de doutor na Espanha, seguiu para a Alemanha, onde estudou com os neokantistas da Escola de Marburgo, principalmente Herman Cohen.

José Ortega y Gasset e suas circunstâncias

José Ortega y Gasset nasceu em Madri, em 1883. Sempre teve proximidade com a imprensa, porque o pai era diretor do jornal *El Imparcial*, e isso contribuiu para que definisse um estilo literário em seus escritos.

José Ortega y Gasset foi um dos mais importantes ensaístas do século XX, sempre defendendo a ideia de que o homem deve manter diálogo com seu meio, e às vezes submeter-se ao coletivo. Dizia que as massas foram responsáveis pelas grandes transformações do mundo, mas ao mesmo tempo permitiram o advento dos regimes totalitários.

É considerado um dos jornalistas e filósofos mais importantes da Espanha, no século XX.

Fundou dois jornais diários (*El Faro* e *El Sol*) e a *Revista de Occidente*. No jornal *El Sol*, publicaria, em fascículos, sua obra-prima, *Rebelião das massas*.

Obteve o doutorado em Filosofia em Madri. Depois estudou em Marburgo, na Alemanha. De volta para a Espanha, passou a lecionar na Universidade Central de Madri, onde ficaria até 1936, quando explodiu a guerra civil espanhola. Antes disso, teve grande participação política, protestando contra a ditadura de Primo Rivera e a monarquia. Com a queda do rei Afonso XIII, participou da Assembleia Constituinte da Segunda República, entre 1931 e 1932, como deputado eleito.

Durante a guerra civil, decidido a não apoiar o ditador Francisco Franco, deixou a Espanha para um exílio voluntário em vários países, como Argentina, França, Holanda e Portugal.

Foi um grande crítico de Kant. Suas principais obras: *Meditações de Quixote*, de 1914, e *Rebelião das massas*, de 1930. Morreu em 1955.

José Ortega y Gasset e suas ideias

É considerado um dos grandes escritores modernos da Espanha, ao lado de Don Miguel de Unamuno, Azorín e Pio Baroja. Trabalhou com a linguagem da mesma forma que trabalhou com suas teorias filosóficas: com método, refinamento e clareza. Costumava dizer que "la clareza es la cortesia del filósofo". Sua maneira de encarar a filosofia da linguagem tinha algo de existencialista.

De Kant e Hegel, herdou a admiração pela importância da história e da razão no pensamento da humanidade. Foi um liberal. Escreveu um livro chamado *A história como sistema*, mas não chegou a desenvolver um sistema filosófico.

No livro *Rebelião das massas* fez a análise histórica da evolução do proletariado na direção do poder, graças à liberdade política e ao progresso econômico. O livro critica a sociedade de massas. Mostra que o homem espanhol mediano acomodou-se, depois da guerra civil, numa postura individualista que prejudicava o país como um todo, porque, acomodado, o povo permitia o Estado autoritário e violento, e nesse ponto Ortega y Gasset dá como exemplo o fascismo e o bolchevismo.

Ortega diz que toda sociedade está e deve estar dividida entre a maioria inculta, cujo destino é obedecer, e a minoria que sabe, e por isso tem autoridade para mandar.

"EU SOU EU e minha circunstância, e se não salvo a ela, não salvo a mim" (Ortega y Gasset).

Wilhelm Dilthey, natureza e vida

Para o psicólogo alemão Wilhelm Dilthey, o estatuto das ciências é a vida. A vida não é, para ele, apenas um conjunto de elementos, mas um princípio original que norteia o mundo. A concepção da existência, do seu sentido e do seu significado deve ser observada de modo histórico. A filosofia de Dilthey, histórica e relativa, pretende analisar os comportamentos humanos e esclarecer as estruturas do mundo no qual vive o homem.

Essa noção filosófica aproximava-se da noção de Ortega y Gasset, de que o conhecimento deve-se à vontade consciente. Ao mesmo tempo, discordava de Durkheim, que considerava os fatos da vida como coisas.

William Dilthey e suas circunstâncias

Wilhelm Dilthey afirmava que as ciências humanas (ciências do espírito) devem tentar compreender os fenômenos relacionados com o homem e com o comportamento humano a partir da realidade histórica.

Segundo ele, os métodos das ciências naturais, como a matemática, não seriam aplicáveis, por exemplo, à arte e ao direito. Para as ciências humanas, recomendava a hermenêutica.

Wilhelm Dilthey nasceu na Alemanha, em 1833. Estudou teologia em Heidelberg. Foi professor de filosofia nas Universidades de Breslau, Kiel e Berlim.

Em 1883, publicou *Estudos sobre os fundamentos das ciências do espírito*, em 1890, *Tratado da realidade* e, em 1900, *Origem da hermenêutica*. Esses estudos fundamentaram a hermenêutica filosófica, que ocorreria mais tarde. Em 1907, escreveu *A essência da filosofia*.

Morreu na Áustria, em 1911.

Wilhelm Dilthey e suas ideias

A vida é um todo, dizia Dilthey, e cada fato constitui um fenômeno da vida. Sua afirmação era de que a natureza pode ser explicada, mas a vida tem que ser compreendida.

A compreensão da vida deve estar embasada nas ciências humanas, principalmente na psicologia, mas também na história, na religião, na linguagem e na arte, que, segundo Dilthey, constroem imagens do mundo. Mesmo a interpretação de uma lei, por exemplo, consiste em integrar as palavras num sentido e, de maneira lógica, integrar esse sentido a uma estrutura do todo.

Wilhelm Dilthey e sua influência no direito

Pelas razões que vimos, Dilthey afirmava que as ciências humanas eram as verdadeiras ciências do espírito (*Geisteswissenschaften*), que estudavam o homem e o comportamento humano. Chamava as demais de ciências da natureza, que teriam como objetivo explicar o real, e não explicar o homem. Às ciências do espírito – que refletem os estados de consciência – não era possível aplicar as leis da matemática, por exemplo, mas era importante ao observador manter a neutralidade. Entre as ciências do espírito estaria a ciência do direito.

Foi o primeiro pesquisador a apontar diferenças entre ciências naturais e ciências humanas.

Com essas ideias, foi considerado o responsável por aplicar o procedimento hermenêutico às ciências humanas. Seus estudos sobre a compreensão seriam retomados, mais tarde, por Martin Heidegger. No campo do Direito, a hermenêutica jurídica é a técnica de interpretação que permite compreender a aplicabilidade de um texto legal.

"AS CIÊNCIAS DO ESPÍRITO estão, assim, fundadas nesse nexo de vivência, expressão e compreensão" (Wilhelm Dilthey).

O POSITIVISMO FILOSÓFICO E O POSITIVISMO JURÍDICO

No começo do século XIX, o Estado liberal mostrou-se inadequado, o que acabou resultando em agravamento das diferenças sociais. Não existiam mais senhores absolutistas, não havia mais o feudalismo, mas havia os capitães de indústria, os empresários.

A realidade social era outra, e necessitava agora de novo ordenamento. O Estado moderno passou a se apoiar numa nova circunstância que se poderia chamar de "império das leis".

Sendo a lei o padrão ideal da sociedade, tratou-se de retirar do direito a face interpretativa, tornando-o uma ciência baseada em fatos. Fatos e normas bastavam, por isso valores sociais e morais não precisavam estar nesse ordenamento positivo.

O positivismo considerava que direito se reduz às normas jurídicas emanadas pelo Estado, que por sua vez garantia a sanção institucional. Estado e sociedade eram coisas separadas, não havia conexão entre o Estado e o seu contexto social. Direito, para o positivismo jurídico, era apenas forma.

Mas, se não havia interpretação, desapareciam as possibilidades de atenuantes ou de agravantes. Além disso, os estratos sociais tinham, cada um, a sua peculiaridade. Se não eram atendidas as necessidades exigidas para cada caso específico, não havia como oferecer tratamento justo e igualitário.

E como seria possível oferecer justiça se não havia igualdade? Mais ainda: a interpretação da lei baseada apenas no texto concentrava o direito nas mãos do Estado, permitindo o surgimento de governos intervencionistas e autoritários.

A história, com a eclosão da Primeira Guerra Mundial e o surgimento do Estado do Bem-Estar Social, mostraria com clareza essa faceta maligna do positivismo jurídico.

Na doutrina jurídica, o positivismo relaciona-se com a noção de que o direito é prerrogativa humana (e não produto da interferência divina ou das leis da natureza, como preconizava o jusnaturalismo – Santo Tomás de Aquino, por exemplo, um defensor do direito natural, afirmava existir uma hierarquia piramidal das leis: no alto estavam as determinações divinas e, na base, as leis exaradas pelos governantes). Nesse sentido, positivismo filosófico e positivismo jurídico decorrem da mesma matriz de pensamento.

No positivismo filosófico, o pensamento humano atinge a maturidade ao se desvincular de crenças e mitos, encarando a realidade a partir de leis universais que regem os fenômenos.

A ciência moderna tem todas as suas fundamentações no positivismo filosófico. Segundo o positivismo, o homem é civilizado quando aplica a ciência ao seu dia a dia, e primitivo quando não o faz.

No positivismo jurídico, quem é o responsável pela imposição e pelo cumprimento da lei é o Estado, como autoridade que comanda a sociedade. A religião e a natureza não têm supremacia sobre as leis impostas pelos governantes. A lei é a consolidação do direito positivo. Essa é a base do direito moderno, que define, complementarmente, que não há relação entre direito, moral e justiça.

Isso porque, se o direito é uma ciência permanente, justiça e moral são conceitos relativos, que podem ser flexibilizados ao longo do tempo e da história. No entanto, há quem discorde dessa doutrina, especialmente aqueles que defendem o racionalismo jurídico. Detalharemos adiante a doutrina dos seguidores do racionalismo jurídico, mas antes precisamos tratar do pensamento de alguns dos principais positivistas.

Origens do positivismo jurídico

O homem precisou de leis para disciplinar a sua própria selvageria e para domar os seus próprios instintos. Com a evolução das sociedades, surgiram as leis e os códigos, como vimos. Esse impulso histórico para a legislação, desde Hamurabi, conduziu a uma doutrina que hoje é conhecida como positivismo jurídico, doutrina na qual a lei é a fonte exclusiva do direito.

O positivismo jurídico surgiu na Alemanha, com o filósofo Savigny, que já estudamos neste livro, com a sua Escola Histórica do Direito. Tinha como característica a rejeição do direito natural pontificado pelos iluministas, de caráter universal e imutável.

A Escola da Exegese

Esse movimento surgiu, em 1804, para promover a defesa do então recém-promulgado Código Civil francês (1804). Seus integrantes (dentre eles Hans Kelsen, considerado o seu maior representante) defendiam a construção lógica e dogmática do novo conjunto de normas: uma determinada lei seria validada por outra lei superior, e esta por sua vez em uma lei ainda mais superior.

A abordagem da Escola da Exegese era de que a lei era a única fonte legítima do direito, limitando assim a possibilidade de interpretação do juiz, ou seja, lei e direito seriam realidades idênticas, e para compreender o significado das leis, era necessário partir apenas do texto e não de suas fontes.

O espírito das leis estaria de tal modo articulado que, pelo raciocínio, o juiz chegaria à chamada norma fundamental, ou *Grundnorm*, que tem validade em si mesma. Desnecessário dizer que esse tipo de arbitragem deixava o direito integralmente a cargo do Estado.

A escola científica

A escola da livre investigação científica do direito, fundada pelo francês Gény François, cujos argumentos foram expostos no livro *Método de interpretação e fontes no direito positivo privado*, veio opor-se à Escola da Exegese, clamando que o direito não se reduz à lei e que a sociedade tem demandas que quase sempre superam as simples possibilidades previstas por um sistema legal. Desse modo, não recusava a lei como fonte do direito, mas defendia que a interpretação da lei devia dar-se com base na história, na sociologia e na economia, fontes que a Escola da Exegese havia negado.

John Austin, fundador do positivismo jurídico

John Austin é considerado o primeiro jurista a tratar da teoria da lei de maneira analítica; até então a lei era vista como algo embasado na história ou na sociologia, e conceitualmente menos importante do que moral ou política.

John Austin tratou do direito como algo desvinculado da moral e dos costumes, sistematizando-o como entidade autônoma. Não foi o primeiro filósofo a pensar nisso, porque Thomas Hobbes e David Hume defendiam posição semelhante. Mas o trabalho de John Austin foi a primeira sistematização do positivismo legal: a lei tem que ser neutra em relação à moral vigente.

John Austin e suas circunstâncias

John Austin nasceu na Inglaterra, em 1790. Começou na carreira militar, que durou pouco tempo. Estudou Direito durante dois anos em Bonn, na Alemanha.

De volta à Inglaterra, privou-se da amizade de personalidades como Jeremy Bentham, John Stuart Mill e Thomas Carlyle. Em 1825, foi indicado para ensinar Jurisprudência na então recém-inaugurada Universidade de Londres.

John Austin foi o primeiro jurista a promover a reflexão sobre conceitos fundamentais do direito, como lei, dever legal e validade legal. Até hoje a jurisprudência analítica, que ele desenvolveu, é importante para as discussões sobre a natureza da lei e do direito.

Em 1832, reuniu seis de suas aulas em um livro chamado *Província da jurisprudência determinada*. O livro investiga a natureza de conceitos jurídicos, entre eles o próprio conceito de lei. Seu trabalho teve grande repercussão – John Austin formou, a partir de suas ideias sobre jurisprudência, uma geração de juristas e legisladores ingleses.

Em sua obra, o filósofo posiciona-se contrariamente ao uso da denominação "lei natural", pois considera que apenas as leis divinas podem assim ser designadas. Leis "positivas" e leis da "moralidade positiva" foram duas expressões utilizadas pelo jurista para diferenciar as leis humanas.

As leis da moralidade positiva, como o nome já diz, baseiam-se em leis impostas pela sociedade como forma de reprovação ou repúdio a um tipo de comportamento considerado inadequado, o que equivale atualmente ao costume em nosso ordenamento jurídico. As leis positivas são criadas pelos políticos e servem de base para a jurisprudência.

Em 1835, renunciou à cátedra na Universidade de Londres, porque seu curso não atraía alunos. Dedicou-se apenas a escrever. Sua mulher, tradutora e revisora, era quem sustentava a casa.

John Austin e suas ideias

John Austin desenvolveu a *jurisprudência analítica*. Para ele, o termo jurisprudência não significa o estudo de casos precedentes para a fundamentação do caso presente. Austin pensa em jurisprudência como a investigação filosófica sobre o fenômeno do direito, considerando a lei um fenômeno independente da moral, embora inserido em um sistema e obrigatoriamente relacionado dentro de instituições políticas e sociais, ou seja, direito e justiça são conceitos complementares, mas autônomos.

Austin diz que o objeto próprio da jurisprudência é a "lei positiva", ou seja, a lei imposta por uma autoridade política para os indivíduos que estão submetidos à sua autoridade.

É o autor da Teoria dos Atos de Linguagem, segundo a qual uma afirmação, uma enunciação, sempre contém algo mais além do que está dito. São as interrogações ou exclamações que podem disfarçar ordens, desejos, expectativas ou concessões. Por isso, considera que um enunciado não pode ser compreendido apenas a partir da sua aparência estritamente gramatical. Falsa ou verdadeira, uma frase tem potencialidade para intervir no mundo. Portanto, falar já é uma forma de ação.

John Austin também desenvolveu o conceito de *comando*, que na sua época não teve grande aceitação, e que ganhou força quando, quase um século depois, Herbert Hart, autor de *O conceito de direito*, passou a utilizá-lo.

O comando, para Austin, é manifestado em duas categorias: leis (*laws*) e regras (*rules*). Quem determina o comando é o governante (ou soberano), a quem também cabe punir a desobediência. Para Austin, comando e punição estão diretamente relacionados.

É necessário lembrar que, na Inglaterra da época, os juízes privilegiavam o que se chamava *common law*, ou seja, a ideia de que a lei devia ser criada ou alterada em conformidade com resoluções judiciais que tratavam de disputas particulares. Isso é exatamente o que Savigny afirmava: a lei deve refletir o espírito ou os costumes da comunidade. Certamente, as ideias de John Austin se direcionam para governos centralizadores, o que talvez explique a rejeição de sua teoria, à época.

John Austin e sua influência no direito

Com efeito, no século XIX, as escolas inglesas de jurisprudência baseavam-se nas teorias de John Austin, principalmente no preceito segundo o qual "a lei deve ser entendida como um comando". Partindo dessa premissa, Austin alegava que a finalidade da lei era centralizar o modo de pensamento do indivíduo, de modo que a obediência se tornasse um hábito.

Segundo o jurista inglês, o Governo usa o comando como instrumento de poder, de modo que o indivíduo fique submisso àquelas regras e, caso as descumpra, sofra uma sanção. É desse modo que, segundo Austin, ocorre o domínio estatal sobre o cidadão. Esse comando nada mais é que uma "vontade" da parte que o estabelece. O indivíduo que recebe o comando sabe que está sujeito a uma sanção caso não cumpra a imposição e é dessa forma que a lei – leia-se, o poder estatal constituído – exerce o poder de obediência sobre ele.

O comando do direito positivo, quando se trata das leis e normas, deve ser interpretado diferentemente do comando divino, que é moral, e o comando imposto pelo empregador, tido por Austin como uma mera ordem.

O filósofo aduzia que o comando não envolve o conceito de recompensa e sim de sanção, diversamente do sustentado por alguns filósofos de seu tempo. O esquema teórico de Austin é, de fato, direto e simples: o cumprimento do comando é imposto pela lei positiva e, caso não seja obedecido, o indivíduo sofrerá alguma medida sancionatória. Já no caso de receber uma recompensa para a prestação de algum serviço, ela no máximo gera uma vontade, um desejo de executar o serviço, mas de modo algum cria um vínculo, um dever.

Austin sustentava a diferenciação dos comandos particulares e gerais, alegando que o comando não é somente aplicado em grupos como se fosse uma lei ou regra. De forma mais precisa, define a lei como um comando que obriga uma ou diversas pessoas.

Reconhecia, ainda, que nem todas as leis são imperativas e tentou provar não existirem leis que apenas criem direitos: as normas que criam deveres, também criam direitos. Quem teve seu direito violado quer ver assegurado que o violador sofra uma sanção. Daí afirmar Austin inexistirem leis garantidoras apenas de direitos ou somente de deveres: toda lei consagra em si direitos e deveres.

O filósofo procurou diferenciar o direito positivo da moralidade. Jurisprudência e Ética são pontos conflitantes em sua obra.

O direito, no Brasil, tem como base o direito romano e o direito germânico. Por isso, a simpatia de John Austin pelo direito germânico torna os seus estudos bastante interessantes para o direito brasileiro.

"A EXISTÊNCIA DA LEI É UMA COISA; seu mérito ou demérito é outra. Que seja ou não seja é uma questão; se é ou não adaptável a um padrão presumido, é outra questão. Uma lei, que realmente exista, é uma lei, embora possamos não gostar dela, ou embora varie do texto pelo qual regulamos nossa aprovação ou desaprovação" (John Austin).

"A LEI É UMA REGRA estabelecida para a conduta de um ser inteligente por um ser inteligente tendo poder sobre ele" (John Austin).

Jeremy Bentham e o princípio da utilidade

O utilitarismo é uma doutrina elaborada por Jeremy Bentham, na Inglaterra. A doutrina recebeu vários nomes, como liberalismo clássico ou moralismo inglês, e foi a principal base do pensamento jurídico e filosófico europeu por mais de duzentos anos. Foi professor de John Stuart Mill, sobre quem já falamos neste livro, e suas ideias estimularam o aluno a lançar os fundamentos da democracia liberal, no início do século XIX.

Jeremy Bentham e suas circunstâncias

Bentham nasceu em Londres, em 1748. Seu pai era advogado. Foi um fenômeno de precocidade: entrou no Queen's College, em Oxford, aos 12 anos, e aos 15 tornava-se bacharel em Humanidades.

Exerceu a advocacia por breve período, abandonando a profissão, com cujos métodos se decepcionou, para se dedicar à filosofia. Publicou o primeiro livro (*Um fragmento sobre o governo*) aos 28 anos, mas ganhou fama internacional com *Uma introdução aos princípios da moral e da legislação*, publicado em 1789.

Vivendo em Paris, recebeu o título de cidadão francês, em 1792. Nesse período, viajou para a Rússia, Itália e Turquia, tendo estabelecido relações com importantes políti-

Jeremy Bentham criou a doutrina do utilitarismo, considerada bastante atual. Os argumentos dessa doutrina, mais focados nas consequências, têm sido utilizados, com grande frequência, nos processos decisórios. Em resumo, a ética preconizada pelo filósofo manda definir, primeiro, os bens a serem atingidos ou protegidos. A partir dessa definição, o Direito seria o meio de consegui-los.

Atribui-se a Bentham a criação da palavra "deontologia" (o conjunto de princípios morais e legais aplicados às atividades profissionais).

cos desses países. De volta a Londres, criou a *Revista de Westminster*, onde publicaria extenso material sobre política internacional. Essa experiência o fez passar a utilizar a expressão "Direito Internacional", no lugar da até então utilizada expressão "Direitos das Gentes".

Foi um dos fundadores da instituição que, depois da sua morte, se transformaria na Universidade de Londres – oficializada em 1836, é hoje uma das maiores do mundo. O cadáver de Jeremy Bentham, embalsamado, está na Universidade de Londres.

Morreu aos 84 anos, em 1832.

Jeremy Bentham e suas ideias

Conservador, e temendo que o Reino Unido pudesse enfrentar uma revolução popular, como ocorreu na França em 1789, desenvolveu a ideia do Pan-optismo, um projeto que previa que os governantes fiscalizassem, pela observação contínua e integral, a vida do indivíduo comum. Seria quase como o espírito do *Big Brother* mostrado por George Orwell no livro *1984*, com o indivíduo sendo controlado e dirigido pelos governantes. O projeto foi inicialmente concebido para ser aplicado em prisões, mas deveria ser estendido para escolas e entidades assistenciais, com o objetivo de constatar atitudes errôneas e permitir corrigi-las.

A base de sua ética é de que o homem é regido pela busca do prazer, enquanto foge da dor. Por isso, o homem age procurando a felicidade, e com isso deve se tornar melhor, para si e para os outros. Considerava Bentham que os indivíduos agem motivados pelo interesse e pela obrigação.

As ideias de Bentham constituíram a base do liberalismo clássico, de John Stuart Mill, que governou a economia do século XIX.

Jeremy Bentham e sua influência no direito

Ao Direito, para Bentham, cabia reformar a sociedade, por meio da disciplina, obtida pelo método de recompensas e punições. O remédio seria a educação, que favorece a disciplina. Para isso, e diferentemente do que pensavam seus contemporâneos, achava que as leis deveriam ser revogáveis e passíveis de aperfeiçoamento.

Acima de todas as necessidades sociais, estavam, para Bentham, a ordem e a segurança. Esse fim justificaria sacrificar direitos de minorias caso estivessem em jogo os interesses da maioria. Por exemplo, punir comerciantes porque causam prejuízos aos consumidores. Por essa razão, o poder legislativo só deveria aprovar leis que cumprissem o princípio da utilidade, isto é, que disciplinassem as pessoas no sentido de buscarem a felicidade social (o prazer). A lei boa é aquela que aumenta a felicidade social.

Como se vê, Bentham considerava as sanções como poderoso instrumento de consolidação de lei ou norma. Mas as sanções, por representarem em si um prejuízo, só deveriam ser utilizadas para evitar um mal social. Poderiam ser de quatro tipos: físicas, públicas, morais ou religiosas. E aplicadas apenas quando pudessem impedir uma ação prejudicial de alguém – e desse grupo de pessoas estavam excluídos os incapazes, os loucos e as crianças. Mas Bentham não admitia impunidade absoluta nem para as crianças, nem para os dependentes químicos.

A obra *Teoria dos deveres ou A ciência da moral* foi publicada em 1834, dois anos depois da morte de Jeremy Bentham. O livro serviu de base para a elaboração da doutrina do liberalismo, na economia.

> "A NATUREZA COLOCOU A HUMANIDADE sob o domínio de dois senhores soberanos, a dor e o prazer. Só a eles compete indicar o que devemos fazer, assim como determinar o que faremos. A seu trono estão atrelados, por um lado, o critério que diferencia o certo do errado, e, por outro, a cadeia das causas e dos efeitos" (Jeremy Bentham).

O utilitarismo de Jeremy Bentham

Filósofo inglês do início do século XVIII, Jeremy Bentham teve grande influência sobre o pensamento de John Austin, especialmente na sua doutrina do utilitarismo, embora seus pontos de vista divergissem em relação à primazia das leis naturais. Para Austin, somente as leis de Deus poderiam ser consideradas leis naturais.

John Stuart Mill foi outro dos seguidores de Bentham.

O utilitarismo foi uma doutrina ética, segundo a qual a ação é a maneira de promover o bem-estar social. O princípio utilitarista é este: "agir sempre de modo a produzir a maior quantidade de bem-estar".

As ideias de Jeremy Bentham sobre moralidade e justiça, baseadas em punições e recompensas, tiveram impacto transformador sobre o sistema legal de todo o mundo. Segundo o filósofo, a natureza colocou a humanidade sob dois mestres soberanos: o prazer e a dor. Sobre esses dois sentimentos, construiu uma tabela de valores, no livro *O cálculo hedonista*.

Diz Bentham que todas as ações de uma pessoa são julgadas pela comunidade, ou pelo grupo de indivíduos, para determinar se tal ação é moralmente boa ou moralmente errada. A ação moralmente boa é aquela que causa o bem ao maior número possível de pessoas. Seu livro traz seis critérios para mensurar dor e prazer.

Para Bentham, atos de virtude não precisam ser gigantescos, mas gestos comuns que tragam benefícios a outros. Esses atos merecem recompensas. Na mesma proporção, e na direção oposta, atos de prejuízo merecem ser punidos. Suas teorias, publicadas em dois livros (*O raciocínio da punição* e *O raciocínio da recompensa*), foram largamente aplicadas no sistema de justiça criminal.

Hans Kelsen e o positivismo jurídico

A principal obra sobre positivismo jurídico, *Teoria pura do direito*, foi escrita no início do século XX, pelo filósofo austríaco Hans Kelsen. Embora seja um neokantiano, optamos por inserir a figura de Hans Kelsen neste tópico da filosofia do direito contemporânea porque ele é considerado um dos autores mais importantes do positivismo jurídico.

O positivismo jurídico, como já vimos, foi uma reação ao jusnaturalismo dominante nos séculos XVIII e XIX. Tinha como objetivo construir uma nova ordem jurídica baseada não mais em leis divinas ou da natureza, mas em princípios de igualdade e liberdade.

Hans Kelsen e suas circunstâncias

Hans Kelsen nasceu em 1881, na cidade de Praga, atual capital da República Tcheca, que à época pertencia ao Império Austro-Húngaro. Formou-se na Universidade de Direito de Viena. Depois foi professor em Viena, Colônia, Genebra e Praga.

Hans Kelsen foi o primeiro teórico do positivismo jurídico, com seu livro *Teoria Pura do Direito*. Inovou, ao propor que não mais a lei, mas a norma jurídica, passasse a ser o objeto de estudo da ciência do direito. Suas ideias inspiraram a Constituição da Áustria, uma carta inovadora porque criava um tribunal constitucional.

Assumiu, durante a Primeira Guerra Mundial, o posto de consultor jurídico do Ministério da Guerra da Áustria. Terminado o conflito, e desfeito o Império Austro-Húngaro, elaborou a Constituição da Áustria, em 1920, quando era juiz da Suprema Corte Constitucional.

Na década de 1930, Kelsen foi alvo de perseguição política, principalmente por ter travado um debate feroz com o filósofo nazista Carl Schmitt, sobre quem deveria ser o guardião da Constituição.

Schmitt defendia que esse papel era político, e não jurídico, e deveria ser entregue ao chefe do *Reich* (na época, essa opinião foi partilhada por Martin Heidegger). Kelsen rebateu dizendo que o papel político é transitório e mutante, enquanto o conceito jurídico deveria ser permanente e consolidado, por isso a Constituição deveria estar sob a guarda de um tribunal constitucional.

Perdeu a discussão para o gabinete de Hitler. Por isso, emigrou para os Estados Unidos em 1940. Lecionou nas Universidades de Harvard e de Berkeley. Publicou, nos Estados Unidos, *Princípios da lei internacional*, em 1952, propondo uma unidade jurídica mundial que prevaleceria sobre as leis de cada país. Morreu em Berkeley, na Califórnia.

Hans Kelsen e suas ideias

Para Kelsen, o direito deveria ter uma função meramente descritiva e deveria ser entendido como norma despida de qualquer concepção social ou de valores (valores, para ele, são objeto de estudo da Sociologia, Psicologia e Filosofia).

Este é o princípio positivista que rege a sua obra *Teoria pura do direito*: libertar a ciência jurídica de todos os elementos que lhe são estranhos. Desse modo, o direito não deve tratar do ser, mas do dever-ser.

Seus críticos censuraram o seu formalismo normativista, porque, sem o apoio da ética ao conteúdo das normas, qualquer coisa seria válida, por princípio, até mesmo o nazismo. Hoje se sabe da importância do contexto e das circunstâncias sociais e políticas para a exequibilidade de uma lei.

Hans Kelsen e sua influência no direito

São numerosas as ideias de Hans Kelsen, entre elas a conceituação de norma jurídica fundamental. Integrante da Escola de Viena, ao lado de Adolf Merkl, Hans Kelsen acreditava que o positivismo do século XIX errou ao fazer uma simplificação do direito, considerando a lei como a única fonte do direito.

Mas é considerada uma das grandes contribuições de Hans Kelsen à filosofia do direito a introdução do conceito de *controle concentrado da constitucionalidade das leis*, a cargo de um tribunal constitucional que guarde a integridade da Constituição.

O Brasil, influenciado pelas ideias de Kelsen, pratica a jurisdição constitucional de duas maneiras. Uma delas é o controle concentrado, em que o Supremo Tribunal Federal e os tribunais de justiça estaduais analisam a constitucionalidade das leis e normas estaduais e municipais.

A própria Constituição Federal de 1988 registra a expressão "guarda da Constituição", no artigo 23, inciso I (*É competência comum da União, dos Estados, do Distrito Federal e dos Municípios: I - zelar pela guarda da Constituição, das leis e das instituições democráticas e conservar o patrimônio público*) e no artigo 102 (*Compete ao Supremo Tribunal Federal, precipuamente, a guarda da Constituição*).

A outra maneira é o controle difuso, realizado pelos tribunais em todas as ações e recursos.

> "UMA DISTINÇÃO entre o Direito e a Moral não pode encontrar-se naquilo que as duas ordens sociais prescrevem ou proíbem, mas no como elas prescrevem ou proíbem uma determinada conduta humana" (Hans Kelsen).

A questão do valor na teoria positivista de Kelsen

A validade do direito, para Hans Kelsen, não está condicionada a valores. Validade (ou vigência) é o termo utilizado para significar que as regras jurídicas são obrigatórias e que os homens devem se conduzir de acordo com o que as normas prescrevem.

Note-se que a realização da justiça é considerada um valor relativo, na concepção desse jurista, assim como outros valores morais, políticos ou religiosos que podem sofrer diferentes interpretações de acordo com o contexto histórico e social.

O direito, na teoria de Kelsen, deve ser visto como a coleção de normas legitimamente produzidas dentro de um sistema normativo. Essas normas podem ser *estáticas* - quando o seu conteúdo determina diretamente a conduta que um indivíduo deve ter no seu meio social - ou *dinâmicas* - aquelas que definem de que maneira devem ser criadas as normas.

Na abordagem positivista de Hans Kelsen, a autoridade jurídica é quem cria, interpreta e aplica a norma jurídica. Para ele, o papel do direito é rigorosamente a aplicação da norma jurídica. Os valores constituem uma questão à parte dessa.

> "A ORDEM JURÍDICA de um Estado é, assim, um sistema hierárquico de normas gerais" (Hans Kelsen).

Herbert Hart e a conceituação do direito

Os fundamentos principais do positivismo jurídico moderno foram lançados em 1950, por Herbert L. A. Hart, no livro *O conceito do direito*. A principal contribuição dessa obra foi distinguir as regras jurídicas de todas as demais regras sociais, inclusive as morais, embora não exclua totalmente a moral do direito, ao contrário de seus antecessores.

Herbert Hart e suas circunstâncias

H. L. A. Hart (como preferia ser chamado *Herbert Lionel Adolphus Hart*) foi um filósofo inglês, nascido em 1907 e falecido em 1994.

Filho de um negociante de algodão, cursou filosofia e história antiga na Universidade de Oxford, onde mais tarde foi lecionar Jurisprudência. Entre seus alunos estão filósofos importantes como Neil MacCormick e John Finnis.

H. L. A. Hart desenvolveu teoria sobre o positivismo jurídico em seu livro *O conceito do direito*, publicado em 1950. Seu grande mérito foi trabalhar com a conceituação do direito, de modo a distingui-lo de regras morais.

É considerado neopositivista. Recuperou o conceito de comando desenvolvido por John Austin e deu-lhe publicidade.

Trabalhou também com direito penal e responsabilidade jurídica.

Recebeu grande influência de Jeremy Bentham. Dedicou-se ao trato da moral num período crítico da Europa, que foi o pós-guerra, e são famosas as suas polêmicas com juristas de sua época que defendiam o moralismo jurídico. Considera-se que tenha reinventado a filosofia do direito no século XX, combinando a tradição utilitária com a nova filosofia linguística de John Austin e Ludwig Wittgenstein.

Em 1961, teve um famoso debate acadêmico com Hans Kelsen, durante um evento na Universidade da Califórnia, em Berkeley.

Herbert Hart e suas ideias

O filósofo categorizou as normas em primárias, que são ordens ou mandados de caráter geral, e secundárias, aquelas que corrigem o caráter estático das normas primárias, por meio de reconhecimento, autorização, modificação ou derrogação, por exemplo. Segundo ele, a combinação das duas espécies de normas consegue explicar melhor o direito.

Um exemplo clássico é este: a norma primária, que é a norma jurídica, diz: "não matarás", determinando a proibição dada pelo direito. Já a norma secundária estabelece as sanções adequadas para quem apresenta desvio da conduta em questão, dizendo: "Se matares, tu serás condenado a tantos anos de reclusão".

Como obra de filosofia, o livro de Herbert Hart lida com a essência do direito, buscando critérios para defini-lo como ciência. Para isso, lança mão da filosofia da linguagem, como o fizeram os positivistas alemães antes dele.

Herbert Hart e sua influência no direito

O livro *O conceito do direito* desenvolveu uma visão sofisticada do positivismo legal. Entre as ideias principais estão: uma crítica à teoria positivista de John Austin de que a lei é comando do governante, apoiada na ameaça de punição; uma distinção entre normas primárias e normas secundárias, em que as regras primárias governam a conduta e as secundárias permitem a criação, alteração ou extinção das regras primárias; a ideia da regra de reconhecimento, uma regra social que permite diferenciar as normas que têm *status* de lei e aquelas que não têm.

Hart dedicou-se especialmente à questão da moral. Segundo ele, o sistema jurídico deve ser um sistema lógico e fechado. Dentro dessa ideia, construiu um conjunto de critérios para definir as regras morais e assim diferenciá-las de regras jurídicas.

Os critérios são quatro: importância (porque o indivíduo mantém suas regras morais mesmo em situação de pressão social), imunidade à alteração deliberada (ou seja, não há um órgão legislativo que mande modificar a moral), caráter voluntário dos delitos morais (a pessoa sabe que está errando) e forma de pressão moral (que não se manifesta pela ameaça, mas normalmente pelo apelo à própria natureza moral da ação).

Um bordão típico do positivismo é de que *lei não é moralidade*. Hart acreditou ter superado as dificuldades de exagero formal apresentadas na doutrina de Hans Kelsen, propondo que o direito encare a lei como alguém que participa do sistema, e não como um simples observador externo.

"HÁ DUAS CONDIÇÕES mínimas necessárias e suficientes para a existência de um sistema legal. De um lado, aquelas regras de comportamento, que são válidas de acordo com os critérios fundamentais do sistema de validade, devem ser obedecidas. De outro lado, as regras de reconhecimento especificando os critérios de validade legal e suas regras de mudança e adjudicação devem ser efetivamente aceitas como padrões públicos de comportamento oficial pelas autoridades" (H. L. A. Hart).

O NEOPOSITIVISMO

O positivismo jurídico reinou durante muito tempo, na Europa, apoiado na razão. Mas chegou um momento em que dois eventos abalaram a confiança dos intelectuais em sua efetividade como teoria filosófica lastreada exclusivamente sobre a razão.

O primeiro solavanco foi o materialismo de Karl Marx, afirmando que a razão é sempre refém da ideologia de uma classe que domina o grupo social, em determinado momento histórico (a exemplo, como já vimos aqui, do fascismo, nazismo ou socialismo). Os governantes, seguidores de uma ideologia, controlam a produção de leis para beneficiar sua própria doutrina, colocando o povo em segundo lugar.

O segundo, surge com Sigmund Freud: o homem não controla, com a razão, o que sente nem como age, mas é dominado pelo inconsciente.

Fica fácil perceber, somando os acontecimentos, que não era mais possível aceitar uma doutrina filosófica que não levasse em conta as questões éticas, morais e até psicológicas, no trato com o direito. Desse modo, a hermenêutica ganha força.

Não foi por acaso que, em 1900, Wilhelm Dilthey publicava o livro *Origem da hermenêutica*, que abriu caminho para novas leituras da ciência do direito. E, pouco depois, H. A. L. Hart colocava, no seu *O conceito do direito*, o raciocínio de que a lei não deve ser uma abstração, mas regras efetivas de ação. Entre os pensadores mais recentes, que se ocuparam de analisar o positivismo, não podemos nos esquecer do francês Michel Foucault.

Michel Foucault e o poder

Não é fácil nem definitivo incluir Michel Foucault em uma corrente filosófica. Apenas para efeito didático, vamos considerá-lo pós-moderno, neste livro, mas há estudiosos que o colocaram na categoria de estruturalista.

Sua contribuição mais patente para a filosofia foi a teoria do poder. Em seus trabalhos, buscou compreender os nexos estruturais do poder e os instrumentos e mecanismos de dominação que existem na sociedade.

Michel Foucault e suas circunstâncias

Um dos mais conhecidos filósofos franceses contemporâneos, *Michel Foucault* teve grande influência de Thomas Hobbes, John Locke, Jean-Jacques Rousseau, Karl Marx e, principalmente, de Martin Heidegger, Jean-Paul Sartre e Friedrich Nietzsche. Desenvolveu um trabalho importante na análise do papel da disciplina na sociedade moderna.

Michel Foucault trabalhou com a linguagem, especialmente em *A palavra e as coisas*, livro em que denuncia mecanismos de segregação principalmente pela rotulação. Com isso, opõe-se aos positivistas no sentido de considerar que a verdade do direito penal só pode ser obtida dentro das instituições penais, nas práticas do cotidiano, e não nas normas jurídicas que o Estado produz. Na verdade, para Michel Foucault, o direito é mais um instrumento de dominação da classe governante do que uma formalidade legitimada pela sociedade.

Visitou o Brasil algumas vezes, uma delas em 1965, quando deu uma série de palestras junto com o também filósofo Gilles Deleuze.

Politicamente, defendeu as liberdades individuais. Chegou a filiar-se ao Partido Comunista francês, mas desligou-se por causa de divergências de ideias.

Morreu aos 58 anos, em 1984.

Michel Foucault e suas ideias

Para Foucault, há expressões de poder em todas as pessoas, e não apenas naquelas revestidas de autoridade ou de mando. Há expressões de poder nas grandes questões sociais, mas também nas pequenas ocorrências do dia a dia.

Poder, segundo Foucault, não é apenas aquela prática de governantes, por exemplo – em todas as relações sociais, em todos os comportamentos e atitudes há práticas de poder, não necessariamente o poder repressor, mas de qualquer maneira pequenos poderes do cotidiano. Segundo ele, são as minorias sociais que se rebelam contra esse tipo de poder, do qual muitas vezes as pessoas nem se dão conta de estarem praticando.

Suas pesquisas buscaram sustentação em nichos sociais específicos, interrogando temas característicos das classes marginais. Assim, pesquisou a loucura, a exclusão, a sexualidade, a tortura.

Michel Foucault e sua influência no direito

Pela afirmação de que o direito é instrumento dos poderosos, poder-se-ia pensar que o pensamento de Foucault é marxista, no sentido de achar que o que prevalece é a ideologia das classes dominantes. Mas sua conclusão é mais ampla do que isso: ele revela que existe uma rede de poder, dominação e sujeição em todas as relações sociais, em todas as classes sociais.

Além disso, Foucault rechaça a ideia de que o poder seja ideológico. Para ele, o poder está acima da ideologia e é utilizado por ela. Partindo dessa ideia desenvolveu a *teoria dos corpos dóceis*, segundo a qual a dominação se dá por meio de vigilância hierárquica (com controle de atividade por meio de horário, cartão de ponto, relatório etc.), sanção normalizadora (quem chega atrasado é descontado no salário, quem discorda do chefe não recebe promoção) e exame (testes de verificação de evolução, por exemplo).

"NÃO HÁ SABER que não produza poder" (Michel Foucault).

NORMATIVISMO JURÍDICO

O positivismo jurídico continua a ter, em nossos dias, grande aceitação entre os juristas, depois de sofrer modificações ao longo dos anos. Mas a sua atualização mais notável foi, já no século XX, com o *normativismo lógico* de Hans Kelsen.

A norma jurídica, e não mais simplesmente a lei, passou a ser o objeto de estudo da Ciência do Direito. Norma é um parâmetro de interpretação que apresenta o sentido do dever-ser e por isso tem efeito vinculatório sobre os seus destinatários. Naturalmente, a sua eficácia e validade dependem da sua aceitação social.

Para efeito de metodologia do direito, Kelsen afirmou que a realidade é dividida em natureza e sociedade.

Há uma ordem na natureza. Para o entendimento dessa ordem, pensou o filósofo austríaco, existem as ciências explicativas, que tratam da essência, da origem e da finalidade de um objeto ou de um ser.

Também há uma ordem na liberdade das ações humanas. Para o entendimento da ordem existente na sociedade, Kelsen colocou as ciências normativas, que tratam das normas de conduta e das relações dos homens com o seu meio social.

Desnecessário aduzir que, para Hans Kelsen, o direito é ciência normativa, dotada de intencionalidade, método e objetivo. A partir da norma, diz ele, é possível analisar fatos e interpretá-los, transformando-os em fatos jurídicos. Mas não interpretá-los em termos de serem justos ou injustos, ou de serem bons ou maus – porque isso é papel da moral. Interpretá-los sob termos de serem fatos válidos ou inválidos.

A principal novidade trazida pelo normativismo sobre o positivismo do século XIX foi a noção de que a norma é aceita pela sociedade, ao contrário da lei positiva que é imposta pelo Estado. Mas é necessário entender que direito não é só a norma, mas o conjunto ordenado de normas que constitui um sistema. Como sistema, está em interação constante com outros sistemas, como veremos ao estudar Niklas Luhmann.

O normativismo jurídico veicula a ideia do direito como ciência normativa em razão do seu objeto: o estudo e a compreensão das normas legais, seja como um sistema já estabelecido (sob seu aspecto estático), seja em relação a sua criação e aplicação aos casos concretos (sob o aspecto dinâmico das normas). Ou seja, a finalidade é conhecer as normas, conhecer o que está nelas contido, do mesmo modo que qualquer ciência conhece e analisa seu objeto de estudo, em qualquer esfera do conhecimento humano.

Como alternativa e devido à dificuldade de o positivismo, por si só, elucidar, nos textos legais, expressões como "bem comum", "moralidade", "interesse público" e "dignidade", o filósofo John Finnis propôs a teoria do direito natural[1]. Por essa razão, interessa incluir neste tópico um teórico contemporâneo do direito natural, para quem o filósofo do Direito não poderia ser "apenas um positivista jurídico". O filósofo, no entanto, não se contrapõe ao juspositivismo, mas destaca a inegável relevância dos princípios relacionados à lei natural (geradora do direito natural) para que sejam válidas as leis criadas pelo legislador.

John Finnis e suas circunstâncias

John Mitchell Finnis (1940-) é um jusfilósofo nascido na Austrália e naturalizado britânico, docente na Universidade de Oxford. Defendeu, em 1965, sua tese sob o título *The idea of judicial power*, com foco na Constituição australiana. Posteriormente, em 1980, sob influência de seu orientador, o magistrado inglês Herbert L. A. Hart, publicou *Natural law and natural rights* (*Lei natural e direitos naturais*), obra que, mais tarde, foi reconhecida por sua grande relevância para o estudo do direito natural e consagrou Finnis como o maior jusnaturalista da contemporaneidade.

Além da influência de seu mentor, John Finnis adquiriu conhecimentos extraídos ao longo de anos de estudo das obras clássicas de Santo Tomás de Aquino e Aristóteles,

---

1 FINNIS, John. *Natural law and natural rights*. 1980.

dentre outros, partindo do próprio ser humano, suas necessidades e sua vida no meio social.

John Finnis e suas ideias

É relativamente recente a retomada das discussões a respeito do direito natural ou jusnaturalismo e da teoria analítica do direito natural. Essa discussão, inegavelmente, passa pelo estudo da obra de John Finnis e sua concepção do direito, que destacou a importância de três aspectos da tradição analítica, quais sejam, a necessária atenção ao seu fim prático, a seleção do caso central e, também, do significado focal e, por fim, a seleção do ponto de vista[2].

Ao longo de sua obra, especialmente o clássico Lei natural e direitos naturais, Finnis busca delinear, sem se opor necessariamente ao positivismo, uma aproximação entre os conceitos e concepções do direito e da moral, partindo da identificação de determinados bens humanos essenciais, essencialidade esta presente universalmente e em todas as épocas da caminhada humana.

A esses bens se relacionam, necessariamente "regras secundárias", que, para Finnis, visam complementar lacunas invariavelmente deixadas pela primárias. Cabe ao direito estabelecer, por meio das normas, regramentos e sanções relativas a um mínimo dessas regras primárias, de modo a possibilitar a vida em sociedade.

John Finnis e sua influência no direito

John Finnis propõe que a lei natural, assim como a ética, sejam concebidas em bases racionais para a correta compreensão do direito natural, sem se valer de referências como o "ser" e o "dever ser". Oferece, assim, novas bases racionais para a compreensão do direito natural sem o emprego de derivações metafísicas de valores a partir da natureza humana e, mesmo, sem empregar inferências ilícitas de valores (dever ser) a partir de fatos (ser) e identificando bens básicos como a vida, a sociabilidade ou convivência social e a saúde, entre outros com a mesma importância fundamental.

Sua obra, além dos conceitos de direito natural e lei natural, contém estudos sobre direitos absolutos, direitos humanos, direitos naturais não excepcionáveis, autoridade, filosofia política, direito obrigacional e, de modo amplo, lei humana e lei injusta e bem comum.

> "... QUE TIPO DE COISAS poderiam possivelmente contar como qualidades do Direito? Que papel deveria ter a lei no julgamento? Que obediência a lei pode nos exigir? Que lei nós devemos ter? E deveríamos ter uma lei?"

O PÓS-MODERNISMO

A História nos dá a perspectiva da realidade. Muitas, vezes, somente com o tempo será possível determinar em que classe, categoria ou tipo se enquadram determinados pensadores. Por isso, selecionamos, para encerrar este livro, uma série de filósofos do

[2] Cf. ANDRADE, Luís Felipe Netto de. O direito natural analítico de John Finnis. *Argumentos*, Fortaleza, ano 5, n. 10, jul./dez. 2013.

século XX, que, por serem contemporâneos, não tiveram ainda o beneplácito da História ao seu favor. Vamos deixá-los, todos (para errar menos), sob o título de pós-modernistas.

O pós-modernismo, que sacudiu o mundo das artes, no começo do século XX, com o dadaísmo (iniciado em Zurique, em 1915, por artistas como Marcel Janco e o poeta romeno Tristan Tzara) e o surrealismo (iniciado em Paris, nos anos 1920, por André Breton e Salvador Dali) também teve impacto sobre a filosofia. Seu objetivo era questionar o pensamento tradicional e questionar as verdades tidas como definitivas.

No pensamento de um dos mais importantes filósofos pós-modernos, Jacques Derrida, era preciso desconstruir a realidade – não exatamente para mostrar os intestinos dessa realidade, mas exibir aquilo que não teria sido dito, que jazia oculto atrás das figuras e da semântica. Para isso, o pós-modernismo buscou promover uma aproximação da linguagem, escrita ou pictórica, com a realidade.

Como nomenclatura, a expressão "pós-modernismo" aplica-se apenas como referência didática, neste livro, porque não há unanimidade entre os estudiosos sobre ela. Há, inclusive, autores que acham que esse movimento começou somente depois das revoluções estudantis de 1968. De certa maneira, esses autores têm razão, porque na filosofia o pós-modernismo aconteceu mesmo na década de 1960.

Como era de se esperar, as correntes que compõem o movimento pós-modernista variaram no tempo, de país para país. Por exemplo, o futurismo foi lançado em 1909 na França, quando o poeta italiano Filippo Marinetti publicou no jornal *Le Figaro* o "Manifesto Futurista"; movimento semelhante, com as mesmas tendências de rejeição do moralismo, do culto ao passado e à forma, foi a Semana de Arte Moderna brasileira, que por causa da guerra só pôde ser realizada treze anos depois, em 1922.

Aliás, no Brasil, o modernismo (que chegou a ser confundido com o futurismo, por causa de várias semelhanças) permaneceu em destaque, principalmente na literatura, até, pelos menos, a chamada Geração de 1945, da qual participaram nomes como Guimarães Rosa e Cassiano Ricardo, entre outros.

Jacques Derrida e a desconstrução

Jacques Derrida foi o filósofo das minorias. Iniciou sua teoria da desconstrução, inicialmente, na década de 1960, como uma crítica ampla ao momento da filosofia europeia.

Jacques Derrida e suas circunstâncias

Jacques Derrida nasceu na Argélia, então colônia francesa, em 1930. Adolescente, mudou-se para Vichy, para estudar no liceu. Ali, participou de movimentos de resistência ao governo, que queria proibir que os imigrantes argelinos falassem o idioma nativo, o berbere, o que o levou a ser expulso (o pretexto alegado foi a redução das cotas para judeus, de 14% para 7%).

Em 1949, mudou-se para Paris, para estudar na Escola Normal Superior, onde iria lecionar na década de 1960. Fez amizade com intelectuais da época, como Michel Foucault, Louis Althusser e Gilles Deleuze.

Jacques Derrida foi o fundador da "desconstrução", uma abordagem crítica aplicável tanto a textos literários quanto filosóficos e políticos. Sua teoria foi muito popular em vários campos das artes, mas ganhou popularidade quando foi adotada pelo movimento feminista.

Suas ideias foram também aplicadas ao direito, especialmente nos livros *A força da lei* e *Desconstrução da possibilidade de justiça*.

Seu primeiro trabalho, produzido em 1954 (mas que seria publicado somente em 1990), foi *O problema da gênese na filosofia de Husserl*. Mas foi em 1967 que se tornaria famoso, com a publicação em sequência de três livros.

Mais tarde publicaria *Violência e metafísica*, enfatizando a alteridade – a preocupação com o outro – e também, reforçando Husserl, a potencialidade da linguagem como elemento gerador de violência, pelo desentendimento. Suas teses sobre a violência originaram a noção do "politicamente correto". Foi contemporâneo de pensadores como Lyotard, Roland Barthes, Merleau-Ponty, Jean-Paul Sartre, Simone de Beauvoir, Levi-Strauss, Jaques Lacan e Paul Ricœur.

Nos Estados Unidos, lecionou nas Universidades de Harvard, Yale e John Hopkins.

Em 1981, fundou a Associação Jan Hus, para prestar assistência a intelectuais da Tchecoslováquia que combatiam os governos comunistas que se sucederam até 1991, depois da morte do marechal Tito, em 1980. Jacques Derrida chegou a ser detido em Praga, ao sair de um seminário clandestino, mas a intervenção de François Mitterrand o salvou da prisão.

Em 1983, criou o Colégio Internacional de Filosofia. Também em 1983, tornou-se diretor da Escola de Altos Estudos em Ciências Sociais de Paris, função que ocupou até morrer, de câncer, em 2004.

Jacques Derrida e suas ideias

A síntese do pensamento de Derrida é esta: qualquer texto contém ambiguidades, obscuridades, ideias ocultas e até dissimulações; pela análise radical da construção do texto é possível obter entendimento do raciocínio aplicado em sua produção, compreender premissas não esclarecidas, estabelecer a ordem de prioridades que o autor usou. Essa técnica de caminhar inversamente do texto pronto para a sua origem, "desconstruindo" a narrativa, é aplicada à literatura, mas teve influência decisiva na filosofia.

Suas ideias foram adotadas com destaque nos Estados Unidos, onde os intelectuais de esquerda, principalmente nas universidades, sentiam falta de uma ferramenta eficiente para realizar a crítica social. A técnica da desconstrução foi utilizada, então, para a análise mais radical de textos filosóficos, de discursos políticos e, principalmente, das próprias instituições políticas. Aliás, esse era um tema recorrente no pensamento de Jacques Derrida: o filósofo tem que ter participação política, mas com muita prudência. Um exemplo de sua participação pessoal foi na denúncia do autoritarismo e da opressão praticados pelo regime do *apartheid*, na África do Sul.

Criou o termo iterabilidade (ou reiterabilidade) para designar a capacidade das pessoas que se repetem em diferentes contextos. Em literatura, e por extensão na produção de textos, é a marca de identidade da escrita, que pode ser repetida sem variações. Basicamente, refere-se ao fato de que, preso a tradições e a ideias cristalizadas na mente, o homem repete erros mecanicamente, sem parar para pensar na origem de sua atitude. O método que permite identificar atitudes repetitivas é a desconstrução. Deve-se inverter o processo de raciocínio, partindo do resultado para a origem, a fim de entender o processo que leva à repetição mecânica. Dessa maneira, é possível compreender e evitar os erros. Na realidade, Jacques Derrida não desconstrói, mas decompõe.

Veremos, adiante, como essa ideia se aplica ao direito.

O conceito de iterabilidade foi aplicado à linguagem. Para Derrida, é impossível assegurar, para um determinado termo ou expressão, dentro de um texto, um *significado primeiro*. Mas, ao mesmo tempo, existem termos e expressões que se repetem nas comunicações, e que são identificáveis mesmo fora de um texto, ou seja, conseguimos identificar os termos, mas não conseguiremos saber se o significado primeiro, fundamental, aplicado a ele, é o mesmo. Só saberemos se for possível ler o texto além do seu contexto original, no momento da produção. Lendo o livro mais tarde, estaremos distantes desse contexto e vamos interpretá-lo sem o apoio das informações do contexto, ou seja, a leitura será outra. Como se vê, tudo ocorre em função do tempo, o que remete a Heidegger e ao seu *O ser e o tempo*. Aliás, o termo "desconstrução" parece ter sido inspirado no termo "destruição", usado por Heidegger, no mesmo livro.

Para o platonismo, a essência é mais importante do que a aparência, por isso havia uma hierarquia entre o visível e o apenas sensível, entre corpo e alma, entre bem e mal. Derrida critica essa visão de opostos, como Nietzsche já fizera antes, e coloca a aparência numa condição de mais importância diante da essência.

O pensamento empírico é de que a essência depende em grande parte de experimentarmos o que se nos aparece, das coisas. Mas isso não quer dizer que essência e aparência sejam coisas opostas e não relacionadas. Portanto, é possível chegar à essência – ou imanência – por meio de análise de várias manifestações da aparência, e para isso é preciso memória e espírito de antecipação. Em resumo, a essência pode ser encontrada na aparência, ela existe dentro da aparência.

Mas a aparência é temporal. Observamos algo no momento presente que é diferente, mesmo minimamente, num momento anterior e será diferente num momento posterior. Por isso, não conseguimos decidir se estamos observando a aparência presente, a aparência que ficou em nossa memória de um momento atrás ou a aparência que a nossa mente projeta para um momento à frente.

Essa hesitação é chamada por Derrida de *indecidível*, e é por ela que não podemos estabelecer hierarquia sobre o que é mais importante ou superior. Nessa análise, Derrida estabelece diferenças, não hierarquias – e essa noção é aplicada entre os conceitos de lei e justiça, no livro *A força da lei*.

A palavra diferença, na teoria de Derrida, constitui um outro conceito filosófico. A partir do verbo latino *differre*, diferir comporta dois significados: designar alguma coisa que tem como característica ser distinta de outra, e designar algo que remete para o futuro.

Jacques Derrida e sua influência no direito

Para o filósofo, há algumas ideias impossíveis de serem desconstruídas. Uma delas é a justiça. Seu trabalho mais importante nessa área é de 1989 (*A força da lei*), em que afirma que o direito deve ter supremacia sobre o poder, contestando o direito da força.

Para ele, não basta aplicar a regra justa, mas é preciso aplicar a regra justa com espírito de justiça. Espírito de justiça, para Derrida, é considerar que a regra deve levar em consideração que, fora da sua generalidade, existe aquilo que é singular, diferente e único em cada indivíduo.

Como exemplo, pode-se raciocinar, como Derrida, a respeito do conceito de liberdade. Para praticar a justiça, o indivíduo precisa ser livre e responsável pelas suas próprias ações e decisões. Então, a essência de liberdade é formada de algumas aparências – ser livre é seguir regras, mas apenas seguir a regra não garante a aplicação da justiça; por isso, aplicar a justiça representa seguir a regra, mas usar um julgamento que não está na regra; então, ser livre é, às vezes, não seguir a regra.

O juiz que só segue regras é uma "máquina de calcular", dizia Derrida. Mas, ao mesmo tempo, diz ele, o juiz dá a decisão baseado no *indecidível*: aquilo que vê, no momento presente, na memória do que viu há um momento ou na antecipação de futuro que sua mente elaborou. Seja como for, está seguindo uma regra, muitas vezes ideológica, mas está também praticando uma violência contra a regra.

Assim, é impossível que consiga dar uma decisão completamente imparcial, completamente apoiada na lei. Portanto, Jacques Derrida conclui que a justiça é impossível – pelo menos no momento presente.

Justiça será sempre algo a ocorrer no futuro. É a essência do que Jacques Derrida explica em seu livro *Desconstrução da possibilidade de justiça*, ao questionar os conceitos tradicionais de verdade e memória.

"TENHO ENORME APREÇO por tudo o que eu desconstruo" (Jacques Derrida).

"COMO O PRÓPRIO NOME GREGO sugere, um horizonte é ao mesmo tempo uma abertura e um limite que define um infinito progresso de um período de espera" (Jacques Derrida).

Jean-François Lyotard e a ausência de crenças

Um dos mais importantes filósofos pós-modernos ocidentais, Jean-François Lyotard concentrou suas teses sobre a pragmática da linguagem.

Estudou as formas do discurso, retomando Wittgenstein, e entendeu que o homem mantém-se preso às tradições e que a história acaba por não ser mais do que uma narrativa e a ciência, uma narrativa da narrativa. Para que alcance a evolução, o homem precisa duvidar do que tradicionalmente é relatado, e assim construir uma nova visão da realidade. É o que chama de *estatuto do saber*.

Adotando essa posição pós-moderna de incredulidade em relação ao conhecimento, o indivíduo obtém nova consciência sobre todos os agentes do saber, sejam referentes ou destinatários.

Jean-François Lyotard foi o formulador do pós-modernismo, no livro *Condição pós-moderna*, de 1979. No mesmo ano produziu uma versão chamada *O pós-moderno explicado para crianças*.

Seus estudos envolvem, além da filosofia, a psicanálise, a política, a economia e a estética.

Jean-François Lyotard e suas circunstâncias

Jean-François Lyotard nasceu em 1924, na França. Estudou filosofia na Sorbonne, tendo sido colega de Gilles Deleuze.

Na Segunda Guerra Mundial integrou a resistência francesa. Em 1950, foi lecionar filosofia em escolas secundárias da cidade de Constantina, na Argélia, então ocupada pela França. Em 1954, fez parte do movimento revolucionário argelino de independência, escrevendo panfletos e artigos contra a dominação francesa naquele país.

Acreditava que a França praticava a política de manter o povo argelino no subdesenvolvimento e na pobreza, impondo a ele a cultura europeia.

Ao fim da ocupação francesa, escreveu textos em que lamentava que a Argélia não tivesse se tornado um país socialista.

Seus primeiros livros, da década de 1950, foram defesas radicais do marxismo. Mais tarde, porém, concluiu que a realidade social é complexa demais para ser descrita por um discurso ideológico, e acabou renunciando ao marxismo.

Em 1959, assumiu a posição de professor assistente na Sorbonne e em 1966 assumiu cadeira como titular na Universidade de Paris (onde ficaria por mais de trinta anos). Foi ativista do movimento estudantil de 1968.

Ganhou fama internacional com a publicação do livro *Condição pós-moderna*, em 1979. No mesmo ano, veio ao Brasil para dar aulas na Universidade de São Paulo. Nas décadas de 1980 e 1990 dedicou-se a dar aulas e palestras fora da França (Alemanha, Canadá e Estados Unidos).

Morreu de leucemia, em Paris, em 1998.

Jean-François Lyotard e suas ideias

Foi o filósofo da heterogeneidade e da diferença. A realidade, para ele, consiste de eventos singulares que não podem ser representados, com precisão, pela teoria racional, devendo considerar emoções e sensações.

A manifestação mais evidente de que a história é uma narrativa é a perda, ao longo do tempo, da autoria de determinada pesquisa ou descoberta.

Lyotard afirma que pessoas são conhecimento. Quando o conhecimento passa a existir independentemente do sujeito autoral, torna-se apenas mais um bem de consumo, não possui mais caráter pessoal e humano, e as pessoas se transformam em consumidoras e não produtoras do conhecimento.

Saber é poder, garante Lyotard. Se a pessoa não detém o saber, perde o poder social que lhe garante a troca social necessária para a sobrevivência e a evolução. Em resumo, Lyotard afirma que, em razão do volume de informações da sociedade contemporânea, o homem está perdendo a crença em valores como justiça e verdade.

Lyotard fez também a análise do marxismo e do estruturalismo (especialmente na psicanálise de Jacques Lacan) e estudou as relações entre política, economia e psicanálise.

Lyotard desenvolveu uma filosofia baseada na teoria da libido, de Freud, segundo a qual a sensualidade pode explicar algumas transformações que ocorrem na sociedade. Vinculou o desejo a situações políticas e sociais que culminam em alterações na economia global. Suas ideias foram consolidadas no livro *Economia libidinal*, de 1974.

No campo da filosofia da linguagem criou a ideia complexa do *diferendo*, um gênero de discurso composto pela argumentação e oposição das suas partes. Na forma, a escrita do diferendo é sempre desarticulada e descontínua. Lyotard refere como diferendo a perda de credibilidade, ao longo da história, de certos discursos ideológicos, como o marxista.

Para ele, a história, vista como narrativa científica, tende a cristalizar e universalizar conceitos. É uma negação do conceito de Hegel da história. Na prática, diferendo é a técnica criativa de não aplicar uma regra de justiça a uma situação que, apenas sujeita a uma regra, não promoverá a justiça.

A visão linear da história tende a ocultar relações de dominação. Assim, a injustiça pode se dar também no nível da linguagem. O diferendo é aplicado no direito na questão da legitimação do discurso da vítima, porque é um discurso emotivo e desarticulado, propicia a perda dos meios de prova da injustiça, e leva à impossibilidade de provar, de argumentar e de apresentar. Por isso, o julgador deve levar em conta as interrupções, as incertezas e até o silêncio. Cada frase, no diferendo, tem valor, porque tem relação com o sentido, com o referente (aquilo a que a frase refere), com o emissor ou com o receptor.

A oposição ao diferendo é o *discurso do litígio*, porque nesse caso há regras claras e estabelecidas, que permitem a aplicação da justiça sem prejuízo a qualquer das partes. Com o diferendo, Lyotard afirma a diferença entre vítima (a parte ofendida num diferendo) e queixoso (a parte ofendida num litígio).

Jean-François Lyotard e sua influência no direito

Na década de 1980, Lyotard desenvolveu uma teoria da justiça, em que analisa problemas decorrentes de interpretações diferentes de um mesmo evento, o que resultaria em grandes diferenças. Chamou essa teoria de *paganismo*, em referência ao fato de que povos pagãos celebravam muitos deuses ao mesmo tempo – a justiça teria também o mesmo sentido de pluralidade e multiplicidade.

Em suma, a justiça, para Lyotard, deve ter preocupação com a diferença, porque, se a realidade é constituída de eventos singulares, não há como uma lei universal abranger todos os casos.

A noção de justiça, portanto, não passa de discurso, para Lyotard, e nem sempre está ancorada na verdade. Por isso, a sua teoria do paganismo recomenda promover um julgamento sem um deus único, ou seja, sem um critério universal único, quando se tratar de temas que envolvam a ética, a verdade, a política e a beleza. Lyotard apela para Kant, que afirmava ser possível o julgamento através da *imaginação constitutiva*.

Em obras posteriores, Lyotard renegaria o paganismo para formular o pós-modernismo.

"NÃO SE BUSCA A VERDADE com a ciência,
apenas o poder" (Jean-François Lyotard).

Richard Rorty e a ironia necessária

Richard Rorty acreditou que a solidariedade e a esperança são preferíveis à objetividade e ao saber. Ao falar em solidariedade, por exemplo no uso da linguagem, alertava para o fato de que o indivíduo consciente utiliza o pronome "nós" muito mais do que utiliza o pronome "eles" – é a inclusão do indivíduo no universo, mas sem perder a sua individualidade.

Richard Rorty publicou, em 1979, *Filosofia e o espelho da natureza*, que lhe trouxe fama imediata não só nos Estados Unidos, mas na Europa também. Nesse livro, explica que o conhecimento é uma representação, mas é mais do que isso: é uma espécie de espelho mental de um mundo externo à mente. Portanto, o que existe são múltiplas leituras do mundo, como existem múltiplas leituras de um texto. Por isso, a grande proximidade de Richard Rorty com a questão da linguagem.

Politicamente, foi esquerdista, mas inimigo do regime de Stalin. Mais recentemente, condenou a guerra no Iraque. Criticou as noções correntes de verdade, razão e ciência – que chamava de categorias tradicionais de interesse –, defendendo que é possível assumir uma atitude irônica diante dessas convicções. Ironia é uma figura de discurso que dá a entender exatamente o contrário do que é dito.

Portanto, entenda-se: Rorty não negou verdade, razão e ciência, mas questionou a maneira como entendemos essas noções, por causa de nossas limitações e preconceitos de fundo cultural (religioso, político e econômico).

Richard Rorty e suas circunstâncias

Richard McKay Rorty nasceu em Nova York, em 1931, em uma família de escritores e ativistas de esquerda. Fez mestrado em Filosofia na Universidade de Chicago, tendo sido aluno de Rudolf Carnap, um dos grandes nomes do Círculo de Viena. Depois fez doutorado na Universidade de Yale. Serviu o Exército, em seguida, por dois anos.

> *Richard Rorty* revitalizou o pragmatismo, idealizado quase um século antes dele, ao defender que a filosofia só serve se usada para melhorar o indivíduo.

Mais tarde lecionou filosofia e literatura em Princeton, Virginia e Stanford. Foi conceituado palestrante nas principais universidades inglesas e norte-americanas. Chegou a ser convidado para aconselhar o então presidente Bill Clinton. Morreu em 2007.

Richard Rorty e suas ideias

Seu pensamento é pragmático – em que mais importante do que o conhecimento da verdade é o conhecimento da utilidade, ou seja, a verdade está nas consequências da ação e não nos seus pressupostos. De certo modo retomou as ideias pragmáticas de William James, John Dewey e Charles Sanders Peirce, desenvolvendo o argumento de que a teoria moral e a teoria política não podem ser construídas sobre bases objetivas, mas sobre a simpatia e a solidariedade humanas.

David Hume dizia que quase nada no mundo pode ser explicado pela razão; ao contrário, dizia haver mecanismos de "crença natural" e pressupostos que nos levam a acreditar num mundo que pode não ser exatamente o real. Kant, por sua vez, acreditava no númeno, que é a realidade das coisas em si mesmas, e que não dependem da percepção, mas do intelecto – não conseguimos alcançar o númeno, mas apenas a sua representação. Ambos concordavam, em suma, que não existe a verdade, mas pontos de vista sobre a verdade.

De modo sintético, a doutrina de Richard Rorty funda-se em três ideias. A primeira é de que a democracia possibilita a filosofia, e não o contrário. A segunda é de que a liberdade gera a verdade. E a terceira é de que a filosofia só serve para produzirmos versões melhoradas de nós mesmos – no lugar da filosofia, ele prega que a busca das causas primeiras das coisas pode se dar pela poesia ou pela crítica literária, ou seja, pela linguagem. Segundo ele, esse é o papel do filósofo irônico.

Diz ele que, usando a razão, poderemos entender e enfrentar nosso próprio sistema de crenças. Segundo ele, temos crenças consolidadas sobre o que é bom ou o que é verdadeiro. No seu pragmatismo, recomenda que a teoria só possa ser adotada quanto se mostrar útil, na prática social, para a solução de problemas e necessidades.

Pragmatismo, um método para resolver disputas

William James foi o responsável pela popularização do pragmatismo, corrente da filosofia iniciada por Charles Sanders Peirce, segundo a qual os pensamentos só podem ser considerados verdadeiros se forem instrumentos para melhorar a vida do indivíduo e da sociedade.

William James afirmava que a verdade é uma das espécies do bem, como a saúde. Sua teoria apresentava o pragmatismo como um sistema prático para a resolução de disputas. Seu principal livro é *Os princípios da psicologia*, publicado em 1890, obra em que são discutidos e aproximados os conceitos da fisiologia, psicologia e filosofia.

Já defendia as primeiras noções de fenomenologia, e foi a fonte em que Edmund Husserl bebeu. Norte-americano de Nova York, onde nasceu em 1842, passou parte da adolescência na Europa, mais precisamente em Genebra, onde desenvolveu interesse pela ciência e pela pintura.

Chegou a graduar-se em Medicina, mas jamais praticou a profissão. Integrou a equipe de pesquisadores em uma expedição científica à Amazônia, em 1865. Foi professor de psicologia e filosofia em Harvard. Em 1907 publicou *Pragmatismo: um novo nome para velhas maneiras de pensar*. Morreu de ataque do coração em 1910.

John Dewey, filósofo, também norte-americano, nascido em 1859, aplicou os princípios do pragmatismo à educação. No Brasil, suas ideias influenciaram um movimento pedagógico chamado Nova Escola, caracterizada pela educação da criança em todos os campos, simultaneamente: físico, emocional e intelectual. O educador Anísio Teixeira foi o líder desse movimento.

A premissa mais importante da escola pragmática (ou instrumentalista, como Dewey preferia chamá-la) era de que a educação progressiva servisse de instrumento para a resolução de tarefas práticas do dia a dia.

John Dewey recebeu influência dos evolucionistas e dos positivistas. Achava importante a participação da filosofia na vida política, por isso defendia a aplicação da democracia, inclusive dentro das escolas. Dentre seus livros estão *Escola e sociedade*, de 1900, e *Democracia e educação*, de 1916. Morreu em 1952.

Richard Rorty e sua influência no direito

Richard Rorty argumentou em várias de suas palestras que aquilo que chamamos verdade tem usos diferentes. Mas a verdade, ela mesma, não é propriamente uma causa, um objetivo, um conceito, que resista a argumentações ou justificações.

O que há é o seguinte: considera-se verdadeiro aquilo que satisfaz algumas condições que nós mesmos estabelecemos para garantir a sua veracidade. Portanto, não é possível medir a veracidade, mas apenas as garantias que queremos dessa veracidade. Em resumo, a verdade é arbitrária, representativa, e nunca é exterior às nossas crenças.

Julgamos, então, segundo Rorty, uma ou algumas propriedades da verdade (forma, estrutura, conteúdo), e não a verdade em si. O mesmo se dá com outros conceitos, como a bondade, a justiça, a realidade. Isso é o que configura o nosso sistema de crenças e a nossa linguagem, com os quais legitimamos nossos conceitos. Inclusive os conceitos que norteiam o direito.

Richard Rorty afirma que toda investigação filosófica (e aqui podemos incluir as nossas crenças) está condicionada pelo contexto social, político, econômico e religioso. Por essa razão, afirma Rorty, nem mesmo os direitos humanos são naturais, eternos e imutáveis.

"AOS 12 ANOS eu soube que o importante na vida humana era lutar contra a injustiça social" (Richard Rorty).

Jürgen Habermas e os direitos humanos

Jürgen Habermas foi uma das mais importantes figuras mundiais no debate político pós-Segunda Guerra Mundial. Segundo ele, a sociedade contemporânea passa por um processo de racionalização exacerbada, um fenômeno que tem raízes ideológicas.

A sociedade é regida pela razão instrumental, voltada apenas para o raciocínio dedicado ao campo da técnica, o que representa restrição ao desenvolvimento global do indivíduo. Com isso, ele tem autonomia relativa, permanecendo suscetível à dominação de grupos intelectualmente mais preparados. Esse processo de racionalização causa tensões que dificultam especialmente a implementação democrática dos direitos. A razão instrumental, dizia Habermas, interrompeu uma tarefa humana, que é a crítica.

Em um breve resumo, o projeto filosófico de Habermas é uma crítica ao positivismo e ao que considera ser uma ideologia resultante do pensamento positivista, que é o tecnicismo, segundo o qual somente a pesquisa técnica e científica promove o desenvolvimento. A filosofia, para Habermas, não pode ser apenas uma observadora das ciências, mas um instrumento para refinar o pensamento do homem.

Jürgen Habermas e suas circunstâncias

Jürgen Habermas nasceu em Düsseldorf, na Alemanha, em 1929. Aos 25 anos defendeu a tese *O absoluto e a história*, sobre o filósofo Schelling. O trabalho despertou a atenção de Theodor Adorno, que o convidou para ser seu assistente, na Escola de Frankfurt, então associada à Universidade de Frankfurt.

Aos 31 anos, Habermas foi lecionar filosofia na Universidade de Heidelberg. Em 1961 publicou sua obra mais famosa: *Entre a filosofia e a ciência – o marxismo como crítica*. Passou a lecionar filosofia e sociologia na Universidade de Frankfurt.

Jürgen Habermas foi um dos grandes filósofos do nosso tempo. É considerado herdeiro da Escola de Frankfurt, embora não tenha sido contemporâneo dela, em função da sua convicção de que a sociedade alemã estava voltada fundamentalmente para o individualismo, com as pessoas transformadas em massas, em rebanhos acomodados.

Discutiu os conceitos de moralidade e de legalidade no pensamento de Max Weber.

Publicou, seguidamente, outros livros até 1968, quando se mudou para os Estados Unidos, para assumir a função de professor da *New York School for Social Research*.

Em 1972, voltou para a Alemanha, para assumir a direção do Instituto Max-Planck, renomada sociedade dedicada à pesquisa científica e tecnológica. Em 1983, reassumiu cátedra na Universidade de Frankfurt até aposentar-se, em 1994.

Jürgen Habermas e suas ideias

Habermas é considerado um prosseguidor da Escola de Frankfurt, embora não fosse contemporâneo desse movimento. Considera-se que ele representa uma quarta fase da Escola de Frankfurt – porque durante o tempo em que a escola existiu, foram três fases distintas do pensamento conhecido como Teoria Crítica.

A primeira fase marcada pelos textos de Adorno, Horkheimer e Marcuse, que discutiam a teoria do conhecimento. A segunda fase foram os trabalhos de Horkheimer e Adorno, na década de 1940, buscando compreender o nazismo não mais a partir da tese marxista da luta de classes e/ou na crise econômica, e sim em razão da civilização dominada exclusivamente pela técnica. Na terceira fase, a Escola de Frankfurt se dedicaria à crítica da sociedade massificada, na qual os indivíduos perderam autonomia e liberdade de ação.

Habermas somou, a esses posicionamentos filosóficos, o que pode ser considerada a quarta fase da Escola de Frankfurt, que foi a ideia de que a Teoria Crítica deve estar engajada nas lutas políticas para obter a transformação do futuro.

Jürgen Habermas e sua influência no direito

Habermas considera que, numa democracia, o cidadão deve ser, ao mesmo tempo, destinatário e autor das normas jurídicas. Por isso, define uma relação de autonomia recíproca entre soberania do povo (pública) e direitos humanos (privados). Soberania popular porque todos os destinatários da norma jurídica devem concordar com ela. E direitos humanos porque a norma jurídica deve abranger a ação orientada pelo interesse privado.

Como racionalista, Habermas entende que o homem é livre quando sua vontade é guiada somente pela razão. Essa liberdade é tolhida quando a vontade se submete a princípios morais regidos pela intuição ou pelo sentimento, como buscar entender por que a ação que pratica é útil ou é boa. Este é o princípio da razão prática de Kant: não é o objeto que determina a ação, mas o próprio *eu* do indivíduo, a sua razão.

Um exemplo prático pode ser encontrado numa empresa, quando, na frente do diretor, um funcionário cumprimenta o faxineiro com um abraço. Não o faz porque a razão lhe diz que o faxineiro é um ser igual a ele, apenas desempenhando uma função mais humilde; ao contrário, abraça-o para impressionar o chefe e causar boa impressão, com o fim de obter reconhecimento – esse ato não é livre, e é até imoral.

Ética e moral foram pontos centrais no pensamento de Habermas. A moral tem um caráter universal, diz ele, porque deve ser aceita por todos os indivíduos que devem cumprir suas regras – e nesse ponto discorda de Max Weber, que dizia que a ética é relativa. A moral também deve ser cognitiva, dizia Habermas, porque precisa ter como base a razão e o conhecimento.

Weber dizia que a norma jurídica é racional pelos seus fins (direito e moral são autônomos), enquanto Habermas defendia que a norma jurídica é racional pelos seus valores (direito e moral são complementares).

Para Habermas, o princípio moral é o próprio princípio da democracia.

A saída, para o indivíduo, é sociabilizar-se, cooperar uns com os outros. E o melhor começo é pela comunicação. Essa é a tese da razão comunicativa, conceito básico na filosofia de Habermas. Uma tese que tem relação direta com a verdade universal.

Habermas afirma que o uso da linguagem pode ser validado, ou seja, não é distorcido, quando atende a quatro premissas, seja qual for a pessoa que emite uma comunicação:

A primeira delas seria a "comunicação é inteligível", baseada em regras semânticas que os interlocutores compreendem. A segunda, "ser o conteúdo da comunicação verdadeiro". A terceira, "utilizar-se, o emissor, das normas sociais típicas do idioma". Por fim, "ser ele sincero, não distorcendo a comunicação".

Portanto, a linguagem, para Habermas, serve como garantia da democracia – porque a democracia depende da compreensão de interesses mútuos e do consenso.

"A DUALIDADE ENTRE FATOS e decisões leva à validação do conhecimento fundado nas ciências da natureza e desta forma elimina-se a práxis vital do âmbito destas ciências. A divisão positivista entre valores e fatos, longe de indicar uma solução, define um problema" (Jürgen Habermas).

John Rawls e a teoria da justiça

O norte-americano John Rawls é o grande teórico contemporâneo da democracia liberal. Desenvolveu uma teoria da justiça baseada no conceito geral da equidade: todos os bens sociais primários (liberdade, oportunidade, renda, riqueza e amor-próprio) devem ser distribuídos equitativamente, a menos que uma distribuição desigual de tais bens represente vantagem para os menos favorecidos.

Sua base de pensamento é o contrato social de John Locke, de que pessoas livres precisam concordar com algumas regras básicas para poder viver em harmonia. O conceito de prioridade dos bens sociais primários varia de pessoa para pessoa, porque cada um é livre para fazer os planos que quiser para a sua própria vida. Mas a concepção de justiça de Rawls é dirigida para a coletividade, e não para o indivíduo.

John Rawls aponta a fragilidade do utilitarismo como fundamento das instituições da democracia constitucional e por esse motivo busca formular uma concepção da justiça que sirva de alternativa sistemática a ele.

Considerava que a ideia utilitarista de Jeremy Bentham e John Stuart Mill, de praticar o maior bem possível para o maior número possível de pessoas, podia ser uma fonte de injustiça, porque eventualmente resultaria no que chamava de "tirania da maioria". Dava como exemplo a perseguição dos judeus pelos nazistas e o tratamento injusto dos americanos contra seus compatriotas de origem africana.

John Rawls tinha, como máxima filosófica, minorar a dor. Sua perspectiva era de que cada ação é julgada boa ou má, dependendo das consequências que tiver para você e para os outros.

John Rawls e suas circunstâncias

John Bordley Rawls nasceu em Baltimore, nos Estados Unidos, em 1921. Perdeu dois irmãos, ainda pequenos, fato que pode ter causado a gagueira que o perseguiu. Devido à militância de sua mãe no movimento feminista, acompanhou causas sociais desde criança.

Cursou filosofia na Universidade de Princeton, dedicando-se a Kant, John Stuart Mill e Wittgenstein. Foi convocado para combater na Segunda Guerra Mundial e serviu por dois anos em Nova Guiné e nas Filipinas. Depois disso, ficou por quatro meses nas forças que ocuparam o Japão.

Em 1946, retoma os estudos de graduação em Filosofia. Mais tarde, passa a lecionar na mesma universidade. De 1952 a 1953, participa de um convênio para pesquisas na Universidade de Oxford. Ali trava contato com H. L. A Hart e começa a elaborar sua ideia de justificar princípios morais de acordo com um processo deliberativo construído para esse fim. Ao voltar, é nomeado professor na Universidade de Cornell, onde se torna editor do famoso jornal *Philosophical Review*.

> *John Rawls* publicou o livro *Teoria da justiça* em 1971, e imediatamente ganhou fama mundial, convertendo-se num dos principais filósofos sociais do século XX. Apresentou ideias sobre como garantir direitos iguais em uma sociedade desigual. Para ele, justiça social é dar amparo aos desvalidos. Deve-se à sua teoria da justiça, por exemplo, a ideia de estabelecer cotas para negros nas universidades.

Mais tarde, lecionou na Universidade de Harvard e no Massachusetts Institute of Technology (MIT). Em 1962, volta para Harvard, onde permanece até aposentar-se, em 1991. Chegou a ocupar a função de chefe do departamento de filosofia.

Inicia a elaboração do livro *Uma teoria da justiça* em 1964. No final da década de 1960, integrou movimentos contra a Guerra do Vietnã, quando começou a formular suas ideias sobre desobediência civil e sobre a ética nas relações internacionais.

John Rawls morreu em 2002.

John Rawls e suas ideias

O conceito mais importante em seu pensamento é de que o certo é aquilo que é justo. Contidas nessa ideia estão as duas regras principais, que são a liberdade e a riqueza.

Riqueza, para ele, é isto: as desigualdades sociais e econômicas devem ser arranjadas de tal maneira que beneficiem mais aqueles menos favorecidos pela sorte e abram condições justas de igualdade de oportunidade.

Observe-se que John Rawls não defende distribuição de bens igual para todos, numa igualdade absoluta como aquela desejada pelos socialistas. Ao contrário, considera mais importante praticar uma distribuição equitativa que minimize os efeitos negativos da desigualdade – uma desigualdade que muitas vezes é até congênita.

É um verdadeiro pacto social que beneficia a coletividade, o que resulta, em última análise, em benefício para cada indivíduo que compõe a sociedade. Coletividade, para John Rawls, tem uma dimensão de significado bastante ampla, porque também pode significar instituição.

O filósofo entende que a Justiça Política é formada pelos direitos e deveres estruturais de Justiça Social e de Justiça Distributiva. Ele afirma, na sua teoria equitativa da justiça, duas tarefas da Justiça Política.

A primeira é estruturar instituições fundamentais da sociedade, que nada mais são do que os direitos e deveres fundamentais dos indivíduos e do Estado. Essas instituições promovem a ordenação das distribuições dos bens econômicos, sociais e culturais entre os indivíduos para evitar que entrem em conflito pela titularidade destes.

Para o funcionamento dessas estruturas, entra em campo a segunda tarefa da Justiça Social, de regular a cooperação interindividual, que deve reger todas as democracias.

Nesse ponto, Rawls discorda do postulado marxista de que toda sociedade seja inerentemente conflituosa; ao contrário, acredita em situações em que indivíduos se sacrifiquem para melhorar as condições de vida dos outros. Mas, diferentemente do imperativo categórico de Kant, Rawls negava a aplicação dos princípios da justiça política à vida privada.

John Rawls observa que os princípios da justiça social independem de ideologia. Devem estar embasados unicamente sobre a racionalidade.

Ele explica a ocorrência de conflitos pela presença de uma espécie de "véu de ignorância", que leva os indivíduos a agirem exclusivamente em benefício próprio, e que os impede de considerar a si próprios e aos demais segundo qualidades outras que não a mera condição humana.

A educação retiraria esse véu de ignorância e levaria o homem a usar a razão. Com isso, tornar-se-iam irrelevantes noções como o pertencimento a determinadas classes sociais, os diferentes graus de prosperidade econômica, os dotes culturais, os talentos naturais e outras referências da diferenciação.

John Rawls e sua influência no direito

Rawls é um dos autores mais comentados na atualidade. Ainda que tenha sido um filósofo político, exerceu enorme influência em teóricos importantes dedicados ao estudo de questões centrais da teoria geral do direito, como Ronald Dworkin, que chegou a afirmar que "cada um de nós tem seu próprio Immanuel Kant e, de agora em diante, cada um de nós lutará pela benção de John Rawls".

É possível dividir sua produção acadêmica em duas fases, marcadas, respectivamente, por suas principais obras: *Uma teoria da justiça* e *O liberalismo político*. Nessa última, revisa várias das formulações teóricas elaboradas na primeira, sem que, contudo, possa-se apontar uma ruptura profunda entre tais fases.

Sua teoria da justiça busca conjugar os dois principais valores morais do mundo moderno: a liberdade e a igualdade.

Em *Uma teoria da justiça*, como faz ver logo no prefácio, empreende uma tentativa de generalizar e elevar a uma ordem mais alta de abstração a teoria do contrato social de Locke, Rousseau e Kant. Com tal construção teórica pretende oferecer uma explicação sistemática alternativa da justiça, que reputa superior ao utilitarismo dominante na tradição de Hume, Adam Smith, Bentham e Mill.

Reconhece que a teoria que resulta desse esforço é altamente kantiana em sua natureza, motivo pelo qual abdica de qualquer pretensão de originalidade e afirma que apenas reorganizou as ideias clássicas em uma estrutura geral, de forma a demonstrar toda a sua força.

Há em Rawls, portanto, a crença de que a teoria da justiça baseada na tradição contratualista constitui a base moral mais apropriada para uma sociedade democrática.

Sua teoria é a da justiça como equidade. Reconhece que a justiça é a primeira virtude das instituições sociais. Segundo essa concepção, refuta-se a possibilidade de que a perda de liberdade de alguns se justifique por um bem maior partilhado por outros, ou seja, as liberdades da cidadania igual são consideradas invioláveis em uma sociedade justa, não havendo que se cogitar de qualquer parâmetro utilitarista nesse campo. Liberdades da cidadania simplesmente não se sujeitam à negociação política ou ao cálculo de interesses sociais. A justiça, como a verdade, é indisponível.

A justiça constitui a carta fundamental de uma associação humana bem-ordenada. Na concretude da vida real, todavia, raramente são encontradas sociedades bem-ordenadas nesse sentido, pois há disputa mesmo sobre quanto ao que é ou não justo: os homens controvertem-se sobre os princípios que consubstanciam a justiça.

Não obstante, todos eles guardam para si uma noção de justiça e o debate sobre o tema é possibilitado pelo fato de que são acatadas pela generalidade das pessoas noções abstratas que compõem o conceito e permitem interpretações individuais.

Assim, todos concordam que as instituições são justas quando não procedem a distinções arbitrárias entre as pessoas na atribuição de direitos e obrigações básicos e quando as regras determinam um equilíbrio adequado entre reivindicações concorrentes das vantagens da vida social. Isso porque remanesce, ainda, a discussão sobre o que seja arbitrário e o que seja equilíbrio adequado, conceitos que se sujeitam a interpretações individuais.

Em Rawls, dos muitos objetos a que a justiça pode se referir, há a escolha pela estrutura básica da sociedade, isto é, a justiça social.

Em suas palavras, sua teoria da justiça busca compreender a maneira pela qual as instituições sociais mais importantes – a constituição política e os principais acordos econômicos e sociais – distribuem direito e deveres fundamentais e determinam a divisão de vantagens provenientes da cooperação social. Essa estrutura básica é, portanto, o objeto primário da justiça.

Os princípios da justiça social devem ser aplicados em primeiro lugar às desigualdades existentes em tal estrutura básica, oriundas das diferentes posições sociais e das peculiaridades do sistema político e das circunstâncias econômicas e sociais. Isso porque essas desigualdades em nada se relacionam com as noções de mérito ou de valor.

Veja-se, portanto, que a teoria da justiça de Rawls foi pensada não para aplicação às práticas sociais ou às instituições, nem mesmo às leis nacionais e às relações internacionais, não obstante, reconhece, possa ser aplicada em tais âmbitos, talvez com ligeiras modificações.

Sua preocupação repousa sobre os aspectos distributivos da estrutura básica da sociedade. Os princípios da justiça que os norteiam são o objeto do contrato social e devem orientar todos os acordos subsequentes. É a essa forma de considerar os princípios da justiça – tomando-os como diretrizes para os tipos de cooperação social e para as formas de governo – que Rawls denomina justiça como equidade.

O que, enfim, determina os princípios da justiça? São eles determinados pela escolha que homens racionais fariam na situação hipotética de liberdade equitativa ao escolherem viver juntos.

A justiça como igualdade pressupõe que no estado de natureza as pessoas eram todas iguais umas às outras. Isso significa que, no início, por hipótese, ninguém conhecia sua posição e seu *status* na sociedade, nem tampouco sua própria sorte na distribuição das riquezas e das habilidades naturais. Assim, diz Rawls, os princípios da justiça são escolhidos sob um véu de ignorância.

O que isso significa? Que originalmente ninguém é prejudicado pela escolha de tais princípios, ou seja, eles são o resultado de um consenso ou ajuste equitativo. Essa a origem da justiça como equidade de Rawls: que seus princípios resultam de um acordo em uma situação inicial que, por hipótese, é equitativa. Mas a justiça não se confunde com equidade, adverte.

O véu de ignorância diz respeito ao fato de que na situação inicial, sempre adotada a hipótese formulada por Rawls, ninguém é consciente de ser favorecido ou desfavorecido por contingências sociais e naturais. Portanto, ninguém tem interesse particular na adoção deste ou daquele princípio, de modo que todos se orientam pela promoção consensual dos interesses em condições de igualdade.

A justiça como equidade concebe as partes na situação inicial como racionais e mutuamente desinteressadas. Isso significa que pressupõe que as pessoas sejam capazes de adotar os meios mais eficientes para determinados fins e que não tenham interesses nos interesses das outras.

Logo de início, Rawls refuta o princípio da utilidade, eis que, na condição de igualdade inicial que pressupõe, seria de se estranhar que as pessoas concordassem com um princípio que pode resultar em condições de vida inferiores para alguns em benefício de uma soma maior de vantagens para outros. O homem racional, diz, não aceitaria uma estrutura básica simplesmente porque ela maximizaria a soma algébrica de vantagens, independentemente dos efeitos que possam vir a ser gerados para os direitos básicos.

Em outras palavras, iguais que cooperam para vantagens mútuas não têm por que, racionalmente, acatar o princípio da utilidade.

Quais, então, seriam os princípios escolhidos pelas pessoas em um tal contexto? Rawls sustenta que seriam dois: i) a igualdade na atribuição de direitos e deveres básicos e ii) em suas palavras, *o segundo afirma que desigualdades econômicas e sociais, por exemplo desigualdade de riqueza e autoridade, são justas apenas se resultam em benefícios compensatórios para cada um, e particularmente para os membros menos favorecidos da sociedade*[3].

Rawls, para confirmação desses dois princípios, faz uso do que denomina de equilíbrio reflexivo, que não é necessariamente estável. Trata-se da tentativa de acomodar em um único sistema tanto os pressupostos filosóficos razoáveis impostos aos princí-

---

[3] *Uma teoria da justiça*. Trad. Almiro Pissetta e Lenita M. R. Esteves. São Paulo: Martins Fontes, 1997, p. 16.

pios quanto seus juízos ponderáveis sobre a justiça. É a procura da justificativa para os princípios escolhidos por meio da corroboração mútua de muitas considerações, ajustadas em uma única visão coerente.

As teorias de John Rawls tiveram grande influência sobre o direito contemporâneo, especialmente na regulação, pelo Estado, da Ordem Econômica e da Ordem Social.

No caso brasileiro, essa regulação está explicitada no artigo 3º da Constituição Federal, que estabelece, como *objetivos fundamentais da República*, dentre outros, a *erradicação da pobreza*, a *redução das desigualdades sociais*, bem como a *promoção do bem-estar de todos*.

Rawls postula a tese da existência digna (pela definição dos bens mínimos a serem garantidos a cada cidadão) para o desenvolvimento das técnicas legislativas de declaração dos direitos sociais.

Ademais, defende uma necessária inter-relação entre bens dos particulares e bem comum. A promoção do bem de todos os indivíduos é a finalidade da atuação estatal no Brasil. A Constituição Federal determina que o poder público deva promover um mínimo de bens materiais e imateriais necessário à *existência digna*, referido no dispositivo constitucional acima reproduzido pela menção à *erradicação da pobreza e da marginalização*.

Rawls tolera a desobediência civil como ato de resposta a injustiças internas a uma dada sociedade. Diz que a desobediência civil pode ser justificada se todas as seguintes condições foram preenchidas: se a injustiça é substancial e clara, e especialmente se constituir em obstáculo para a remoção de outras injustiças; se todos os recursos normais tenham sido feitos, de boa-fé, à maioria política e tenham sido recusados; se não existirem muitos outros grupos minoritários com queixas igualmente válidas, porque desobediência civil generalizada pode desestruturar o conceito constitucional.

"A ÚNICA COISA QUE NOS PERMITE aquiescer com uma teoria errônea é a falta de uma melhor; analogamente, uma injustiça é tolerável apenas quando necessária para impedir uma injustiça ainda maior" (John Rawls).

Ronald Dworkin e a negação do positivismo jurídico

Professor de Teoria Geral do Direito na University College London e na New York University School of Law, Ronald Dworkin formula incisiva crítica ao positivismo jurídico, fazendo uso da metodologia de John Rawls (o método de equilíbrio reflexivo).

Como em Rawls, sua produção intelectual pode ser didaticamente dividida em duas fases: uma produzida sob os influxos de seu *Levando os direitos a sério* e outra sob a influência de seu *O império do direito*.

Em *Levando os direitos a sério*, segundo o próprio filósofo, há a defesa de uma teoria liberal do direito e o combate ao que denomina de teoria dominante do direito: o positivismo jurídico e o utilitarismo, ambos derivados da filosofia de Jeremy Bentham.

Defende que uma teoria geral do direito deva ser ao mesmo tempo normativa e conceitual. Normativa por conter em si uma teoria da legislação, da decisão judicial (*adjudication*) e da observância da lei (*compliance*), correspondentes, respectivamente, às perspectivas do legislador, do juiz e do cidadão comum. E conceitual ao recorrer à filosofia da linguagem, bem como à lógica e à metafísica.

Segundo Dworkin, Bentham foi o último filósofo da corrente anglo-americana a propor uma teoria geral do direito e suas ideias ainda prevalecem nas universidades inglesas e norte-americanas.

O positivismo jurídico de Bentham foi aperfeiçoado por H. L. A. Hart, cujo sucessor em Oxford foi o próprio Dworkin. Trata-se de teoria eminentemente individualista e racionalista, que recebeu severas críticas tanto da "esquerda" como da "direita" política.

Ronald Dworkin e suas circunstâncias

Ronald Dworkin, filósofo norte-americano, nasceu em Worcester, Massachusetts, em 1931. Estudou em Harvard, nos Estados Unidos, e em Oxford, na Inglaterra, duas das principais universidades do mundo. Chegou a ser assistente do juiz Learned Hand, da Corte de Apelação dos Estados Unidos. Esse juiz era famoso por defender a liberdade de expressão e por utilizar argumentos de economia em suas decisões. Trabalhou depois em importante escritório de advocacia de Nova York. Mais tarde, lecionou Direito na Universidade de Yale.

> *Ronald Dworkin* escreveu, por mais de 40 anos, artigos na *New York Review of Books*, analisando decisões tomadas pela Suprema Corte norte-americana. Em seus escritos, comentava as principais polêmicas em pauta nos Estados Unidos acerca de temas como aborto e pornografia.
>
> Pregava que, para a formação da decisão política, deviam ser levadas em conta as ideias de sinceridade, de argumentação e de responsabilidade.

Desenvolveu a "Teoria do Direito como Integridade", que é considerada uma das mais importantes análises contemporâneas da natureza do direito. Em 1969, assumiu a cátedra de Teoria Geral do Direito, em Oxford (sucedendo a Herbert Hart), onde se aposentou. Em seguida, ocupou a cátedra de Teoria do Direito na Universidade de Londres, até 2013, quando morreu de leucemia.

Ronald Dworkin e suas ideias

A esquerda aduz que o formalismo do positivismo jurídico impede a realização de uma justiça substantiva mais densa por parte dos tribunais. Entende que o utilitarismo produz consequências injustas e perpetua a pobreza ao se pautar apenas pela eficiência. A direita, por sua vez, aponta que o positivismo jurídico despreza a influência da moral costumeira difusa no processo de formação das decisões judiciais.

Além disso, o utilitarismo seria irrecuperavelmente otimista ao insistir que decisões tomadas contra aquela moral podem aumentar o bem-estar da comunidade. Seria descabido, ademais, desprezar a cultura social como quer o positivismo.

Reconhece que a atividade do jurista consiste basicamente em analisar situações complexas com o objetivo de resumir os fatos essenciais de acordo com o que preconiza a lei, a doutrina e a jurisprudência. É o que denomina de abordagem profissional da teoria geral do direito, a qual, segundo ele, produziu apenas uma ilusão de progresso ao ter deixado intocadas questões de princípios, estas sim genuinamente importantes, existentes no direito.

Nesse sentido, não basta estudar os conceitos relativos a termos presentes nos diversos ramos do Direito, determinando-lhes o conteúdo a partir da utilização que deles fazem os tribunais, eis que, em última análise, trata-se de cristalização de concepções advindas do senso comum, do emprego popular de determinadas expressões, com base em princípios morais e éticos disseminados na sociedade. E, no entanto, o modo tradicional de se ensinar direito nas faculdades é justamente esse analítico, preocupado em extrair o viés propriamente jurídico de determinados conceitos.

Em outras palavras, Dworkin aduz ser imprescindível a análise do uso moral dos conceitos, pois é na moral que repousa sua origem.

Também não lhe escapa a crítica ao realismo jurídico. O realismo preconiza uma abordagem "científica" do direito, com ênfase no que os juízes efetivamente fazem, e não naquilo que dizem, e com foco também no impacto real das decisões sobre a comunidade mais ampla.

Os problemas dessa corrente de pensamento são evidentes: o juiz fica reduzido não a um oráculo da doutrina, mas a um homem que responde a diferentes tipos de estímulos sociais e pessoais, cuja amplitude é de difícil aferição e, em segundo lugar, é considerável a complexidade em se aferir estatisticamente o impacto social das decisões jurídicas, abordagem que, ao final, coube à sociologia.

O realismo, em suma, elegeu certos objetivos a serem atingidos e concentrou suas atenções em instrumentalizar o direito para atingi-los. Essa postura, segundo Dworkin, acabou por distorcer os problemas da teoria geral do direito até de modo parecido com aquela por ele tida como analítica, acima mencionada, precisamente porque ignorou as questões relacionadas com os princípios morais envolvidos nos problemas sob análise.

Ronald Dworkin e sua influência no direito

O problema realmente é de grande vulto. Dworkin se preocupa enfaticamente com os casos em que a Suprema Corte decide com base em princípios de justiça e na política pública, sem fazer referência a leis escritas, o que é comum em casos difíceis. Tais situações foram simplesmente ignoradas pela teoria geral do direito desde há muito. O poder político dos juízes ficou a salvo de qualquer análise ou crítica, não obstante todos soubessem de sua existência.

Imperioso, portanto, que tal teoria se debruce sobre a justificação para um tal proceder, isto é, sobre os motivos que possibilitam aos juízes criar regras novas, baseadas em princípios, para casos difíceis. A importância da moral é aqui mais uma vez evidenciada, pois a justificação não consegue passar ao largo dela. Assim, a argumentação moral deve ser considerada, esclarecida, a fim de que se possa avaliar se a prática jurídica de fato corresponde aos seus ditames. A teoria do direito norte-americano, todavia, ignorou essa tarefa.

Nem mesmo o pós-realismo, no qual figura como expoente o ilustre Henry Hart, ao reformular a questão, conseguiu resolvê-la. O pós-realismo, com efeito, indaga como deveriam os juízes chegar às suas decisões a fim de atender da melhor maneira possível os objetivos do processo judicial. Tal questionamento, todavia, não afasta a pertinência dos princípios morais, pois mesmo se restar pressuposto que o objetivo do processo judicial é alcançar a justiça ou uma aplicação equânime das regras, permanece inconclusa a tarefa se não for também elucidado o que é justiça e o que é equanimidade.

A questão de fundo, em verdade, aponta Dworkin, é: o que é seguir uma regra? A resposta não pode ser dada, segundo ele, por meio de uma análise que apenas associe meios a fins, como quer, por exemplo, uma leitura econômica do direito. Em outras palavras, dizer que uma regra é mais eficiente do ponto de vista global da economia não significa que necessariamente seja também justa.

Em suma, a teoria geral do direito, para Dworkin, não pode ignorar que seus maiores problemas são, no fundo, relativos a princípios morais e não a estratégias ou fatos jurídicos.

Nesse sentido, Dworkin elogia Hart por ter logrado demonstrar como a regra jurídica é uma extensão de teorias populares sobre a moralidade e a causação. Mas vai além ao preconizar que a teoria do direito não pode se ater ao estudo dos princípios e à demonstração entre a prática jurídica e a prática social, devendo, também, continuar a examinar e criticar a prática social à luz de padrões independentes de coerência e sentido, como os fornecidos pela psicologia, por exemplo.

Dworkin aponta três teses chaves do positivismo.

Em primeiro lugar, faz referência à distinção entre as regras jurídicas e as demais regras sociais, em especial as morais. A juridicidade de uma regra estaria relacionada com a sua forma (*pedigree*) e não com seu conteúdo.

Em segundo lugar, para o positivismo, inexistindo regra jurídica expressa para dado caso, a resolução deste passará pelo poder discricionário da autoridade competente, que criará uma regra nova e a aplicará retroativamente.

Em terceiro lugar, de acordo com o positivismo, toda obrigação jurídica baseia-se – ou encontra fundamento – em uma regra jurídica válida que a estatui. Inexistindo tal regra, não há que se falar em obrigação jurídica propriamente dita.

Dworkin afirma, contudo, existirem obrigações que não se acomodam bem a esse modelo, como faz ver a prática jurídica cotidiana. Para ele, especialmente em casos difíceis, é comum os juristas recorrerem a padrões relacionados a princípios, políticas ou a alguma dimensão da moralidade para identificar os direitos e obrigações dos indivíduos.

Observa-se em Dworkin, portanto, uma fundamentação do direito e da justiça que vai além das regras jurídicas postas. Também o padrão moral e político vigentes são incorporados ao discurso jurídico, sem se olvidar, ainda, a importância das teorias da argumentação.

Dworkin escreveu, em 2002, sobre as ideias de John Rawls e Amartya Sen a respeito da ideia de igualdade de recursos na justiça distributiva, em contraste com a igualdade de bem-estar.

"A LIBERDADE RESIDE nos corações de homens e mulheres; se morre ali, não há constituição, lei ou tribunal que possa salvá-la; aliás, nem constituição, lei ou tribunal vai poder sequer ajudar" (Ronald Dworkin).

Niklas Luhmann: a lei como sistema social

Considerado o grande representante da sociologia alemã contemporânea, ao lado de Jürgen Habermas. O ponto central de seu pensamento é a comunicação.

Para ele, todos os sistemas sociais constituem basicamente sistemas de comunicação, que ultrapassam os limites da fala e da escrita e envolvem um universo complexo que inclui a mídia, a cultura e as relações sociais.

A comunicação, em Luhmann, tal como no conceito da razão comunicativa de Habermas, confere unidade a um grupo social porque lhe dá sentido. Comunicando-se, o grupo consegue uma generalização simbólica importante para as suas definições de identidade e até de diferenciação. Comunicando-se, o grupo consegue implantar mudanças, através do aprendizado mútuo. Comunicando-se, enfim, o grupo pode alcançar o consenso. Admite, porém, que a comunicação é improvável. Por isso, do ponto de vista oposto, também pode ocorrer que a comunicação conduza à consolidação das diferenças, à resistência contra as mudanças e ao desentendimento.

O positivismo jurídico dizia que o direito é representado pela lei, como regra geral e abstrata. Mas, para Luhmann, a lei também é um sistema social.

Como sistema social, a lei deve ser legitimada pelo consenso. E isso já era dito pelos pensadores do Iluminismo francês, que propositalmente incluíram na Declaração Universal dos Direitos do Homem e do Cidadão o artigo 6º, que diz: *A Lei é a expressão da vontade geral. Todos os cidadãos devem concorrer, pessoalmente ou através de mandatários, para a sua formação. Ela deve ser a mesma para todos, seja para proteger, seja para punir. Todos os cidadãos são iguais a seus olhos e igualmente admissíveis a todas as dignidades, lugares e empregos públicos, segundo a sua capacidade e sem outra distinção que não seja a das suas virtudes e dos seus talentos.*

Niklas Luhmann e suas circunstâncias

Niklas Luhmann nasceu na Alemanha, em 1927. Fez doutorado em Direito na Universidade de Freiburg, em 1949. Trabalhou na administração pública até 1962, quando decidiu fazer pós-doutorado na Universidade de Ciências Administrativas em Speyer.

Durante esse período atuou, simultaneamente, no departamento de pesquisa social da Universidade de Münster. Em 1965 foi contratado como professor dessa universidade. Mas, antes disso, em 1961, passou um ano em Harvard, estudando a sociologia de Talcott Parsons.

No biênio 1968/1969 ocupou, na Universidade de Frankfurt, a cadeira que tinha sido de Theodor Adorno. Foi indicado, em seguida, para ocupar a função de professor na então novíssima Universidade de Bielefeld, onde permaneceu até aposentar-se, em 1993.

> *Niklas Luhmann* inaugurou o conceito do iluminismo sociológico em 1967 (iluminismo porque, como os pensadores das luzes do século XVIII, considera que é a razão, e não a fé, que liberta o homem da ignorância). Somente trinta anos depois completaria o seu projeto metodológico de analisar a supremacia da razão, com a publicação do livro *A sociedade da sociedade.*
>
> Suas pesquisas sociais têm grande importância para o direito, especialmente a teoria da diferenciação. Para ele, sem o direito não há um sistema de orientação de condutas para a sociedade.

Sua grande obra é *A sociedade da sociedade*, publicada em 1997, em que discute noções centrais do Iluminismo. Mas continuaria escrevendo até o ano de sua morte, em 1998 – nesse ano publicaria *O sistema educacional da sociedade*. Publicou mais de 60 livros.

Niklas Luhmann e suas ideias

Um sistema existe dentro de um ambiente. Mas está delimitado dentro desse contexto; os limites, no entanto, podem mudar, porque o mundo tem sempre probabilidade de mudar. Além disso, é como a teoria dos conjuntos, na matemática: cada sistema, com seu ambiente, desempenha uma função e interage com outros sistemas diferentes; isso estabelece relações mais ou menos complexas. Pela observação, os sistemas se auto-organizam.

A teoria dos sistemas sociais de Niklas Luhmann (estes organizados em sistemas de primeira ordem e de segunda ordem) apoia-se em quatro fundamentos.

Em primeiro lugar, pretende que a sua teoria ultrapasse as fronteiras da sociologia e seja universal, abrangendo conteúdo da economia, do direito, da política e até da religião; para ele, os sistemas não devem ser apenas observados, mas devem observar-se uns aos outros.

Em segundo lugar, todos os sistemas devem admitir contribuições de outras disciplinas do conhecimento que não apenas as ciências humanas, mas também a matemática, a biologia e até a cibernética.

Em terceiro lugar, os sistemas são agrupados pela função, como numa estrutura matricial – o que interessa é o fim a que se destinam os sistemas, a solução que vão apresentar, e não a característica de cada um.

Por fim, em quarto lugar, os sistemas utilizam a noção de paradoxos para se aperfeiçoar e se reconstruir (internamente) na medida da necessidade. Segundo Luhmann, é pela diferença que se encontra a unidade.

Niklas Luhmann e sua influência no direito

Luhmann afirma existirem três classes de sistemas que seguem esses fundamentos. São os sistemas biológicos, como as células; os sistemas psíquicos, como a fantasia e a concentração; e os sistemas sociais, como as organizações corporativas e a sociedade.

A sociedade é o mais complexo sistema social. E, dentro dele, o direito funciona como uma estrutura. O ideal iluminista era oferecer oportunidades iguais a todos de escapar da ignorância e reduzir a complexidade do mundo. Luhmann prossegue esse ideal, mas com uma abordagem moderna que ultrapassa os limites do Iluminismo original. A estrutura que vai possibilitar essa evolução do homem é o sistema social, e a ideia básica é que, pela observação das diferenças, o homem infere soluções. Especificamente, as diferenças entre um sistema e seu ambiente, que o homem apreende pela racionalidade.

Como estrutura do sistema social, o direito contém normas gerais que determinam o que se espera do comportamento dos indivíduos desse sistema. Com essa regulação, as condutas não contempladas pelas regras são punidas, o que faz com que o direito funcione como um complexo programa de embasamento de decisões para orientar condutas.

Para Luhmann, o direito se legitima pelo consenso e pela sua forma de operação, ou seja, o seu próprio procedimento. A legitimação pelo consenso se dá ou pela eleição, ou pelo processo legislativo, ou pelo processo judiciário.

Niklas Luhmann: direito e poder

A concepção sociológica de Luhmann não só descreve a sociedade, mas busca explicar a experiência e funcionalidade. Para ele, a sociedade foi constituída devido à comunicação, meio pelo qual as pessoas estabelecem relacionamentos. Assim, o sistema seria elaborado com a observação de si mesmo, de dentro para fora, por autorreferência: "*Autopoiesis* significa que um sistema reproduz os elementos de que é constituído, em uma ordem hermético-recursiva, por meio de seus próprios elementos. Isto ocorre ou não, de um momento para outro; não existem meias tintas ou terceiras possibilidades".

Haveria nos sistemas sociais, portanto, o poder de criação de sua própria estrutura, reformulando-se em constante diferenciação no que diz respeito ao meio ambiente, principalmente e, ainda, expandindo-se em subsistemas como a política, o direito, sendo este uma parte do sistema: um subsistema que veicula normas, regras abstratas, tendo em mente o jurídico e o antijurídico.

Para Luhmann só haveria normas no sistema jurídico ou de direito, porém a legitimidade e a validação da norma estariam na vinculação social, na intervenção da norma no mundo concreto.

Decisões juridicamente vinculantes produzem-se quando o sistema jurídico utiliza a capacidade do sistema político de impor decisões coletivamente vinculantes, mesmo em caso de resistência. A integração da capacidade de aprendizagem se realiza aqui mediante programas de decisão, que adaptam sua aplicação às circunstâncias de uma situação concreta. Se isto não for suficiente, se prevê também a variabilidade dos programas de decisão, e se chega finalmente ao princípio da positividade do direito. O direito é válido, então, em razão de decisões que estabelecem sua validade. O próprio sistema jurídico há de acreditar nesta razão de validade[4].

Assim, conclui que o direito positivo seria válido "porque poderia ser modificado por uma decisão", e, portanto, sua validade teria fundamento justamente na sua possibilidade de negação, argumentação que delimitaria os espaços da decisão judicial. O direito autoajustaria seus próprios fundamentos para as decisões, e estas, por sua vez, reforçariam esses fundamentos, em um permanente processo autopoiético, sendo, portanto, um fim em si mesmo.

Sobre poder e violência[5], Luhmann criticou as concepções tradicionais do termo "poder", que, para ele, existe invariavelmente nas relações de comunicação social: para que haja poder, deve haver sociedade. O sociólogo questionou: "Como é possível apresentar a unidade da diferença entre o jurídico e o não jurídico, ou entre o poder que estabelece o direito e o poder que o mantém (...) como inexatidões relativas no sistema, transformando-as, assim, em operações do sistema? (...) Ou, mais concreta-

---

4 LUHMANN, Niklas. O enfoque sociológico da teoria e prática do direito. 1994.

5 Note-se que a violência, na visão luhmanniana, é diferente de poder, já que inibiria a escolha entre cumprir e não cumprir ordens emanadas do poder, o que minaria a representatividade do poder. Teria, portanto, papel secundário: na ameaça de sanção e na própria sanção, cuja legitimidade estaria restrita à aplicação segundo o sistema jurídico.

mente, que possibilidades têm os terroristas que se baseiam na especulação de Benjamin, segundo a qual o povo honra os atos violentos dos 'grandes criminosos' com 'admiração secreta'"[6].

> "DEPOIS DE NOTÁVEIS ESFORÇOS nos anos 50 e 60, a Sociologia encontra-se hoje numa fase de esgotamento. Agora cuida das suas feridas e deixou de cuidar das suas ambições" (Niklas Luhmann).

Norberto Bobbio, filósofo da democracia

Talvez o mais importante pensador italiano contemporâneo, Norberto Bobbio foi um ativo defensor da democracia – e, em consequência, um combatente das ditaduras, do preconceito e do racismo. Seu principal livro sobre teoria política é *O futuro da democracia*, de 1984. Mas dedicou também grande parte dos seus escritos à ética, considerando que havia uma ligação essencial entre tolerância e democracia.

> *Norberto Bobbio* inovou o estudo do direito ao utilizar a análise linguística para isso. Defendeu a democracia como princípio de todas as atitudes sociais e políticas. Em relação à lei, recomendava a sanção positiva (recompensa) e não apenas a repressiva (punição) ou a negativa (proibição) como forma de obter comportamento que o legislador considera desejável.
>
> A ética tem lugar de destaque em sua produção editorial. Para Norberto Bobbio, a ética é um elemento indispensável para que exista relação saudável entre moral e política.

Norberto Bobbio e suas circunstâncias

Norberto Bobbio nasceu em Turim, na Itália, em 1909. Estudou na sua cidade natal, tendo se formado em Filosofia e Direito na Universidade de Turim em 1931. Passou um ano em Marburgo, na Alemanha, estagiando. Ao voltar, inscreveu-se no doutorado e em 1933 defendeu tese sobre *Husserl e a fenomenologia*. Em 1934, obteve o grau de livre-docente. Militante socialista, integrou, na Segunda Guerra Mundial, movimentos socialistas de resistência ao regime fascista italiano. Chegou a ser preso por duas vezes. Também durante a guerra ensinou nas Universidades de Camerino, Padova e Siena. Em 1948, assumiu a cadeira de Filosofia do Direito na Universidade de Turim. Em 1955, escreveu seu livro mais conhecido: *Política e cultura*. Escreveu centenas de artigos para jornais importantes da Itália, como o *Corriere della Sera*, e mais de vinte livros. Organizou debates históricos sobre democracia, a tal ponto que chegou a ser, em 1984, nomeado senador vitalício pelo então presidente italiano Sandro Pertini. Foi professor emérito de várias universidades, entre elas a de Madri, Buenos Aires, Paris e Bolonha.

Morreu em 2004.

Norberto Bobbio e suas ideias

Norberto Bobbio colocou-se em uma posição intermediária que rejeitava tanto o fascismo quanto o comunismo. Costumava dizer que a democracia é o regime político mais adequado porque impede que seja repetido o passado de guerras religiosas e perseguições políticas. Segundo ele, há processos no mundo, decorrentes do autoritarismo, que conspiram contra os direitos humanos, a saber: a questão dos imigrantes, o armamentismo, a exploração dos oprimidos, o racismo, o preconceito, a miséria.

[6] Op. cit.

Numa de suas conferências, disse: "(...) os direitos do homem são, indubitavelmente, um fenômeno social. Ou, pelo menos, são também um fenômeno social: e, entre os vários pontos de vista de onde podem ser examinados (filosófico, jurídico, econômico etc.), há lugar para o sociológico, precisamente o da sociologia jurídica".

Em 1983, Norberto Bobbio produziu um ensaio para apresentar em uma conferência, onde lançou a ideia da serenidade como virtude essencial da democracia (no Brasil, esse ensaio fez parte do livro *Elogio da serenidade e outros escritos morais*, publicado pela editora da Unesp em 2002). Serenidade, que para Bobbio equivale à noção de moderação proposta por Aristóteles em *Ética a Nicômaco*, é a virtude típica dos homens comuns, muitas vezes oprimidos, mas que não buscam o conflito para sobreviver.

Norberto Bobbio e sua influência no direito

Em um de seus livros (*Teoria da norma jurídica*), Norberto Bobbio apresenta suas ideias sobre a eficácia da sanção. Para ele, tão importante quanto a função de punição ou de proibição, é a função de recompensa da sanção, e lamenta que as pessoas que detêm o poder (sejam autoridades do Estado ou das empresas) deem tão pouca importância ao aspecto positivo, de encorajamento, da sanção, pelas atitudes corretas de um indivíduo.

Um de seus livros mais importantes para a filosofia do direito foi *O positivismo jurídico*, de 1961, em que, influenciado por H. L. A. Hart, fazia a distinção entre positivismo jurídico e positivismo filosófico. Nesse livro, comentou o que considerava uma racionalidade abstrata, dentro da Teoria Geral do Direito de Hans Kelsen, e propôs outra abordagem racional, que pudesse ser demonstrada pela análise linguística. Muitos juristas seguiram suas ideias, e assim foi constituída a Escola Analítica Italiana de Filosofia Jurídica.

Norberto Bobbio estudou também o direito internacional, detendo-se sobre a questão de que o respeito aos direitos humanos e a atenção à justiça social são atitudes necessárias e essenciais para a obtenção da paz. Analisou a guerra sob todos os prismas, do conceito à doutrina e à justificação, levando ao extremo as definições possíveis. E concluiu pela defesa da paz positiva (que é mais do que a simples ausência de guerra) para o progresso da humanidade.

Obra de grande representatividade do pensamento desse importante jusfilósofo italiano, *A era dos direitos* é formada por quatro partes. Logo na introdução, Bobbio trata de estabelecer a relação de interdependência entre paz, direitos humanos e democracia, sendo o processo de implementação desta em âmbito internacional o caminho obrigatório para a busca do ideal kantiano da "paz perpétua". Processo em cujo bojo, salienta, deverão os direitos humanos ser ampliados e reconhecidos em uma esfera acima de cada Estado.

Logo de início, o pensador deixa claras três de suas teses: 1. os direitos naturais são direitos históricos; 2. tais direitos surgem no início da Era Moderna, em que predomina a concepção individualista da sociedade; 3. tornam-se um dos principais indicadores do progresso histórico.

Na primeira parte da obra mencionada, composta por quatro ensaios, Bobbio procura desmistificar a origem jusnaturalista dos direitos humanos. Estes, como base de um sistema que garanta a convivência coletiva pacífica – a democracia –, possuem, em verdade, diversas fundamentações, sendo, na modernidade, ancorados no consenso firmado na Declaração Universal de 1948 (*consensus omnium gentium* ou *humani generis*), primeira vez na história em que um sistema de princípios fundamentais da conduta humana foi livre e expressamente aceito pela maioria dos homens que vivem na Terra. Não haveria sentido, assim, buscar um fundamento absoluto para os direitos humanos à revelia da circunstância histórica de sua consagração e de sua proteção.

Direitos humanos (Bobbio os chama de "direitos do homem"), independentemente de sua fundamentalidade, são sempre históricos, surgem das lutas sociais entre os detentores do poder e os que a ele se encontram submetidos. São do filósofo as consagradas palavras: *Nascidos de modo gradual, não todos de uma vez e nem de uma vez por todas.*

Em sua historicidade, os direitos humanos passaram por diversas fases. Desde sua concepção meramente filosófica, passando por seu reconhecimento legislativo, longo tempo se passou até sua universalização e sua positivação em âmbito internacional. Nesse sentido, a Declaração Universal representa apenas a consciência histórica da humanidade na segunda metade do século XX, uma síntese do passado e uma inspiração para o futuro, constituindo sólido vetor para a concretização de um sistema internacional que efetivamente consiga assegurar os direitos ali mencionados e os demais que venham a ser reconhecidos.

Já na segunda parte de *A era dos direitos*, Bobbio limita-se a analisar a importância da Revolução Francesa e as consequências que se lhe seguiram. Foi, segundo ele, em verdade, a primeira vez que o povo exercitou o direito de decidir seu próprio destino. Não obstante, a Declaração dos Direitos do Homem e do Cidadão, de 1789, foi objeto de críticas formuladas por Marx e pela esquerda em geral, que nela viam um documento excessivamente ligado a uma classe em particular, a burguesia, e também pelos reacionários e conservadores em geral, que a acusavam de ser excessivamente abstrata.

Na terceira parte da obra, o jusfilósofo trata de temas contemporâneos, como a resistência à opressão, a pena de morte e as razões da tolerância.

Demonstra como o problema da resistência mudou de contornos ao longo da história, sendo, antes, de cunho eminentemente individual e, nos dias atuais, de caráter coletivo, relacionado à concepção da sociedade que se quer, e não mais à forma de Estado adotada. Por fim, a discussão sobre a resistência – sobre a desobediência civil – cinge-se, na atualidade, aos aspectos políticos, ao passo que no início da Era Moderna a reflexão filosófica debruçava-se sobre sua licitude.

No que toca à pena de morte, Bobbio afirma que sua proibição é tema colocado apenas na modernidade. Na Antiguidade, a pena capital aparece como a rainha das penas, aquela apta a satisfazer ao mesmo tempo as necessidades de vingança, de justiça e de segurança do corpo coletivo. Menciona, aliás, que Platão, em as *Leis*, dizia que se o delinquente for incurável, a morte será para ele o menor dos males.

Com efeito, Platão preconiza a pena de morte para uma série ampla de delitos, que vai desde crimes contra os genitores a homicídios voluntários. Há, em verdade, desde os pitagóricos, uma noção de reciprocidade: era como se, a quem matasse, a imposição da morte fosse "natural" (Platão efetivamente fala em "pena natural"). Essa noção perpassa a Idade Média e chega à Era Moderna praticamente intocada. Mas por que deve a pena de morte ser proibida?

É com o Iluminismo que o tema passará a ser discutido em toda a sua profundidade. Beccaria, em *Dos delitos e das penas*, será o primeiro a tratá-lo com seriedade, apresentando argumentos de cunho racional. Sua obra ganhará grande notoriedade devido à acolhida por Voltaire. Não obstante, a pena de morte continuou – e ainda continua – prevista na legislação de muitos países, sendo até defendida, no campo filosófico, por Kant e Hegel, partindo de uma concepção retributiva da pena.

Na verdade, a discussão entre abolicionistas e entre defensores da pena de morte parte de diferentes concepções sobre a função da pena. Em geral, os primeiros centram seus argumentos na sua função preventiva, ao passo que os últimos agarram-se à sua função retributiva. Bobbio, todavia, amplia a discussão, ressaltando que há outras funções a serem consideradas: a pena como expiação, como emenda e como defesa social. A segunda delas, à evidência, exclui cabalmente a pena de morte, por inviável.

Não escapa ao filósofo que a força da intimidação da pena de morte sempre esteve no centro do debate. Tal força passou a ser contestada com o Iluminismo e, em tempos atuais, aferida por pesquisas de opinião. Em matéria de bem e de mal, todavia, adverte Bobbio, o princípio da maioria não vale e, além disso, as pesquisas de opinião têm exígua força probatória, eis que sujeitas às mudanças de humor das pessoas, de grande variabilidade ante o contexto de tranquilidade social por elas vivenciado.

Representaria um grande limite, entretanto, opor qualquer óbice à pena de morte partindo-se do argumento utilitarista de sua ineficácia intimidatória, pois tal implicaria admitir que se a pena capital tivesse, de fato, considerável efeito dissuasório, haveria que ser admitida, o que Bobbio não aceita.

Para Bobbio, em suma, a abolição da pena de morte encontra fundamento tão somente no mandamento de não matar. O filósofo não vê outra razão para tal. Todos os demais argumentos, segundo ele, valem pouco ou nada.

Por fim, encerrando essa terceira parte do livro, Bobbio trata das razões da tolerância religiosa. Reconhece que não existe tolerância absoluta, que é pura abstração. Toda tolerância é histórica, real, concreta, e, nesse sentido, sempre relativa. Com efeito, nenhuma forma de tolerância, diz ele, é tão ampla que compreenda todas as ideias possíveis; tolerância é sempre tolerância em face de alguma coisa e exclusão de outra coisa.

Em que consiste, então, a tolerância? O que está no núcleo da ideia? Para Bobbio, é o reconhecimento do igual direito de conviver e, também, o reconhecimento, por quem se entenda portador da verdade, do direito ao erro, ao menos ao erro de boa-fé.

O problema, nesse campo, é como determinar o tratamento dispensado aos intolerantes. O único critério razoável, para o filósofo, é que todos devem ser tolerados, menos os intolerantes. Critério que, como ele bem reconhece, não é de fácil realização na prática, e que não pode ser aceito sem reservas.

A dificuldade da aplicação do critério está em que a intolerância comporta várias gradações e vários âmbitos de manifestação. Já a aceitação sem reservas deve ser afastada porque tal seria algo eticamente pobre e talvez também politicamente inoportuno. Em todo caso, o contexto histórico sempre exerce considerável influência nesse campo.

Finalizando, a quarta parte trata dos direitos humanos na contemporaneidade. A proclamação dos direitos do homem, aduz, dividiu em dois o curso da história da humanidade no que toca à concepção da relação política. Reviravolta também assinalada pela convergência das três grandes correntes de pensamento político moderno, sem que, contudo, percam sua identidade: o liberalismo, o socialismo e o cristianismo social.

Ao longo da história, a defesa dos três bens supremos – a vida, a liberdade e a segurança social – norteou a construção dos direitos do homem como salvaguardas contra toda forma de poder – o religioso, o político e o econômico. Na chamada pós-modernidade, o enorme progresso tecnológico verificado conduziu a uma potencialização do domínio do homem sobre o homem. Daí que o discurso dos direitos do homem tenha ganhado importância no século XX.

Os direitos da nova geração são sintomáticos nesse sentido. O direito de viver em um ambiente não poluído, o direito à privacidade e o direito à integridade do próprio patrimônio genético demonstram que a preservação de todo e qualquer ser humano encontra-se ameaçada como nunca antes.

Bobbio, entretanto, reconhece que, se a internacionalização da proteção do ser humano foi um fenômeno sem precedentes, também pudemos observar, no decorrer do século XX, uma sistemática violação dos direitos do homem em quase todos os países do mundo. Aqui, mais uma vez, com toda a força, aparece a distinção entre os planos do ser e do dever-ser. Afinal, o desejo de potência dominou e continua a dominar o curso da história.

Com sua arguta inteligência, aponta o filósofo que o vocábulo “direito” é empregado de diferentes formas e com variadas finalidades. Assim é que, em se tratando de direitos sociais, ou de segunda geração, o nome de “direitos” não passa de um título de nobreza.

Não obstante, a linguagem dos direitos inequivocamente possui importante função prática, consistente na atribuição às pessoas e aos movimentos sociais da possibilidade de virem a demandar para si a satisfação de suas carências materiais e morais. Por outro lado, e infelizmente, a consagração de um direito não basta em si e serve, não raro, ao falacioso discurso que não distingue a previsão legal de sua efetiva implementação, o texto dos tratados e convenções da situação de fato de ampla parcela da população mundial.

"O PROBLEMA FUNDAMENTAL em relação aos direitos do homem, hoje, não é tanto o de justificá-los, mas o de protegê-los. Trata-se de um problema não filosófico, mas político" (Norberto Bobbio).

"CADA VEZ sabemos menos" (Norberto Bobbio).

Chaïm Perelman e a moderna retórica

Como é possível raciocinar sobre um juízo de valor, como a justiça? A procura pela resposta a essa pergunta que incomoda os filósofos, há muitos anos, levou à constatação que pode ter sido a grande contribuição do filósofo contemporâneo Chaïm Perelman ao direito. Para aplicar racionalidade a juízos de valor é preciso usar uma lógica não formal, baseada somente no que é provável ou verossímil.

Concentrando seus estudos na área da argumentação, o filósofo permitiu que fosse resgatado o valor filosófico da retórica aristotélica, principalmente no discurso jurídico. Mas essa nova retórica não trata só de persuadir; ao contrário, busca obter a adesão intelectual do ouvinte por meio do debate, ou seja, um método dialético, mas apoiado na argumentação refinada. Chaïm Perelman é considerado o fundador da retórica moderna.

Chaïm Perelman estudou com profundidade as técnicas da argumentação, dando novo sentido à retórica aristotélica. Dedicou-se inicialmente ao estudo do positivismo lógico, mas logo o renegaria, para tornar-se um pós-positivista.

Discutiu principalmente a noção de justiça no seu primeiro livro, *Da justiça*, publicado em 1944. Mas sua grande obra é *Teoria da argumentação – uma nova retórica.*

Chaïm Perelman e suas circunstâncias

Chaïm Perelman nasceu na Polônia, em 1912. Quando contava 13 anos, sua família emigrou para Antuérpia, na Bélgica. Estudou na Universidade Livre de Bruxelas, onde também defendeu duas teses de doutorado, uma em Direito e outra em Filosofia. Em 1938, assumiu a cadeira de filosofia, tendo sido o mais jovem professor de toda a história daquela universidade (permaneceria lecionando no mesmo lugar durante quarenta anos).

Em 1944, publicou seu primeiro estudo filosófico, *Da justiça*. Em 1958, publicou seu livro *Teoria da argumentação*, um clássico na área. Em 1962, tornou-se professor visitante da Universidade do Estado da Pensilvânia, nos Estados Unidos. Mais tarde, dirigiu o Centro Nacional para Pesquisas em Lógica da Universidade de Bruxelas.

Em 1983, recebeu do parlamento belga o título de barão. Morreu em 1984.

Chaïm Perelman e suas ideias

Seu primeiro trabalho foi um estudo sobre a justiça, datado de 1944. Nesse livro concluiu que, como todo julgamento envolve juízos de valor, e como o valor não tem relação direta com a lógica, logo os fundamentos da justiça são arbitrários. Mais tarde, Chaïm Perelman percebeu que a mesma avaliação pode ser estendida para os processos de tomada de decisão. Para ele, sem ética e sem lógica não pode haver justiça. Começa aí a sua dedicação ao tema da retórica como base da lógica dos juízos de valor. Essas ideias seriam retomadas no livro que escreveu em parceria com a pesquisadora Lucie Olbrechts-Tyteca, e que foi publicado em 1958, *Tratado da argumentação – a nova retórica*, é talvez a obra mais importante de Chaïm Perelman.

Chaïm Perelman e sua influência no direito

Tendo estudado com profundidade a justiça, Chaïm Perelman pretendeu provar a impossibilidade de uma definição universal do que seja a justiça. Para isso, propôs seis noções de justiça, cada uma delas embasada em uma corrente filosófica, para estimular uma reflexão sobre a adequação de cada uma.

Todas as noções propostas têm os seus pontos favoráveis e seus pontos negativos. Por isso, Perelman sugere que o melhor caminho pode ser a adaptação ou até mesmo a mescla de noções diferentes de justiça para suportar determinada tomada de decisão.

Considerada a justiça como *igualdade absoluta*, ou seja, a cada qual a mesma coisa, contraria-se o pressuposto de que as pessoas são diferentes, têm diferentes necessidades e estão submetidas a diferentes contextos, portanto essa noção de justiça não é totalmente adequada.

Considerada a justiça como *igualdade distributiva*, ou seja, a cada qual segundo seus méritos, como pensavam Aristóteles e Santo Tomás de Aquino, ignoram-se as limitações que algumas pessoas têm em relação ao conjunto da sociedade, o que as torna incapacitadas de obter por si mesmas o sucesso que as outras pessoas conseguem. Pelo mérito, julga-se apenas a intenção da ação, o que não configura um julgamento moral.

Considerada a justiça como *igualdade comutativa*, ou seja, a cada qual segundo suas obras, corre-se o risco de ignorar os contextos, as circunstâncias e as oportunidades, que não são as mesmas para todos os componentes de um grupo social. Por esse critério, julga-se apenas o resultado das ações, o que também não configura um julgamento moral.

Considerada a justiça como *igualdade de caridade*, ou seja, a cada qual segundo suas necessidades, como pensava John Rawls, ignoram-se os méritos.

Considerada a justiça como *igualdade aristocrática*, ou seja, a cada qual segundo sua posição, reverte-se a noção para um período histórico em que imperava o absolutismo.

E, por fim, considerada a justiça como *igualdade formal*, ou seja, a cada qual segundo o que a lei lhe atribui, restringe-se a noção de justiça ao positivismo jurídico de Hans Kelsen, que Chaïm Perelman censurava.

Não há, portanto, como racionalizar a justiça como um valor universal. O julgador deve adaptar um ou mais conceitos à situação do momento, para melhor distribuição da justiça.

"APENAS PELO FATO de selecionar certos elementos e apresentá-los para a plateia, sua importância e pertinência à discussão estão implícitas" (Chaïm Perelman).

Amartya Sen, a liberdade e o desenvolvimento

Logo depois da Segunda Guerra, a maior parte dos países defendia uma política de aceleração do crescimento, sempre com alguma intervenção dos governos.

Analisando a conjuntura global, Amartya Sen verificou que, contemporaneamente, o mundo enfrenta abundância de produção, uma interação jamais vista entre os países, avanços marcantes dos direitos humanos e aumento progressivo de governos democráticos, com a queda de ditaduras em praticamente todos os continentes. A despeito disso, e talvez por essas mesmas razões, o ambiente está sendo ameaçado em nome do chamado desenvolvimento. E, na esteira desse desenvolvimento, ocorrem subempregos, fome, violências, discriminações e violações da liberdade. Concluiu, então, que esses desvios são "manifestações da privação de liberdade". Sua bandeira, portanto, como economista e como homem político, é que o verdadeiro desenvolvimento só é passível de ser atingido quando existe liberdade.

Amartya Sen, em seus trabalhos, contrapôs-se à ideia geral de que o desenvolvimento era alcançável por meio do aumento da renda *per capita*, produto interno bruto ou avanço tecnológico.

Sua teoria, de que a liberdade é que estimula o desenvolvimento, valeu-lhe o Prêmio Nobel de Economia de 1998. Para ele, o objetivo último do desenvolvimento é o bem-estar.

O Índice de Desenvolvimento Humano (IDH) do Programa das Nações Unidas para o desenvolvimento foi baseado principalmente em suas ideias.

Amartya Sen e suas circunstâncias

Amartya Sen nasceu em 1933, em Santiniketan, cidade da Índia onde Rabindranath Tagore (prêmio Nobel de Literatura de 1913) ergueu a sua universidade livre, hoje chamada Visva-Bharati University. Passou parte da vida na cidade de Dhaka, em Bangladesh. Amartya Sen é considerado bengali, porque, após a Partição de 1947 (divisão territorial de caráter religioso que dividiu Bengala em duas, ficando a Bengala Ocidental como um Estado da Índia, com capital em Calcutá), emigrou com a família para a Índia, onde estudou antes de se doutorar em economia pelo Trinity College, em Cambridge, Reino Unido. Sen recebeu em 1998 o Prêmio Nobel de Economia por seu trabalho sobre a economia do bem-estar social. Foi professor da Universidade Harvard.

Atualmente é reitor da Universidade de Cambridge.

Amartya Sen e suas ideias

Pessoas sem liberdade cívica não têm oportunidade de desenvolver as suas potencialidades e construir assim a sua própria história, afirma o vencedor do Prêmio Nobel de Economia (1998), Amartya Sen. Porque, sem liberdade, o indivíduo está perdendo o seu valor intrínseco mais importante, que é o valor da própria vida.

Com esse pensamento, rejeitou a noção da chamada "economia do desenvolvimento", em que os valores são a renda e a riqueza. A riqueza, para ele, é apenas utilitária, ou seja, um instrumento para alcançar o bem-estar. Nisso se aproxima de Aristóteles, que no livro *Ética a Nicômaco* dizia mais ou menos a mesma coisa.

Pensa que a liberdade deve ser pensada em termos de eficácia. O homem é livre para suprir as suas necessidades básicas? Livre para ter emprego e viver bem acolhido sob um teto confortável? Livre para selecionar a cultura em que quer estar inserido e as tradições que deseja seguir? Livre, enfim, para se aposentar dignamente e sobreviver – escapando inclusive da taxa geral de mortalidade causada pela inoperância dos sistemas de previdência e de assistência social dos governos?

Seu livro *Desenvolvimento como liberdade* é a estruturação de uma ideia radical: desenvolvimento nada mais é do que o processo de expansão das liberdades efetivas de que goza um indivíduo (e que não são obtidas apenas com o dinheiro, como reza a teoria utilitarista, mas com apoio e incentivo das políticas públicas). Naturalmente, esse processo é muito mais passível de acontecer em regimes democráticos, porque a liberdade política pode fortalecer outras liberdades.

Nessa perspectiva, aproxima-se de John Rawls, quando este fala na prioridade da liberdade, em sua teoria da justiça, embora a abordagem de Rawls seja mais voltada para o homem enquanto ser político.

O Índice de Desenvolvimento Humano (IDH) da ONU foi baseado principalmente nas ideias de Sen.

Amartya Sen e sua influência no direito

Quando fala em justiça, Sen novamente se aproxima do moderno liberalismo de John Rawls, ao mencionar que a falta de liberdade resulta em ausência de significância do indivíduo, para si, para a sociedade e para o mundo. O indivíduo livre é capaz de formar valores, fazer escolhas, emancipar-se e, em decorrência, evoluir.

O desenvolvimento, para ele, deve ser avaliado em termos das políticas públicas colocadas à disposição dos indivíduos, como educação e saúde, e dos direitos civis, como a liberdade política, para aferição do que chama de liberdades substantivas – entre elas, as capacidades de evitar a fome, a mortalidade precoce, o analfabetismo. Também menciona aquelas que denomina de liberdades instrumentais, categorizando-as em cinco tipos: liberdades políticas, econômicas, sociais, garantias de transparência e segurança protetora.

Assim como Rawls, Sen contribuiu decisivamente para o debate a respeito da justiça distributiva. Todavia, Sen discorda de Rawls numa questão crucial: a renda ou a riqueza, por exemplo, ou os bens primários, não devem ser considerados fins, mas sim meios para que se alcance o bem-estar. Até porque, diz Sen, não se pode comparar pessoas pelo que elas conseguiram amealhar (bens primários), mas pelo que elas evoluíram e se desenvolveram a partir do que amealharam (capacitações).

Os dois filósofos chegaram a debater entre si, em seus livros e em publicações como a revista *Economics and Philosophy*, na primeira década do século XXI, sobre essas discordâncias. Sen chegou a dizer que Rawls estava imbuído do "fetichismo da mercadoria", numa alusão a uma expressão usada por Karl Marx, para mostrar que a ênfase em mercadorias ou bens não era correta.

O princípio basilar do pensamento de Sen é de que ética e economia são complementares, contrariando o pensamento vigente no final do século XX.

"O DESENVOLVIMENTO É, na verdade, um tremendo compromisso com as possibilidades da liberdade" (Amartya Sen).

"O QUE AS PESSOAS conseguem realizar é influenciado por oportunidades econômicas, liberdades políticas, poderes sociais e por condições habilitadoras, como boa saúde, educação básica e incentivo e aperfeiçoamento de iniciativas" (Amartya Sen).

LINHA DO TEMPO – A FILOSOFIA DO DIREITO CONTEMPORÂNEA

Ano 1804 – Surge a Escola da Exegese, para promover a defesa do recém-promulgado Código Civil francês.

Ano 1832 – John Austin funda o positivismo jurídico, investigando a natureza de conceitos jurídicos no livro chamado *Província da jurisprudência determinada.*

Ano 1865 – Otto Liebmann inicia o neokantismo com a publicação da obra *Kant e seus epígonos – um ensaio crítico.*

Ano 1868 – Oskar von Büllow escreve o livro *A teoria das exceções processuais e os pressupostos processuais* e transforma o direito processual em ciência autônoma, desvinculada do direito material.

Ano 1889 – Max Weber publica seu primeiro livro, *Para a história das sociedades comerciais da Idade Média.*

Ano 1899 – Gény François cria a Escola Científica, em oposição à Escola da Exegese, com a publicação de *Método de interpretação e fontes no direito positivo privado.*

Ano 1900 – Wilhelm Dilthey fundamenta a hermenêutica filosófica, com a publicação de *Origem da hermenêutica.*

Ano 1902 – Rudolf Stammler determina os pressupostos do direito no livro *A teoria do direito justo.*

Ano 1905 – Hans Kelsen escreve a principal obra do positivismo jurídico: *Teoria pura do direito.*

Ano 1914 – Gustav Radbruch escreve *Fundamentos de filosofia do direito.*

Ano 1915 – Surge o pós-modernismo nas artes, em Zurique, com o dadaísmo de Marcel Janco e Tristan Tzara.

Ano 1930 – Ortega y Gasset publica *Rebelião das massas.*

Ano 1944 – Chaïm Perelman publica *Da justiça.*

Ano 1950 – H. L. A. Hart lança os fundamentos principais do positivismo jurídico moderno no livro *O conceito do direito.*

Ano 1955 – Norberto Bobbio escreve o livro *Política e cultura.*

Ano 1961 – Jürgen Habermas publica sua obra mais famosa: *Entre a filosofia e a ciência – o marxismo como crítica.*

Ano 1966 – Michel Foucault publica *A palavra e as coisas*, opondo-se aos positivistas.

Ano 1967 – Jacques Derrida lança três livros importantes para a filosofia do direito, entre eles *A força da lei* e *Desconstrução da possibilidade de justiça.* Também em 1967, Niklas Luhmann escreve *A sociedade da sociedade*, livro que só publicaria trinta anos depois.

Ano 1971 – John Rawls publica *Teoria da justiça.*

Ano 1979 – Jean-François Lyotard formula o pós-modernismo no livro *Condição pós-moderna.* Também em 1979, Richard Rorty publica *Filosofia e o espelho da natureza.*

Ano 1990 – Norberto Bobbio publica *A era dos direitos.*

Ano 1997 – Niklas Luhmann publica sua grande obra, *A sociedade da sociedade*, trinta anos depois de ter sido escrita.

Ano 1998 – Amartya Sen publica *Desenvolvimento como liberdade*, que lhe valeu o Prêmio Nobel de Economia.

SÉTIMA PARTE

FILOSOFIA do DIREITO CONTEMPORÂNEA no BRASIL

Nos primórdios do Brasil-colônia, um líder nacionalista já produzia obras de filosofia do direito, conforme nos conta Paulo Nader[1]. Tomás Antônio Gonzaga, ainda no século XVIII, publicou *Tratado de direito natural*, inspirado em Grócio e Pufendorf. No século XIX, Avelar Brotero, famoso por ter sido o primeiro professor de Direito Natural da Faculdade de Direito de São Paulo (nomeado pelo próprio imperador Pedro I), escreveu, em 1829, *Princípios de direito natural*. João Theodoro Xavier, também catedrático da Faculdade de Direito de São Paulo, escreveu, em 1876, *Teoria transcendental do direito*. Tobias Barreto, professor da Faculdade de Direito do Recife, escreveu *Sobre uma nova intuição do direito*, em 1881. Ainda no século XIX, José Maria Corrêa de Sá e Benevides, catedrático de Direito Natural, Público e das Gentes, da Academia de Direito de São Paulo, escreveu *Elementos de filosofia do direito privado*, em 1884. Sílvio Romero, aluno de Tobias Barreto e sergipano como ele, escreveu *Ensaios de filosofia do direito*, em 1895.

Já no século XX, um nome se destaca, entre tantos: Clóvis Beviláqua, considerado o principal jurista da chamada Escola do Recife (embora nascido no Ceará).

Clóvis Beviláqua, autor do Código Civil brasileiro

Além de jurista e jusfilósofo, também atuou nas letras com tal excelência que foi convocado a ser membro fundador da Academia Brasileira de Letras. Foi inicialmente positivista, tendo inclusive escrito, em 1883, o livro *A filosofia positiva no Brasil*; depois aderiu ao liberalismo.

Escreveu, em 1899, o Anteprojeto do Código Civil Brasileiro, com 40 anos de idade, a convite de Epitácio Pessoa, então ministro da justiça do presidente Campos Sales. O trabalho foi realizado em seis meses (entre março e outubro de 1900), mas levou quinze anos para ser transformado no Código Civil sancionado por outro presidente, Venceslau Brás, em 1916 (ele vigorou até 2002). O Código foi elogiado, à época, por ser sucinto e claro.

Clóvis Beviláqua e suas circunstâncias

> *Clóvis Beviláqua* seguiu os conceitos do alemão Ihering, com relação ao conceito do direito, defendendo que a lei deve se sobrepor aos costumes, embora admirasse o pensamento de Del Vecchio acerca de Moral e Direito.

Clóvis Beviláqua nasceu no interior do Ceará, em 1859. O pai procurou dar-lhe educação de boa qualidade, impossível de conseguir numa cidade pequena e pobre. Assim, enviou-o primeiro para Sobral, depois para Fortaleza, e afinal para o Rio de Janeiro, onde permaneceu por dois anos (entre 1876 e 1878). Nesse período, jovem ainda, com 17 anos, criou um jornal literário (*Laborum Literarium*), em sociedade com Paula Ney e Silva Jardim.

Em 1878, ingressou na Faculdade de Direito do Recife, tendo sido aluno de Tobias Barreto. Integrou a chamada "Escola do Recife", ao lado de intelectuais da época, como Sílvio Romero e Capistrano de Abreu. Em 1883, iniciou efetivamente carreira na magistratura, assumindo a função de promotor público na cidade de Alcântara, no Mara-

[1] *Filosofia do direito*. Rio de Janeiro: Forense, 2007, p. 248-268.

nhão. Em 1889, prestou concurso para professor-assistente e, em 1891, assumiu a cadeira de Legislação Comparada da Faculdade de Direito do Recife. Foi deputado constituinte, representando o Ceará.

Escreveu regularmente para diversos jornais e revistas do Recife e do Rio de janeiro, especialmente sobre crítica literária. Atuou brevemente como secretário no governo do Estado do Piauí.

Em 1906, foi nomeado consultor jurídico do Ministério das Relações Exteriores, pelo Barão do Rio Branco. Permaneceu no cargo até a aposentadoria, em 1934.

Morreu no Rio de Janeiro, em 1944.

Clóvis Beviláqua e suas ideias

Estudou longamente a obra de Von Ihering, na busca de solução para o problema do direito como fenômeno social e como conceito filosófico. Considera o Direito, sociologicamente, como o organismo coletivo da liberdade humana passível de apreciação por meio de sua "anatomia" e de sua "fisiologia" (na época, imperavam as metáforas biológicas). Dizia que não basta a pessoa ter ideias revolucionárias, se a sociedade não estiver preparada para compreendê-las.

Uma de suas ideias, recusada pela comissão revisora do Código Civil, era equiparar a condição da mulher, em relação a direitos e à capacidade jurídica, no ordenamento jurídico brasileiro.

Clóvis Beviláqua e sua influência no direito

O jusfilósofo renovou o direito civil brasileiro, até aquele momento dominado pelas Ordenações Filipinas - apesar de que, em Portugal, essas ordenações já tinham sido abolidas em 1867. Introduziu conceitos inovadores na época, inspirados em Ihering e Savigny.

Inicialmente adepto do positivismo, seguiu a evolução do seu tempo e apoiou o liberalismo, embora acrescentando às suas ideias uma preocupação social: foi quem obteve que o direito do trabalho constituísse matéria de lei especial e fez inserir no direito de família o instituto do reconhecimento dos filhos ilegítimos.

> "O INDIVÍDUO QUE EMPREENDE uma excursão pelos vastos domínios da ciência jurídica tem obrigação de premunir-se com certas ideias fundamentais, que serão os seus guias através dessas regiões tão trilhadas e, apesar disso, ainda tão desconhecidas. Sem esse preparo prévio, arrisca-se a mostrar-se como um espírito lamentavelmente vacilante e desconjuntado, que pode ser evolucionista em ciências naturais, metafísico em direito e fetichista em religião" (Clóvis Beviláqua).

Sílvio Romero, defensor do Liberalismo, crítico da tese da ditadura positivista

Sílvio Vasconcelos da Silveira Ramos Romero, ligado à corrente filosófica Escola do Recife, destacou-se como jurista e literato, foi discípulo de Tobias Barreto e transitou por diversas áreas do conhecimento. Realizou análise de algumas regras sociológicas, e uma delas denominou lei de homocronia, afirmando que toda colônia "reproduz a estrutura política, econômica, religiosa da mãe pátria, ao tempo em que se operou a colonização", e teve papel fundamental no desenvolvimento da Sociologia no Brasil, tendo tratado das suas raízes sociais e evolução cultural e opondo-se aos intelectuais da corte.

Sílvio Romero e suas circunstâncias

Nascido em Lagarto, em 1851, era sergipano, filho de comerciante português, mudou-se ainda jovem (1876) para o Rio de Janeiro, onde se formou em Filosofia, e, posteriormente, para Recife, onde estudou Direito. Lecionou na Faculdade Livre de Direito e na Faculdade de Ciências Jurídicas e Sociais do Rio de Janeiro.

Ao longo da vida, também exerceu atividades como jornalista e folclorista, tendo mostrado grande interesse pela cultura popular brasileira e pelo desenvolvimento histórico do Brasil. Escreveu, em 1888, a obra *Literatura brasileira*, na qual veiculou um conjunto de conhecimentos sobre o país. Foi deputado provincial em Estância e deputado federal em Sergipe, tendo sido relator-geral na comissão criada para revisar o Código Civil Brasileiro.

No período em que viveu, fatos históricos importantes ocorreram, especialmente na década de 1868 a 1878, um período de novas ideias, cujo surgimento agitou a nação e que culminaram com a abolição da escravatura em 1888 e a proclamação da República em 1889, abrindo novas perspectivas. Nesse meio, Romero elaborou suas ideias e concepções, vindo a falecer em 1914, no Rio de Janeiro. Deixou também estudos, além da filosofia e da sociologia, sobre racismo e culturalismo brasileiros que influenciaram, na geração posterior, escritores como Mário de Andrade, Sérgio Buarque de Holanda e Gilberto Freyre, dentre outros.

Sílvio Romero e sua influência no direito

Para Romero, Direito e Moral são "irmãos gêmeos" destinados a regular a vida em sociedade, sendo que ao primeiro caberia disciplinar a vontade do indivíduo objetivando o bem, enquanto a segunda objetivaria o justo: "Põe em movimento a tua ação até onde ela não impossibilite a ação dos outros"; e tem relação com liberdade, portanto. Assim, seria no Direito, "a força da razão repele a força do braço", harmonizando as lutas sociais "pelos ditames do justo".

Romero enriqueceu o culturalismo – movimento tipicamente nacional –, iniciado por Tobias Barreto, e essa corrente marcou consideravelmente a história do Direito no Brasil, por trazer pontos de vista expressos pelo pensamento jurídico e filosófico no combate a ideias ultrapassadas em prol dos direitos e liberdades individuais.

"DIREITO É O COMPLEXO das condições, criadas pelo espírito de várias épocas, que servem para, limitando o conflito das liberdades, tornar possível a coexistência social".

Tobias Barreto, o direito como construção cultural

Tobias Barreto de Meneses, jurista e filósofo, foi contemporâneo de Castro Alves nos estudos na Faculdade de Direito do Recife, onde lecionou a partir de 1882. Integrou a

Academia Brasileira de Letras, onde ingressou pelas mãos de Sílvio Romero. Era orador de destaque, grande admirador da cultura alemã[2], a cujo estudo se dedicou com afinco e cujos mestres seguiu em parte de suas concepções filosófica e jurídicas, mas não incondicionalmente: considerava o direito um objeto cultural, rejeitando assim a ideia de direito natural.

Tobias Barreto e suas circunstâncias

Tobias Barreto (1839), sergipano, nascido na vila de Campos, filho de escrivão, mudou-se para a Bahia em 1861 para ser seminarista, ideia que abandonou por falta de vocação real. Partiu para Pernambuco, onde concorreu, em 1867, ao cargo de professor de Filosofia, matéria que sempre o empolgou, no Ginásio Pernambucano, vaga para a qual foi preterido apesar de ter conquistado o primeiro lugar no certame.

Mudou-se para a pequena cidade de Escada, onde se casou, tendo retornado ao Recife cerca de uma década depois. Escrevendo para a imprensa, Tobias Barreto também se tornou advogado e professor na Faculdade de Direito – posteriormente conhecida como "Casa de Tobias" –, integrou a corrente filosófica Escola do Recife e participou fortemente do processo de renovação intelectual e filosófica na segunda metade do século XIX. Faleceu em 1889.

Tobias Barreto e suas ideias

Tobias Barreto tinha como característica a inquietação intelectual, o que o levava a buscar novos caminhos, não se aprofundando em um ou outro tema, porém foi enfático ao rejeitar a ideia do direito natural, pregando a ideia de lei natural do direito.

Carvalho[3] destaca os três ciclos do pensamento tobiano: de 1868 a 1874, com adesão à corrente eclético-espiritualista e a aproximação ao positivismo; de 1875-1882, período no qual Barreto amadureceu estudos que o distanciaram do positivismo; 1882 a 1889, quando iniciou uma aproximação com o neokantismo, fechando sua contribuição no que se refere ao mundo do homem, do distanciamento e às diferenças existentes entre o homem natural (sem normas e convenções) e o homem cultural (que elabora normas e segue doutrinas religiosas).

Tobias Barreto e sua influência no direito

Rejeitando o jusnaturalismo, Tobias Barreto entendia o direito como uma construção cultural e o fenômeno jurídico como parte de um processo de adaptação e, assim, como "um produto do esforço do homem" para dirigir o homem. Como jurista, Tobias Barreto produziu na esfera cível aprofundado estudo sobre direito autoral – expressão que incorporou à terminologia brasileira –, considerando-o um direito pessoal,

---

2 Decorre do aprofundado estudo e da admiração de Tobias Barreto pela cultura germânica e os filósofos e juristas alemães a sua compreensão da cultura nos moldes do que vinha sendo estudado pelos seguidores de Immanuel Kant.

3 CARVALHO, José Mauricio de. A filosofia culturalista de Tobias Barreto, a retomada do kantismo. *Annales*, Belo Horizonte, v. 2, n. 3, 2017.

propriedade imaterial, portanto. Na esfera criminal, publicou "Algumas ideias sobre o fundamento do direito de punir, estudo no qual defendeu que a pena é um conceito político e não jurídico, diferenciando-a das sanções civis, nas quais se busca pura e simplesmente uma indenização ou o reestabelecimento do *status quo ante*, o que está muito aquém das penalidades propriamente ditas, cujos motivos vão além do próprio direito.

"É PRECISO BATER cem vezes e cem vezes repetir:
o direito não é filho do céu, é simplesmente fenômeno histórico, um
produto cultural da humanidade".

Farias de Brito, Deus e a ordem moral

Considerado por Miguel Reale como um dos maiores jusfilósofos brasileiros, Raimundo Farias de Brito marcou sua obra com um pensamento voltado para a metafísica tradicional, de caráter espiritualista. Em suas obras iniciais questionava a filosofia do seu tempo, criticando principalmente o materialismo e a teoria darwinista da evolução. Seu trabalho apresentava profundo traço religioso, sugerindo que Deus era o responsável pela ordem social, o que incluía o conceito de moral. Segundo Miguel Reale, em seu livro *Filosofia do Direito*, Farias de Brito foi o filósofo autêntico, um verdadeiro cientista, um pesquisador incansável, que procurou sempre renovar as perguntas formuladas, no sentido de alcançar respostas que sejam "condições" das demais.

Farias de Brito e suas circunstâncias

Nasceu no interior do Ceará, na cidade de São Benedito, em 1862, mas deixou cedo a terra natal para estudar em Sobral, onde havia mais recursos. Também de lá foi obrigado a se mudar, tangido pela seca, e foi completar o ensino médio em Fortaleza, no Liceu Cearense. Muito jovem, em 1884, contava 22 anos quando concluiu o curso de direito na Faculdade de Direito do Recife. Foi um dos alunos mais respeitados por Tobias Barreto e conviveu com Silvio Romero e Clóvis Beviláqua. Foi promotor por alguns anos e depois assumiu a função de secretário do governo do Estado do Ceará. Entre 1902 e 1909 foi professor da Faculdade de Direito de Belém do Pará. Já então autor de vários livros (*Finalidade do mundo*, em três volumes, publicados em 1895, 1899 e 1905, e *A verdade como regra das ações*, em 1905), prestou concurso para a cátedra de Lógica do Colégio Pedro II, no Rio de Janeiro, e lecionou naquela instituição até o fim da vida. Tinha tentado antes, mas perdeu a vaga para Euclides da Cunha; depois da morte deste, acabou obtendo a cátedra. O nome de Farias de Brito, atualmente, designa a cidade que antigamente se chamava Quixará, no interior do Ceará.

Farias de Brito e suas ideias

Suas obras tratam da missão do filósofo, que para ele era buscar a verdade, muitas vezes oculta, e que em geral se apresenta ao homem como enigma. Ele reconhecia que a verdade é, frequentemente, inalcançável, mas a sua busca leva o homem a ver o mundo com mais clareza. Para alcançar essa iluminação, o homem deve fazer um exercício incessante e consciente de introspecção. Filosofia, para esse pensador, era a ferramenta da consciência humana. Naturalmente, tendo sido profundamente religioso, o seu pensamento denotava tendência ao naturalismo. No entanto, é tido por vários autores como um precursor do existencialismo, entre eles Fred Gillette Sturm, Aquiles Côrtes Guimarães e Williams Roosevelt Monjardim. Isso porque Farias de Brito aborda temas ligados à existência humana, como a vida, a morte, a moral, as questões do espírito e do mundo interior, entre outros. Com isso se posicionava contra o pensamento positivista reinante, na época, especialmente entre os autores da chamada Escola do Recife.

Farias de Brito e sua influência no direito

A principal contribuição de Farias de Brito para o direito está no campo da ética. Seu último livro, *O mundo interior*, publicado em 1914, prega que a filosofia, aliada à psicologia e à arte, é objeto de ciência, porque é intuitiva e concreta – a psicologia porque mostra o consciente, e a arte porque manifesta o inconsciente. Para ele, direito e moral são os dois pilares que sustentam o mecanismo social, e cabe à filosofia organizar o direito, que por sua vez organiza o mundo social oferecendo os princípios que devem regular a conduta do homem em sociedade. Para Farias de Brito, a razão deve superar as paixões – portanto, a moral deve ser prática e o homem deve se afastar da concepção materialista do mundo. Se o homem busca a verdade e amplia sua consciência, a sua norma de conduta será imposta pela sua própria consciência, e assim o mundo moral se resumiria a duas leis: a primeira é fazer o bem e a segunda é não fazer o mal.

Pontes de Miranda, um pensador social

Esse jusfilósofo foi um liberal e um democrata, tendo produzido suas obras com o viés dos direitos sociais. Produziu vasta obra, não apenas no direito, mas também como poeta, romancista e crítico de literatura. Seus trabalhos continuam modernos ainda hoje.

Pontes de Miranda e suas circunstâncias

Alagoano de Maceió (1892), *Francisco Cavalcanti Pontes de Miranda* era filho de produtores de açúcar. Gostava de matemática, mas acabou optando pela advocacia. Completou a Faculdade de Direito do Recife com apenas 19 anos. Aos 20 já publicava um ensaio filosófico (*A moral do futuro*). Em 1924, ganhou o prêmio Pedro Lessa da Academia Brasileira de Letras, com o livro *Introdução à sociologia geral*. Nesse mesmo ano ingressou na magistratura, como juiz de órfãos.

> *Pontes de Miranda* foi o maior tratadista brasileiro, tendo produzido um total de oito. Era neokantiano. Nos seus trabalhos de filosofia do direito, tinha traços neopositivistas. Criticava as posições de Wittgenstein e de Bertrand Russell.
>
> Em toda a sua obra, especialmente aquelas constitucionalistas, valorizou os direitos sociais.

Chegou a desembargador do Tribunal de Apelação do Distrito Federal. Foi chamado a representar o Brasil em duas conferências internacionais: Santiago do Chile, em 1923, e Haia, na Holanda, em 1932. Chefiou a delegação brasileira à 26ª Sessão da Conferência Internacional do Trabalho, em Nova York (1941). Depois disso, foi nomeado embaixador do Brasil na Colômbia. Em 1943, abandonou a carreira diplomática e dedicou-se a escrever pareceres e literatura.

Escreveu o *Tratado do direito privado*, imensa obra em 60 volumes, entre 1955 e 1970. É considerada a maior obra escrita por um homem só, em todo o mundo. Morreu em 1979. Pouco antes, tinha sido eleito para a Academia Brasileira de Letras.

Em 1923, Clóvis Beviláqua dirigiu-lhe um discurso, durante um jantar que o homenageava. Segue um pequeno trecho:

> *Mas onde está o direito, revelando-se límpido às consciências, como um sol, que se ergue no horizonte e envolve o mundo no dilúvio luminoso de sua irradiação? O vosso livro oferece instrumentos para descobri-lo nas diferentes situações da vida. Embora escrito em português, há de ter a repercussão, que a oportunidade lhe promete, porque os seus ensinamentos não interessam apenas à curiosidade mental – são reclamados por uma necessidade de situação moral dos homens dos nossos dias.*
>
> *Desapareceram as possibilidades de erro em matérias de construção legislativa, de decisões judiciárias, de interpretação, de doutrina?*
>
> *Seria ingenuidade supô-lo. Por mais perfeito que seja o instrumento, devemos contar com a inabilidade do operador. Por mais larga que se estenda a estrada, que conduz à verdade, as paixões, os preconceitos, a falibilidade humana, para tudo dizer numa palavra, derramarão sobre ela densos nevoeiros, que desviarão os transeuntes; multiplicaram-se, porém, as possibilidades de acertar, e diminuíram-se, proporcionalmente, as causas de erros. É quanto podem desejar os que, dentro das contingências humanas, procuram a verdade e o bem-estar dos indivíduos e das agremiações.*
>
> *É, portanto, da mais alta significação o vosso livro, para o avanço das ideias jurídicas no mundo, o que importa dizer, para o melhoramento da organização social. Isto explica todo o nosso júbilo de juristas e de brasileiros, e esta efusão sincera, em que ele se traduz*[4].

Pontes de Miranda e suas ideias

Pontes de Miranda dizia que a sociedade é como um organismo biológico, relativo no tempo e no espaço, e que os indivíduos são regidos por processos sociais de adaptação. Adepto do pacifismo, achava que o ideal político é o socialismo, mas com a presença do Estado para garantir a ordem por meio da regra jurídica. Desde que o governo não fosse despótico e assegurasse a democracia e as liberdades individuais.

Graças ao seu interesse constante pela matemática, manteve diálogo com Albert Einstein, chegando inclusive a propor alterações na teoria da relatividade.

Pontes de Miranda e sua influência no direito

Foi o primeiro jurista a desenhar uma teoria dos direitos fundamentais em nosso país, tendo trazido as melhores doutrinas e práticas processuais adotadas na Europa, contribuindo para modernizar o direito brasileiro do século XX e buscando eliminar autoritarismos presentes em nossa legislação.

Foi um dos pioneiros ao declarar que os governos devem estar comprometidos com a implementação e a consolidação dos direitos humanos, do contrário não se promoveria a justiça social e, em consequência, o desenvolvimento. Sistematizou os direitos

[4] Disponível em: <http://www.trt19.jus.br/mpm/inicial.htm>. Acesso em: 26 set. 2014.

fundamentais em uma classificação que assim se constitui: ordem jurídica, organizabilidade, prestação e garantias.

Pregava que o jurista deveria fazer uma interpretação positivista dos fatos sociais de maneira neutra, baseada no cumprimento das leis.

Cirne-Lima e a sistematização da Filosofia

Carlos Roberto Velho Cirne-Lima é gaúcho de Porto Alegre. Nasceu em 1931. Foi diretor da Faculdade de Direito da Universidade Federal do Rio Grande do Sul. Antes disso, graças a 20 anos de vida eclesiástica no seminário jesuíta, lecionou grego e latim. Doutorou-se na Áustria e estudou também na Alemanha.

Cirne-Lima e suas circunstâncias

No início da década de 1960, lecionou na Universidade de Viena. Nesse período, escreveu uma de suas principais obras, *Analogia e dialética*. Voltou para o Brasil em 1968, para seguir o curso de livre-docência na Faculdade de Filosofia da UFRGS. No entanto, em 1969, por efeito do Ato Institucional n. 5, do regime militar, foi-lhe imposta a aposentadoria compulsória, sendo-lhe vetado o direito de lecionar. Dedicou-se então a iniciativas empresariais, voltando a lecionar apenas dez anos depois, com a anistia política. Aposentou-se na UFRGS em 1991 e tornou-se professor titular na Pontifícia Universidade Católica do Rio Grande do Sul (PUCRS), onde permaneceu até 1999. Em 2000, transferiu-se para a Unisinos, onde recebeu em 2008 o título de professor emérito. Alguns de seus livros: *Realismo e dialética* – a analogia como dialética do realismo; *Dialética para principiantes; Nós e o absoluto e Depois de Hegel* – uma reconstrução crítica do sistema neoplatônico.

Cirne-Lima e suas ideias

Numa de suas obras mais importantes, apresentou suas teorias a respeito da dialética e do sistema filosófico. Declarava que sua intenção foi tentar reconstruir um sistema neoplatônico de Filosofia que evitasse os erros cometidos por Hegel, que considerava o último dos grandes autores sistemáticos. Um desses erros, segundo ele, foi o necessitarismo que perpassa todo o sistema, esmagando o indivíduo. Ou seja, Hegel considerava que as liberdades individuais do cidadão gradualmente vão desaparecendo dentro do Estado. Cirne-Lima prefere uma leitura mais libertária, de que as liberdades estão sujeitas a contingências. De certo modo, Cirne-Lima prega que os conceitos de tese, antítese e síntese deve considerar a necessidade e a contingência em proporções iguais. Foi uma nova forma de entender Hegel e, por consequência, de entender a teoria hegeliana. Esse entendimento leva à existência de um Estado que garanta os direitos fundamentais do indivíduo, ou seja: cidadãos livres impedem o desenvolvimento de um Estado autoritário.

Cirne-Lima acredita que a Filosofia não substitui as ciências, mas que pode ser complementada por elas. Para ele, a Filosofia tem o papel de facilitar e mediar a discussão entre as diferentes disciplinas em torno de problemas, incluindo a si mesma, num debate interdisciplinar.

Miguel Reale e a tridimensionalidade do direito

Miguel Reale é o pensador brasileiro de maior importância para a filosofia do direito. Formulou a Teoria Tridimensional do Direito, em que fatos, valores e normas são elementos que atuam com igual intensidade.

Organizou e presidiu sete congressos brasileiros de filosofia. É autor de um curso de filosofia do direito, publicado em 1953 e traduzido em vários idiomas. Pertenceu à Academia Brasileira de Letras.

Foi o supervisor da comissão que elaborou o Código Civil de 2002.

Para o filósofo brasileiro que completaria 100 anos de nascimento em 2010, fatos, valores e normas se implicam e se exigem reciprocamente. Essa é a essência da sua Teoria Tridimensional do Direito.

Segundo Reale, um fenômeno jurídico decorre sempre de um fato social (econômico, político, geográfico etc.) e, portanto, é influenciado por circunstâncias e valores da cultura da sociedade em que ocorre. Naturalmente, esse fenômeno jurídico pode ser encarado de múltiplas maneiras, e não somente com base na história. E, para completar, o fenômeno está subordinado a uma norma jurídica.

Para Miguel Reale, esses três aspectos (norma, fato e valor) não existem dissociados um do outro – estão absolutamente integrados, numa condição dinâmica, no momento da aplicação da lei.

Miguel Reale desenvolveu uma forma bem brasileira de encarar a filosofia do direito, um método que privilegiava, no julgador, a humildade e a pesquisa, ao mesmo tempo que buscava desvincular a filosofia de suas raízes religiosas. Ele criticava o método estrangeiro vigente na época, o formalismo do positivismo jurídico, que chamava de "filosofia em mangas de camisa".

Miguel Reale e suas circunstâncias

Miguel Reale nasceu em São Bento do Sapucaí, Estado de São Paulo, em 1910. Estudou Direito em São Paulo e, já à época do bacharelado (1934), publicava seu primeiro livro, *O Estado moderno*, um ensaio sobre a realidade política da época.

Começou carreira profissional como advogado da Light Serviços de Eletricidade, ainda em 1938. Chegou ao doutorado em Direito em 1941, com uma tese sobre *Fundamentos do direito*, em que apresentava sua Teoria Tridimensional do Direito.

No mesmo ano assumiu, por concurso, a cátedra de filosofia do direito na Faculdade de Direito do Largo São Francisco, onde, em 1980, receberia o título de professor emérito. Recebeu quinze títulos de doutor e professor *honoris causa* em faculdades do Brasil e do exterior. Foi o mais importante teórico da Ação Integralista Brasileira e chegou a ser preso pelo regime de Getúlio Vargas, em 1941.

Em 1947, foi secretário da justiça do Estado de São Paulo. Na sua gestão, criou a primeira assessoria técnico-legislativa do Brasil. Em 1949, assumiu o posto de reitor da Universidade de São Paulo por dois anos (cargo que desempenharia novamente entre 1969 e 1973). No mesmo ano, fundou o Instituto Brasileiro de Filosofia, do qual foi o primeiro presidente.

De 1974 a 1989, foi membro do Conselho Federal de Cultura. Também foi presidente da Fundação Moinho Santista. Foi o supervisor da comissão que elaborou o Código Civil Brasileiro de 2002.

Como poeta e memorialista, foi o quarto ocupante da cadeira n. 14 da Academia Brasileira de Letras, sucedendo a Fernando de Azevedo, tomando posse em 21 de maio de 1975. Também foi membro da Academia Paulista de Letras desde 1977. Publicou mais de 60 livros.

Morreu em 2006.

Miguel Reale e suas ideias

O grande jusfilósofo pátrio aponta que o direito, nos primórdios, foi vivido como um fato, enlaçado com fenômenos cósmicos, sendo necessários séculos para depuração das normas propriamente jurídicas e sua diferenciação em relação a outras normas de conduta, como as morais e as religiosas.

Foi a capacidade de abstração do ser humano que o conduziu a experimentar o direito para além do mero fato, reconduzindo-o ao sentimento do justo, numa miscelânea de valores nem sempre compatíveis entre si.

Esse processo, entretanto, além de não ter sido linear, também não se deu por meio de uma autoconsciência reveladora do espírito, mas, antes, pela projeção do homem para fora de si, com a alienação da consciência humana em relação a potestades superiores, tidas como origem daqueles valores que, em verdade, brotavam da própria vida humana.

Como consequência, diz-nos Reale, o homem "descobriu" uma ordem para além da ordem social, marcada esta pela histórica força dos costumes. Essa nova ordem – a ordem dos valores ou axiológica – foi tida, nos primórdios, como uma dádiva da divindade, e não como fruto da experiência concreta, histórica, do ser humano. Assim é que a Justiça, nos povos antigos, aparece como uma deusa.

Já na Antiguidade, o direito é tido como um dever-ser, como um comando, uma direção a ser seguida. O mito e a experiência humana, todavia, entrelaçam-se e se confundem, a ponto de o direito ter sido também, desde o início, sentido como justiça, como um valor, e não apenas como um fato, conforme apontamos anteriormente.

Um valor, veja-se, atrelado à noção de divindade, de modo que seguir o direito significava, em verdade, servir a Deus. Por essa razão, o direito primitivo está essencialmente ligado a rituais e ao formalismo religioso, de sorte que violar o rito significava violar também o justo, o correto.

A passagem dos séculos afastou o direito do caráter ritualístico que marcou seu surgimento, sem, contudo, libertá-lo por completo dessa característica. Como fato, como acontecimento social e histórico, o direito somente seria objeto de uma ciência autônoma no século XIX, já na Era Moderna. Veio a lume, assim, a concepção do direito como norma ou como *lex*.

Miguel Reale e sua influência no direito

Miguel Reale aduz que o estudo das concreções da Justiça no tempo, nas experiências humanas, já era praticado na antiga Roma. Era a chamada Jurisprudência e demonstrava que os romanos já tinham a percepção de que o ideal do justo apenas adquiria sentido no fato concretizado sob sua luz.

Há, pois, nos jurisconsultos clássicos uma integração em unidade do fato e do valor à dimensão representada pela norma. Com efeito, os romanos, diferentemente dos gregos (que preferiram filosofar sobre a justiça), debruçaram-se sobre a experiência concreta do justo. O direito aparece, então, como uma ordem normativa da convivência humana.

Com isso, Miguel Reale demonstra como historicamente sua teoria da tridimensionalidade do direito encontra arrimo nas diferentes concepções surgidas, sendo, afinal, a coroação de todas elas. Para o filósofo, toda experiência jurídica conjuga, sempre, três elementos: fato, valor e norma.

Em outras palavras, isso significa admitir que o vocábulo "direito" possa ser tido em três acepções distintas, embora ligadas: i) direito como valor do justo; ii) direito como norma ordenadora da conduta; iii) direito como fato social e histórico.

A tripartição não é, ensina o filósofo, rígida e hermética, mas, sim, indica apenas um predomínio ou prevalência de sentido.

A estrutura do direito é, em suma, tridimensional. Vários teóricos o reconheceram, e de diversas formas. É, então, tido como o elemento normativo, que, ao disciplinar comportamentos humanos, pressupõe uma dada situação de fato, a qual, por sua vez, relaciona-se a determinados valores. O modo como se considera a conexão entre as três dimensões – fato, valor e norma – é que diferencia as teorias nesse campo.

Miguel Reale aponta que as primeiras teorias o fizeram de modo eminentemente abstrato, compondo o chamado tridimensionalismo abstrato ou genérico, para o qual a conexão entre as dimensões é considerada sob uma visão final e compreensiva, com pretensão de integralidade, ou, dito de outro modo, para um tal tridimensionalismo uma visão integral do direito só é obtida mediante a observação dos três elementos em seu conjunto.

O desenvolvimento dessa concepção conduziu ao que Reale denomina de tridimensionalismo específico, uma verdadeira superação das análises em separado do fato, do valor e da norma, como se fossem elementos de uma realidade decomponível. Pelo contrário: o tridimensionalismo específico preconiza a inadmissibilidade lógica de se perquirir o direito sem a consideração concomitante daqueles três elementos. Os principais teóricos, nesse campo, foram Wilhelm Sauer e Jerome Hall, além de Recaséns Siches.

Em verdade, a diferença entre o tridimensionalismo genérico e o específico está em que o primeiro procura combinar os três pontos de vista unilaterais fundamentados naqueles três elementos constitutivos (fato, valor e norma, que dão origem, respectivamente, ao sociologismo jurídico, ao moralismo jurídico e ao normativismo abstrato), ao passo que o último não empreende apenas uma harmonização de resultados de ciências distintas, mas se preocupa, também, com a demonstração de como elas se implicam e se estruturam, numa conexão necessária.

Essa tridimensionalidade específica pode ser, sempre de acordo com a lição de Miguel Reale, estática, dinâmica ou de integração. O ilustre filósofo opta por um tridimensionalismo dinâmico, que entenda a unidade da experiência jurídica.

Para ele, a teoria tridimensional só se aperfeiçoa ao chegar à afirmação, de forma precisa, da interdependência dos elementos que fazem do direito uma estrutura social necessariamente axiológico-normativa. A experiência jurídica há que ser tida como processo histórico.

Para que a correlação entre fato, valor e norma se opere de maneira unitária e concreta, dois são os pressupostos: i) reconhecer que o conceito de valor desempenha o tríplice papel de elemento constitutivo, gnoseológico e deontológico da experiência ética; ii) reconhecer a implicação entre o valor e a história, isto é, a projeção das exigências ideais na circunstancialidade histórico-social como valor, dever-ser e fim. Apenas a partir dessas condições é possível aferir a natureza dialética da unidade do direito.

Com efeito, toda ação humana é orientada por um valor ou pela evitação de um desvalor, no sentido de implementá-lo, de vê-lo cristalizado (aqui nos referimos ao aspecto constitutivo deste). Mas o valor também desempenha um papel deontológico ao consubstanciar a noção de dever, à imposição de agir de acordo com ele como forma de legitimação do ato. Por fim, uma experiência ôntica e deontologicamente axiológica somente por ser conhecida por meio de juízos de valor: trata-se do papel gnoseológico do valor.

Sustenta Reale que toda ação humana dirige-se a um fim. O mesmo se passa com o fenômeno jurídico. E a finalidade não é nada além de um valor posto e reconhecido como motivo da conduta regulada pelo fenômeno jurídico. Uma vez posto, o valor constitui aquilo que deve ser, ou seja, torna-se parâmetro de legitimidade para aferição da conduta tomada.

O jurista deve elevar-se ao plano de uma compreensão racional dos valores. Não basta, para ele, a mera intuição. É dizer: a conversão de um valor em um fim é fruto de atividade eminentemente racional, eis que o direito é estrutura formal, voltada à consagração da segurança nas relações sociais.

Reale renega a concepção idealista de valores. O valor, como dever-ser, não é indiferente ao plano da existência; antes, é condicionante da experiência histórica e na história se revela, sendo que esta apenas consubstancia algumas de suas virtualidades estimativas.

O valor se realiza no homem, que não é mero mediador entre o ideal e a realidade. Diz Reale: "Só ele *é* enquanto *deve ser*, e *deve ser* por ser o que *é*". Assim, conclui o filósofo que todo fim constitui a determinação do dever-ser de um valor no plano da práxis.

Reale ressalva, entretanto, que o valor não se reduz a um dever-ser. Compreende potencialmente, em verdade, uma diversidade deles. Para ele, *valor*, *dever-ser* e *fim* são momentos que se desenrolam na unidade de um processo, que é a experiência total do homem. Trata-se de processo marcado por coerências e contradições, por pausas e acelerações, por avanços e recuos, sempre na busca da adequação entre realidade e valor.

O direito é um dos fatores primordiais desse processo de integração do *ser* do homem no seu *dever-ser*.

Reale bem ressalta que na escolha dos fins há interferência da *vontade*. Daí o *Poder* estar inserido no processo da normatividade jurídica. De fato, a escolha do *dever-ser* a ser normatizado é sempre um processo de exercício do *Poder*, que almeja a certos fins, baseado em circunstâncias de fato.

Nesse ponto é importante enfatizar que o *fato*, na tridimensionalidade da teoria de Reale, é, em verdade, um conjunto de circunstâncias nas quais o homem se encontra imerso em sua vida cotidiana, motivo pelo qual seu estudo é sempre dotado de considerável complexidade.

O mesmo se diga a respeito do estudo dos *valores*, que, segundo Reale, constituem, na vivência humana, uma série de *motivos ideológicos* a condicionar a visão do legislador, cuja decisão converte uma das possíveis proposições normativas em norma jurídica.

Em se tratando da nomogênese jurídica, Reale, em síntese, recorre à imagem de um raio luminoso (as exigências decorrentes dos valores) que, ao incidir sob um prisma (o domínio dos fatos sociais, econômicos, técnicos etc.), se refrata em um leque de "normas possíveis", das quais o *Poder* seleciona a que constituirá norma jurídica.

A criação de normas jurídicas, portanto, de acordo com a teoria tridimensional de Reale, é apenas um momento da tensão dialética entre fatos e valores, constituindo uma solução temporária apontada pela interferência decisória do Poder em dado momento da experiência social.

Esse Poder a que o jusfilósofo faz referência pode ser exercido pelo próprio poder estatal expresso, como também pelo poder social difuso em uma comunidade (faz aqui referência ao direito costumeiro, que não passa da consagração de reiterados atos anônimos de decidir), ou, ainda, pode advir do plano privado, da chamada autonomia da vontade (modelos negociais).

O jusfilósofo, como mencionado, também se preocupa com a relação do Poder com os elementos de sua teoria. Partindo de uma concepção que leve em conta a conexão entre ele e a experiência axiológica, Reale procura uma compreensão realista do direito, a qual necessariamente deve abranger a correlação essencial entre o nexo normativo e o Poder.

Trata-se de uma correlação essencial, não de um determinismo simplista, isto é, o direito não é fruto de uma mera decisão do Poder. Eis o equívoco do *decisionismo*: considerar o fator volitivo na formação do direito isoladamente, como se não estivesse inserido em um conjunto de circunstâncias sociais e uma variedade de motivos axiológicos. Uma análise limitada, pois.

Nesse sentido, Reale critica a concepção da juridicidade formulada por Kelsen, para quem no cerne do fenômeno jurídico estaria o Poder. Para Reale, a complexidade dessa relação é um tanto maior: sustenta ele que o *fato* do Poder não interessa ao mundo jurídico senão e enquanto se ordena normativamente.

Em outras palavras, antes de o direito constituir mero modo de exercício do Poder, é conformador de sua existência na sociedade, de modo que, quanto mais o Poder concorre para a positivação do direito, mais é limitado pelo direito declarado. Daí aquela correlação essencial mencionada anteriormente.

Reale, em suma, não ignora que Direito e Poder são termos inseparáveis. Contudo, refuta a ideia de que um se reduz ao outro. No centro de suas considerações, pode-se afirmar que se encontra a noção de contingência: a integração normativa não esgota todos os motivos axiológicos, nem tampouco a totalidade das exigências fáticas, entre as quais estão aquelas oriundas das imposições do Poder.

Poder que, por ser exercido no entrelace de circunstâncias fáticas de plúrimos valores, muitas vezes contraditórios, não se ergue como uma quarta dimensão no processo de integração normativa, mesmo porque é impossível sustentar uma abstração da correlação axiológico-normativa existente nesse campo.

Em suma, para Reale, na teoria tridimensional, o Poder só pode ser compreendido como momento da tensão fático-axiológica na concreção do processo nomogenético.

"O ELEMENTO AXIOLÓGICO é a essência da compreensão do mundo da cultura. No fundo, cultura é compreensão: compreensão é valoração. Compreender, em última análise, é valorar, é apreciar as coisas sob o prisma do valor" (Miguel Reale).

Tercio Sampaio Ferraz Junior e a teoria da comunicação

O fenômeno jurídico é marcado pela relação entre poder e liberdade. A consagração de direitos, do ponto de vista da liberdade, implica limitação do poder, não obstante, ao mesmo tempo, o exercício de direitos possa ser visto como um ato de poder. Daí ser possível concluir que o fenômeno jurídico implica a noção de poder regulamentado (o poder jurídico) e de liberdade responsável.

Tercio vê na relação direito, poder e liberdade um equilíbrio instável, o que faz ressaltar as noções de abuso e de legitimidade, relacionadas intimamente ao tema da justiça, tida como razão de existir do direito, ao menos na tradição ocidental.

Tercio Sampaio Ferraz Junior e suas circunstâncias

Tercio Sampaio Ferraz Junior é jurista. Nasceu em 1941. Graduou-se pela Universidade de São Paulo – USP em 1964, simultaneamente em Filosofia, Letras e Ciências Humanas e em Ciências Jurídicas e Sociais.

Obteve doutorado em Filosofia em 1968, pela Johannes Gutemberg Universität, em Mainz, Alemanha, e, em 1970, o de Direito pela USP (tendo como orientador Miguel Reale). Em 1974, fez pós-doutorado em Filosofia do Direito.

É professor titular do Departamento de Filosofia e Teoria Geral do Direito da Faculdade de Direito da USP e da PUC-SP – Pontifícia Universidade Católica de São Paulo.

Justiça, para *Tercio Sampaio Ferraz Junior*, como parâmetro de legitimidade do direito, seria uma razão holística e unificadora. Ocorre, todavia, que a própria relação entre razão e justiça é controversa. Sabe-se também, aponta Tercio, existir um *sentimento* de justiça, de onde se conclui que também nesse campo há certa instabilidade. A própria concepção de *equidade*, baseada numa igualdade abstrata, genérica, não ligada a regras prévias, demonstra essa instabilidade.

Atua como consultor da Coordenação de Aperfeiçoamento de Pessoal de Nível Superior (CAPES). É professor titular do Departamento de Filosofia do Direito da Faculdade de Direito da USP, Largo de São Francisco, como sucessor de Goffredo da Silva Telles Jr.

Publicou 17 livros, entre eles *Estudos de filosofia do direito* (2002) e *Introdução ao estudo de direito: técnica, decisão e dominação* (1988).

Tercio Sampaio Ferraz Junior e suas ideias

Ao tratar da fenomenologia do poder, ressalta Ferraz Junior que o mais perfeito poder é aquele que não é percebido, eis que perfaz na unidade não a supressão da diversidade, mas a impressão de que esta não é alterada.

O fenômeno do poder, aduz o jusfilósofo, é irredutível, o que não significa que definir seu núcleo essencial constitua tarefa fácil. Em diversos campos fala-se em poder, da política à economia, da ciência ao amor, o que revela a dificuldade da empreitada.

Pelo uso linguístico – ter, perder, dar, delegar poder –, ele poderia ser tido como uma coisa, uma *res*, uma substância ou mesmo uma relação. Como definir-lhe, então, a natureza?

Na dogmática jurídica, o poder não é tido como elemento básico. É considerado como fato extrajurídico, estudado superficialmente nas teorias gerais do Estado.

O vocábulo abrange, em geral, três ideias: 1) poder como algo (substância); 2) poder como faculdade (humana) de produzir obediência; 3) poder como instrumento de exercício de império e de soberania.

Tercio Sampaio Ferraz Junior e sua influência no direito

Ferraz Junior trata das várias teorias sobre o poder e sobre a soberania. Refere, também, o poder como meio de comunicação, ponto no qual ressalta que o poder não se reduz ao direito, não obstante as noções jurídicas tentem reduzi-lo a tal.

Poder, para o jusfilósofo, é uma relação simbólica que se manifesta de diferentes formas, difícil de ser captada em um todo homogêneo. Tanto assim que, veja-se, direito é poder e, ao mesmo tempo, se contrapõe ao poder, limitando-o a todo o momento. Como, então, definir a relação entre ambos?

Para Ferraz Junior, uma possibilidade seria percebê-los como meios simbólicos de comunicação. O axioma fundamental aqui é: o homem é um ser em comunicação. Dito de outro modo, a situação humana é uma situação em comunicação, ou seja, não existe a não comunicação, eis que não comunicar significa comunicar o não comunicar.

Tercio, contudo, não adota a noção de ação comunicativa proposta, por exemplo, por Habermas. Preconiza em seu lugar uma posição mais radical, que não reduz a comunicação a um ato entre *ego* e *alter*, mas, antes, a concebe como uma complexa estrutura de comportamento que os envolve, de modo que, segundo ele, é a comunicação que gera a possibilidade de ação comunicativa, e não o contrário.

De acordo com essa concepção de Tercio, comunicação não é uma relação entre indivíduos: essa relação é que somente se faz possível por meio da comunicação. Por óbvio, diante desse panorama, também a concepção de sociedade resta alterada. Tercio adota a formulada por Niklas Luhmann, que não vê a sociedade como mero conjunto de indivíduos, mas, sim, como uma situação comunicacional, como comunicação, não conjunto de atos de comunicação, nos termos expostos acima.

A sociedade, para Luhmann, constitui uma estrutura comunicacional que permite aos indivíduos estar em contínuo contato uns com os outros. Tercio bem aponta que tal concepção inverte a tradicional noção de sociedade: esta já não mais é tida como reunião ou agrupamento de indivíduos; é, ao contrário, a própria sociedade que propicia referido agrupamento.

Nessa perspectiva, o poder é tido como um meio de comunicação, generalizado simbolicamente. Sempre na esteira de Luhmann, Tercio parte do pressuposto de que os sistemas sociais se formam via comunicação, sendo que esta, em sentido amplo, equivale a comportamento (na acepção de troca de mensagens).

Aduz Ferraz Junior que a troca de mensagens – o comportamento – é o elemento básico da sociedade. Constitui um dado irrecusável, ou seja, trata-se de um verdadeiro postulado. Para ele, a comunicação humana ocorre em dois níveis: o nível do cometimento e o nível do relato.

O cometimento é, em geral, transmitido de forma não verbal (pelo tom da voz, pela expressão facial, pela postura do emissor, a forma de se vestir etc.) e corresponde à mensagem que *emana de nós*. É, no dizer de Tercio, a mensagem sobre a relação (de subordinação, de coordenação).

O relato corresponde ao conteúdo transmitido pela mensagem. Assim, exemplifica o filósofo, ao dizermos "Sente-se!", o relato é o ato de sentar-se, enquanto o cometimento variará se tal mensagem for transmitida por um professor a um aluno, ou entre alunos, ou por um aluno a um professor.

Na troca de mensagens há sempre uma expectativa mútua de comportamento, expectativa que, por sua vez, também pode constituir objeto de expectativas prévias. Criam-se, assim, situações complexas, nas quais expectativas se confirmam ou se desiludem, em que os homens apresentam suas verdadeiras intenções ou comunicam conteúdos com segundas intenções, de onde se pode verificar um conjunto instável de relacionamentos de relações de expectativa.

Situações comunicativas são, pois, caracterizadas pela complexidade, entendida esta no sentido empregado por Luhmann, como número de possibilidades de ação maior que o das possibilidades atualizáveis.

Com efeito, o número de possibilidades encetado em uma situação comunicacional é sempre maior do que as ações que podem vir a ter lugar. Não obstante, determinada ação há sempre que ser escolhida, ainda que em negação à própria comunicação, o que, como vimos, também constitui um agir comunicativo. Assim, a seletividade é uma segunda característica das situações comunicativas.

Da complexidade e da seletividade da comunicação resulta que a interação humana é sempre contingente (a expectativa sempre pode ou não se confirmar). Daí a contingência ser a terceira característica da situação comunicativa.

Precisamente em decorrência da contingência inerente a toda interação humana, os sistemas sociais cuidam, em sua evolução, de combatê-la ou de reduzi-la a níveis aceitáveis, visando a uma relativa estabilidade.

Os mecanismos empregados para tal mister, de acordo com Ferraz Junior, são compostos de uma estrutura (conjunto de regras) e de um repertório (conjunto de símbolos), e constituem um código ou meio codificado de comunicação, cuja finalidade, então, é reduzir a carga de complexidade e de contingência inerente à seletividade de cada indivíduo.

Códigos, portanto, generalizados simbolicamente, ordenam as situações sociais com dupla seletividade.

Tercio, em suma, no esteio de sua teoria comunicacional, vê o poder como *medium* para se limitar a dupla contingência. Sua *performance* transmissiva, portanto, pressupõe liberdade de ambos os lados da relação (no sentido de várias alternativas de escolha). Trata, nessa acepção, não do poder de coação, que, em essência, limita a possibilidade de escolha e, assim, não é comunicação, mas exercício da força.

Nesse ponto, contrapõe-se a Kelsen, para quem o direito implica o monopólio da coação. Aduz Ferraz Junior que tal monopólio somente se faz possível em sistemas sociais muitíssimo simples; nos mais complexos, o monopólio se dá quanto à decisão sobre o emprego da coação.

Reconhece, como Foucault, que na sociedade moderna o poder tende a se ampliar, mas perde progressivamente o sentido de dominação para ganhar o de regulação, colocando-se antes do exercício da vontade individual.

Em outras palavras, o poder como *medium* não se liga à produção de determinados efeitos (poder como coação), mas à transmissão de *performances* seletivas de ação. Visa a regular a contingência, não a suprimi-la. Faz funcionar as relações de submissão e obediência ao tornar dinâmicas as consequências de determinadas condutas.

Como se vê, o poder depende da contingência das seletividades sociais, motivo pelo qual adquire estrutura própria, diferenciada da de outros meios (como a moral, o direito, a religião), apenas com o aumento da complexidade social. Não é força, mas controle.

O poder, para Ferraz Junior, é um código que regula as ações entre pessoas. O jusfilósofo formula acepção própria para "ação" em sua teoria, tendo-a como a unidade entre movimento e sentido de orientação, ponto que não será aprofundado aqui.

Conclui, em suma, que o poder é constituído sobre o controle das exceções, o que pode ser visto mais claramente na relação entre poder e coação. Com efeito, o poder estabelece a coação como algo a ser evitado pelas duas partes, com verdadeira exceção.

"PODER: combinação inversamente condicionada de combinações de alternativas relativamente avaliadas como negativas com outras relativamente avaliadas como positivas" (Tercio Sampaio Ferraz Junior).

Goffredo Telles Junior e o direito quântico

Em seu *Direito quântico*, Goffredo Telles Junior traça uma relação entre conceitos e descobertas na área das ciências naturais e fenômenos e manifestações jurídicas surgidas no seio da comunidade.

Não obstante a obra tenha sido objeto de diversas críticas ao tempo em que veio a lume, principalmente no que toca à suposta incompatibilidade entre o método das ciências naturais e o método das ciências denominadas sociais, logo assentou-se o reconhecimento da originalidade do pensamento do jusfilósofo.

As descobertas da Física Quântica a respeito do comportamento dos corpos e ondas em nível microscópico impressionaram Goffredo. A estática percebida pelos sentidos humanos, em verdade, esconde o permanente movimento das partículas – no mundo microscópico, a evolução da ciência o revelou, tudo é rápido e disforme.

Tudo, afinal, é, na denominação do jusfilósofo, corpo e onda, movimento e energia. A Física Quântica, distanciando-se da newtoniana, passa a reconhecer que a energia não é algo externo à partícula, mas, sim, uma sua parte. Energia que se subdivide em pequenas porções denominadas de *quanta*, cuja magnitude, por diminuta, reveste-se de continuidade no nível macroscópico, eis que os diferentes patamares energéticos escapam à percepção humana.

A própria estrutura atômica – antes tida por indivisível – é objeto de grandes descobertas na era da Física Quântica. Desvendada sua verdadeira composição como prótons, nêutrons, elétrons e outras tantas subpartículas, sedimentou-se o conhecimento de que átomos são estruturas compostas de um núcleo (prótons e nêutrons) circundado por partículas elétricas, os elétrons. A localização destes é dificilmente estabelecida e relaciona-se diretamente ao nível de energia da partícula.

Em átomos como os metálicos, observa-se que a instabilidade dos elétrons é ainda maior: aqueles que se encontram na periferia da "nuvem eletrônica" deixam de pertencer a um átomo em particular, sem, contudo, se juntar a outro. Assim, há um fluxo livre de elétrons por todo o metal.

Chegou-se à conclusão, também, de que nos corpos em que os elétrons têm maior "liberdade", um número maior de capacidades ou funções pode ser visto. Uma delas é a capacidade de conduzir eletricidade. Esse espaço em que a energia se manifesta é chamado de campo, e existe tanto nos espaços "vazios" entre os átomos como no interior da própria estrutura atômica.

O vazio, assim, não existe. Tudo é corpo e onda, matéria e campo. A existência do corpo não pode ser singularmente compreendida. Apenas pode ser entendida em sua relação com outro corpo, que se dá por meio do campo. Daí a importância do estudo das leis que regem as interações entre os corpos e, afinal, determinam sua essência.

A indagação de Goffredo, então, é precisamente quanto ao possível paralelo existente entre tais leis – as leis determinantes das forças de equilíbrio no mundo das partículas, dos corpos, e aquelas que regem os corpos sociais.

Goffredo Telles Junior e suas circunstâncias

Nascido em 16 de maio de 1915, no centro de São Paulo, *Goffredo Carlos da Silva Telles* (que, posteriormente, adotou o nome *Goffredo da Silva Telles Junior*) pertenceu à Turma de 1937 da tradicional Faculdade de Direito do Largo São Francisco. Antes, foi soldado na Revolução Constitucionalista de São Paulo (1932), na qual serviu no Hospital de Guaratinguetá e de Taubaté. Como professor, ingressou na Faculdade de Direito da Universidade de São Paulo em 1940, tendo se tornado professor titular (ou catedrático, como se dizia à época) em 1954, na cadeira de Introdução à Ciência do Direito.

> *Goffredo Telles Junior* afirma que permissões e proibições são criadas pela sociedade de modo instrumental, visando a servir ao indivíduo. Os valores escolhidos passam a constituir a moral e a ética vigentes, com vistas a satisfazer as necessidades surgidas naquele campo. A cultura exerce papel fundamental nesse processo de escolha – Goffredo concebe a cultura como um aperfeiçoamento, uma reordenação realizada pelo homem.

Lecionou até sua aposentadoria compulsória em 1985. O Conselho Universitário da USP o honrou com o título de Professor Emérito da Universidade de São Paulo. Foi o primeiro chefe do Departamento de Filosofia e Teoria Geral do Direito da Faculdade.

Na política, foi Deputado Federal constituinte em 1946, Deputado Federal na legislatura de 1946-1950 e Secretário da Educação e Cultura da Prefeitura de São Paulo, em 1957.

Sua "Carta aos brasileiros" tornou-se muito conhecida na época da ditadura e representa um marco no processo de abertura democrática do país. Foi lida por ele na noite de 8 de agosto de 1977, no Pátio da Faculdade de Direito da Universidade de São Paulo.

Entre suas principais obras figuram *Direito quântico – Ensaio sobre o fundamento da ordem jurídica, Iniciação na ciência do direito* e *Ética – Do mundo da célula ao mundo dos valores.*

Goffredo Telles Junior e suas ideias

Por certo, sendo o ser humano dotado de livre-arbítrio, aduz o jusfilósofo, qualquer determinação externa dirigida à sua conduta pode ser perquirida apenas na esfera das probabilidades, tal e qual a localização de um elétron nas diferentes camadas eletrônicas.

Assim, também no tocante ao comportamento social, Goffredo entende haver um campo – na mesma acepção utilizada na Física Quântica –, que seria a esfera dentro da qual se manifesta a energia das pessoas. O conjunto de atividades desempenhadas pela pessoa nos mais variados ambientes constituiria seu campo.

E da mesma forma observada em relação aos átomos, que têm sua existência definida a partir da interação com outros átomos e partículas, também os corpos sociais se definem pelo exercício de suas ações, pela concretização de seu livre-arbítrio, de onde se conclui pela importância das escolhas éticas na vida do indivíduo, eis que, ao final, elas lhe determinarão a essência.

A sociedade, como campo do homem, tem também o mesmo comportamento dos campos estudados pela Física Quântica. Estruturas atômicas e subatômicas, ao se tornarem mais complexas, requerem maior coesão entre seus componentes, algo também observado nas formações sociais, as quais, como campos, são determinadas pelos indivíduos, ao tempo que buscam também criar permissões e proibições relacionadas às suas condutas, de modo a torná-las ao menos previsíveis.

Permissões e proibições são criadas pela sociedade de modo instrumental, visando a servir ao indivíduo. Os valores escolhidos passam a constituir a moral e a ética vigentes, com vistas a satisfazer as necessidades surgidas naquele campo. A cultura exerce papel fundamental nesse processo de escolha – Goffredo concebe a cultura como um aperfeiçoamento, uma reordenação realizada pelo homem.

A proposta do filósofo, em suma, é demonstrar (ou ao menos tornar evidente a possibilidade da aproximação) que as leis vigentes em determinada sociedade não passam de expressões culturais de – nas suas palavras – subjacentes, silenciosas e perenes disposições genéticas da Mãe Natureza.

A essa dimensão cultural soma-se a histórica, inerente à vida humana. A história do homem, diz Goffredo, começou com a história do ácido nucleico.

Goffredo Telles Junior e sua influência no direito

O Direito Quântico, de acordo com o exposto, seria o Direito Natural da organização do humano, o Direito que exprime a realidade biótica da sociedade. Direito Natural, na forma como utilizada a expressão pelo jusfilósofo, não corresponde a uma ordenação superior ao homem, conforme tradicionalmente entendido, mas ao conjunto de normas oficiais em consonância com os ditames éticos de determinada sociedade. Possível, pois, a existência de um Direito promulgado não Natural.

Lourival Vilanova e o direito livre

Lourival Vilanova, ao tratar de Estado, estabelece uma noção muito parecida com a de Hans Kelsen, no que tange à determinação de uma centralização do poder para que se tenha Estado. Para ele, o que importa não é a existência de um único centro de poder, mas de diversos centros, compreendidos como estruturas de poder político que conjuguem a capacidade de oferecer uma decisão jurídica.

> *Lourival Vilanova* se aproxima de Hans Kelsen, em sua teoria sobre o Estado. Analisa, em sua obra *Causalidade do direito*, o relacionamento da norma jurídica com o sujeito de direito e todas as suas conjunturas vinculantes, sejam econômicas, sociais ou culturais.
>
> Lourival Vilanova considera que, sendo o Estado jurídico, pode interferir até mesmo nas relações familiares.

Lourival Vilanova e suas circunstâncias

Lourival Faustino Vilanova, ou simplesmente *Lourival Vilanova*, nasceu em 1915, em Caruaru, na região agreste do Estado do Pernambuco.

Graduou-se na Universidade Federal do Pernambuco, em Recife, em 1942. Na mesma instituição, obteve os graus de mestre e doutor e lá mesmo assumiu cátedra em Teoria Geral do Direito, Teoria Geral da Constituição, Teoria da Ciência, Lógica e Hermenêutica.

Foi professor na PUC-SP, na Faculdade de Direito de Lisboa e na Universidade Nacional de Buenos Aires. Participou da comissão instituída pelo Ministério da Educação para elaborar o currículo mínimo do Curso de Direito. Foi secretário de Educação e Cultura de Pernambuco e diretor da Faculdade de Direito do Recife. Também em Pernambuco, Vilanova foi Procurador-Geral do Estado e Consultor-Geral do Estado.

É autor de diversas obras sobre lógica e estudos filosóficos e jurídicos. Seus principais livros: *Causalidade e relação no direito e estruturas lógicas*, *Sistema do direito positivo* e *As tendências atuais do direito público.*

Lourival Vilanova e suas ideias

O Direito, como ciência, precisa estar apartado de influências externas (políticas, culturais, econômicas etc.) para que se constitua como teoria pura. É o que pensava Hans Kelsen, em quem Lourival Villanova se fundamentou para as suas ideias. Porém, Villanova avançou em relação ao seu inspirador, propondo uma relação até sociológica entre sujeito e norma jurídica, uma vez que admite haver prevalência do domínio de tempo e de espaço na validade da norma jurídica.

Lourival Vilanova e sua influência no direito

Segundo Vilanova, é preciso haver um fato para que a norma jurídica se realize. Portanto, a norma tem efeito sobre o sujeito de direito a partir de um fato. Por exemplo, o nascimento é um fato que faz com que incidam sobre o sujeito (o nascituro) várias normas como obrigatoriedade de registro civil, normas de conduta etc. Além disso, Vilanova recorda que o sujeito relaciona-se também com outros sujeitos, o que pressupõe, para haver harmonia social e justiça, que as normas disciplinem (e sancionem, quando for o caso) essas relações.

Segundo o autor, jamais haverá um fato exclusivamente econômico ou exclusivamente social, por exemplo. A norma haverá de avaliar o relacionamento desses fatos com o ordenamento jurídico.

Vilanova também vinculou as normas jurídicas à norma fundamental (no topo da pirâmide, segundo Kelsen), que de certo modo avaliza o Estado como autoridade.

LINHA DO TEMPO – FILOSOFIA DO DIREITO CONTEMPORÂNEA NO BRASIL

Ano 1941 – Miguel Reale formula a Teoria Tridimensional do Direito na sua tese de doutorado.

Ano 1974 – Goffredo Telles Junior publica *O direito quântico – ensaio sobre o fundamento da ordem jurídica.*

Ano 1988 – Tercio Sampaio Ferraz Junior publica *Introdução ao estudo de direito: técnica, decisão e dominação*, em que discute direito, poder e liberdade.

Ano 1989 – Fábio Konder Comparato publica *Para viver a democracia*.

Ano 2001 – Morre Lourival Vilanova. Em 2003, o professor da PUC-SP, Paulo de Barros Carvalho, reuniu seus escritos em um compêndio de dois volumes chamado *Escritos Jurídicos e Filosóficos*.

Ano 2002 – Miguel Reale encerra o trabalho como integrante da comissão que elaborou o Novo Código Civil.

REFERÊNCIAS

Livros e revistas

ABBAGNANO, Nicola. *Dicionário de filosofia*. Trad. Alfredo Bosi. São Paulo: Martins Fontes, 1998.

ALFONSO-GOLDFARB, A. M. *Da alquimia à química*. São Paulo: Landy, 2001.

ANDRADE, Luís Felipe Netto de. O direito natural analítico de John Finnis. *Argumentos*, Fortaleza, ano 5, n. 10, jul./dez. 2013.

ARENDT, Hannah. *A condição humana*. Trad. Roberto Raposo. 10. ed. Rio de Janeiro: Forense Universitária, 2004.

________. *A vida do espírito*: o pensar, o querer, o julgar. Trad. Cesar Augusto R. de Almeira, Antônio Abranches e Helena Franco Martins. 2. ed. Rio de Janeiro: Civilização Brasileira, 2010.

ARISTÓTELES. *Dos argumentos sofísticos*. Trad. Leonel Vallandro e Gerd Bornheim. São Paulo: Nova Cultural, 1991.

________. *Ética a Nicômaco*. São Paulo: Martin Claret, 2002.

________. *Política*. São Paulo: Martin Claret, 2002.

AUSTIN, J. *The province of jurisprudence determined*. Cambridge: Cambridge University Press, 1995.

BAIN, A. *John Stuart Mill*: a criticism. London: Longmans, 1882.

BARBOZA, Heloísa Helena Gomes. Perspectivas do direito civil brasileiro para o próximo século. *Revista da Faculdade de Direito da UERJ*. Rio de Janeiro, n. 6, p. 27-39.

BERTALANFFY, Karl Ludwig von. *Teoria geral dos sistemas*. Trad. Francisco M. Guimarães. Petrópolis: Vozes, 1975.

BOBBIO, Norberto. *Teoria do ordenamento jurídico*. 7. ed. Trad. Maria Celeste Cordeiro Leite dos Santos. Brasília: UnB, 1996.

________. *A era dos direitos*. Trad. Carlos Nelson Coutinho. Rio de Janeiro: Campus, 1992.

________. A grande dicotomia: público/privado. In: *Estado, governo e sociedade*. São Paulo: Paz e Terra, 1987, p. 13-31.

BRUN, J. *Os pré-socráticos*. Rio de Janeiro: Ed. 70, 1991.

CAMPOS, Fernando Arruda. *Tomismo hoje*. São Paulo: Loyola, 1989.

CANARIS, Claus Wilhelm. *Pensamento sistemático e conceito de sistema na ciência do direito*. Trad. A. Menezes Cordeiro. 3. ed. Lisboa: Fundação Calouste Gulbenkian, 2002.

CARVALHO, José Geraldo Vidigal de. *Temas filosóficos*. Ouro Preto: UFOP, 1982.

CARVALHO, José Mauricio de. A filosofia culturalista de Tobias Barreto, a retomada do kantismo. *Annales*, Belo Horizonte, v. 2, n. 3, 2017.

CASTILHO, Ricardo. *Direitos humanos – processo histórico – evolução no mundo, direitos fundamentais*: constitucionalismo contemporâneo. São Paulo: Saraiva, 2010.

CERQUEIRA, Hugo. Adam Smith e o surgimento do discurso econômico. *Revista de Economia Política*, v. 24, n. 3, 2004.

CHAUI, Marilena. *Convite à filosofia*. São Paulo: Ática, 2002.

COELHO, Fábio Ulhoa. *Para entender Kelsen*. 4. ed. rev. São Paulo: Saraiva, 2001.

COMPARATO, Fábio Konder. *Ética*: direito, moral e religião no mundo moderno. São Paulo: Companhia das Letras, 2006.

________. *O que é filosofia do direito?* Barueri: Manole, 2004.

________. *Para viver a democracia*. São Paulo: Brasiliense, 1989.

CONNOR, Steven. *Teoria e valor cultural*. São Paulo: Loyola, 1994.

COSSIO, Carlos. *La valoración jurídica y la ciencia del derecho*. Buenos Aires: Arayú, 1954.

D'ALEMBERT, Jean. *Enciclopédia ou dicionário raciocinado das ciências, das artes e dos ofícios*. São Paulo: Unesp, 1989.

DELEUZE, Gilles. *Conversações*. Rio de Janeiro: Ed. 34, 1992.

DEL VECCHIO, Giorgio. *Lições de filosofia do direito*. Trad. Antônio José Brandão. Coimbra: Arménio Amado, 1972. v. 1.

DIÓGENES LAÉRCIO. *Vidas e doutrinas dos filósofos ilustres*. Trad. Mário da Gama Kury. Brasília: UnB, 1987.

DÓRIA, Francisco Antônio. *Marcuse, vida e obra*. Rio de Janeiro: Paz e Terra, 1974.

DURANT, Will. *História da filosofia*: a vida e as ideias dos grandes filósofos. São Paulo: Nacional, 1926.

DWORKIN, R. *Sovereign Virtue*. Cambridge, Mass.: Harvard University Press, 2002.

ENTERRÍA, Eduardo García. *Reflexiones sobre la ley y los princípios generales del derecho*. Madrid: Civitas, 1996.

ESPINOSA, Baruch. *Tratado teológico político*. São Paulo: Martins Fontes, 2003.

FERRAZ JUNIOR, Tercio Sampaio. *Estudos de filosofia do direito*: reflexões sobre o poder, a liberdade, a justiça e o direito. 3. ed. São Paulo: Atlas, 2009.

________. *Introdução ao estudo do direito*: técnica, decisão, dominação. 4. ed. São Paulo: Atlas, 2003.

FONSECA, Marcio Alves da. *Michel Foucault e o direito*. São Paulo: Max Limonad, 2002.

FOUCAULT, Michel. *Microfísica do poder*: sobre a justiça popular. 7. ed. Rio de Janeiro: Graal, 1988.

________. *Vigiar e punir*: nascimento da prisão. Trad. Raquel Ramalhete. 35. ed. Petrópolis: Vozes, 2008.

FRIEDRICH, Carl Joachin. *Perspectiva histórica da filosofia do direito*. Rio de Janeiro: Zahar, 1965.

FURTADO, C. M. *Teoria e política do desenvolvimento econômico*. São Paulo: Abril Cultural, 1983.

GRAU, Eros Roberto. *Ensaio e discurso sobre a interpretação/aplicação do direito*. São Paulo: Malheiros, 2002.

GROPPALI, Alexandre. *Doutrina do Estado*. São Paulo: Saraiva, 1962.

________. *Filosophia do direito*. Trad. Sousa Costa. Lisboa: Livr. Clássica, 1926.

GROTIUS, Hugo. *O direito da guerra e da paz*. Trad. Ciro Mioranza, introdução de Antonio Manuel Hespanha. Ijuí: EDUNIJUÍ, 2004. 2 v.

HABERMAS, J. *Consciência moral e agir comunicativo*. Rio de Janeiro: Tempo Brasileiro, 1983.

________. *Direito e democracia*: entre facticidade e validade. Trad. Flávio Beno Siebeneichler. Rio de Janeiro: Tempo Brasileiro, 1997.

HART, Herbert L. A. *O conceito de direito*. 2. ed. Trad. A. Ribeiro Mendes. Lisboa: Fundação Calouste Gulbenkian, 1994.

HEGEL, Georg Wilhelm Friedrich. *Princípios da filosofia do direito*. Trad. Orlando Vitorino. São Paulo: Martins Fontes, 1997.

HERVADA, Javier. *Lições propedêuticas de filosofia do direito*. São Paulo: Martins Fontes, 2008.

HIRONAKA, Giselda M. Fernandes Novaes. A função social do contrato. *Revista de Direito Civil*, n. 45, p. 141-152.

HIRSCHBERGER, J. Tomás de Aquino. In: *História da filosofia na Idade Média*. São Paulo: Herder, 1966.

HOBBES, Thomas. *O Leviatã*. Trad. João Paulo Gomes Monteiro e Maria Beatriz Nizza da Silva. Col. Os Pensadores. São Paulo: Abril, 1974.

HOLMES JR., Oliver Wendell. *The Common Law*. New York: Dover, 1991.

________. *The Essential Holmes*. Chicago: Chicago University Press, 1992.

HUME, David. *Tratado da natureza humana*. Trad. Déborah Danowski. São Paulo: Unesp/Imprensa Oficial, 2001.

IHERING, Rudolf von. *A luta pelo direito*. Trad. J. Cretella Júnior & Agnes Cretella. 2. ed. São Paulo: Revista dos Tribunais, 2001.

JAEGER, W. *Paideia, a formação do homem grego*. Trad. A. M. Parreira. São Paulo: Martins Fontes, 1995.

KELSEN, Hans. *Teoria geral do direito e do Estado*. 3. ed. Trad. Luís Carlos Borges. São Paulo: Martins Fontes, 2000.

________. *Teoria pura do direito*. 6. ed. Trad. João Baptista Machado. São Paulo: Martins Fontes, 1998.

KNOLL, Mark A. *Momentos decisivos na história do cristianismo*. Trad. Alderi Matos. São Paulo: Cultura Cristã, 1998.

KURY, M. G. *Diôgenes Laêrtios – vidas e doutrinas dos filósofos ilustres*. Brasília: UnB, 1977.

LESSA, Pedro. *Estudos de filosofia do direito*. Campinas: Bookseller, 2002.

LOCKE, John. *Dois tratados sobre o governo civil*. Trad. Julio Fisher. São Paulo: Martins Fontes, 1998.

LUHMANN, Niklas. *Legitimação pelo procedimento*. Trad. Maria da Conceição Côrte-Real. Brasília: UnB, 1980.

________. O enfoque sociológico da teoria e prática do direito. 1994.

MACEDO, Paulo Emílio Vautthier Borges de. *Hugo Grócio e o direito*: o jurista da guerra e da paz. Rio de Janeiro: Lumen Juris, 2006.

MAGALHÃES-VILHENA, V. de. *O problema de Sócrates – o Sócrates histórico e o Sócrates de Platão*. Lisboa: Fundação Calouste Gulbenkian, 1984.

MARROU, H. I. *História da educação na Antiguidade*. Trad. Mário Leônidas Casanova. São Paulo: Herder/EPU, 1975.

MARX, Karl. *A ideologia alemã*. Trad. Luis Claudio de Castro e Costa. São Paulo: Martins Fontes, 1998.

________. *O capital*: crítica da economia política. São Paulo: Abril Cultural, 1983.

MILL, John Stuart. *Capítulos sobre o socialismo*. Trad. Paulo Cezar Castanheira. São Paulo: Fundação Perseu Abramo, 2001.

MORA, José Ferrater. *Dicionário de filosofia*. São Paulo: Loyola, 2001.

NADER, Paulo. *Filosofia do direito*. Rio de Janeiro: Forense, 2007.

________. *Filosofia do direito*. 19. ed. São Paulo: Gen-Forense, 2010.

NASCIMENTO, C. A. R. do. *De Tomás de Aquino a Galileu*. 2. ed. Campinas: UNICAMP – IFCH, Col. Trajetória, 1995. v. 2.

NEF, Frédéric. *A linguagem – uma abordagem filosófica*. Rio de Janeiro: Jorge Zahar Editor, 1995.

NIETZSCHE, Friedrich Wilhelm. *Humano, demasiado humano*: um livro para espíritos livres. Trad. Paulo César de Souza. São Paulo: Companhia das Letras, 2005.

NOZICK, R. *Anarchy, State and utopia*. New York: Basic Books, 1974.

PADOVANI, Umberto; CASTAGNOLA, Luis. *História da filosofia*. São Paulo: Melhoramentos, 1978.

PESSANHA, José Américo Motta (org.). *Os pré-socráticos*. São Paulo: Ed. Abril, 1978.

PLEBE, Armando. *Breve história da retórica antiga*. Trad. Gilda Naécia Maciel de Barros. São Paulo: EPU/EDUSP, 1978.

QUINTANEIRO, Tania; BARBOSA, Maria Ligia de Oliveira; OLIVEIRA, Márcia Gardênia de. *Um toque de clássicos*: Marx, Durkheim e Weber. 2. ed. Belo Horizonte: Ed. UFMG, 2002.

RAWLS, J. *A Theory of justice*, rev. ed. Cambridge: Harvard University Press, 1999.

_________. *O liberalismo político*. São Paulo: Ática, 1992.

_________. *Uma teoria da justiça*. Trad. Almiro Pissetta e Lenita M. R. Esteves. São Paulo: Martins Fontes, 1997.

REALE, Giovanni; ANTISERI, Dario. *História da filosofia*: do humanismo a Kant. São Paulo: Paulus, 1990.

REALE, Miguel. *Filosofia do direito*. 20. ed. São Paulo: Saraiva, 2002.

RORTY, R. *A filosofia e o espelho da natureza*. Trad. Jorge Pires. Lisboa: Publicações Dom Quixote, 1988.

ROSA, Garcia. *Palavra e verdade*: na filosofia antiga e na psicanálise. Rio de Janeiro: Zahar Editor, 1990.

ROUSSEAU, Jean-Jacques. *O contrato social*. Trad. Lourival Gomes Machado e Lourdes Santos Machado. Coleção Os Pensadores. São Paulo: Ed. Abril, 1973.

RUSSELL, Bertrand. *História da filosofia ocidental*. Trad. Hugo Langone. Rio de Janeiro: Nova Fronteira, 2015.

SAVIGNY, Friedrich Carl von. *De la vocación de nuestro siglo para la legislación y la ciencia del derecho*. Trad. Adolfo G. Posada. Buenos Aires: Atalaya, 1946.

SCHMITT, Carl. *A crise da democracia parlamentar*. Trad. Inês Lohbauer. São Paulo: Scritta, 1996.

SCHUMPETER, J. A. *A teoria do desenvolvimento econômico*. São Paulo: Abril Cultural, 1983.

SEN, Amartya. *Desenvolvimento como liberdade*. São Paulo: Companhia das Letras, 2010.

_________. Development: which way now? *The Economic Journal*, v. 93, n. 372 (dec. 1983), p. 745-762.

SMITH, Adam. *Essays on philosophical subjects*. Indianapolis: Liberty Fund, 1982.

TELLES JUNIOR, Goffredo. *O direito quântico*: ensaio sobre o fundamento da ordem jurídica. São Paulo: Max Limonad, 1974.

TOCQUEVILLE, Alexis de. *A democracia na América*. Trad. Eduardo Brandão. São Paulo: Martins Fontes, 2005. Prefácio, bibliografia e cronologia de François Furet.

VERGEZ, André; HUISMAN, Denis. *História da filosofia ilustrada pelos textos*. 4. ed. Rio de Janeiro: Freitas Bastos, 1980.

VILANOVA, Lourival. *Causalidade e relação no direito*. 4. ed. São Paulo: Revista dos Tribunais, 2000.

VILLEY, Michel. *La formation de la pensée juridique moderne*. Paris: PUF, 2003.

_________. *A formação do pensamento jurídico moderno*. 2. ed. São Paulo: Martins Fontes, 2009.

VITA, A. de. *O liberalismo igualitário. Sociedade democrática e justiça internacional*. São Paulo: Martins Fontes, 2008.

VOLTAIRE, François M. A. [1734]. *Cartas inglesas*. São Paulo: Abril Cultural, 1978.

WEBER, Max. *Economia e sociedade*: fundamentos da sociologia compreensiva. Trad. Regis Barbosa e Karen Elsabe Barbosa. São Paulo: Imprensa Oficial do Estado de São Paulo, 1999. v. 2.

________. *Ciência e política*: duas vocações. Trad. Leonidas Hegenberg e Octany Silveira da Mota. São Paulo: Cultrix.

WERNER, Jaeger. *Paideia*: a formação do homem grego. São Paulo: Martins Fontes, 1995.

Internet

GIBBON, Edward. Decline and fall of the Roman Empire. Grand Rapids, MI: Christian Classics Ethereal Library, 2004. Disponível em: <http://www.ccel.org/g/gibbon/decline/>.

JUDENSNAIDER, Ivy. Roger Bacon: respostas ao passado. Disponível em: <http://www.arscientia.com.br/materia/ver_materia.php?id_materia=354>.

MAYOS, Gonçal. O criticismo kantiano. In: AAVV. *Filosofía. EducaciOnline*, 2018. Trad. Ricardo Henrique Carvalho Salgado e João Paulo Medeiros Araújo. Disponível em: <http://www.ub.edu/histofilosofia/gmayos_old/PDF/Criticismo%20portugues.pdf>. Acesso em: 20 jan. 2021.

ORDENAÇÕES FILIPINAS ON-LINE. Disponível em: <http://www1.ci.uc.pt/ihti/proj/filipinas/ordenacoes.htm>.

PARMÊNIDES. Disponível em: <http://www.antroposmoderno.com/biografias/Parmenides.html>.